U0449775

中华文明通说

陈鸿彝 著

北方联合出版传媒(集团)股份有限公司
春风文艺出版社
·沈阳·

图书在版编目（CIP）数据

中华文明通说/陈鸿彝著. —沈阳：春风文艺出版社，2022.5
ISBN 978-7-5313-6166-4

Ⅰ. ①中… Ⅱ. ①陈… Ⅲ. ①中华文化—通俗读物 Ⅳ. ①K203-49

中国版本图书馆CIP数据核字（2022）第013406号

北方联合出版传媒（集团）股份有限公司
春风文艺出版社出版发行
http://www.chunfengwenyi.com
沈阳市和平区十一纬路25号　邮编：110003
辽宁新华印务有限公司印刷

责任编辑：姚宏越		助理编辑：平青立	
责任校对：陈　杰		印制统筹：刘　成	
封面设计：选题策划工作室		幅面尺寸：170mm×240mm	
字　　数：330千字		印　　张：16	
版　　次：2022年5月第1版		印　　次：2022年5月第1次	
书　　号：ISBN 978-7-5313-6166-4		定　　价：68.00元	

版权专有　侵权必究　举报电话：024-23284391
如有质量问题，请拨打电话：024-23284384

写在前面

咱们中国——

四五千年来一直使用的国语国文,是我们民族文化之民族风格民族气派的鲜活载体;阴阳对应、天地人一体、人为万物之灵,是我们民族不变的哲理信仰。

3000年来,先贤们认定的食货领先、礼乐并举、不忘兵刑之国家职能一直传承着;民为邦本、食为民天是基本国策。先秦诸子凝聚了我们的民族智慧,民族力量;塑造了我们的民族灵魂、民族品性。

2000年来,我国确立了政教分离、中央集权、基层自治的帝国政治体制,国家力推精耕农业,大兴实体经济,注重产业管理。由此构建的汉唐文明,与中亚、南亚、西亚、北非的原发文明一起,照亮了人类的绝大多数。

1000年来,中国社会生态实现全面更新:城市率达30%以上,有百万人口的大都会,有以十万计的劳工聚集之盐场、茶场、矿山与五金冶炼,有举世罕见的丝织业、印刷业、制瓷业、航海业、铸币业等先进文明的标志性业态;有交子、会子等有价证券与钱钞一起在市场上流通。中华文明表现了超前的创造力与强大的统合力,哪怕是全局性的颠覆、动荡,也会被消解而实现中华文明的总体性融合与提升。

近代100年,中国人在自己的黄土地上忍苦奋斗,击碎了资本势力对全球自由地实施其殖民扩张、文化置换的恶行,艰难地保住了我们世代相传的国语、国族、国脉、国魂,终于在中国共产党的领导下找到了属于自己的民族振兴之路。我们将给世界奉献一轮新的太阳。

中华文明自有其独特的历史进程、历史逻辑,理当受到敬重。

序：以崭新视角看中华文明

中华先民在中华文明发展进程的不同阶段，发挥首创精神与传承本能，接力前进，让大中华数千年来始终屹立在世界先进文明的前列，这谈何容易！我们也曾一次再次地遭遇颠覆、分裂、动荡，几度遭遇军事溃败、经济崩解、人口锐减的危难，但总能分而又合，仆而再起，衰而复兴，阔步向前，这又谈何容易！其中蕴藏着丰厚的思想文明、产业文明、制度文明①之成果，有待人们发掘、阐释、弘扬。身为中华儿女，应该有这份担当。

但是，数千年来，王朝更迭频繁，历代"正史"又多为后继当政的智囊团队所撰写，他们对记录"打江山""坐江山"者的武功谋略充满热情，对那些为新王朝夺得专享政权而鞠躬尽瘁者充满敬意，而对前朝人民在政治、经济、科技、文化领域的成就缺乏记述的兴趣；对其消极面倒热衷于演义、戏说、渲染。其实，即使是短命的秦、隋，其一统天下前后的二三十年中，在平乱定国、制度设

---

① 人们通常把社会文明切分为"物质文明"与"精神文明"两大块，这一说法并不贴切，它不过是"黑白二元对立"论的机械套用。物质永恒存在，不以"文明"与否为转移，甚至不以人类存在与否为转移，何来"物质文明"之说？又，何谓"精神文明"？尺度何在？今人的精神世界一定比一千年前、两千年前的人进步吗？劳动者和资本家谁的精神更可贵更高尚？世界上有哪种文明会是"最高文明""终极文明"？故这样的二分法很不科学，不可遵用。

我主张三分法：从思想文明、产业文明与制度文明三个方面去观察解析不同社会群体在不同社会发展阶段上的文明水准与文化特色。思想文明是指是否有成熟的思想理论体系做精神武装，包括宇宙观、人生观、思维方法论及其表达方式；产业文明主要研究如何生产、生产什么及其消费模式，人的衣食住行才是文明程度的硬指标；制度文明是社会黏合剂，是一切公私规范的总和，是任何群体有序生存的文化保障。一个健全的文明社会，三者缺一不可。三者的差异，正是世界文明多元化、多样化的生动表现。

计、政治改革、经济文化建设方面的成就，其实比汉唐初建国的二三十年更为突出、全面；然而，汉唐开国者是不会承认的。如此一来，几千年文明发展史，很可能就成了一部机械的王朝兴替循环争斗史。

近世，人们把中华民族秦汉以来持续发展的两千年文明史谥称为"封建史"，于是"封建社会"里的一切，什么封建思想、封建文化、封建经济、封建秩序、封建道德、封建伦理、封建教育……凡事一贴上"封建"标签，就必"批"无遗，必"臭"无疑，哪里还有一样好东西？更遑论什么封建制度、封建法典以至封建刑狱……这些典型的封建事物呢？于是，在他们那里，所谓"汉唐盛世"，所谓"五千年文明"，便只剩下一句空洞无物的口号。这种人，总是着意于套用资本主义社会近两三百年间的发展模式来裁截数千年中华文明的历史进程；即便说到宋明时代之经济社会的发展史实，那也只是想在中国土地上寻找西式"资本主义经济萌芽"，借以为"普世都走西方道路"之历史"规律"制造东方旁证而已，根本不是对中国自身的经济社会发展形态所做的分析与论证，更不是对本土思想文明、产业文明、制度文明之历史成就所做的量体合身的理论概括。就这样，在长期的"反封建、反专制、反孔家店"的话语环境中，历代先民走过的光荣历程，他们的奋斗与牺牲，便被遮蔽、被消解、被边缘化了。今天，这样的历史观难道不应予以端正吗？举个小小的实例：宋代苏州，人口40万，享有"苏湖熟，天下足"的美誉，丝织业衣被天下，可知其繁盛；而同期欧洲名城伦敦、汉堡、威尼斯各自才不过2万人口！然而，竟有人以苏州为"东方威尼斯"而自得——其自贬自虐竟到了如此不堪的地步！今天，这样的历史观难道不应予以澄清吗？

从鸦片战争起，中国进入了百年近代史。大中华靠自己丰厚的文化积淀和体量庞大的民族力量，坚持韧性战斗，通过百年浴血奋争，忍耻含垢，埋头苦干，在国际上，顶住了西方资本在原始积累阶段对全球殖民地的血腥扩张、种族屠杀、劳力奴役、文化铲除，保存着华夏文明的可贵血脉；减缓了自由资本对全球的自由瓜分、自由掠夺、自由弱肉强食，维护着世界最大民族群体的艰难生存；斩断了垄断资本对全球的资源垄断、市场垄断、金融垄断直至法规垄断、话语垄断，拼命前行于欧美资本体制的控扼之下！迫使列强对华"愿意"联手施暴而无法独吞，使之成为世界唯一的"半殖民地"！他们联手逼迫中华以一次次巨额"赔款"去为深陷于周期性经济危机中的资本世界源源不绝地输送去救命的战略资源及巨量的衣食生活资料，几度让其渡过难关，起死回生，让他们能照样肆虐于全球！但谁也无法彻底殖民中华！更为出奇的是：直至第一次世界大战的1914年，"破落中国"之国民生产总值竟然仍居世界第一！这是苦难的中国老百姓用双手从黄土地里刨出来的世界第一！它让全球资本一再惊疑，中国的生命密码究竟何在？它让全球资本一再看清，自家的财富创造力（而不是财富占有率）何其单薄！有人说这个"世界第一"对于孱弱的中国毫无意义，真是偏执而至愚！难道他们和他们的西方朋友是只吃火药不吃五谷长大的？

此时，在国内，中国人进行接力式变革，通过洋务运动、变法维新、新文化运动，直至发动武装革命，破旧立新，同时吸纳西方文化的积极因素，开始对中国固有文化做结构性、器质性改造，逐步与西方近现代文明对接，而不是并轨，培育中国本土的机器工业，本土的新闻、出版、邮电、交通、纺织、矿山、港埠甚至军工等新业态——这正是中国历史上社会转型幅度最大、文化触动层次最深的变革。中国近代第一条铁路、第一座钢铁厂、第一座机器制造厂、第一条电缆的出现，尽管比西方列强晚了约半个世纪，但比全球大多数国家都早；其成长当然需要一个进程，能在其中某一两段投身进去且做出些许贡献者，都应得到后人的尊重，并从中汲取继续前行的力量。其间，国家还承受了在两次世界大战中耗减数千万人口的伤痛，战后却没有按"国际惯例"收取侵略者寸土分文的赔偿，反而被友邦"均沾"了无限"红利"。成为对比的是：二战之初早就亡国投降了的法兰西，战后不仅复了国，承续了资本香火，还与英美列强一起，全面恢复了各自在亚非拉美的势力范围，并接手了对德意日之本土及其殖民地的分割或"托管"，参与了强者通吃的瓜分；而付出惨重牺牲的中国人则只能在内外交困的险境中掩埋好同伴的尸体，擦干净自身的血迹，接力奋斗，保存民族文化，凝聚民族力量，寻找自家民族振兴的道路——这才是中国人挺立于世界民族之林的独特本钱。

现在书架上凡是讲"世界史"的书，不论是中国人写的还是外国人写的，总也跳不出"欧美中心论"的宿命，总是拿全人类数千年多样化的文明史去迁就、去适应亚欧大陆极西陲那些国家近三四百年来的海盗史、殖民史、称霸史的胃口；总是把各大洲各个文明区截然不同的思想文明、产业文明、制度文明，不同的社会形态、生活理念、社会风情，一律装到西欧国家的历史框架、知识体系中去任意裁割，恣意贬褒，必欲以西方文化置换之而后可。在西方文化优越论的蛊惑下，中华传统文化成就与历史人物，往往被边缘化、虚无化、污名化，它直接消解着我们的民族自尊与文化自信，直接毒化了我们的历史观。

今天，该跳出西方话语体系，抛开百年受辱的弱者心态，重新审读我们的五千年文明史，看看我们到底是怎么一步步走过来的。

目　录

第一讲　中华文明通说 …………………………………………………… 001

　　一、中国道路的历史渊源 ………………………………………………… 001
　　二、阴阳五行学说的理论生长点 ………………………………………… 010
　　三、中华产业的强国功能和资生效应 …………………………………… 015
　　四、礼治之"礼"的历史内涵 …………………………………………… 023
　　五、中国人的象数思维 …………………………………………………… 028
　　六、中华以人为本的科技红线 …………………………………………… 033
　　七、巫文化与私有制是进入文明社会的路标 …………………………… 038
　　八、中华文明历来是开放而兼容的 ……………………………………… 041
　　九、中国城市生态的五次大蜕变 ………………………………………… 050
　　十、谈谈海洋文化的中国文化本体 ……………………………………… 059
　　十一、官场文明从反腐做起 ……………………………………………… 064
　　十二、中华文明从未中断的生命密码 …………………………………… 071

第二讲　上古文明别裁（三代—战国） ………………………………… 077

　　一、《无逸》篇的要害是"天子享国论" ……………………………… 077
　　二、分封制·乡遂制·郡县制 …………………………………………… 082
　　三、井田制原是一种土地垦辟制 ………………………………………… 085
　　四、孔子是位活力四射的阳光人物 ……………………………………… 090
　　五、让易学走向现代、走向世界 ………………………………………… 093
　　六、《尚书》纵论政刑狱讼而未论及仁义 ……………………………… 098
　　七、《周礼》讲的是国家体制与社会基层管理 ………………………… 103

八、《春秋》可证：新闻与历史原是一家 …… 110
　　九、墨子：自下而上地推选农与工肆之人当政 …… 115

第三讲　中古文明别裁（秦汉隋唐） …… 121
　　一、秦人的文化事业 …… 121
　　二、秦代的产业管理条令 …… 124
　　三、《氾胜之书》告诉你汉代的精耕农业有多精 …… 127
　　四、官从吏来：汉代官员的执政能力世界一流 …… 131
　　五、汉代的西域屯田及其他 …… 134
　　六、从《齐民要术》看庄园经济 …… 135
　　七、独放异彩的中国功夫 …… 145
　　八、隋代大一统国家治理模式的全面提升 …… 150
　　九、《唐律疏议》编纂上的方法论优势 …… 154
　　十、唐代的县公安局局长们能干也能诗 …… 160
　　十一、录囚值得感恩吗 …… 163
　　十二、唐代有正字通字俗字，还倡行简笔字 …… 164

第四讲　近古文明别裁（宋元明清） …… 169
　　一、杯酒释兵权，干得真漂亮 …… 169
　　二、宋代经济社会的人户管理 …… 171
　　三、宋辽金警察职能的序列化 …… 176
　　四、宋代的纸钞流通及经济犯罪 …… 181
　　五、南宋法制生活的多维观照
　　　　——评《名公书判清明集》 …… 183
　　六、县令王祯是个活跃在田间地头的诗人农学家 …… 187
　　七、中华法系将元统治引入正轨 …… 195
　　八、《天工开物》是帝国工业的百科全书 …… 199
　　九、时代风向：明人启动了和平合法斗争的新方式 …… 202
　　十、经济发展并不必然带来社会安宁 …… 206
　　十一、汪鋐与朱纨是明代制葡抗倭的双雄 …… 208
　　十二、环球航线·南洋商贸 …… 219
　　十三、清代力主开海防夷的预警者 …… 223
　　十四、清初的百口通商与"中国人事件" …… 226
　　十五、资本列强能给中国现代化机遇吗 …… 231
　　十六、当代西方法治把反神治转换成反"人治" …… 238

第一讲　中华文明通说

中国先民在整个中华文明发展进程的不同阶段，发挥首创精神与传承本能，接力前进，让大中华数千年始终屹立在同时代世界先进文明的前列，这其中蕴藏着丰厚的思想文明、产业文明、制度文明之成果，有待人们去发掘、阐释、弘扬。中国历史自有其独特的历史进程、历史逻辑，我们有责任将它揭示出来，阐释清楚。

一、中国道路的历史渊源

数千年来，中华思想文明、产业文明和制度文明从未中断，不论境外的何种异质军政势力如何干扰或颠覆，都未能使它中断，也无法置换它，更无法铲除它，这些外来势力自身反而总是被吸纳、被整合、被提升。曾记得，当年疆土面积曾与全欧洲相当的古国如奥斯曼帝国（公元1281年—1922年，土耳其、希腊及叙利亚等国的共同前身）、莫卧儿帝国（公元1526年—1857年，南亚的阿富汗、巴基斯坦、印度、孟加拉国、尼泊尔等国的共同前身）、桑海帝国（在西非，今马里、尼日尔、加纳等国的共同前身，16、17世纪走向鼎盛）等在西方侵凌下都一一亡国了，而美洲之玛雅文化（公元前20世纪—公元1697年，覆盖墨西哥到巴西地带）与印加文化（公元14世纪—公元1532年，覆盖南美秘鲁、阿根廷等地）甚至被铲除了，那里成了西欧人的"拉丁文化区"。相反，中国人口始终占世界1/3—1/2以上，总产值从公元前700年—1914年间一直占世界1/3—1/2以上，科技文化在公元1700年前长期走在世界的最前列。

现在，让我们从思想文明、产业文明和制度文明三个方面，对中国道路深厚的历史渊源做一番探索和梳理，借以深化对于中国道路的文化自信。

(一) 思想文明的历史渊源

中华民族历来秉承天地人三才合一的天地之道，确认"人为万物之灵"，尊重人，尊重生命；主张辩证思维，执两用中，不走极端；倡导和谐共存、双赢并进，维护总体的平衡发展，这是中国人心理定力之本，无人能够撼动它，置换它。今天，把握好东方哲学的理论生长点，我们将能向文明世界提供更为优越的公共精神产品，以构建人类命运共同体。

中国传统世界观、人生观的核心命题是"天地人"三才之说，是"人为万物之灵""天地之大德曰生"的理念。它高度尊重人、人的生命、人的尊严、人的能动性与开创力。可贵的是，这一人伦大道正是在上古普世都不肯把占古人类绝大多数的奴隶当"人"的时代提出，并予以理性阐释的。它决定了中华文明的高起点、亮起步，决定了中华社会科学、人文科学的全面发达、全面早熟。

哲学世界观问题是思想文明的核心。西方世界普遍崇奉的是"黑白二元对立论"，它对一切都做二元切分，一切都讲你死我活的对立斗争，什么天人、人我、正反、黑白、生死、男女、夫妇，甚至工与农、城与乡、体与脑、劳与资、精神和物质、唯物和唯心、法治和人治、光明和黑暗、正统与僭伪、战争与和平、君主和臣民，无一不是"对立斗争"关系。这种"二元对立论"，强调斗争，强调排斥，鼓吹对整体的分解和破裂，追求你死我活，绝对排斥异己、异教、异类，人为地制造并激化文化冲突，将禽兽间通行的"丛林法则"包装为貌似社会文明的生存哲理。

中国传统的阴阳学说，则是一种自然整体哲学，它有一个重要特性，就是全息性，故有"天地大宇宙、人体小宇宙"和"天人合一"之说，特别强调对事物的宏观把握，强调协和、统一，强调对整体的维护。阴阳学说当然承认事物之间有"对立"性，但更注重事物之间的互包互渗、互生互化关系，更注重事物之间的对应、对等、对称、对齐、对比、对扬关系，故要求辩证思维，要求执两用中，要求共生互济，反对偏盛偏衰，反对走极端，反对一个吃掉一个。

"五行"学说，是世界万事—万物—万象之间多维关系的模式化表达，金水木火土只是一种物化符号，它们之间的"生—克—乘—侮"关系，正是客观世界各种事物之间多重联系、立体交汇、生化运行、多元共存、共同发展的形象展示。在"阴阳五行"理论模式中，世界是一个绵绵不绝的品物链条，事物之间互为生化制约的条件，又互为发展的因素。取消任何一个环节，世界都将是不完整的，不可持续的。如此看来，不能将阴阳五行论简单地等同于西方哲学中的"黑白二元对立"论，二者的理论诉求不可通译，不能通约，不应通假。至于把"金水木火土"解释为五种"物质元素"，更加窒碍不通。

找准中华古典哲学的当代理论生长点，对阴阳五行学说进行合乎时代要求的阐释，实现传统哲学的当代转身，将和谐发展、阴阳依存、互为生化条件的理论贯彻到底，是我们坚持"中国道路"之"道"的枢纽所在，也是我们向和谐共处的人类命运共同体奉献的哲理根基。

（二）产业文明的历史渊源

中华数千年经济社会持续发展的基本路径是：以大农业为基础，以工商业为双翼，以先进科技、先进文化为装备，持续推进实体产业的发展，夯实了中华民族历尽艰难竭蹶而不败的物质基础。它启示我们，不能走西方列强赖以崛起的"军备强国、金融富国"的排他性殖民扩张之路，要始终把发展攸关国计民生的实体经济放在优先地位，走好自己的经济社会发展之路。

社会文明的根基是产业文明。中国至迟从《尚书》的"洪范八政"开始，就把"食、货"定义为国家机器的优先职能。"食"指以大田作业为主的大农业生产，"货"指入市商品的生产及其交换。中国农业经济从来都是世界最先进的"大农业"经济，绝非西欧人所贬称的"小农经济""自然经济"所能概括。近代以来中国经济界学人中泛滥的关于"小农经济"的那些论断，不过是在学舌西欧经济学界为解析当地中古时期极其落后的"砍烧农业"而建构起来的那套经济话语体系，它根本反映不了几千年来以大农业为基础、以工商业为双翼、以科技文化为装备的中国精耕大农业经济的本质与特色。依照近代欧洲人关于"小农经济""自然经济"的说法，农业从来就是分散、落后、保守、贫苦、愚昧、不卫生、不文明、实力单薄、经不起大灾小难的玩意儿。原来，西欧中世纪，农田种1收4即谓之丰收，城市中有几家拥有七八个师徒的制鞋手工作坊，全城能集聚到1万—2万人口，就足以号称"大城、名城"了（如当时的伦敦、汉堡、威尼斯）。在这样的经济体中生活的西欧人，是无从体认中国《诗经》中《生民》《七月》《大田》《甫田》等篇章所讴歌的先秦之"十千维耦""千斯箱、万斯箱""仓庾连云"那种大农业和大格局的，更无法设想汉魏六朝庄园的综合经营、规模经营，园林化村寨宜居环境的建构，更没见过隋唐宋元明那种城乡经济一体发展、农工商贸互补双赢的拥有特色农作物、专营作业区的规模性实体经济。

事实上，在中国，西周以降，就已用先进科技来装备农业、优化民生了。《考工记》上说：周代，全国水土田林沟渠道路都被置于网格化的"井田"设计之下，实行"大田作业"；都、邑、庐、舍，必须建在"水、土、田、林"足以持续承担的地面上。汉代的《氾胜之书》，更注重土地耕作制的不断改良，推出了代田制、区田制、轮作制，复种制，推出了选种、浸种、施肥、浇灌、嫁接、杂交技术，这就优化了农业生态，保障了世界最大民族群体的衣食之需（公元2年，西汉平帝二年，中国人口为59597983人，约占当时世界人口1/2以上）。唐宋时代，已出现大片大片特色农作物产区与经济作物基地，有效地支持了城市工商业与外贸业的兴旺发达，支撑了百万市民、百万大军的巨量消费。总之，中华农业发挥了精耕农业的一切优势，尤其注意生态平衡、生态互补与生态优化，尤其注重生产主体——"人"的宜居家园、乐居环境的营造。汉唐人就已将粮食作物与经济作物交叉配置了，宋明人的村寨就在实施园林式环境友好的布局了（人类理想的宜居环境绝不是"乡村城镇化"而恰恰是"城居别墅化"），它绝对不应该被西方近世的"石油农业"所吞噬！

同时，历代汪洋大海般存在的自耕农、佃农及流民队伍，源源不绝地提供着最可贵的、低成本的劳动力资源，以便国家用最低代价去"放手办大事"——中华大地上的巨大惊世土木工程，都是这么来的；中华大地上的每次社会转型，也都出自他们的血汗——这是千年一贯的。

中国大农业是用同期世界最先进的科技知识与经营理念装备起来的。中国"十大经典农书"（《氾胜之书》《齐民要术》《王祯农书》《农政全书》《天工开物》《授时通考》等）全是以庄园经济为对象的。通过它们，人们就能看到传统庄园所蕴蓄的自理、自治、自营、自卫、自教、自育的巨大能量（《世说新语》中的谢灵运庄园，连同《水浒传》的祝家庄、《红楼梦》的乌庄头，都可以告诉你"庄园"是什么）。这样的经营实体，又怎能用欧洲人定义的什么"小农经济"①"自然经济"之概念来强行框定呢？又怎能搬用西方人讥嘲其中世纪砍烧农业的那套话语来攻击养活了世界1/3—1/2人口的中国精耕大农业呢？

至于工商实业，这里不妨以明代为例。明代，造船业、丝织业、棉纺业、制茶业、制瓷业、矿冶业、制盐业等行业高度发达，并在相应地区形成相对密集的特色产业区，以中心都会和大型商埠为核心，带动广大农村腹地，汇成一种前所未有的生产力，形成了相互依赖、相互联结的利益共同体。南京、扬州、苏州、松江、杭州、明州、广州、佛山镇、武昌镇、朱仙镇、景德镇，都以生产发达、

---

① 关于"小农"的种种贬斥，也渗有中国人自己对于近代一二百年间的破败农业经济的沉痛记忆。要知道，中国汉唐盛世的人口峰值不过五六千万；而清中叶之后，在耕地面积并无太大增长的情况下，人口却在翻番，从2亿—4亿的巨变，恰恰发生在19世纪中叶；而这时正是统治阶级加速腐败、溃滥的时期，外有列强欺凌、吸血，内有全局性的农民造反、民族造反，社会沦落于空前大动荡大危机之中，于是传统农业经济惨遭摧残，人们很容易把它与西欧中世纪"小农经济"的荒寒、残破、落后挂钩而呼唤改变，这也是20世纪前半叶革命风潮席卷的社会原因——但这笔账不能记在中华精耕大农业头上。

市场繁荣著称于世。松江府投放市场的棉布"日以万计",苏州"郡城以东,皆习机业"。景德镇"广袤数十里,业陶数千户……万杵之声殷地,火光烛天,夜令人不能寝"。(参见明《浮梁县志》及《归震川先生文集》等。)《天工开物》全面总结了明代工矿业、冶金铸造业、棉纺织造业的全新经验与科技创造。当时,生产者、经营者们在比产量、比质量、比营销、比运输、比技能的大规模竞争活动中,形成了相互依赖、相互联结的利益共同体,出现了以私营作坊、手工工场为基地的劳动力密集组合和以行会为纽带的利益集团。其中任何一个环节的异动,都会直接牵动广泛的产供销系统而作用于整个社会。这个时期,大量失业农民进城谋生,在"出卖劳动力"的新型雇佣体制下向"产业工人"蜕变。

综此,我把它概称为"中国国家工场工业的特定业态"。它体量庞大、内部分工严密有序,跨地区跨行业进行资源配置,其生产技能科技含量相适配,产品远销海内外,全行业在国家经管之下,能实现超时空的产供销联动。《天工开物》的问世,便是中国本土的"帝国工场工业"之业态已高度成熟的标志。无论就其业内劳动组合、劳动分工而论,还是就其产供销体系的规模体量、资源配置而论,都是西方中世纪之"手工工场"的概念所绝对无法涵盖的。西方把机械动力问题的解决吹嘘为"工业革命"的唯一指标,那是一种见物不见人的划分法。

中国体量庞大、产品优异的工业制造业,支持了宋元明清持续千年的对外贸易优势。它标志着我国当时科技与经济的超一流发展水平,当其相继外传于东亚、南亚、西亚、北非、东南欧及西欧时,又全面提升了人类精神生活与物质生活的水准;而当时的欧洲大陆还处于缓慢发展的中世纪。西方直到18、19世纪,靠欧式资本运作加上对全球的金融掠夺,也未能达成宋明时代靠本土劳力与本土资源就已形成的体量庞大、水平高超的产业规模。

中华农业经济的高度发达,保证了人的高水平有尊严的生活质量。在宋代汴京与杭州及全国其他大中城市里,旅馆、食店、酒楼、商号、勾栏、瓦舍以至妓院,整街整街地成片涌现,形成空前景观:城中已经有成套的旅舍、茶楼、酒馆、食店、房屋租赁的配置,有公共交通工具(车轿马驴)的出租服务,有生活用品(比如婚丧节庆时用的锅碗瓢盆桌椅板凳与礼器乐器)的成套出租服务,有一流的供水与消防设施,有公共文化娱乐场所(勾栏瓦舍)与自成风格的画坊、乐坊。闻名遐迩的书社、书院集聚着天下英才,有一批批知识分子在自由讲学、自由结社、自由出版;文坛的不同学派,政界的不同宗派,彼此对立着、争鸣着、角斗着。宋政府有时也会关押或流放"反对派",但没有因此杀人,尤其是没有成批地关押杀戮文人的事情发生。而中世纪的西欧各国,正在比拼着成千上万地绞杀"异教徒",搞大规模的"猎巫运动""排犹运动""十字军东征",那都是不容抹去的人类惨痛记忆。宋政府还设有功德坊、施药局、慈幼局、养济院、漏泽园等文化福利设施；寺院的"丛林化"也使宗教场所成为社会公益、文化交流的策源地；而妓院、柜坊（赌场）、典当行、制币局的出现，更让中国社会打上了"近现代"标志——迄今大多数人仍然认为这一切都是"城市迈向现代化"的重要表征。

中国产业自有中国特色、中国能量！史实一再证明：中国人无须依赖殖民掠夺，不靠什么"资本运作"，就可以实现经济社会的高度发展。中国先民当然有丰厚的资金，有强大的市场运营力，何须用欧式"资本运作"去驱动？何须等上10个世纪之后再用欧式"国富论"来"启蒙"，以求符合"资本主义规律"？中国人自有自己的富国之学、资生之术，能保证我们的健康崛起——当然，需要发展、更新。

"民以食为天"，食、货才是社会存在的依靠，才是人类生存质量的硬指标，丰衣足食才是生存权、发展权的"人权"保障，才是人活得有尊严的底线。我国古代经济学家管仲、桑弘羊、沈括、徐光启、宋应星等有个共识："金银，衡财者也，非财也。"中国人从来不把金融炒作（资本运作）上的巧取豪夺看得比经营实体产业更重要；这跟西式"资本主义"制导下走的"军备强国、金融富国"之路完全是两条道路。可见，要认准几千年来中国经济社会的发展路径，还得重新建构反映以实体产业为脊梁的中国之经济话语体系。

（三）制度文明的历史渊源

古代中国拥有高度早熟的法理自觉，它认定人命第一，坚持以民为本。这是中华礼治、德政的基点与底线，也是"以刑法为主干、诸法合体、律例并行"的中华法系的理论依据与权力源泉。它超越了同期各国通行的"神治神断、同态复仇、血亲复仇、司法决斗"的普世法则，从而建构成中国自家的法治文化与法典系列，形成了大一统领土国家多元向心、各民族互融共进的社会机制，形成了数千年综合为治的国家治理模式和社会管理路径。这在世界文明史上具有唯一性。

即使从商汤建政（公元前17世纪）算起，我们也已有了四千年的治国之史。四千年来，我们走出了一条大一统领土国家多元向心、综合为治的治国之路。离开有强大向心力、统合力、凝聚力的中华法治文明，这是不可想象的；而中华法治文明是建立在强大的法理研究、深厚的法理积淀基础上的。没有高度自觉的中华法理做引导，就不可能有中华法治，不可能有260余部中华法典的连续制作和不断更新，也就不可能有世界上最大的民族群体的有序存在。我们应该百倍珍爱自己民族的法治文化遗产，自觉抵制任何将它边缘化、妖魔化进而"去中国化"的图谋。

从国家机器诞生之日起，在中华大地上就一直在实行政教分离的体制，王权高于一切，宗教系统始终处于服务性、服从性的位置上。国家在王权主导下，组建了覆盖全国的行政网络，而处于这个网络的节点上的各级行政负责人，担当着一方疆土的治理总责，他有权调动政、经、兵、刑、法、禁、礼仪、宗教、风俗、道德等一切法治资源实施综合治理。总的说来，中华法治是实现社会凝聚和社会发展的正能量，它具有自己独特的法治要素：

1. 健全的天道观、国家观、刑法观、伦理观，正是中华法制据以判断是非、善恶、美丑的基准，也是依法实施刑赏的权力来源。在主权独享的国家疆域内，实现多元统一、政教分离、中央集权、基层自治、居民自律的有效治理，实施以民为本、综合为治的治国方略；礼乐并举，礼以保证秩序，乐以追求和谐，走向天下大同。在这里，任何军政势力一旦鼓吹分裂，挑动动乱，实施虐民误国之政，必定丧失其合法性而招致全民的共同否定；一切无视民命、民心、民权的理论、主张、举措，都必将招致失败而被埋葬；数千年来的数百次王朝兴替早已反复说明了这个真理。

2. 它不忌惮"上帝命定"论，它摒弃"为治惟法"论，它强调以人为本、强调以人为出发点和归宿，故坚持用"五礼"在社会行为的起点上教导人，预先遏止任何社会矛盾、社会冲突的激化；坚持用"五禁"在社会行为的进程中规范人，把大量社会矛盾、社会冲突消弭在萌芽状态；坚持用"五刑"在社会行为的终点上审视人，依法做针对性的或惩或奖，从而形塑守法公民，形塑良性秩序，进而激发人的主体能动性，而不是只惩不奖。①相比之下，基督教国家让世人终生背负什么"原罪""本罪"，去当"驯服羔羊"，毫无人格、人权、人的主动性可言。

3. 它实现了法理上的早熟：中华法理建立在"天道自然"观的基础上，以天人合一为哲理基础；它认定"天无私覆，地无私载，日月无私烛，四时无私行，圣人无私法"的"天道"才是衡定"良法"之合理性、正义性的根本依据；它以"人为万物之灵""天地之大德曰生"为价值取向，这就超越了普世神治神断、同态复仇、血亲复仇、司法决斗之风，提出了民命至上、预防为先、刑赏兼顾、分级管理、慎狱恤刑、依法定罪、衡情量刑、证据第一、误判追责的全套法

---

① 五礼：吉礼、凶礼、军礼、宾礼、嘉礼，它通过人的社会行为的规范化、仪式化来提升社会总体的文明水准；五禁：宫禁、官禁、国禁、野禁、军禁，它通过奖罚并举来营造有序、宽松、和乐的社会环境；五刑：原指五种肉刑：墨刑、劓刑、剕刑、宫刑、大辟；隋唐以后指笞刑、杖刑、徒刑、流刑、死刑，它通过严明的法律来保障各阶层、各领域之社会生活的公平正义。对此，在本讲第四节进行了专题论述。

治原则与狱审规程；从而保证了法为良法、政为德政。这才是中华法理、法系、法典的文化之根，它已经深入人心，内化为中国人守法护法执法的内在要求了。

4. 古代中国政府遵循政刑合一、军警一体的体制，它有利于调动一切社会法治资源来"建定秩序"，适应了多元向心的大中华之综合为治的需要。《周礼》六官中的天官府，负责婚姻法、土地法、商贸法、契约法、财产法等民法类法规的落实，配之以行政裁决、治安裁决、公论裁决、道德裁决，化解了无数社会矛盾，保证了良性社会秩序的稳定，这正是中国机体数千年稳定存在的法理基因。

5. 中华法典是以人命保护为目标而展开的、以刑法为主干的一个综合调节体系，自有其法理优势。其"诸法合体"中首列"名例"，起"宪法"功能：交代立法思想、立法原则与基本刑名概念；然后再分条分款地开列刑法/民法/诉讼法/行政法甚至涉外法/战争法等方方面面的内容，起着各别法、部门法的分叙功能。它保证了法律的全息性、内容的自洽性与功能的综合性，适应了历代行政和司法合一的国家体制机制的需要；而中华刑法的推行，更激发了古代立法、司法、执法领域各个学科的超前早熟，促使中国古代刑侦学、预审学、证据学、法医学、狱政学、司法文书学等获得独步世界的丰硕成果。

6. 中华法系讲究律例并行，即讲究国家律令与通例及成案的综合应用，它既能用"律"来保证国家法制的统一性、原则性、稳定性、权威性，又能以"通例"及"成案"来保证司法、执法活动的针对性、实用性、可操作性，还能体现出相应的地区差别、民族差别、时势差别。这是中华法系的一个突出优势，它适应了全国各地经济文化风俗民情发展不平衡的客观形势的需要。这就综合了西方大陆法系与海洋法系二者的优势而避开了它们各自的先天缺陷。

7. 中国文化界一直以阳光心态去透视一切艰难困苦、穿透一切阴霾毒雾，而以其作品的阳刚旋律振奋着人心，支撑着民族意志，持续地发挥其拒腐防害的功能。在中国文坛上，所谓厚黑之学、靡靡之音、黑幕文章及各色奢谈戏说，从未占据过主流地位；同样，在中国法学界，一切鼓吹分裂、渲染仇杀、张扬屠戮、挑动冲突、背离公理正义的谬说，也从未找到过自己的市场。

我国历朝历代从建政之初起，无不注重制定并颁布实施国家法典，法典自身也在接受社会实践的检验中不断修订，相关编纂技术也在不断改善。我们曾反复遭遇全局性的天灾人祸，长时期陷入分裂动荡之中，出现过形形色色反社会、反人类的牛鬼蛇神，也出现过道德滑坡、人心涣散的危险倾向，但这一切都没有改变中华前进的步履，我们总能衰而复振、仆而又起。这，谈何容易！它，端赖先民对良法良政做了系统深入的探究，并将其思维成果反映到历朝历代国法的制定及有效实施上来。

正因为有历代法治建设成就的客观存在,才有效地促使粗犷强悍的北魏、辽、金和后来的元朝与清朝统治集团,自动认同中华法理、法系、法典,依循中华礼法来建国定制、变法施政,保证了中华法系/法统的持续性、一贯性、传承性。这也是中国人公认北魏、元朝、清朝政权为"中国政权"的根本理据!中华法系的作用力是《罗马法》所望尘莫及的。当年,《罗马法》只是作为天主教廷之"宗教法"的补充而存在,其作用面不过是地中海西部那半个圈圈,连欧陆内地都无力辐射到,还谈什么世界影响?

在我国数千年文明史上,中华法治—法理,既是政治推进力,又是文化辐射源,更是社会文明的提升机,还是异质文化的兼容器,其历史功能强大而无可替代。在中华大地上,一切分裂割据势力,都被全民自动地排斥在政治合法性之外:无论哪个王朝,也无论何族何种军政集团,谁都没有也不能超越中华法统而实现自己的合法统治;也从无鼓吹分裂、鼓吹割据的文章或立法得到过全体国民的法理认可。它保障了数千年的最庞大民族群体之持续存在,保障了庞大社会经济体的稳步发展;对内迁各族起了融合凝聚作用;对周边世界产生了强大的辐射与吸附功能,也提升了中华制度文明的水准。

然而,在法学界,有人口头上承认有"中华法系"的存在,实际上又总是用西方法学话语来阐述中国司法实践,拒绝对"中华法系"之体系构成、内在特色、历史功能、社会实用做过细研究,不惜搬用中世纪宗教神学攻击古罗马"人治"的理论,来否定中华数千年的礼法合治、礼乐并举;又总是以西方"民法典"为标准,来比照凸显中华法典的种种"缺陷"与"不是":硬说中华"刑法"之关注人命/人格/人权,倒不如《罗马法》之只关心财产的转让与分配/再分配来得"科学";他们无视"举重明轻、举轻明重"的唐人法制思维之缜密性,而鼓吹什么"法无明文不为罪",鼓励执法者去钻任何现行法律都必定存在的法律空子……如此之类的曲解,不胜枚举,难道不应该尽快使此类现象终结吗?

结语:阴阳五行学说与黑白二元对立论是两股道上开的车,不可通约,不可互混。我们要找准阴阳五行理论的新的生长点,使之适应新时代的需要,开辟精神文明新天地;西方列强"金融富国、军备强国"的排他性崛起之路,是敛财聚财耗财的寡头生存密码,不是为国家、为社会、为人类生财、致富、提升生活水准的根本道路,它不具有和平推展性;我们只有发展实体经济,抓紧科研创新,才能深耕致远,才能赢得未来。把法治和"人治"对立起来,把西方近代法治模式单一化、普世化,那是"世界归主"之神学要求的当代升级版;而我们,则必须珍视自己的民族文化遗产,担当起发掘、梳理、萃精中华本土法理知识的重任，以求无愧于自己生活于其中的这个光荣时代。中国道路深深扎根在民族文化中，必将永葆其青春，与全球先进文化共成长！

二、阴阳五行学说的理论生长点

学术界有人用西方概念诠释中国学术，用西方方法论解读东方思维，用西方学术体系整合东方思想文化资源，削中国数千年文明之"足"去适西方近两三百年的学术之"履"，一旦碰壁，则"宁信度不信足"，妄评中国学术为"神秘主义""不讲逻辑""不科学"云云。另一些人则以"西学"为标尺、为参照，用西方理论模式剪裁中国实际，力图从东方文化中找到与西方似乎相同、相近或相通的东西，以此来证明中国文化"也有合理的成分"，实际上仍然陷入了向西方文化寻求认同的迷圈。

实际上，中国学术有中国学术的深厚底蕴，不能简单地用西方学术概念来整合它、山寨它。东西方两种学术体系的术语、概念、主张并不等值，不能简单对译，不可一一搬用。今天，那种把中国文化学术塞进"西学"框架的做法应该终止，应该把注意力集中到研究中国文化自身特色上来；重新认识东方文化的理论要旨、理论构成及其表达方式；重新检视阴阳五行之间的生化依存辩证学理，找准传统学术的理论生长点，实现中华学理的当代改造与升华，是今人义不容辞的任务。

（一）阴阳理论，集中体现着中国哲学的理论特色

阴阳学说是自然整体哲学，它有一个重要特性，就是"全息性"：整体的每一局部都能表达整体的性质与功能。与西方哲学范畴不同，阴阳不是物的抽象概括，而是意象归纳。它不是某种物质的静态共性之抽象，而是以事物的动态性能为观照对象，为事物之间的关系萃取的一个范畴、一个类称。阴阳学说的观照对象是自然整体，阴阳之离合是对自然事物之整体性关联性的划分与合成。《黄帝内经》上说"阴阳应象"，阴和阳是对"象"的概括，表现"象"的关联形式；它揭示的是关系性/结构性规律，故不可分割，故强调协和、统一，强调对整体的保持、维护而反对分裂、分解，故不能将"阴阳"学说粗暴地等同于"对立"理论。

在事物间的万千关系中，"阴阳"学说特别强调"对应"关系。凡光明的、前进的、刚性的、强大的、积极的、外显的、正面的事物或表征，都属阳，都和阳相对应，故天、日、火、男、山、龙、马、刚……可归于一类，而不涉及

各自的理化生态构成，不可做静态定性定量解析；凡黑暗的、退缩的、柔软的、消极的、弱小的、内藏的、反面的事物或表征，都属阴，与阴相对应，故地、女、月、水、泽、蛇、虫、柔……可归于一类，不可用某种仪表仪器来做机械测量的。一句话，阴阳对应之说，揭示了事物之间更普遍更本质的多维交织联系。

阴阳之间的对应关系，可以更细致地表述为对应、对称、对偶、对等、对比、对扬关系，总体上是正态的、共存的关系；也有负态的相害相损的对立关系。

1. 先说对应关系。对应，有三类共生共存的生态：一是指互成对偶/对比/对抗/对立事物之间的对应关系，有你必有我；二是指一事物与周围事物之间的对应关系；比如人体的健康胖瘦就与食品的寒温燥湿、天气的阴晴风雨、食物的精粗新旧、肢体的经络穴位都有着对应关系；战争胜负与地形地貌地物的利用也有对应关系。三是指五行/五谷/五星/五色/五音/五味/五声/五脏/五德/五礼/五禁/五刑……之间的对应关系，这在传统文化中讲得很多，比如《黄帝内经》中的脏象对应学说（示意表）：

```
五脏功能系统：脏 — 腑 — 体 — 感官 — 情志 — 需求
心所主系统：心 — 小肠 — 脉 — 舌 — 喜 — 平衡
肝所主系统：肝 — 胆 — 筋 — 目 — 怒 — 消耗
肺所主系统：肺 — 大肠 — 皮肤 — 鼻 — 悲 — 归属
肾所主系统：肾 — 膀胱 — 骨 — 耳 — 恐 — 安全
脾所主系统：脾 — 胃 — 肌肉 — 口 — 欲 — 生存
```

西方科学恰恰不认可这种对应关系，认为"不科学"。然而，中华民族数千年持续存在与壮大的历史，又颠扑不破地确证了阴阳学说所主张之"对应关系"的合理性与客观实在性。这种"对应"观，可以说是构建阴阳学说的主要基石。不讲对应关系，也就没有了阴阳学说，没有了构建在阴阳学说基础上的中华医药学、音乐学、天文学、农学、兵学、数学。西方科学给予的诟病也最多：你能用某种仪表/仪器来做理化测量吗？谁能测试出水火、日月、男女的阴阳成分各有多少？各占何种比例呢？但我要告诉他们：事物之间的阴阳对应关系同样是客观存在、不容忽视的，这已为亿万中国人实践所证明！实践才是检验真理的唯一标准。这种对应关系，是构建阴阳学说的主要基石。

2. 再说对称关系。生活中，人们把中轴线两侧数量、质量、形态、势位、力量相同或相近的两个事物之间的关系视为对称关系，平衡关系。我们讲对称关系，求的是知对称/求平衡的诀窍：不仅看个体之"数"和"量"的机械对比，更要看双方所具有之"势"和"位"的动态较量。历史上，处于上升期、兴发期的"弱势"力量，总能摧折貌似强大的既有力量。只要善谋势、会占位，战胜强大十倍乃至百倍于己者也不在话下。周武王推翻商纣王，努尔哈赤打败明王朝，无不如此。五代谭峭在其科技著作《化书》中这样讲："转万斛之舟者由一寻之木（舵），发千钧之弩者由一寸之机。"是的，鸡蛋能噎死人，蚁穴可溃大堤；星星之火，可以燎原；坠落的瓦片会叫路人避让，而路边的巨石却可垫在屁股底下……这是对称学说之能动性的最好注释。懂得动态地谋势、占位、计数，才能对人的主观能动性做最佳发挥，才是对人的主体性的最大尊重。

生活中的"不对称"往往更引人注目，那是因为人们容易看到单一的"实力"对比，而不识其"势""位"的综合功能；而善于乘势握机者，往往能从某个物理量的"不对称"之外，知此识彼，精准定位，造成量、势、位总体上的平衡对称，去破解难题；而这样的"对称"更具有实战（践）意义。在"唯实力论"者心目中，在"唯武器论"者心目中，绝不可能有这样的智慧，他们常常把实力悬殊的对手之间的关系称之为"不对称关系"，而将强大的对手视为不可抗拒的，自居败局。

3. 再说对扬关系。讲对立斗争者心目中是没有"对扬"理念的。对扬，讲的是水涨船高，是人我的共生共赢，是成就自己、利益他人、相互弘扬；反对偏胜偏衰，一个吃掉一个。比如在五行学说中，金克木的同时，金又生水，水又生木；木又通过生火生土而生金，从而保持总体的动态平衡，这就是"对扬"。另一种"对扬"，是指负态的对扬关系，不是相互助长而是互相伤害，谁也不讨好，那就成了互损，成了内耗；那是对立关系的内部滥用。

（二）五行学说是中国先民对世界万物万象之关系的模式化形象表达

"五行（háng）"就是"五行（xíng）"，又是"五行（héng）"，是指世间事象之间的物态归类，也是它们的运行模式或内在禀赋。所谓"五行（xíng）"，其实是我国古人采用"比类取象""立象尽意"的办法，从生活中提取出"金水木火土"五种物象，借来类比、对应生活中万事万物万象之间的基本联系，作为一个模式，一种示象的符号体系；作为一定哲理的"表达式"，用来揭示事物关系的多向性、多样性、关联性、整体性，揭示宇宙间万事万物的运化发展的趋势与规律。

1. 生，指五行链条中相邻事物之间、前者对后者的生化助长作用，比如金生水、水生木、木生火、火生土、土生金，这样推衍往复，生生不已，前者的存在是后者生化长养的必要条件；而后者的存在，又反过来构成前者的生化环境。比如说：金生水，但"水"并不只是消极地等待"金"来"生"它；它也会通过木、火、土等中间环节去"生"金。这说明在五行链条中，前者生后者，后者又反馈于前者。因此，这里所说的"生"，不是指前者"转化"为后者，也不意味着后者依赖于前者，它们之间是"共存互动的生化关系"。

2. 克，指五行链条中相间的两个事物之间、前者对隔位后者的抑阻与克制作用，如金克木、木克土、土克水、水克火、火克金。通过这种控制抑阻，维持总体上的适度平衡。注意：这里的"克"不是"灭"，不是一方吃掉一方，而只是一种制衡作用，只求在秩序范围内保证双方的正常存在。

3. 乘，指在五行链条中，主方过于强大，超量投入，客方相对弱小、无力承受，因而不能正态生克，这叫作"乘"。比如，水生木，水超量投入则反而害了木，破坏了整个生化链条；水克火，本意是以水制火，但水过强则灭了火，同样破坏了总体平衡。

4. 侮，反之，客方过于强大，主方过于弱小，生克逆向运行，出现负态生克，便是"侮"，即所谓"子克母""尾大不掉"之类。比如，火生土为正常，土生火则为异常；金克木为正态，木克金则为负态。异常或负态的出现，有赖于协调和消解。

注意：在五行学说中，生与克所表述的关系并不是事物之间的矛盾对立、作用与反作用关系。金生水、水生木，金不克水却克木。"生"与"克"的主方都是"金"，而客方却分别是"水"或"木"，因而生克不是对立关系，而是对应关系；而且，"生"不等于转化，"克"也不等于消灭，所以不能把生克关系等同于或解释为"对立"关系。东西方两种学术体系的术语、概念并不等值，不能机械对译。同样，乘侮之间，也是对应关系，也不存在矛盾对立关系，不可用斗争学说去阐释它。另外，有人把"五行"解释成构成物质世界的五种"元素"，显然，这是用西方术语解读中国学术产生的失误。他们不理解中国古代哲学理论"比类取象"的表达式，把金水木火土之"象"机械地当作"实体物质"去看待。殊不知这根本不合乎中国古人的思维特征，因而无法读懂东方思维成果。至于把生克关系说成是作用与反作用关系，解读为对立斗争，把五行链条视为简单循环论又大加挞伐，那就不仅仅是可笑的谬误了。

这种生克乘侮关系，《五行口诀》说得很形象：

【金】
金能生水。金锋水挫；水多金沉。【能生】

金能克木。金强木折；木强金缺。【能克】
金由土生。金多土变；土多金埋。【被生】
金被火克。金强成器；火强金销。【被克】

【水】
水能生木。水多木困；木多水缩；【能生】
水能克火。水盛火灭；火盛水干；【能克】
水由金生。水多金沉，金多水涩。【被生】
水被土克。水旺土崩，土旺水蓄。【被克】

【木】
木能生火。木强火化，火多木焚。【能生】
木能克土。木多土倾，土多木折。【能克】
木由水生。木盛水缩，水多木漂。【被生】
木被金克。木强损金，金强木折。【被克】

【火】
火能生土。火强土变；土多火晦。【能生】
火能克金。火盛金熔；金多火熄。【能克】
火由木生。火多木焚；木多火炽。【被生】
水火相济。火旺水耗；水旺火灭。【被克】

【土】
土能生金。土多金埋；金多土变。【能生】
土能克水。土多水淤；水多土流。【能克】
土由火生。土多火晦，火多土焦。【被生】
土被木克。土弱木枯；木去土扬。【被克】

应该指出：这一"五行生克"关系，实际上是前人思维路线的一种"模式化"表达。古人把木、火、土、金、水之间的联系归纳为生（滋生、长养、推进）、克（克制、禁约、抑止）、乘（过度的投入或克制）、侮（逆向的长养或压抑）四种关系，它表明了世界各种事物之间由多样联系、立体交汇、生化运行、有机统一而形成的复杂形态。它追求的是各方的正常存在、总体平衡，是秩序的动态维护或重建。在这个理论模式中，世界是一个绵绵不绝的品物链条，事物之间互为生化的条件，互为发展的因素，又互为制约的环境，取消任何一个环节，世界都将是不完整的、不可持续的。五行学说反对偏盛偏衰，这里没有你死我活的斗争，不提供弱肉强食的理论支持，不赞同一方吃掉一方、消灭一方、压倒一方。这里没有什么你死我活的斗争。而一事物对于它事物的相生或相克，也都离不开周围事物的协调参与及平衡组合，事物总是在多向多维多重的交互作用下实现总体平衡和动态发展的。这一学说的深刻性，比起时下流行的"结构论""控制论""组织学说"来，更为周延。这么看来，五行理论是具有很大的内在张力的，它能适应综合平衡、可持续发展的理论诉求，能适应树立参与意识、调适意识、环保意识的理论诉求，能适应多元共存、互利共进的战略思考。找准它的理论生长点，给予正确的解读，此其时矣。

阴阳五行学说，反映着我国先民的世界观、价值论，体现着中国人特有的思维方法论与形象表达式。对于我国的传统理论，要善于发现其理论生长点，做出合乎时代要求的阐释与更新——盲目地"骂"和"捧"都不对。对五行学说应该这么看，对其他传统观念、传统理论也应做如是观。

三、中华产业的强国功能和资生效应

中华产业文明主要是研究历代中国人如何生产、生产什么的，是研究中国人的衣食住行之实际构成及其消费模式的，这是中华文明的硬指标；它要具体研究历代产业结构、体制、运作状况与运作规律，研究历代实体经济的强国功能、资生效应。我们要总结中华数千年产业文化的发展规律，加深对我国经济社会的发展模式、发展道路的认识，为当代经济社会之发展提供有效参照。

（一）中国古代有高度发达的实体产业

实体产业是实施资源配置与资源转化的经济组织，是社会文明水准的物化标志，是支持中国社会数千年文明发展的物质基础。几千年来的中国实体产业，一直是以精耕大农业为基础，以国家工场工业为骨干，以境内外商贸业为双翼，以先进科技、先进文化为装备的。这就规定了中国经济社会发展的独特道路是"实业强国，财富养民"；它与西方走的"军备强国，金融富民"之路完全是两条道路。中国产业的主体：人，向来被分为四民：士农工商。其中，士是从事社会管理、产业管理、技术管理的；农、工是直接从事实体产业与服务业的，是社会财富的亲手创造者；商是从事劳动配置、资源配置、生活资料配置的。谁也离不开谁。

1. 中国精耕大农业是立国之本。世界农业走过了采摘农业—砍烧农业—粗耕农业—精耕农业几大发展阶段，目前已在向生态农业迈进。中国以农立国，历来十分关注农业经济，从春秋战国时起，已经进入精耕大农业的发展进程。中国有种子植物2500多种，举世无双；世界666种农作、果蔬、草药作物中，中国人首先驯化栽培的占20.4%（136种）；稻、粱、黍、稷、粟、菽、麻等作物是我们祖先一万年前就已驯化了的；六千年前驯化了野猪，五千年前驯化了野鸡野鸭，四千年前懂得养蚕缫丝织成绢帛——这是在粗耕农业阶段即已漂亮地实现的历史任务。

两千年前，中国先民又引进了西域丰富多样的农副作物，如石榴、葡萄、苜蓿、西瓜、黄瓜、菠菜、香菜、胡椒、葱蒜、芝麻，与中原的原生农作物的种类数量几乎相等，这就丰富了中华饮食文化，极大地提升了中国人的生存质量。五百年前，又从域外引进了玉米、甘薯、棉花、花生、烟草五大高产作物，在可耕地难以翻番的艰难条件下，保证了而后成亿增长的人口的衣食之需。这对中华民族有何等重大的意义！而且，如果说，两汉以前，国人主要靠"粒食"，稻黍稷粟菽（豆）皆粒食；而汉代大种三麦，便得磨成粉，用面食，于是饼食/汤食也全有了；如果说，两汉以前，还不懂得压榨豆油，不知道有芝麻油、更没有花生油，也根本不知道茶饮；国人的肉食，还无所谓加"佐料—香料"，可想见其饮食质量；……这里还仅仅说了"食"，至于"衣、住、行"则容当别论。想想看，上古—中古—近古先民的生活面貌，该有多么重大的改变！

我国农业始终是国家产业的主干，向来受到特别的重视。其发展农业产业的办法是：精耕细作，多种经营，综合经营，生态协调，低能消耗，精耕细作；使地力常新，提高抗灾能力，注重自然生物的循环利用，保持生态平衡，比如使用轮种/套种/间种技术，比如以粮制酒，以糟喂猪，猪粪肥田，田以种植，"相继以生成，相资以利用"，"种无虚日，收无虚月，一岁所资，绵绵相继"。(《陈旉农书》) 自产、自用、自储、自销，全局调度，保障供应，是数千年中国农业的传统内涵，也是国家职能所在。中国农业的主干是大田作业与园林作业的有机结合，是农牧渔业与家庭作坊的一体推进。为此，古人在规划生产、综合经营、加工制作、储存营销方面积累的丰富知识与高超技能，至今有用。

对于中国农业，用西方中世纪在砍烧农业下形成的"小农经济、自然经济"之类概念绝不能说明，不可生搬硬套。

2. 中国古代家庭手工业、国家工场制造业向称发达，更以技术含量高，组织管理缜密闻名，特别是起步于先秦两汉的青铜器、玉器、漆器、陶器、瓷器制作。我国从商周时起，就实行"工商食官"制度，国家工场统一组织劳动，组织产供销。《考工记》的问世，证明着先秦时期国家工场制造业就已很发达，世界无二的金属冶铸技术、丝麻漂染技术、剑戟锻造技术、钟磬制作技术均已高度成熟，均能大批量生产，均能标准化、规范化配置。

唐宋以降大规模经营的矿冶业、制造业、丝绸业、造纸业、纺织业、出版业、制币业、造船业，和直接关系民生福利、民生质量的制盐、制酒、制茶、制酱、制衣、制革、制药、榨油等各行各业；以及历代不断发展的建筑业，如城池、关寨、宫室、园林、馆驿的建造、水陆道桥的修筑及矿冶设备与交通运输设施的制备等；商贸方面的坊市、集墟、边贸、外贸、金融等业态；还有与都市消费息息相关的饮食店、旅舍、租赁、典当、公共文化娱乐场所等，覆盖面很宽，历时悠久，其发达程度与规模体制都是世界一流的。

中国工业（含手工业）的劳动组合形态大体有两大类型：一是城乡居民分散的个体作业；一是国家工场按序分工的集体生产。万千劳工的群体作业固然要有严密的分工合作；而家庭手工作坊，在中国，竟也可以实现万千人手的齐头并作，实现百千家小作坊的联营同产。中国民间的家庭手工业，从五代宋元时起，就如汪洋大海般地存在于广大农村中、存在于村社庄园的各式作坊里，或干脆在家庭庭院内，通过坐贾行商的组织、坊市集墟的交换，以中华民族特有的人文精神去运营，男女老少齐参与，所有全劳力、半劳力都能在其中发挥出"人"的价值，形成一种体量庞大而又不见厂房的"人本生产模式"——试以制鞋"公司"为例：在一个大城镇内，可以组织五户、十户提供原材料，百十户订鞋底，百十户制鞋帮，十来户装订成品，三五户包装打商标，一两户负责验收、发运——无须大型厂房，无须养护劳工，无须技术培训，企业家只要把好工艺质量关与产品数量关就可以了。这个模式至今还在发挥作用，它使习惯于"在大厂房里靠机器集中生产"的外国人感到非常诧异，这可是西方人所梦想不到的景观，是西欧工业革命后一百年仍然无法企及的。因为"工业革命"解决的仅仅是机械动力问题，并未妥善解决劳动组合这个工业大生产的优先主题。他们见物不见人，把机械动力问题的解决作为衡量产业文明的主要指标，甚至唯一指标，那是很片面的，难怪会出现捣毁机器、销毁成品的怪现象。在中国，从来没有发生过"工业技术排挤劳动力"的问题，从来没有发生过破坏农业去发展工业的悲剧，原因在于：贯穿于其间的人本科技思想、科技发明路线与工程管理模式，城乡经济的有机联系，都有着鲜明的人本特色，形成了自成体系的东方产业文化。

明代《天工开物》书中，早有织锦缎、开矿山、炼钢铁、造火器、铸银币等工矿业、制造业业态，而且都是规模经营、工序分工、产出庞大的。那是西方"工业革命"一百年之后才着手推进的近代业态。宋元明清时代，中华民族向文明的深度和广度进军，正是中国造纸业、印刷业、火药制造业的普遍发展与西传，连同丝绸、瓷器在西亚以至北非、西欧、北欧地带的推广，才为欧洲走出"中世纪"提供了物质手段；正是成千上万人的巨型工场大批涌现，实现着有规模的劳动组合、物资组合、技术组合、市场组合，中国靠自家本土的帝国工业，达到了在规模、体制、产能、产值上，西欧工业革命的初始一百年中都未曾达到的水平。

在工场工业足够发达的情况下，新的意识形态，也在孕育躁动之中。到明代中叶，便已形成一股强大的时代冲击波，震撼着旧有的统治秩序。这是社会公益、社会正义、社会舆论形成的社会基础，因而构成历代以单门独户为管理对象的旧式政法体制所难以对付的新生社会力量。须知，当中华大地出现这种时代景观之际，欧洲的文艺复兴还没有起步！

令人遗憾的是，有些中国学者拼命从宋明产业中寻求"西式资本主义的萌芽"，无视自身产业的民族特色与成就，不知道从自身固有的特色出发去研究、去推进中国的产业发展与社会进步，却老在那儿埋怨"中国没有发展出资本主义"。殊不知，西式"资本主义"完全是在西方特定的社会文化生态环境中生成的，没有理由把它放之四海，用以裁量一切；中国有中国的社会形态与发展模式，是不能也不应用西式"资本主义"生产方式、经营理念来裁断的；我们必须研究自己的企业文化、自己的经济学，当然也应该吸纳机器动力要素来改善我们的工场生产技能，也应该吸纳资本运作手段来改善我们的生产进程。

（二）富国之学：国人历来注重打好强国之基

中国产业体量庞大，历史久远，是国计民生之本，历来备受重视。诸子百家，没有一家不关注它：儒家倡导积极管理的"庶之、富之、教之"之道，道家讲"无为而治"，主张听任民间自发经营；墨家不仅有积极的宏观调控，更有积极的微观处置，尤其关注劳动力、生产资料、生活资源的有效利用与合理消费，反对奢华；法家更把产业管理法禁化，搞"法与时移，禁与能变"，主张用国法严刑来严格地规范四民，规范百业，尤其是"工商之末"。看来，古代虽有人轻视商业，但从来没有人敢轻视产业。任何产业都离不开管理。管理学是"管"和"理"之学，管住了才能理，理顺了才是管。因此，历史上的各种管理思想，与管理思想的历史发展，都在产业文化学研究的视野之内。中华产业文化学存在于诸子百家士农工商之中，只要有一定的学养功夫，就能融而明之，贯而通之，自成一家之言。

中国古代在工场管理、商业管理、市场管理以至外贸管理方面有很多创造，从思想理论到体制条规，从经营谋略到技术设施，无不具备。有材料表明，公元1年的一只碗的铭文，就标明了当时官府工场是分成车间、分工生产的；车间人员又分三个部门：会计、安全和生产——可见秦汉时期的生产就已是高度组织化的了。对这方面的知识进行发掘整理，大有可为。

讲中国产业文化，要破除"儒家罕言利""重农抑商为基本国策"等习惯性成见、误解。因为它不是中国社会的实际运作方式；也不是中国社会经济运作的史实概括，而是儒家道德观念的文本演绎。中国历史上此类问题太多，要善于甄别。《易·系辞》就曾坦言"崇高莫大乎富贵"，何尝掩饰求利之心？孔子高徒子贡"结驷连骑，束帛之币以聘享诸侯。所至，诸侯无不分庭与之抗礼"。孔子因了他才能周游列国、名扬天下。孔子绝不反对"利"，还夸奖子贡"臆则屡中"呢！以前店家的通用门联是"洪范五福先言富，大学十章半理财"，都承认儒家经典中富于财利思想，无人敢忽视营财求富；而儒家真正推崇的是"圣人以美利利天下"。

毋庸置疑，古代产业文化学以古代大农业、制造业、商贸业的运营为研究对象，其重点为"富国之学"与"资生之术"两大部分：1. 富国之学讲国家对生产、流通、消费的宏观管理，它研究国家如何干预、如何组织国民经济，使农业、手工业、制造业、工矿业、商贸业得到正态发展，以确保国家财政充裕；研究如何开发、如何管理城建、屯田、官营盐铁、大型水利工程与水利设施、重大国防工程等问题，以保障公用设施的效益得到正常发挥。任何一届政府，都不敢放松通过工商来求财谋利；2. 资生之术尤为重中之重。我国人口自公元2年就达5959万，有百万人口的城市，有百万规模的国家机器，有百万规模的武装人员，他们都要衣食供应，怎能不讲求资生之术？又，公元前266年—1949年，我国发生大水灾1092次、大旱灾1056次。为应付天灾，"资生之术"也是不能不讲求的。《周礼》有救灾十二策，十分精到：1. 散利，如放赈；2. 薄征，如免税；3. 缓刑，如释囚；4. 弛力，如免役；5. 舍禁，如允许捕猎；6. 去稽，如放宽贸易范围，放宽关隘稽征；7. 眚礼，如忧恤；8. 杀哀，节省丧礼费用；9. 番乐，如减损典礼铺张；10. 多婚；11. 索鬼神；12. 除盗贼。这是经济思想的另一侧面，同样十分重要。离开它，"以人为本"就是一句空话。

历代朝廷理财家，大都是富国论者，其为国理财是相同的，而学术观点则日见"向下"：从汉代桑弘羊至唐代刘晏，都讲商品货币关系，重在"国治"，主张由国家垄断经营。刘晏改订盐法，实行官督生产，商营运销，造就了官商合营两利的体制。对此，白居易做了理论辩护。此后，宰相兼领盐铁，连茶酒也官营了。唐安史乱后，出现亦官亦商、大官即大商现象，"十里长街市井连，月明桥上看神仙"。《容斋随笔·唐扬州之盛》写尽了商业繁华。唐以后，中央政府再也不"抑商"了。

富国之学起自管仲和商鞅，到荀子已成体系。富国之学分为"轻重论"和"善因论"两大学派。前者重国家权力的控制式调控，后者重市场的适应性协调。管仲讲"轻重论""设轻重九府，则桓公以霸。九合诸侯，一匡天下"，即利用供求关系集聚财富，充实国库；强调国家统制经济，通过物价税收来调节经济，禁止奢靡；要求认真调查，进行规划；要求管理资源，控制货币。日本人说他们国家"顺利时学美国，遇到麻烦时看中国"，亦属意于政府管控。管仲之后，商鞅、桑弘羊、王安石皆倡富国之学，他们都是"轻重派"即"国家管控派"。秦人尊用商鞅、吕不韦，商鞅本重商，不韦自经商。商鞅讲富国，是富其国库。汉代桑弘羊"以商治商"，用大商人代表国家去统管盐铁；王安石也有此等方案，推行下去，有国富民贫之忧，被司马光批评为"与民争利"。

司马迁则讲"善因"论，即善于因循顺变，放手由社会依需求去自发调节。其学术源于"黄老无为"。黄老讲无为，要求让经济顺其自然地发展下去。西汉初年的"与民休息"，即取义于此。汉文帝甚至放手让民间"自铸钱"，培养了一批暴发户。孔孟讲仁政，要求富国先富民，首先是富"君子之民"。墨子讲兼爱，要求爱护社会生产力，首先是保护"农与工肆之人"；又讲节用，讲节约开支，出发于珍爱资源，珍爱生产力。荀子综合各家而又自有主张，他也讲"节用"。他出发于储备，备荒、备战、备国用；更出发于积累，积累资源，以便投入扩大再生产。他说，民富，"田肥以易，则出实百倍"；民贫，"田瘠以秽，则出实不半"。向土地投入多了，产出就更多；投入少了，土地贫瘠，就没有出产了。荀子讲的国富，是"上下俱富"，以"国富"为目标，以"民富"为基础。这是比较健全的理论。司马光亦主此论，但那是"富其富民"，有滋生豪门地主、与国分利之虞；照荀子所论，可免此弊。这都是历史经验。

物价与财税，是国家主管经济的抓手。宋代中央设"计相"，统管全国度支（财政）。时国家财利之半来自淮东、二浙、闽广的盐利。以"半部《论语》治天下"的北宋名相赵普亲自"营邸店规利"，曾经冒险私贩秦陇木材，成为一代巨富。《清明上河图》写尽宋代商贸的发达。南宋叶适，在《水心别集·财计》中即大讲"与民共治"，主张官私合营；南宋时，江北之通、泰、淮、扬四州的盐税甚丰，仅泰州海陵一监的常年收入，竟达六七百万缗之数，超过唐代全国年度财政收入（见《通考·征榷》）。南宋贾似道为宰相，公然"贩盐百艘，至临安卖之"。宋高宗赵构说："海外贸易，获利甚厚，'岂不胜取于吾民'。"元世祖也说海外贸易是"大得济的勾当"。明太祖忌富商，流放吴商沈万三于云南，但朱明皇家自办皇庄（农场）、钱庄，绝不"轻利"，还派郑和七下西洋，带动了南洋广大地区的产业经营与文明开发。在明代丘濬的《大学演义补·理财》中，则力倡"民治"，主张交给商人去办。这是私营商业资本在逐步上升、渗入政权的标志。

中国农业经济发达，晋商、徽商的财富集聚惊人，却没有出现葡、英、法等国建立的"东印度公司"那种专门在世界市场上配置资源而求富的机构。

（三）资生之术：私家的致富门路

1. 资生之术讲的是养家发财的致富门路，分为资生之理与经营之术两个层面，极受重视。这也有两派：范蠡、白圭专论商贸业的资生之理（经营之术），司马迁、白居易则大讲贵族之家或庶族地主之家的发家之道。当然，两家又是互渗互补的。

春秋以前，工商食官而学在官府；春秋开始，工商不全"食官"了，部分士人、下级官吏、去职失势之家，转而成为工商以"规利"，于是乎有了民营工商的出现，战国时获得空前大发展。与此相伴，开始了"学术下移"，私人办学开始了。《史记·货殖列传》载：白圭，名丹，孟子同时人，以经商授徒教学。他讲学，"其智不足以权变，勇不足以决断，仁不能以取予，强不能有所守，虽欲学吾术，终不授之矣"。白圭授徒正当其时。他自称"吾治生产，犹伊尹吕尚之谋，孙吴用兵，商君行法"，经商而兼讲兵谋法术，是产业文化的传统共识。他"善观时变"，根据气候年景、年岁丰歉决定运营策略，"趋时若猛兽鸷鸟之发"。他的原则是"人弃我取，人取我予"，"岁熟，取谷，与之丝漆茧；凶，取帛絮，与之食"。"欲长钱，取下谷。"想发财，就经营大路货。他自奉甚俭，待人很厚，"薄饮食，忍嗜欲，节衣服，与用事童仆同苦乐"。成为战国巨富。司马迁"发于末、守于本"的主张，为历代地主商人和商业地主所共同信奉。元人许衡为"地主经营学"奠定基础，他教会地主身份的商人与商人身份的地主如何去"守本营末"，从原则上、从理论上回答了如何安排生产与消费的问题。清人张履祥《赁耕末议》、张英《恒产琐言》乃地主私家的"家庭经济学"。

2. 资生的重点在于农业生产技术的发达。史载：我国汉代已有了"代田法""区田法""畎亩法"等农田耕作制度，普及了牛耕、耧播技术，懂得复种、套种、间种、轮作，懂得大田育种与穗选、粒选；懂得中耕锄草与施肥……六朝时的庄园、坞堡，成为当时基层社会的主要经营模式与生活方式。《齐民要术》中说：庄园内主要从事大田种植，还经营菜圃、林场、牧场，有各种手工业作坊，人们利用选种、育种、引种、嫁接、阉割等生物技术，来强化或改变生物自身的"天性"，提高作物产量及其品质，农牧渔果业产品之精加工技术也全面登场；人们重视对酶、酵母菌的利用，把"生物技术"做到了出神入化的地步，能酿酒、做曲、做醋、制酱豉、发面做乳酪、制脂粉，以及榨油、取蜜、缫丝、印染、皮毛加工、打造木质农具、家具之类。对禽鱼肉蛋的储运、保鲜与深加工，六朝人也都有绝招；另外，有的还兼营商贸，能承办一定规模的土木工程。这一切，为提高民族大家庭的生活水准提供了强大的物质基础与技能保障，使各族人民在生活风习上逐步融合、趋同而又丰富多彩。可以说，"庄园"是我国中古时代各种"农业生产要素"的一种"高效配置形态",是六朝动荡社会里基层力量的超强凝聚。

3. 至若《农桑治要》以至《天工开物》《农政全书》,则专讲庄园产业之规模经营、综合经营之道,当然属于资生之术。地主家庭的资生之术起自汉末豪门,至明清而极详。当年司马迁曾提出"以末致富,以本守之"的富家之术,对中国地主影响甚巨,商业资本向土地转移成为历史导向,所以古代中国有大地主,没有"资本家";近代中国有了资本家,但仍然力求当大地主,当"资生家"而非"资本家"。

强国与资生,是一个问题的两面,不可顾此失彼,需要在发展中不断求得新的水准上的全新平衡。

(四)一个特殊课题:为中国农民正名

中华传统文化中,从来都是讲"士农工商"的。其中,士是从事社会管理、产业管理、技术管理的,农、工是直接从事实体产业与服务业的,是社会财富的直接创造者;商是从事劳动配置、资源配置、生活资料配置的。谁也离不开谁。在国人心目中,"农"历来是仅次于"士"的群体,且绝大多数的"士"来自"农",绝大部分的"士"最后又归之于"农";再大的"官"也得叶落归根,返"本"还原。至于在传统工商业中的务工经商者,也都出入于农家;其中的发达者之智力投资、财力投资,最终也都服务于农业经营和乡居建设。所以"农"在历史上一直得到应有的尊重。先秦政治家管仲,最早提炼出"士农工商,国之石民"的理念,他最早制定了定期从"农"中拔擢"秀士",使之进入国家管理阶层的人事制度。在三千年文学史上,从《诗经》开始,农业、农村、农民始终是讴歌的中心。农民地位的下降与坠落,仅仅是近现代才有的历史悲剧和现当代才有的现实困惑;比起五千年文明史来,其实也不过是短暂的一瞬。

中华数千年社会实践告诉人们:作为国家的主体产业,"中华大农业"从来都是在国家的有效组织、监控、调度、指挥下推进的。诸如巨大面积的国土开发,巨大规模性屯垦、梯田与围田建设;巨大农田水利工程建设,巨大规模的水旱虫灾与兵荒后的产业重建;又如四季耕种收藏与加工的精细部署、作物品种的大规模引进、改良与推广,国境内外的产品交换与商品流通……从来都是在国家有目的、有组织的强力安排下推进的,从来都是各级政府执政能力的核心指标。这一切,史实俱在,史迹无量,史籍浩瀚,都经得起检验、考查。

同时,作为农业生产的主干,中华大农业历来是由"庄园"或其类似单位来承担的,由它来负责实际操作与运营。"庄园"是把"社会劳动力"有效地转换为"农业生产力"以实现"大农业经营"的基本社会机制,有"贵族庄园"与

"地主庄园"两类。先秦的卿大夫之"家"、两汉的庄园、六朝的世家坞堡、唐宋明清的庶族地主田庄;《诗经》中"十千维耦"的群体作业,《史记·货殖列传》中富比王侯的豪门产业,《齐民要术》中综合经营农林牧副兼商贸的庄园主,明清时的"晋商""徽商"手下经营的特产基地如"茶山""茶园"之类,连同《水浒传》中的"祝家庄"、《红楼梦》中的"乌庄头",都可以告诉你"庄园"的经营内容、它的生产能力、组合力、再生力、复壮力,对国民经济的支撑力,绝非是欧洲人心目中的那个"自然经济"概念所能包容的,就认识论来说,近代形成的一切对中华农业、农村、农人的轻忽与贬低之说,概源于西欧对此论的无区别引进与教条式套用。

《剑桥欧洲经济史》(*The Cambridge Economic History of Europe*)(第三卷第39页)引述过这样的史料:13世纪—14世纪时,欧洲最大的城市在意大利,在14世纪中期之前,那里有4个城市人口超过5万,即米兰、威尼斯、那不勒斯、佛罗伦萨。到15世纪,德国(神圣罗马帝国)的城市人口,最多的是科隆,计4万人。纽伦堡、维也纳和布拉格有2万人,英国的伦敦,1377年根据人头税册计算,有3.5—4.5万人。可以说,这都是中世纪西欧少数的大城市,而大多或者绝大多数城市的人口都远在这些数字以下。这与10—18世纪宋元明清的中国城市生产力之强大根本无法比拟。欧洲人瞧不起他们的农民,或许不为无因。

我们有一百个理由为中国农民正名。

四、礼治之"礼"的历史内涵

中华制度文明集中在礼乐体系中。

商代灭亡后,周公(姬旦)拉开了"以礼治天下"的序幕。这"礼",是一个实践性极强的制度性文化体系,它渗透于政治、法律、生产、生活的不同层面,涉及人类生活的方方面面,把古代的礼(礼治)等同于"礼貌"的肢体动作,是十分肤浅而片面的。

中华礼治其实就是"中华法治",它分明是塑造伦理社会、实现国家综合治理、基层自治与庶民自律的法纪利器。其法理、法制与法学话语表达,都深深扎根于先秦典籍中。

(一)"礼"有多重含义,远非礼貌可以涵盖

1. 礼义:礼义是修身齐家治国平天下的基本政治思想原则,是订定国家法律制度仪轨的指导思想及其理论基础。中华礼义讲究的是"天无私覆,地无私

载，日月无私照，四时无私行，王法无私护"。它在制度文化建设中起着灵魂作用，指导作用，起着西方所说的"法哲学"的功能。离开礼义，就没有"良法"可言，何谈"法治"或"法制"？

2. 礼制：它是国体、政体直至家庭组织的最高规范，是维系家庭、社群、国家持续有序地存在的基本制度。在周代，天子独尊制、封侯建国制、宗法等级制、朝廷六卿制、地方乡遂制，以及家长制、户籍登录制、土地所有制等，都在"礼制"的范畴内。

3. 礼乐：这是创造宽松、和谐、文明化的社会氛围的基本手段，是养成民族的共同心理状态、共同民俗风情的必要途径，是塑造群体特色、加强群体认同的有效机制；在古代，礼乐对于提升华夏各部各族的人文品德修持、社会生活质量，精神文化消费水平具有直接的作用（相关内容可参见《礼记》之《少仪》《玉藻》《乐记》等篇），是民族大团结的精神纽带和行为规范。礼求秩序，乐求宽松；礼要规范，乐要和谐；礼乐互渗，而有文明。只管控不释放不行；只释放不管控也不行。乐，也是纾解社会潜压力的"安全阀"；每逢节假日，其释放民智、民力、民心、民情的作用，尤为显著。不同的乐，至今仍是不同民族文化的显性特征。

4. 礼法：国家依礼义原则制订的法律、法规、律例、禁令的综合。传统的"五礼"含有：国礼（城市公共安全管理）、野礼（郊野交通及农田管理）、军礼（军营法纪管理）、官礼（政府组织法）、聘礼（公务员征聘、使用、奖惩法，也指使臣出使、接待之礼）等方面的礼法规定，条目分明，具体而详尽；奖惩并举，不止于刑惩。与"五礼"配套的，上有"五刑"，下有"五禁"，管理着全部社会生活。

5. 礼仪：群体活动的程序性规范与仪容态度，是群体行为方式的规范，也是群体认同的必要手段，不守既定礼仪者将视为"异己"而受到排斥。讲究礼仪是人类社会从野蛮过渡到文明的必要环节，也是"社会性的人"从粗野汉子修炼成文明人士的必要阶程。周公所讲之礼仪，指吉礼、凶礼、军礼、宾礼、嘉礼等一系列宗教性、政治性、世俗性群体活动中的标准仪式与程序。古代《仪礼》所讲之乡射礼[①]、士冠礼、士婚礼、士相见礼、丧葬礼、祭祀礼等，在社会的上层

---

① 周时的"乡射礼"，便是上古一切礼仪的基础。乡射礼是由地方绅士组织的、以刚成年青年为主体的、通过严格的射击比赛来选拔优秀人才的盛典。乡射礼有一整套规范程式。一位青年完整地参加完一场"射礼"，也就等于进了一次"礼仪训练班"。射礼是我国先民的一个巧妙设计："射"是培养竞争精神、进取精神的，但人人进取而优胜劣汰，又势必引起纷争，于是以"礼"加以节制，从而寻求进取与礼让之间的平衡。这便是"传统文化"的特色之一。

很受重视，显得很烦琐，平民是行不起的，故"礼不下庶人"。但只要参与集体活动，都必须遵礼守仪，保持严谨的心态。

6. 礼貌：起坐行立、跪拜迎送的姿仪、态度、身体语言，要分尊卑、长幼、男女、亲疏等。它的基础是"名分"，是对双方在社会生活中的地位、权利、义务的一种确认方式。比如乙向甲行了"拜师礼"，乙从此就得严守"徒"的本分，勤学好问；甲就得尽其"师"的职责，谆谆诱导。礼貌，是保证人际关系之和乐有序的有效方式，也是息事宁人的手段之一：内部起了矛盾，赔个"礼"就是。

7. 礼教：这是指人的素质教养，含家庭、职场、官府、宗教、社群等各种场合、各种行为方式的教育与养成。它是"人"脱离野蛮、走向文明、获得社会认可的必经之路，在等级社会中尤显重要；在平等社会中更有赖于自觉、自律、自为。一个人的素质教养，是人在社会交际中的第一名信片，是打开双方心灵的金钥匙，彬彬有礼是走遍天下的通行证。

8. 礼物：交际活动中用以表达诚意、敬意的物化形态，如礼品、礼器、礼物，含形式化了的乐器、食器、冥器，还有上交之贡品等类，以及受授双方相应的妆容、仪仗、礼服、车马规制等。恰如其分的礼物不可缺少，而铺张奢华与非法转让（行贿受贿）则不在其列。"来而不往非礼也"，受礼者是要讲究反馈的。

中华乃"礼仪之邦"，礼的内涵是博大精深的，非要下一番苦功才能知其皮毛，绝非仅是讲究送往迎来的规矩礼仪而已，切不可把"礼"等同于低头弯腰、作揖跪拜、送往迎来之类的肢体动作。

（二）超越同态复仇的五刑和五禁

礼法、礼制中最权威、最严肃的内容是"五禁"与"五刑"。

"五刑"是中国上古五种刑罚的总称：墨、劓、剕、宫、大辟，构成了中国早期法律中的刑罚体系。西周时期，在墨、劓、剕、宫、大辟五刑基础上，又增加了流、赎、鞭、扑，合为九刑。与之相配套的有"五罚"。"五罚"是关于"违警罚款"和"以金赎罪"的五个等级。它反映了定罪量刑尺度上的严密化。西周政府以"五刑/九刑"加"五禁"为主干，配之以"五罚"，开展其刑禁、狱审、惩奖活动。

"五禁"指宫禁、官禁、国禁、野禁、军禁等五类禁止性条规，是维护社会秩序的五大类条例、规章。其中，1. 宫禁：是京城内王室宫廷的禁卫条例；2. 官禁：是官府机关、国家要害部门（如粮仓、军械库）的守护禁卫条例；3. 国禁：是城邑公共生活的禁卫条例，如禁止非时开闭城门、坊门，禁止出入不时，衣服不正，所携非物；禁止宵行，禁止径逾邪行；禁止喧呼鸣叹于市，禁止扰乱市场等；4. 野禁：是关于郊野农村的禁令与规约，如禁止非时焚荒，禁止非时砍伐、渔猎，禁止毁损禾苗，禁止围观喧闹国宾、禁止损毁沟渠、道桥等公共交通设施等；5. 军禁：是关于军队、兵器的禁卫管理条例，违禁者交军法处置。

凡尚未触犯刑律而应加以管制、约束、行政处罚的行为，都在"五禁"的范围内。《周礼·小司寇》明确要求："以五禁之法，左右刑法。"古人是把"刑"与"禁"，即国家大法与各方面的管理条例清楚地区分开来的。可以认为：古代的"五禁"，就其功能而言，大致相当于今天的"违警律"或者"警事管理条例"。"禁"是用来"左右刑法"的，是刑法得以贯彻实施的基础工作。在指导思想上，古人对"行政处罚"与"刑事处罚"是有明确区分的，不应混为一谈。"五刑"和"五禁"是对国外一直通行、普世通行的神治神断、同态复仇、血亲复仇、司法决斗在法理上和司法实践上的根本性超越。

（三）制定成文法的第一次国法大讨论

西周后期，周穆王晚年，召开了一次朝政大会，提出了制定一部"成文法"的任务，颁布了《吕刑》。《吕刑》是周王室关于刑法思想、刑罚理论、刑罚原则的阐述（此次会议的文本记录，载于《尚书·吕刑》，但《吕刑》本身的法律条文迄今尚未见到）。这次会议，是我国文献中明确记载的第一次立法大会，约在公元前900年左右，距今约3000年了。在会上，周穆王讲明了建立法度的必要性、重要性，又讲了具体的立法原则、立法内容，还交代了实施法律的主要原则、执行法律的方式方法等，讲得周详而明晰。例：

在大会上，周穆王说："吁，来！有邦有土，告尔祥刑。在今安尔百姓，何择非人？何敬非刑？何度非及（咳，过来！拥有邦国疆土的诸侯们，我来教给你们如何正确用刑。在当今要想安定你的百姓，要考虑哪些人事安排是不确当的？哪些事情虽严肃办理了，却并不合于刑律？哪些设想和策划，还达不到刑律的要求）？两造具备，师听五辞。五辞简孚，正于五刑。五刑不简，正于五罚。五罚不服，正于五过。五过之疵，唯官、唯反、唯内、唯货、唯来。其罪唯均，其审克之！（诉讼双方都到场后，审理的狱官要听取双方的陈述；所有陈述经过验证，若符合事实，就按国家颁发的刑罚去判处。五等刑罚若不适用于本案的话，就按五等经济惩罚的法规去处置。倘若五罚还适用不当，就要追究审判者的五种职务犯过。这五过是：只看官势、私仇报复、内亲插手、财货贿赂、关系托请。五过的罪责与其所出入的罪名均等，将实施反坐。你们可要严肃对待它！）"这段话强调了区别定罪、区别量刑的必要性，对我们认识上古法律思想之健全，是很有帮助的。没有区别就没有政策，对"五刑、五罚、五过"的量刑区分，正是三代政刑走上正确轨道的标志。说古人不知道区分"刑事惩办"与"治安处罚"的区别者，正说明论者本人的无知。这一切，为后世的警事活动提供了范型，也为后人的"引经决狱"提供了可遵用的经典文本形态的办案原则与可以类推办案的史例。

谁都知道，定制立法是一项严肃而繁杂的工作。没有相应的实践积累做基础，这种讲话是拿不出来的。我国历史上第一次制定国家大法《吕刑》的朝政会议，是儒家文献中明文记载的立法大会，而我国古代刑律中"八议""五刑""五罚""五听""三刺""三宥"等基本概念，便首次系统地出现在本文中。关于"罪""罚""刑""讼"等立法司法执法的基本概念也在这里得到了法理意义上的系统阐释，这在世界法制史上也是弥足珍视的。相对于商代来说，周代国家的刑法管理，是大大地前进了一步；而从世界范围来看，《旧约》也好，《古兰经》也好，《汉穆拉比法典》也好，《罗摩法典》也好，都没有跳出"同态复仇"的原始旧习，而《吕刑》却做到了，这就很了不起。

（四）要重视本土法治文化资源的萃取与提炼

有人说：古人搞法律神秘主义，不让民众知法懂法。这是对历史的无知妄说。我这里只是打开一个话题，有兴趣者不妨去看看全书。要知道，在58篇本的《尚书》中，全书3400个字，其中"罪"字出现50次，"刑"字50次，"典"字36次，"狱"字18次；仅"狱"字就组成了慎狱、折狱、听狱、察狱、典狱、庶狱、狱成、狱货等一系列专业术语——足见作者对相关问题的重视和论述的绵密。相比之下，"仁"字在58篇本中只出现了5次，而在28篇本中只出现2次（见《金縢》篇）。依此看来，认为孔子只讲仁义而不重刑法，至少是不合乎《尚书》的实际的。

《尚书》58篇典谟训诰誓命之文，是尧舜禹夏商周上下两千年间的政论集萃。它透过对尧舜禅让、虞廷议政、伊尹当政、周公制礼、成康革新、穆王立法的清晰论述，推出了先秦儒家理想的治国模式和良性政风。它首论情、理、法、禁的辩证关系，首订罪、刑、狱、讼的系列概念，首标慎狱恤刑、不侮鳏寡的人性审断原则，首定三审、三讯、三刺、五听、八议、八成的执法司法程序，力主刑赏兼顾、以刑弼教、教而后诛、刑期于无刑的人文追求，这就早早地超越了神治神断、同态复仇、血亲复仇、等价追偿的普世法则；它还锻造了中华法学的思维路径和汉语表达式。总之，它为中华法治建设预制了最实用的文本构件。由此出发，我们必须重视本土法治资源的汇聚、梳理、萃取、提炼，为今天的法治建设服务。

五、中国人的象数思维

象数思维，是中国人特别擅长的思维方法论。

"象"不等于"形"。老子说"大音希声，大象无形"，他是把音和声、象和形做了精辟区分的。在这里，"形"表达的是客体事物的状态、形貌、质地、结构、性状、功能、存在方式、运动形态，可以计量，可以分解，不以人的主观意志为转移；而"象"则是人所感知的事物状貌，它可以是物象、事象、景象，也可以是纯粹的意象，它取决于人的认知力、感受力，无可计量，不可触摸，浸润着人的感情色彩与主体评价。中华民族最爱搞形象思维，以象明理，这"象"本身就是主客观双方要素的统一。

"数"也不是简单的数目字，而是指一切事物的质的规定性，指这种规定性的数量表现、数值指标，它具有客观实在性，同样不以人的主观意志为转移。"数"是对世界万事万物的计量表达，它高度抽象，事物的形或质，结构或功能，都可以用"数"来做精准表达，今谓之"数据"。这数据，即每一事物之质的规定性，都可表现为一组数量指标。只要认识了该组之指标数值，也就能准确把握该事物了，就能揭示其神妙之处了！如果某一事物显得神妙莫测，那只因为人们暂时还没有把握到构成它的特定数据而已。

（一）象不等于形，象表达的是抽象的情与理

易理就是通过"象"来模拟万物、表现天道的。六十四卦所呈现的符号形象，及其所使用的生态形象，具有高度抽象的品性，能为表达相应的思想、观念、心态、情感、哲理服务。《周易·系辞》说："圣人有以见天下之颐（指大自然的奥义）而拟诸形容，象其物宜，是故谓之象。"摹写客体事物的形貌来表达其"物宜"（即事物的情态与规律），这就叫作"象"。我们在讨论这种"象"时，不涉及客体事物自身的生化结构与几何形态，是取其"神似"而不论其"形"之似或不似的。同一朵荷花，其"形"唯一；但在文化素养、美学素养不同的人心目中的"象"，则是千差万别的，其所唤起的心灵感应是大不相同的。这便是"象"和"形"的根本区别。

在古文中，"形"与"象"是两个不同的概念，"混言则同，别言则异"。讲区别的话，"形"是指客观事物的一种存在方式与运动形态，是一事物区别于他事物的外在表征，不以人的情感和意志为转移；人们可以对其点线面体、声光色味进行具体的量度；而"象"则是指人们对事物形态状貌及其事理的反映和认识

（印象、意象、象征、特色），它呈现于人们的思维屏幕上，是客体的"形貌"与主体的认知感受（情意）相综合的产物。中国人看星空，能"看到"银河、牛郎、织女、二十八宿、紫微垣，那都是"天象"，是中国人带着民族意识、民族情感去"看"天而成的"象"。"海上生明月"的"月"不同于太空中的那颗物质性的月球；"纸老虎"是人们意念中徒有其表的"脆弱之虎"而不是正月十五闹花灯时舞的那种"纸糊之虎"。人们对事物的观赏，实际上是对"象"的观赏。

据此，人们可以把"象"分为三类：1.物象：人所认知的客观世界实有的事物之映象、印象，即所谓"取其形容"（如马、霜、枷、鼎）；2.事象：社会生活中存在的与可能存在的世事之形象，如羝羊触藩、履霜坚冰至、匪寇婚媾之类的事态；3.意象：抽象事理的喻义形象，它不受实物实事的限制，是人们在思维屏幕上"合成"的形象，如"潜龙""飞龙在天""载鬼一车"之类。《周易·系词》："在天成象，在地成形。"这些"象"，是星象、天象、气象之"象"，用《易经》中的话来说，都是"不可拊而得"的、难以具体把握的东西，但它又是特定的天体表征在古人头脑中的反映，能示现给人们某种启示、带给人们某种自然或社会信息。这也是"意象"，其信息含量非常丰厚。

（二）"数"是实现天人合一的枢机

孔子说："参伍以变，错综其数；通其变，遂成天下之文；极其数，遂定天下之象。"他高度评价了"数"在人类一切知识领域中的关键地位，桥梁作用，枢纽功能。他视"数"为"通神明之德"的必要途径，甚至"数"本身就是"神明之德"，因为"数"能表达天下一切事物及其"命运"。可贵的是：他还认识到"数"是动态的，具有"通其变""参伍以变"的品性。搞数学的人，容易认死理儿，一是一，二是二，不容改变；但在哲学上，"数"就得"变"，就该是变与不变的统一，所谓"一生二，二生三，三生万物"是也。

《阴符经》上说："日月有数，大小有定……人知自然之道不可违而制之。"这是中国人搞科技发明的一条基本思路：日月星辰的运行是有"数"的；万事万物的大小迁移、生化运发是有既定的"度"的，人们不可违背这"天道"（自然之数），但可以认识它、把握它、利用它，即"因而制之""制天而用之"（《荀子·天论》的提法）。

《周易》对天地之数的巧妙应用，体现出它的思维方法论上的特色：这"数"是天地之数，所以它能贯通天地人三才，能本质地抽象出一切存在物之运行、生化的内在规律。象数思维能既生动又抽象地表达事物的外在特征与内在本质，这就使易理独具征服力。

数的社会应用很玄妙也很实际。例子太多了，体现在数学定理上，如勾股定理、黄金分割；体现在天文应用上，如天体测量、历律推步，人们皆知其神妙而不知其所以神妙。这里以数在国家管理上的应用，如周代的礼制规范、秦代的"水德规范"来加以说明；还可以看看古人在科学实验、科技应用中对"数"的推广。

1. 周代城建设计中对"数"的运用。周人每分封一个诸侯，就要建一个新都城，于是就派工程人员用土圭去测定一个中心点，再由中心点向外辐射，认定新城的四面、八方之所至范围，划出城市中轴线，沿线布置宫城建筑。建筑面积以井田制下的"一夫百亩"为计量单位①。这样来设计全城宫室、街巷、坊里、市场、道路、仓库、绿地、农田、河渠的布局及其配比，进而确定水土工程的各项指标值，按既定指标值进行施工和量化管理。

自古以来，中国城市都有这样一个先期设计：方方正正，有贯城通道，主体建筑、功能建筑依轴线做有序分布；连城市坊巷的细部设计也以井田的方正为基础，再结合地形地貌做适当调节。周人重礼制，说穿了，就是对一系列标准化数值的严格遵循。这种遵循，原是有科学依据的。今人反迷信，反专制，但不能把它们背后隐藏的数据也统统抛弃掉。周人注重建筑用地与生活资源用地的配比，注重生态平衡，注重土地资源承载力的评估，于是能保证未来城市生活的可持续发展。可以说，大讲周礼的周公，是把数字管理用于营造社会文明、提升社会文明的鼻祖。

2. 制作"定音管"时对数值的应用。当年，孔子周游到齐国，有一次亲闻《韶乐》，他很激动，觉得太美妙、太神奇了，于是"问乐"。乐师指出，乐音并不神秘，是可以通过律管的各种数值来批量性复制的：先造一个标准定音管：此管长9寸，直径9分，正好装入81粒黍米（古人用山西上党所产的黄黍米的数值做计量的基准单位，64粒黍米为一圭，4圭为一撮……），用它吹出的乐音名为黄钟宫；然后按"三分损益法"确定其余各管的管长：标准定音管长81黍，损其1/3为54黍，54增1/3为72黍，72黍减1/3为48黍……依此类推，不同长度的律管可以吹奏出不同的乐音来。各管的管长确定后，其发出的音便是各律调的正音，加长1倍为浊音，缩短1/2为清音，这叫"清倍法"。按照三分损益法和清倍法造出一组管乐器来，就能吹奏出美妙动听的乐音来了。以定音管所发之"音"为准，能批量复制出许多同质的乐器来。

孔子感慨，如果不知这三分损益法与清倍法，就会把81、54、72、48、

---

① 《考工记》："匠人营国，方九里，旁三门。国中九经九纬，经涂九轨；左祖右社，面朝后市，市朝一夫（百亩）。"

64……这组数字看得很神秘又很零乱，觉得生活中处处有怪力乱神在莫名其妙地起作用；而一旦掌握了法则，知道事物背后的数的关系与功能，就豁然开朗，一切都可以付诸操作了。连韶乐这么古老抽象的事物都能测定、复制出来，还有什么事物不可以从数的角度去掌控它呢？事物数据一旦为人所掌控，哪里还有什么怪力乱神的活动余地呢！

3. 模数对于机械制作有重要意义。秦始皇相信自己是"以水德王"的，在《周易》中，坎卦的水德之数为"六"，他就把"六"作为一切计量的"基数""模数"，每年正月向全国发布"模数令"，全国一切制造就都依规定统一运作起来。比如大车，先确定车轴的半径，以其为"模数"，按比例计算出车轮的半径、车身、车厢的高度、车轴、车辕的长度……对于熟练生产者来说，他只要掌握一个"模数"，心里就能画出全"车"的结构图像来，然后可以关起大门来"按图造车"，制作出同一规格的大车；至于其他车型，按比例缩放就行。这样造出的所有零部件，在全国任何地方都可以找到相同规格的来替补或更新。重要的是：由于车的规格是确定的，其质量检验就是透明的、公开的；其造车的原材料投入、劳动力投入也就是一个大体确定的数；于是整个工程的管理也就"心中有数"了。这，科学而不神秘。秦始皇统一中国之后，仅仅十年时间他就去世了（死时才50岁），十年中他干成了那么多国家级大型土木工程，其"数字化管理"应该是原因之一。

要知道，"标准化生产""数字化管理"，在西方是被视为在"工业革命"后作为提高生产效率的秘诀来使用的方法；而中国秦代早就凭它取得了卓越成效。可以这么说：数据，其实是中国式制度文明的理据。

4. 精确的"数"是科学实验、科技应用的命根子。这个道理，每一个科技发明家都懂。以氾胜之和宋应星的文章为例来说明之。

（1）汉代氾胜之的科技文（三则）：

区种大豆法：种菽（种大豆），先做"坎"：方深各六寸，相去二尺，一亩得千二百八十坎。其坎成，取美粪一升，合坎中土搅和，以纳坎中。临种，沃之，坎三升水。坎纳豆三粒，覆上土，勿厚。以掌抑之，令种与土相亲。一亩用种二升，用粪十二石八斗。豆生五六叶，锄之。旱者溉之，坎三升水。丁夫一人，（每日）可治五亩。至秋收，一亩中十六石（合今336斤/亩）。（春秋战国时期，菽所具有的"保岁，易为"的特征被发现，于是广为种植，菽成了当时人们不可缺少的主粮，它是"粒食时代"的佳品，汉以后有了面粉，才开始面食），故时人特重科学种植。中国大豆基因特优，决二非一日之功。）

种瓠（葫芦瓢）法：以三月耕良田十亩，作区方深一尺，以杵筑之，令可居泽。相去一步。区种四实。蚕矢一斗,与土粪合。浇之,水二升;所干处,复浇之。一本三实,一区十二实,一亩得二千八百八十实,十亩凡得五万七千六百瓢。瓢直十钱,并直五十七万六千文。用蚕矢二百石、牛耕、功力,直二万六千文。余有五十五万。肥猪、明烛,利在其外。(本文说明,汉代农事操作,皆有量化指标。汉唐文明,不是天上掉下来的,是一点点地干出来的。)

区种特大瓠法:收种子须大者。先掘地作坑,方圆、深各三尺。用蚕沙与土相和,令中半著坑中,足蹑令坚,以水沃之。候水尽,即下瓠子十颗;复以前粪覆之。既生,长二尺余,便总聚十茎于一处,以布缠之五寸许,复用泥泥之。不过数日,缠处便合为一茎。留强者一,馀悉掐去。引蔓结子。子外之条亦掐去之,勿令蔓延。得瓠十倍大。(本文所讲的"靠接法",有趣而廉宜;其成本核算及产品优化措施等,均有数据,充分体现了汉代农业经营的先进性、科学性。)

(2)明代宋应星的科技文(两则):

经数①:凡织帛,罗纱筘以八百齿为率②,绫绢筘以一千二百齿为率。每筘齿中度经过糊者,四缕合为二缕,罗纱经计三千二百缕,绫绸经计五千、六千缕。古书八十缕为一升。今绫绢厚者,古所谓六十升布也。凡织花纹必用嘉、湖出口、出水皆干丝为经③,则任从提挈不忧断接。他省者即勉强提花,潦草而已。

花机式④:凡花机,通身度长一丈六尺,隆起花楼⑤,中托衢盘⑥,下垂衢脚⑦(水磨竹棍为之,计一千八百根)。对花楼下堀坑二尺许,以藏衢脚(地气湿者,架棚二尺代之)。提花小厮坐立花楼架木上⑧。机末以"的杠"卷丝,中用叠助木两枝⑨,直穿二木,约四尺长,其尖插于筘两头。叠助,织纱罗者视织绫绢者减轻十余斤方妙;其素罗不起花纹⑩,与软纱绫绢踏成浪梅小花者⑪,视素罗只加桄

---

① 经数:织物幅面的经丝数目,它决定成品的幅宽、质地等。
② 率:常数,标准。
③ 出口、出水皆干:丝从蚕口吐出结茧时即干为"出口干",丝从缫丝锅中取出来即烘干为"出水干"。这样做成的经线韧度强、有张力。
④ 花机式:提花机的构造法式。【今按】提花机在先秦两汉时就已得到应用,宋元时更为普及,它标志着我国丝织业的高度发达。1790年法国人据其原理造出了"拉花机"。
⑤ 隆起花楼:(提花机中)高起如楼、控制经线起落以形成花纹的机件。
⑥ 衢盘:调整经线开口位置的部件。
⑦ 衢脚:使经线回复位置的部件。
⑧ 小厮:年轻童仆。
⑨ 叠助木:打筘用的压木。
⑩ 素罗不起花纹:白色罗不提花纹。
⑪ 踏成浪梅小花:提花机提花时因用脚踏,所以提成小的浪花和梅花时说成是"踏"。

二扇①,一人踏织自成,不用提花人闲住花楼,亦不设衢盘与衢脚也。其机式两接②,前一接平安③;自花楼向身一接,斜倚低下尺许,则叠助力雄。若织包头细软,则另为均平不斜之机,坐处斗二脚④,以其丝微细,防遏叠助之力也⑤。

可见,中国人的象数思维早已有成熟的运用,认为中国人只会定性分析而不做定量分析者,原是他们自己太无知了。

看了氾胜之和宋应星的文章,我们明白:重视数据,重视数量把握,是中外科学家、中外科技创造者的共同秉性,中国旧式知识分子怎肯离了它。

六、中华以人为本的科技红线

孔子十分重视科技利民,对于科学研究与技术创造,他认为:"圣人之所以极深而研幾也,唯深也,故能通天下之志(深明原理,就能满足天下人的愿望);唯幾也,故能成天下之务(把握机枢,就能成就人间事业的需要);唯神也,故不疾而速,不行而至(有了神器,你不走不动也能日行万里)。"他最崇敬、最赞赏的是"备物致用、立成器以为天下利";"圣人以美利利天下,不言所利!"

我国历代科技工作者,农学家、医学家、数学家、天文学家、音律学家等,正是从这里得到思想支撑的;明代科学家徐光启、李之藻等,为了从西方引入近代数学、几何学、天文学、物理学、工程机械学等,也是从这里找到了精神依托的,他们实现了中西学术的沟通与对接。

而把"圣道"空洞化、玄虚化、口号化的,正是后世的庸儒、小儒、腐儒们。宋代程颐便讲:"士之所以贵乎人伦者,以明道也。若止于治声律、为禄利而已,则与夫工技之事将何异乎!"(《河南程氏文集·二程集》卷八《为家君作试汉州学策问三首》)至明清之季,此种观念尤烈,闹得科技不能升大雅之堂,便只能混迹于各种形式的底层社会生活中,任其自生自灭,甚至沦为"妖妄之术"。这不仅仅是术数派的江湖丑行,也是放言大论之庸儒"义理派"的堕落,祸害国家民族不浅。以至有人认为"中国无科学",攻讦"中国产生不了科学"。

---

① 桄:竹木制的绕线器具。
② 两接:两部分。
③ 平安:水平安放。
④ 坐处斗二脚:坐的地方安装两个脚(以使这部分不低斜)。
⑤ 防遏:防止。

其实，中国原本不是这样的。

（一）《周易·系辞》中有一篇"远古科技史纲"

孔子充分明白科技对于创造社会财富的极端重要性，充分明白科技对于推进实体产业的极端重要性，充分明白科技对于改善民生的极端重要性，并从中总结出一条普世通则："穷则变，变则通，通则久。是以自天佑之，吉，无不利！"

在《周易·系辞》（下）第二章中，孔子从伏羲画八卦、教民田渔说起，说他是"仰则观象于天，俯则观法于地，观鸟兽之文与地之宜，近取诸身，远取诸物，于是始作八卦，以通神明之德，以类万物之情。作结绳而为网罟，以佃以渔"。其后，神农氏"斫木为耜，揉木为耒，耒耨之利，以教天下"；"日中为市，致天下之货，交易而退，各得其所"。此后，黄帝、尧、舜"垂衣裳而天下治"，"刳木为舟，剡木为楫，舟楫之利，以济不通，致远以利天下"。"服牛乘马，引重致远，以利天下"。"重门击柝，以待暴客"。"断木为杵，掘地为臼，臼杵之利，万民以济"。"弦木为弧，剡木为矢，弧矢之利，以威天下"。"上古穴居而野处，后世圣人易之以宫室。上栋下宇，以待风雨。古之葬者，厚衣之以薪，葬之中野，不封不树，丧期无数，后世圣人易之以棺椁"。"上古结绳而治，后世圣人易之以书契，百官以治"。

请看，先圣、先民的劳动与制作，遍及生活的每一个角落：种田打鱼、衣食住行、养生送死、易货经商、安全防卫、制度管理、发明文字……无不顾及，一切都出发于"以利天下"，一切都服务于"以利天下"。这是华夏民族五六千年前就走在世界前列的科技文化保障。

顺便说一下，孔子所崇奉的"圣人"，包括上面所提到的诸位酋长，此外还有大批贤士，仓颉、益、稷、傅说、伊尹、姜太公……谁都不是出身高贵者，谁都不是天生的"圣人"；全是实干家，全是事业有成之后被民众自动推尊为"圣贤"的。原来，古代圣贤，就是一批优秀劳动者，一批杰出"创客"；一批在现实世界为百姓"趋吉避凶"而辛勤创新、劳作的君子！他们关顾生者，不忘死者，都是最有爱心的科技劳动者。

孔子这样讲来，也就给他的学生与后人灌输了"乾，始能以美利利天下"的创新意识和刚健不歇的人生观。我们从中也认识了孔子重科技、重利益万民的质朴思想。

（二）研深握幾：中国先民深入研讨规律、认真把握要害的科研路径

科学是干什么的？科学是极深研幾的。幾就是幾微细小之义。研幾就是透过关键、抓住要害、把握时机、进行创造性的科研活动。这是一种专攻要害、以最小投入突破瓶颈、解决难题的科技思想、科技理念。

《周易·十翼》说：

1. "夫易，圣人之所以极深而研幾也。唯深也，故能通天下之志；唯幾也，故能成天下之务。"研幾的学问，就是"通天下之志""成天下之务"的学问，就是关注基础理论的贯通性与应用功能的全面性，学会贯通乎百科的原理，遵行畅达于百业的通则，这才能满足天下民生的多样需求。

2. "法象莫大乎天地，变通莫大乎四时，悬象著明莫大乎日月，崇高莫大乎富贵；备物致用，立成器以为天下利，莫大乎圣人。"由此看来，孔子是十分重视实体产业、重视科技创造、重视利益万民的。这里提出了带有跨时代的指导性与启发性的命题：（1）"研幾"是最核心最重要的科研方法论；（2）"崇高莫大乎富贵"，求富是光明正大的社会目标；（3）成就崇高事业者便是圣贤；而只要有益于万民，即使"重关击柝""杵臼之利"也是值得追求的神圣事业，而宋代理学家程颐却把"工技之事"贬得不值一文。

下面，我们着重就"研幾"问题多说几句。

五代的谭峭对孔子的"研幾说"有很贴切的理解。他在《化书》中讲："转万斛之舟者由一寻之木，发千钧之弩者由一寸之机，一目可以观大天，一人可以君万民。太虚茫茫而有涯，太上浩浩而有象。得天地之纲，知阴阳之房，见精神之藏，则数可以夺，命可以活，天地可以反复。"这正是中国人的文化能动性的最大限度发挥。不要以眼前可计量的财力物力论成败，要从"知微""握机""扼要""把关"的认识能力、创造能力、控制能力上看未来。这种"研幾"思想是真正的"东方智慧"。"唯武器论者""唯实力论者""机械唯物论者"就匮缺这点智力。

舟车是上古中国"木器文化"的极致，是典型的中式机械。中国的木质构件，用的是榫卯牝牡技术，全是仿生的。大到房梁，小到窗格，原材料只用木；以木料本身的加工解决其造型工艺，其结合部无须用铁钉、角铁之类来加固，不像西方人那样用拼装式、捆绑式。中国舟船，出现于六七千年前，其舵的装置，是仿生学的妙用；桨，体现着"由一寻之木转万斛之舟"的技术思路。中国海船最先采用隔仓技术、最先装备罗盘、最先实现跨洋航行。至于车，《墨子》说"一辖而载五十石，其利于人也谓之巧；不利于人也谓之拙"。中国车最先用上了轮轴与曲辕，是重力学诸原理的全面应用。最先装上24—36根辐条，以保证引重致远而轮辐不偏不垮。中国的机械制作，最要紧的部件就是"轮"和"轴"，至今我们仍把所有有轮的设备称作"机车"，而把不用轮子运行的设备称之为"机床"。握幾，是"东方发明路线"的关键优势。

然而，正如徐光启所说：中华学术长期受到的来自两个方向的压制，使其优势并没有保持住：其一为"名理之儒士，苴天下之实事"，儒生们厌恶实业、贱视"形而下"，葬送了中国科研；其二为"妖妄之术，谬言'数有神理'，能知来藏往，靡所不效"，江湖术士最爱把知识神秘化、庸俗化，以便欺世售奸，妖化了中国科研——言及于此，徐光启愤然曰："卒于神者无一效，而实者无一存。往昔圣人所以制世利用之大法，曾不能得之士大夫间；而术业政事，尽逊于古初远矣。"（《徐光启集·历书总目表序》）这种局面久久无法扭转，难以建立独立自主的科技体制、机制！

总的说来，中华科技产品的特色有三：一、它是握机的，而不是救急纠偏、只管眼前局部功能的；二、它是生态的，可回归大自然的；三、它是以人为本、服务于提高人的生命价值的，而不是取代劳动力的。

（三）中西科技路线的比较优势

东方产业文明的逻辑结果是"物服从人、物丰富人、物提高人"；西方工业文明的逻辑结果是"物替代人、物统治人、物消灭人"。

应该指出的是：中国的机器制作，是为了"最大限度地发挥劳动力"而不是"最大限度地节约劳动力"，并不一律要求高智力、高素质的操作者，而是让每一个生命体都有用，越发展越能创造就业机会、越能体现人生价值，越能最大限度地发挥每个人的生命价值，让人人能懂，人人能用。比如黄道婆的一架纺车，振兴了江南村镇；又如广西乡村老婆婆和八九岁的山区小女孩，都能用简单的装置来纺纱、制线、织布甚至绣花，使"最差"的劳动力也能发挥其最大的人生价值，共同参与社会财富的创造；而不是追求"节约劳动力，排挤劳动者"的效果，这才叫"以人为本"而不是"以资为本"。

中国人的发明与制作，总是尽力把握事物的机枢，善于使一切装置都尽可能地简化到"由一寻之木转万斛之舟，以一寸之机发千钧之弩"的地步。比如远古的一副土圭，可以用来测日影，实现时空测量；比如一双竹筷、一把菜刀，顶西方多少餐具、多少厨具之用；比如一根银针，一次切脉，抵西医多少医疗器械、化验程序之功；比如一块三角马镫及一片马掌，就能让骑兵团做飞速的万里远征；比如川人用一副唧筒式装置，就可以提升出500尺深处的卤水或天然气；豫人用一把洛阳铲，可以探知庄稼地深处有无古墓葬；郑和用一个锤碗子，可从大洋深处提取出泥样，从而确认远洋海舶正在途经何处……它们无不证明着中华科技一贯追求一种低成本、高效率，而又最简便、易普及、充分人性化、可以循环利用的特殊风格。中华民族就是用这样的"简陋设备"实现了五千年持续文明。能握机举要、化繁为简，这才是中华发明的真谛。

今天，我们中国科技，仍然保持着"以人为本"的特色。我国培育的高产稻、海水稻，改造沙漠种的林草，治疗绝症用的草药，所投成本，还不及人家一次海空演习花得多，而且无须破坏任何生态，却是利国、利民、利世界的根本大业！谁能不吃饭、不治病呢？中国人的心思仍然是花在医、食上的。

（四）以取代人为目标的科研是一柄消灭自然人的屠刀

西方的发明制作，一切从资本出发，只求"尽可能地节省成本、节约劳动力"，所以结构繁复，功能单一，却要与高学历挂钩，要求高智力、高素质的操作者、驾驭者，于是越发展越是制造失业，越能引发社群对立；而东方发明为人，西方发明为事；东方发明则在于发挥劳动力，让劳动者活得更有价值，西方发明让物一天变个样，让花花世界为寡头服务。

稍稍思考一下，就能发现：

1. 因为"以资为本"，自然要追求利益最大化，自然要用最少最少的投资，把最庞大的资金、最尖端的科技，最聪明的大脑，集中到最赚钱的地方去。什么最赚钱？军火！这用不着展开论述吧！

2. 因为"以资为本"，自然要追求利益最大化。有人倒是不搞军备，而是发善心向民生投了一点点"资"，对农作物种子做了番"基因研究"，搞了项基因改造，于是，你看吧：他立刻就要在"知识产权"的名义下无止境地向全世界索取垄断性巨额报偿！于是，你看吧：中国豆农几代、十几代人辛苦培育、选拔出来的优良大豆品种，被无偿地拿去搞了次"基因提取"，他们便垄断起这项"知识产权"来了。中国大豆不仅分文得不到报偿，甚至一朝被宣布"淘汰"，反而要改种那种只种一代、无法繁殖、断子绝孙的"先进品种"，还不知到底对人类有益与否？一种转基因作物连自身的繁殖问题尚未妥善解决，分明是半吊子的科研成果，却急急忙忙地推向了全世界，我要问：它有资格索取巨额"知识产权"的报偿吗？噢！这样的科技，不是直接让你去死，而是让你糊涂地亡！

3. 相形之下，同样是关于农作物的栽培与改良，同样用生物技术，因为遵循"以人为本"的路线，中国科学家育成了高产稻、海水稻，找到了改造沙漠成绿洲的方案；为中国、为全人类，尤其是为饥饿贫困的小国，为盐碱沙荒地区，找到了解决吃饭问题的金钥匙。中国科学家何尝用什么"报酬"问题去胁迫过任何人？

问题在于："以资为本"的科研路线，早已形成一套完整的世界性体制、机制、策略、手段，以及相应的人力、智力、财力、物力的配比，轻易碰触不得；要想建构另一种"以人为本"的科技体制，却不得不说：路漫漫其修远兮，还得上下而求索！今天，东方发明又面对一个巨大威胁：一项新发明，会逼使千万人陷于无助；一项新产品，会逼使千万人丢掉饭碗；一个怪创意，会取代千万人的常态生存法则。出路何在，尚有待持久的艰苦探索；但我深信：以人为本、从人出发的科研才是真正的科研；只要人类不灭，"科技为人"的路线一定能笑到最后！

七、巫文化与私有制是进入文明社会的路标

普世古老的文明民族的起步文化大都是巫文化：以巫卜为载体，假借神意，去汇聚群体的生存智慧；而执掌巫卜的人，必定是群体中公认的智者、寿者、有权威者，是得到全社会的尊崇的。巫文化开启了人类的社会文明。然而，随着社会文明的发展，"巫史卜祝"的地位日渐沦落，到晚近，人们几已忘记巫卜为何物了，殊不知它也有过漫长而光彩的过去。

（一）甲骨卜辞：中华文化的高起点、亮起步

在中国，从远古开始，"巫"便负责沟通天人，通过歌舞祝祷与符卜等形式，为民祛祸除患，治病免灾，且医巫本一体（繁体的古'醫'字，原从'巫'，后改从'酉'），是社会上的活跃角色，享有很高的社会声誉。打从国家机器形成之日起，"巫"便成为中央机构的重要成员；商代，君王身边的巫，是国家政务的筹谋者之一，专责沟通天神与人鬼（鬼，归也，历代先王的归天之灵），起着"帝王师""指导员""智囊团"的作用；而商王自身就是巫卜活动之最后决策主体。其所卜问，也以国务为主，并非专管个人吉凶。中国夏商文化，其实就是巫卜文化。今存甲骨卜辞，就集存着当时祭祀、帝系、政事、军事、职官、田猎、征伐、耕稼、刑狱、病患、婚育以至天象、气候、物产和男女、奴隶、禽鸟的占卜信息，全方位反映着世俗生活面貌，是商代的国家档案、社会档案，是后人认识商代信史的珍贵文献。陈梦家的《殷墟卜辞综述》中有这样一段记事："八日辛亥，允灾伐二千六百五十六人，在泷。"它所记的时日、事项和地点都简洁明了，且能对上千战俘进行精确的数量核计，这是商人具有高超的抽象思维能力、综合概括能力和社会管理能力的重要标志。要知道，直到20世纪中期，非洲、大洋洲不少部落民仍不会计量100以上的数字呢。

龟卜是以龟板裂纹形成的"兆象"为信息载体的；龟板裂纹以自然形态存在着，故龟卜所示的"信息"的释读，只能依赖"巫"个人的政治智慧和生活阅历。请看几则商代的龟卜实例：

1. 癸卯卜，◎贞：今日雨。其自西来雨？其自东来雨？其自北来

雨?其自南来雨?(《卜辞通纂》375)

这段卜辞很接地气，三千年后，人们照样读得懂它。句式相似的卜辞还有"鱼戏莲叶东，鱼戏莲叶西，鱼戏莲叶南，鱼戏莲叶北"之类，同样生动活泼。

2. 戊戌卜，◎贞：今日旦。王疾目。不丧明？其丧明？（《殷墟文字》乙编64）

这段卜辞文字简洁，接地气。意为：国王生了眼疾，不致失明吧？卜问会不会失明。

3. 癸巳卜，◎贞："旬亡祸？"王占曰："有祟，其有来戚。"乞至五日（丁酉），允有来戚自西。址告曰："土方征于我东啚，灾二邑。邛方亦牧我西啚田。"（《武丁卜辞》）

意为：卜问"十天内有无祸患？"大王判断："有捣蛋鬼，会有该忧心的事（有戚）。"到了第五天（丁酉），果然有祸事起于西方。地方责任人"址"前来报告："土方派兵侵扰我东部边境（东鄙），祸害了两个边城。邛方也骚扰我西部边境，抢了我的庄稼。"

人们爱说"商人迷信，每事卜。"这种说法太皮相了。你知道商人占卜决策的过程吗？《尚书·洪范·稽疑》中说：

立时人作卜筮。三人占则从二人之言。汝则有大疑，谋及乃心，谋及卿士，谋及庶人，谋及卜筮。
1. 汝则从，龟从，筮从，卿士从，庶民从，是之谓"大同"。身其康强，子孙其逢吉。
2. 龟从，筮从、（汝从），卿士逆，庶民逆，吉。
3. 卿士从，龟从，筮从，汝则逆，庶民逆，吉。
4. 庶民从，龟从，筮从，汝则逆，卿士逆，吉。
5. 汝则从，龟从，筮逆，卿士逆，庶民逆，作内吉，作外凶。
6. 龟筮共违于人（龟筮跟汝、卿士、庶民都相反），用静吉，用作凶。

这段卜辞的意思是说在占卜时，三个人的占验，听从其中两个人的话。遇到军国大事，或性命攸关的要事有疑问时，首先就应在自己心中细细盘算，并向卿士们咨询，向庶民求教，你就听从大家的意见。（倘若疑难实在解决不了时）就去向龟卜找启示。（如果）你本人的意见与龟筮一致，与卿士庶民的意见也一致，那叫"大同"，这就大吉大利了，不仅你自身身体康强，对子孙也有长久的好处。龟卜、筮占皆顺，即使卿士、百姓之一方和你本人不赞同，总体上也还是"吉"，都在可行的范围内。龟与筮矛盾，其他三方在"二从三逆"的情况下，可以做内事（比如婚嫁），不能做外事（比如征伐）。占卜与人意都相矛盾，则应守常不变，不宜刻意求新。

今天看来，商代人还是比较注重人的智慧与判断的，不得已才"谋及卜筮"，那是作为解决疑难、摆脱困惑的最后一种选择。商人是把"龟/筮/君/臣/民"的意志做了各种可能的排列组合，提炼出应从应否的一般规律而后才付之行动的。中华先民之醉心于龟卜、蓍卜，无非是采用生活中可知的天象、事象、物象、意象，加上祈祷、舞蹈、符文记录等文化手段，来表现古人对自然、对社会、对人生的观察与思考，指示先民行为的价值取向。古人在普遍信赖占卜的同时，也有"不疑何卜"的理智思索，还有"三人占，则从二人之言"的规定。不疑不卜，顺从多数，并非一味地迷信"神喻"。它与"上帝崇拜"不是一回事。

龟卜制作代价高昂，手续繁难，其"兆象"的解说也难以把握；龟板又难以批量复制，不能称其为"书"，只好由王室庋藏起来，难以传承。故龟卜逐步退出王室生活，而为蓍占所取代。蓍占用的蓍草很廉宜，其解说用的卦爻符及其所配置的卦爻辞，是刻录在竹简上的、有已验证的经验做积累，可采信度高。积之既久，便汇聚为书；书可批量复制，又便于收藏、运输。我国最早的巫卜之书《易经》，是商周人生活智慧的筛选与凝集，自然成为中华文明的高起步、亮起点。这种巫文化，伴随夏商周人生活至少有两千年。

（二）私有制：文明人类的第一法规，占有欲才是人类的原罪

检视人类远古史，引起我们注意的是：在物质财富、首先是生活资料面前，人类的"占有欲"先于"私有制"而发生。通过抢夺而占有食物，是动物界早已通行的法则；人类的"占有欲"无须以"私有制与私有观念"的生成为前提，正如蜂蚁豺虎一般：人类早在蒙昧野蛮时代，在学会生产以前，早已开始抢夺与占有了，先抢占自然物，再抢夺生产物，为此就要杀死对方；而后才是有限的"实物交换"。这是一种原始的"普世生存法则"。我国远古史上的"炎黄之战""炎黄与蚩尤之战"，都发生在"原始公有制"条件下，都是为着夺占作为自然物的土地、资源、人力，而后才是夺占他人的生产物如农、牧、手工业财富。可见，

"占有欲"比私有观念出现得早，比实物交换产生得早，比财物私有产生得更早。当然，"占有"并不直接等于"私有"，"占有"是无"法"的，它总是以暴力或欺诈手段达到目的——而"私有制"是人类进入"文明社会"后才有的游戏规则，"私有"是人类制度文明的第一成果，得到社会的认可，是"合理合法"的获取；它本身没有什么"错"，更不是什么"罪"。

因此，可以认为：占有欲才是万恶之源，是人类欺诈与暴力行为的"原罪"；为满足占有欲而产生的对财对色的占有与掠夺，才是人类需要优先医治的心灵问题与社会问题、政治问题。世上的宗教，都不反对"私有"，但绝对反对非法的暴力占有；偷盗奸淫都错在"占有"上，却无须以"私有"为前提。

私有制是有边界的，越界便非法，便犯罪，便要受到法律惩处。《尚书》上说"昏、墨、贼——杀！"所惩者已经不仅仅是物质财富的非法占有了。

私有制作为制度，是人类走向制度文明的首出标志，是文明社会维护共同生活秩序的最早规则，它给人们对自然物或生产物的占有规定了法定界限，不允许超额占有，不允许侵犯他人合法利益，通俗言之，即"勿偷盗"。私有制的存在之首要意义就是界定了罪与非罪：凡合乎制度的私有，得到全社会的认可，是合法的，神圣不可侵犯的；凡非法占有则是犯罪行为，无论打出的是什么旗号。

然而，凡历史上产生的东西，都会历久弊生，私有制也一样。既然私有制是为"合法占有"服务的，它就先天地与"占有"脱不了干系。一转身，它就会沦为"占有"者的护身符。比如16、17世纪的西欧海盗，操着"拉丁话"，来到"新大陆"，到处屠戮土著，圈占土地，势力所及，公然标示为"拉丁地区"，并以自己的名字标称其所掠占到手的土地，自任"总督"，宣称："这是我的财产，神圣不可侵犯！"于是原本不坏的"私有制"身上，便蒙上了再也无法清洗的血污——直到全新的公有制出来对它做"历史的否定"。

八、中华文明历来是开放而兼容的

中华文明在这个世界上已经领跑了几千年，它一直以自己的开放和兼容气度，吸纳一切异质文明的优质要素来壮大自己，回馈人类。中国自有其自强永存的不尽潜能。近世，它是世界上成功地扼制了资本侵凌、资本屠戮的唯一力量，列强无论是单个还是联手，谁都无力也无法吞噬整个中国。同期的中华文化，积极吸纳西方文化要素以实现自身的器质性结构性重塑，但从来不是可以全面"西化"的对象；可以接驳，不会并轨。19、20世纪时的西欧，确立了由资本统治的社会形态、政经制度、生活方式。它一来到人间，每个毛孔都滴着血污，娘胎里就带着侵凌、掠夺、排他的海盗血脉，绝不是可以放之四海的最好样板、最佳选择，理所当然受到抵拒。

现在让我们来回溯一下中华文明的开放兼容史。

（一）开放兼容是中华文明的基因

中国先民从一开始就实现了有序交易，这是中华文明的开放基因。我们从始祖之一的炎帝神农氏起，就在调理农田作息时间与物物交换的生活秩序，即所谓"日出而作，日入而息，日中为市，交易而退"。另一始祖黄帝轩辕氏更创制了甲骨文，为信息的跨时空交流提供了"惊天地，泣鬼神"的决定性手段；为推进人员、物资的便捷流通，还创制了水陆运载工具舟车；为着跨区域通商，他还不辞劳苦，披山通道——这都是中华文明开放基因的有效表达。

《尚书·禹贡》记载：大禹治水，疏通九州河道，规划全境水陆交通连线，统计各州人口、物资，尤其是土特产，这就为九州市场勾画了蓝图。其后，殷商部族以善于"远距离经商"起家。他们能组织牛马、人员、物资进行跨越黄河的长途大投放；他们懂得用贝壳做"等价"媒介，走出了"物物交换"的原始模式。到周初，便有了"洪范八政"之说，定义了国家机器的八大职能，而以"食货"为首。"货"者，专指投放市场、用于交换的商品。这标志着周政权商品意识的觉醒。

周代形成了严密的市场管理机制，特别是实施了契约管理，凭"质剂"进行公平有效的交易。政府还关注市场资金的流通。《周礼》要求：坊市主管人（市令）要负责对商品做分类管理，依序配置，平衡市价；要负责依法禁止高级奢侈品与危险违禁品上市；要负责均衡市场供求，招引行商、坐贾投入丰富的商品，确保市场有足够的商品流通；按照质量标准检测商品，取缔不合格的行货滥货，并明码标价以吸引顾客；要凭契约合同保证商业信用，处理交易争讼；要聘请行业能手鉴别伪劣商品，消除欺诈；要用刑法条款禁止市场暴力、打击偷盗贪占吞并垄断活动。看来，在中国，商品贸易，从来就不是个人的"自由"行为，而处于政府权力的有效监控之下。这样严密的管理条文，出现在距今30个世纪以前，表明当时的商品交易已经惊人地发达了，市场要素已经大致具备了。

春秋战国时期，诸侯之间的人员、物资、信息交流，取得了"国际交往"的形态，于是出现了一批国际商人，可与各国君王分庭抗礼；出现了一批工商业都会，出现了一批畅销国际市场的名特优产品，出现了一批农工副产品的产业基地与商品集散地；出现了一批农工副之工艺制作上的巧手、大匠、名师。这是欧陆到15、16世纪也未尝梦想到的繁盛局面。

有序开放，从来都是中国经济社会发展的固有基因。

（二）首轮国际大交流：中华文明的兼容开放性得到了全面验证

首轮国际大交流兴发于两汉之际。公元前后的东西汉各二百年间，人们特别重视对周边世界的开放与交往。西汉时期，中原人已经提出"大九州"的概念，承认在"赤县神州"之外，还存在着更多的，甚至更高的文明。中原人习惯于"尊右"，把理想中的美好世界称作"西天"——这才是泱泱大国的心态与胸襟，这里没有任何排他性、封闭性的影子。在这种交往中，"通西域"是最富有代表性的壮举。此后，中华文明跨越葱岭辐射到中亚、西亚以至北非，而域外文明也次第引入东土。中国与中亚（大食、波斯）、南亚（身毒，即天竺）三大古文明实现了亲密交往，互相滋养，互相吸收，由此形成亚洲文明的辉煌光焰。

史载：汉代的农耕、水利、蚕桑、建筑等直接关系到芸芸众生衣食住行的基础产业，以及医药、天文、数学等社会文明发展程度很高的标志性学科，都走在世界的前列，都越过葱岭向波斯、向阿拉伯地区传去；而中亚西亚各地的苜蓿、葡萄、石榴、芝麻、胡萝卜、菠菜、香瓜、雄狮、琉璃瓦、胡琴……也都来到了中土。正是从汉代起，波斯的雄狮、天竺的凤凰（孔雀的神异化）、西亚北非的麒麟（长颈鹿、斑马的神异化）都在中国土地上安家落户，与中原的"龙"互相发现，友好地共处着，共同祝福着人类的幸福吉祥与和平安康。它们之间，从来不知道有什么"弱肉强食"的"盗理"。更有意思的是，这狮、凤与麒麟竟融入了中国主流社会，融入了中国主流意识形态，被彻底"中国化"了，和龙一样，成了中华文明的"形象大使"：雄狮的石雕像被安置在各级政府的大门前，宫殿建筑必用琉璃瓦，歌舞离不开胡琴……中华文明是善于吸纳异质文明要素来壮大自己的。这是中国文化兼容性与融通性的生动体现，它正是民族自信力的张扬。

史载：西汉人口5959万以上，国民生产总值占当时世界约26%。三国两晋南北朝时期的大动荡中，中华文明的这一兼容性、凝聚力在全体规模上经受了四百年分裂动荡的艰难考验，中原汉人一度被屠戮得剩下不足1/10；而它对异质文明的包容吸纳之规模与深度，其改造提升各族精神产品的成效之卓著，却是人类文明史上所仅见的！

从一定的意义上说，进入中原的各异族人民及各种军政力量吸纳融合汉文化的过程，又何尝不是中原原住民吸纳融合西域文化的过程？而且这种双向融入的覆盖面极宽，并一直延续下去。六朝时，"西域"全新的艺术品类如歌舞、雕塑、绘画，连同器乐，还有佛徒的讲经活动、诵呗方式与大量民间故事，加上利用庙会进行的大众宣讲的体制，在中原都普及开来了；佛学经典还给中原人民送来了因明学、体悟说与声律知识，提升了汉语文学的审美品性，开拓了中国人精神生活的新天地，活跃了中国人的社会性、群体性文化生活。试想，在中国丰厚的人文景观遗产中，如若剔除佛教成分，还会剩下些什么？事情就是这般奇妙：那么丰厚多彩的异域文化因子的吸纳，居然没有影响反而强化了中华文化的主体性。事情的奇妙还在于：正是异质文明的激发和吸纳，增益了中华文化的民族光彩。无论是产业文明还是精神文明领域，一概如是。

相比之下，同期号称"强大"的罗马文化，不仅未能跨越阿尔卑斯山与多瑙河向欧洲腹地辐射半分，甚至未能阻挡"北蛮"的一次盲目闯荡，便全面"退回到旧石器时代"去了足足1000年，连罗马城也被焚掠一空，而且从来不思"光复旧物"。只是靠东地中海人、靠中东人、靠阿拉伯人方才保存了古罗马文化的某些种子，让后世西欧之"文艺复兴"有所依傍。而今其西欧子孙却希图借"古罗马文化"来冲销其"中世纪的黑暗"。

（三）东方文化的大交汇，照亮了人类的最大多数

隋唐时期，中外文化交流的第二大波来临了，核心活动地带在亚欧北纬30°至35°区域。隋炀帝开通大运河，一举把分裂对峙了四百年的南北经济文化沟通起来，使以"长安—洛阳—曲阜"为轴心的周秦两汉的内陆型经济文化横向发展模式，一举向以北京—济宁—扬州—苏杭为主干的东部沿海型经济文化纵向发展模式做了战略性大转移。他把六朝时被反复摧毁的长安城与洛阳城重建起来，使之成为世界经贸文化交流的中心；在重新打通河西走廊之时，在武威主持召开了万商云集的"国际贸易大会"。他千方百计招徕胡商，发展外贸，还接受日本、朝鲜等国派来的"留学生""留学僧"，启动了中华文化与域外文化相交流的大潮。唐代的长安，更是盛况空前。这里集聚着东到朝鲜、日本，西到伊朗、阿拉伯的学者与商旅。他们是东方各国的文化使者，是东方文明的共同缔造者。同时，中原地区的士农工商也纷纷西去，把先进的农耕、水利、建筑、冶炼、造纸技术带往中亚各地。唐僧西天取经，鉴真六次东渡，集中反映了中国人民愿与世界人民共享文明成果的崇高理念和无私胸怀。而唐宋时期，"景教""拜火教"与"胡商"的足迹遍及中华各地，播撒着中亚、西亚的文明种子，进一步丰富了中国人的精神与物质生活。

（四）宋元海舶：中华文明的璀璨光焰照彻南洋与西洋

宋元时代，中外文化的正态交流达到又一个高峰，突出地表现为以北回归线以南地区为目标的开拓性经贸活动，这是汉唐文明所未曾大力投入的地带。这时，内地集群性的庞大工场分布于全国，丝绸、纺织、瓷器、制盐、制茶、造纸、矿冶、出版业、兵器业、造船业，都实现了规模经营，集聚着的成百上千的劳动力日夜劳作，日夜经营，有源源不绝的农业、手工业产品投放到外贸中来。

这个时期的"外贸主题"是到南洋、西洋去换取木材、药材、玛瑙、玳瑁、珍珠、香料，到北方去换取优质的马、牛、羊及各色皮毛产品。宋辽金元时期"茶马古道"的繁华与覆盖面之宽广，是汉唐人所不能企及的；南宋政府海外贸易的盈余，占了国家财政的22%以上，单广州一港一年的香料贸易税收入，就超过了北宋王安石向全国数百万农户发放青苗钱的收入。难怪宋高宗赵构会说："海外取利，岂不胜取于吾民！"后来元世祖也说："海上勾当，是大得利的勾当！"他们都懂得在境外、在世界上进行资源组织、财源调配的重要，懂得要"赚外国人的钱"而不仅仅是加重压榨自己的子民与同胞。

商船要装上大批货物去南洋贸易，非千吨级海舶是不行的。宋代，中国船可以通行于南洋和西洋，而大食商人从波斯湾出发东来时，则要在锡兰湾换成宋舶才行。这是以高度发达的造船业与高度发达的航海术做保证的。宋元人的优势在于：1. 用上了罗盘针，可以在茫茫大洋上做经纬定向与定位；2. 海轮用隔仓技术造成，舱壁用双层松木板料，一舱破损漏水，对邻舱毫无影响；3. 能够绘制"海图"，熟悉航线，还知道利用海洋信风往返。南宋赵汝适著《诸番志》中的海图，不仅标出了南海诸岛的位置，而且标出了南洋诸国的位置。

宋代海外贸易很有成效。其时，杭州、广州以"天城""广府"之名享誉海外，泉州在"刺桐"的名义下以"东方第一大港"蜚声西亚、北非与南欧。宋元时期，设有市舶司、市舶务或舶场的都会与商埠，像一串明珠，洒落在沿海一带，北起山东半岛的密州、青州，中经古长江口的扬州、江阴、上海、华亭、青浦到杭州湾的澉浦（海盐）、杭州、宁波及温州，南到闽广一带的泉州、福州、漳州、潮州、广州直至今越南境内的交州等，它们奠定了今沿海沿江城镇的规模，带动了中国东南沿海经济的大发展。

世界最早的"海外贸易机构""海外贸易法规""航海安全法规"均诞生于宋元时期的中国。

南宋后期，任命蒲寿庚"提举泉州市舶司"，主持海外贸易30余年。蒲寿庚是阿拉伯商人（或说是欧洲人的后代），精通海上贸易，积资巨亿。元军攻灭南宋后，继续任命他主管东南海外贸易，主持制定了《大元市舶司刑法》，健全了外贸管理体制，完善了外贸管理法规。这样，中外海上交往，不仅未因宋元易代而有所中断或有所挫折，反而更加蓬勃地发展起来了。

宋元涉外管理，是在开放心态主导下进行的。唐宋时称外国人聚居地为"番坊"，不仅出现于长安、洛阳、开封、广州、泉州、杭州、明州、扬州、青州等地也均有分布。住在番坊的人，保持着本国的习俗与信仰。在这里中国人与外国人发生纠纷，以中国法律审理；外国人之间的诉讼，触犯刑律者按中国法律惩处。番坊内的一般民事纠纷，依本国习俗处理。中国政府尊重外国的宗教文化。泉州就建有清真寺，各地番坊建置"番学"，是专门的外籍学校。外商多富豪，车马舆服与宅舍极为奢华，但宋政府并不干涉。为保护外商权益，首先是立法。北宋元符二年（1099年）订立了关于海上贸易的防守、盗纵、诈冒断罪法；规定外商船舶遇险时必须救助和救助办法，如商船为风浪所损，甚而船主失踪，官府也应进行抢救，并登记全部物品，允许其亲属取回。其合法利润，由其自由支配，子孙继承。对贪冒、行贿、走私（当时称漏舶）、漏税等情况，宋政府加强了打击措施，撤办那些"罔顾宪章，苟徇货财，潜通交易"的官吏，用重法处置收买番商杂货与违禁货物的一切涉外官员，并特别规定外商如遇贪冒官员，可越级申诉，一经查实，即行"计赃坐罪"。

元政府明文申禁市舶官员私托外商购买进口物资，也不允许市舶官员故意压价自行折卖，或借查验之机接受"呈样"（其实是贿赂）；规定中外商舶一律凭"公据""公凭"进出港口。凡无证贸易，"告捕治罪，货物没官"。为了防止海盗，商舶出洋，可带自卫性武器刀剑弓箭与铜锣，但一抵口岸，则需交给市舶司代管。商旅在内地经营，则将货品一一登录交柜，由所投宿旅馆代为保管与出纳，至期交验结账，十分安全可靠。

同期的欧洲大陆，正在中世纪徘徊摸索，农业还处于"原始农耕"阶段，种一收四就算"丰收"了；大的手工业作坊拥有二三十名帮工就很出名了，城市人口达2万—5万者只有三五座而已，其书籍则是鞣制300张羊羔皮抄出一份《圣经》（the Bible）……一句话，其文明水准还不足以弄明白"跨海贸易"为何物。马可·波罗在欧洲古文明发达之区的威尼斯，只因讲了大元的"超级繁华"就被投入了监狱，这正是其时欧洲闭塞程度的一个象征。

（五）中西文明的正态大交汇曾造福于双方

明清之际，是东西方文化互相感应、互相接触、互相吸纳的黄金时节，促成了第四波东西文化交流的大潮。

1. 这一次，东来的传教士似乎是最活跃的角色。他们送来了西方思维方式、西方科研手段，西方的代数、几何、物理、化学、逻辑学、天文学，开启了中国传统学术的改造之机，推进了中国传统知识体系、思想体系的结构性更新，推动了中国知识分子精神世界的改造与重塑；其中，马可·波罗（Marco Polo，1254年—1324年）、利玛窦（Matteo Ricci，1552年—1610年）、汤若望（Johann Adam Schall von Bell，1592年—1666年）、白晋（Joachim Bouvet，1656年—1730年）等人都受到中国政府、中国人民的尊重甚至爱戴。中国先进知识分子也努力探索世界文化，积极吸纳欧洲文明，特别热心引进西方天文、理化、数学等先进学术和相关的科技知识，作为这一切努力的突出标志，一面是以徐光启为代表的一批学兼中西的专家、学者的出现，和以《古今图书集成》为代表的新型"类书"的编纂成功；一面是以席卷西欧两个半世纪的"中国潮"为代表，东来的传教士们把博大精深的中华文明介绍给欧人，从而刺激了欧人向外拓展的欲望；也使一股强劲的"中国潮"在欧陆与英伦卷起。它助推欧人生活质量以至制度文明发生了根本性变革。中国人对世界文明的贡献也就更大、更丰富，更有成效了。

2. 值得一提的还有：东南亚和拉美人民，在长期的生产经营中培育了优质高产的水稻、玉米、甘薯、棉花、烟草、马铃薯、西红柿等优良作物品种，元代以降，这些作物便陆续传入了中国；明清之际，在各地陆续试种成功，获得广泛的推广。这就极大地改善了中国人的粮棉种植结构，是中国农耕文化在内涵与外延上同时实现的一次革命性拓展与更新。它对解决中国老百姓的温饱问题，意义十分重大。要知道，两汉晋唐宋辽金元时期，中国人口长期在二三千万至五六千万之间波动，而在18世纪—19世纪，人口却猛增到2亿—4亿。解决如此众多的人口的温饱问题，该是多么艰难而沉重的负担！而这个旷古未见的人口高峰，恰恰就产生在两次鸦片战争前后，产生在太平天国起义，捻党、义和团起义的日子里。这个时候来讲"温饱"，谈何容易！但又怎么能不求"温饱"？感谢东西方的先哲们，他们所推进的文化交流和文明共享，该是多么伟大的贡献！

3. 伴随着宋元明及清代前期的海外贸易，一批批华人出海经营，对开发"南洋""西洋"付出了艰辛的劳动。在思想文化方面，明代出现了大批文化新人与文学奇人，他们离经叛道，张扬个性，倡言科技，颂扬商贾，其著作与言论层见叠出，蔚为大观。徐光启、李之藻、徐霞客，李贽、徐渭、汤显祖、唐寅、杨升庵、袁宏道、冯梦龙等，都是其中的代表。在政治上，也出现了一股新风：集会、结社；示威、游行；罢工、罢市、罢学、联名请愿……各种和平斗争手段被广泛运用并取得明显成效，知识群体的干政活动成为一代时风。这和西方以"个性解放"为号召的文艺复兴运动正相感应。在漫长的中国历史上，这是一股新鲜空气。如果不是历史的曲折，按照中国本土文化的发展态势，也会实现历史的跃迁。

这一切，都拜明清之际经济文化发展之赐。明朝国民生产总值的世界占比为45%。清朝中国人口从2亿增长到4亿，国民生产总值的世界占比下降为33%。

4. 需要重点说明的还有席卷欧洲两个多世纪的"中国潮"问题。

18世纪是欧洲资产阶级革命的年代，他们在呼唤新生活、新秩序。从18世纪20年代起，北欧、英、法、德各国上层社会中卷起一股"中国潮"，中国的茶、瓷器、丝绸、漆器、刺绣，连同室内布置、庭院建筑与园林建造，都深深地介入了上层贵族绅士们以至普通人的生活，时人普遍追求"中国风味"。1756年甚至为是否要"禁茶"引发了一场大讨论，因为进口茶要耗费大量国币。它反映了18世纪欧人普遍要求刷新生活面貌、改变生活环境、提高生活质量的时代需求。顺便说一下，当欧陆卷起"中国风"时，中国乾隆帝修建圆明园，却是综合了中西风格设计的。其长春园之"西洋楼"大水法、海晏楼等，采用了法式蓝图。而这座中西合璧的精美建筑，恰恰又毁在西方入侵者之手，这是让人扼腕的，雨果当年就曾对"英法联军"的野蛮行径表示最强烈的抗议。

同时，中国瓷器也在风行欧陆。从宋朝起，中国生产的青花瓷就已达到晶莹温润的境界，明清青花瓷更是温润如玉，彩绘精工，远销海外，被欧洲人视为"白玉"。他们很惊奇中国人如何把泥土烧成了"白玉"。当时欧洲各国的王室之间，正在争豪斗富，他们竞相利用宫廷的豪华来博取外交上的声誉，宫廷日用和宫廷布置都以拥有瓷器为无上光荣，于是便以赛过黄金的价格大批收买中国瓷器，一件直径1.2尺的青花五彩盘就价值连城。明清之际，为适应这种需要，中国政府还特地组织专门力量烧制高档"外销瓷"，年产250万担，装船运往欧洲。瑞典王室于1731年—1789年间，进口中国丝、茶与瓷器，仅瓷器一项就达5000万件，可谓"罄其国库以购瓷"了。乾隆时还特为欧人定制大批量瓷器，并由欧人设计其装饰图案。这批欧洲风味的中国瓷，现在在欧洲相关博物馆中还能看到。从园林建筑到陶瓷烧制，这一切无不证明着中国文化对欧洲人的生活产生了多么大的影响。

（六）中西文化的非正态对接，催动了中华文明的结构性、器质性改造

很可惜，中西文化正态对接的美好历史从鸦片战争起即中断了，中断在清政府统治的腐朽性与西方资本原始积累的疯狂性的合力作用之下，中断在讲究中庸平和的中华传统文化与提倡物欲竞争、弱肉强食的西方文明的激烈碰撞之中；而这个和平交往的"中断"，却正是另一轮激烈碰撞的开始。晚清，在中国这片大地上，中外交流、中西交往从未中止，只是呈现出"非正态对接"的面目。

1. 当年，葡萄牙人、西班牙人、荷兰人、英国人、法国人、意大利人东来，并在华得势，既可以用清代全盛时洋人也能够进入朝廷、宫廷参谋议政，甚至主持司天监这类王朝的敏感机构为例，可以用清政府请洋专家组团测量中国每一寸山河以绘制全球第一份近代地图《大清舆地图》为例，用清政府请洋专家参与谈判中外第一份近代条约《尼布楚条约》为例，用康熙帝亲自为洋教堂写诗、题匾、题楹联，十三次致信教皇解释中国人祭祖祭孔不妨碍"敬奉天主"为例；用乾隆帝直接组织对欧彩粉瓷的绘画、生产、外销为例，用清政府组织"广州十三行"自主对外贸易为例,都能证明中国当局原不"排外"。

2. 至于"通商",康雍乾嘉时期,中西本来是正常往来的,否则哪里会有"中国潮"在欧洲的登陆?当年,中国人生产的大量手工业产品如丝、茶、瓷器等源源不断地输入欧洲,满足了刚从中世纪挣脱出来的欧人的生活需求。英国人就因为无力开展对华正当贸易而产生巨大入超,英政府承受不了沉重的财政压力,又不愿也不能拒绝中国商品如丝、茶、瓷器等生活必需品的巨量输入,便想出了一个恶招:用对华倾销印产鸦片的办法来"平衡贸易",这理所当然地遭到中国人民的断然拒绝。这才有了鸦片贸易和鸦片战争。从毒品贸易开始,以海盗文化起家的列强们便将他们制定的那个"弱肉强食"的"游戏规则"强加到我们头上,以坚船利炮为载体的欧风美雨便压倒了平和中庸的中华文明。欧洲资产阶级在征服和屠戮"非洲"与"新大陆"过程中养成并急剧膨胀起来的自我中心主义,不肯承认包括中华文明在内的所有异质文化的生存权利,发动了一次次血腥的殖民战争,却咒骂别人对它们的抵拒与封闭。

3. 中国文化从来就不是一个"自足的封闭体系",它本身就是一个多元组合体,它具有先天性的开放基因。例如,没有秦汉文化的深厚根基,就没有"十六国"时期的大融合;没有唐宋文明的大发展,就不可能有对辽金元异质因素的吸纳与贯通;没有明清对中华文明的大集成大整合,就无法维持我民族文化在列强瓜分、欧风美雨凌压下的精神自立。中国人是非常清楚中外交流对于自身发展的巨大意义的。

中国社会是一个多元向心的综合体,中国社会的进步是一个多维向心的综合推进过程。这个进程,就其"外部"而言,是在中外文化的双向辐射、并存、渗透、交流、震荡、吸纳、感应、兼容、排斥、扬弃中实现的;就其"内部"而言,是经华夏各部、各族、各阶层在不同时段、不同起点、不同内涵的生态环境中实现互容、沟通、融汇、趋近、排异、综合的进程。元人、明人、清人继汉人、唐人、宋人之后,把"中华文明"放进"世界文明大体系"之中,以高度发达的政治文明与举世无双的经济规模,与"西亚—南亚—欧非"同样古老的文明相碰撞、相对接,激发了中西文明的大交流、大感应:五大农作物的引进,促成了中华衣食素质的结构性改变;丝、瓷、茶、纸、印刷术与四书五经的西去,诱发了西方生活方式、知识结构、思维路线的巨变与提升;而火药与罗盘的西传,更使西方工业文明获得了启动的契机。

结论:文明共享,幸福安康,是东方巨龙与雄狮、与麒麟、与金凤凰的共同梦想;鉴古思今,取法中西,我们自能找准在当代条件下弘扬中华文明的正确方向;能放即活,兼容则壮,在整合当代世界先进文明成果的基础上,中国人将会给人类奉献一轮新的太阳。这便是结论。

九、中国城市生态的五次大蜕变

中国不同历史时期有不同的城市面貌，不同的城市功能，还有不同的城乡关系，试述如下：

（一）周秦两汉时期，坊里封闭，静态管理

当时无明确的城乡差别，只有"居民区"规模大小、功能高低之别：最大为"京"，京为天子所居，含宫城、王城、京城、京郊、京辅、京畿，"同心圈"层层套设，城中心是政府单位之所在，居民住在四围的坊里内；其次为"都"，是诸侯国的都城；再次为"邑"，为卿大夫所居。京、都、邑均按照"前朝后市""四民分居""坊里封闭"的原则设计。都邑中士农工商居民分片居住，有安全保卫设施。"士"的居住区安排在靠近政府的坊里中；农人平时住城邑四围的坊里中，除务农外，也出劳力参与守城和其他公益劳动。农忙时农人必须住到郊野的"庐"中去。手工业工人则集中居住于专辟的"市坊"之中，组织起来为国家工场劳作。商贸之家集中住在指定的坊间中，定时、定点、定位、定货、定价地进行贸易，有"市长"进行行政管理，平抑物价，制止纷争，检查上市物品的质量与种类，提供契约、资金、货品的法律保护、征收商品税。

城邑外围，有小乡聚或村寨，周围有寨墙、寨栅。寨内人家按"什""伍"编组居住，"三年易其居"。"邑"是"都"的卫星、简化；"寨"是"邑"的缩微、附庸。以京为核心，四周是都，都的四周有"邑"，邑外有"寨"，还有"小乡聚"，便是"居民点"。当时辽阔的中华大地，也就几百万的人口，建个上万人口的"城"就很有规模了，通常是"小国寡民"的状态。开初，邑聚并不连成片，而是"星罗棋布"，这么形成的社会，跟茫茫宇宙的星团一个样。

先秦各国，特别是众多诸侯小国，那时还处于"城邦国家"甚或"酋邦国家"时期，动辄"迁徙"；而都城一迁，"全国"皆移。殷商、姬周之京城、春秋时宋、卫、陈、曹、许、邢之类小国的都城，就频繁搬迁着。那时一个国家的迁徙，其实就是其中心都邑的迁徙，"迁都史"也就是他们的"迁国史"；孔子说的"兴灭国"，就是帮助失败逃散的亡国之人重建一个都城，城中设宗庙、社稷坛、宫殿与坊市；一时建不全，筑个象征性的土台子也行；只要招集来居民，设上官长，立个国君，一"国"就恢复了。国都以外的土地让人去耕种，势力所及，就是其"领土"，并没有明确的"国界"；但耕地实行"井田制"，开垦出的"井

田"倒是有此疆彼界的。照徐光启研究出的说法，"井田"的规制是：用木锹"耜"掘出的一块土垡，宽深广各一尺。以六尺为一步，宽一步、长百步为一亩（百亩约当现在的30市亩）。于是"百亩为夫，夫三为屋，屋三为井"，然后就逐层拓展下去："井四为邑，邑四为丘，丘四为甸（成），甸四为县，县四为都，都四为同"来核计。当然，这只是古人的一种理想人居布局和土地人口的生态规划，更是计口计亩来征税征赋、调集役夫的核算方法，实践上不可能如此方整划一。

先秦，住在城里的叫"国人"亦即"城里人"，住在四郊的叫"野人"，住在边远处的叫"鄙人"。鄙野之人的文明程度自然要比"国人"差，享受的政治经济权利也呈级差递降，受教育的机会要少；但，"礼失而求诸野"，鄙野之人的精神境界倒可能更高。

古代建城时，先勘探地形地势、地质地貌，优先考虑的因素是攻守形势，以进可攻、退可守为先决条件。还要综合考虑水源与植被与周遭可耕地面积之广大，而控制水源又尤为关键。选定城址后，按严格的宗法等级制作好全城规划，优先建造城墙、护城河与城中政府的宗庙、宫室、大道等主体建筑，建好要害部门（粮库、兵器库、国库……），逐步推及民居。一时不能建的，也要规划出空间，留待将来。这就保证了城市建设的整体性。这样建成的"城"，首先是"政治保卫中心"，也是"交通中心"，也能起到地区经济文化中心的作用。

秦代"废井田"，又"集小乡聚为县"，推行什伍制和郡县制，这就比建立在"井田"基础上的行政管理更切合实际而可行了。

汉代长安城的建制：汉人修建长安城，沿用了周秦以来的"街市分离制"。长安城内，居民区与商业区严格分开，居民住在一个个由坊墙包围的"坊"里，不得向大街开门。坊门由专职人员把守，按时开闭。全长安160个坊，"屋室栉比，门巷修直"，堵塞隔断所有坊里间的邪径偏道，不准翻越墙头，入夜实行宵禁，不允许在未经许可的情况下动用火烛，坊里不得进行任何商贸活动，商贸市场集中设在指定的几个坊里。市坊设坊墙，中设当市楼，有市长等管理人员主管市场的行政与治安。全城坊市配置匀称，街衢巷陌，四通八达。全城八条主要通道，平坦宽阔，两头与城门相连。城外护城河上的大桥桥面与街道等宽齐平。中心大街幅宽50米，全长5公里，称为驰道。驰道中间7米为皇帝专用御道，任何人不得妄自逾越。一般官民通行，走两边各5米的路面。驰道两旁开挖排水沟，遍植榆树槐树和青松，形成绿色林荫。其外侧又有各宽13米的人行道，作为公众用路。陆机《洛阳记》：东汉洛阳"宫门及城中大道皆分作三，中央御道，两边做土墙，高四丈。唯公卿尚书章服从中道。凡人皆行左右，左入右出。夹道种榆槐树"。城中，皇宫、宗庙、政府机关与达官府邸均为高墙深院，层层套设，戒备森严。这样的城建体制，有利于社会层面控制，有利于城市治安管理，但却把人的"生活"管死了。直到唐代安史之乱前，这种"街市分离"的城建体制与管理体制始终维持着，不曾打破。

汉代"京都赋"对周秦以来的都市生活做了立体勾画，《京辅黄图》对秦汉都会形态做了详细的科学介绍，后人可以据之塑出"秦汉都城模型"来。

（二）魏晋隋唐时期，坊里依然封闭，生活开始活跃

本期土地兼并严重，从东汉起，广大国土上开始出现大地主"庄园"，到六朝时，地主庄园、寺院庄园（北方是"门阀坞堡"）成了主要的社会经济形态。由庄园主与其依附人口一起，构成以庄园为单位的"小社会"，自行组织生产与生活，教育与增殖。庄园或坞堡均自有"家丁"，能武装自卫，所以往往挑战基层行政权威，成为门阀统治的社会基础。庄园的出现，使门阀地主从周秦领主生活的那种以"农村、农业、农民"为依托的"城邑模式"中剥离出来、游离出来，形成"田园诗"般的生活境况，它更贴合中国士大夫的审美生活理想与生活情趣。六朝山水诗、骈文，便是这种社会生活形态的记录。《齐民要术》详尽地介绍了庄园经济活动，那里有园圃供应四季时鲜，有大田种植谷种粮食作物和经济作物，包括药材、油料、胶漆，应有尽有；还有用材林、薪炭林、防护林和鱼塘与牧场；庄园内自办酒坊、油坊、染坊、酱醋坊，自家做乳酪、果脯、酱菜、糕饼，自家握有保鲜藏鲜技术，发酵酿造技术、有纺织缝制技术、嫁接阉割技术，甚至有制笔、制墨、制精盐、制胶漆的技术。这种追求，也在一定程度上反过来延滞了古代城市生活形态的演进，因为有钱的贵族地主不热心于向城建投资，而是致力于营造山村庄园别墅去了。晋代的石崇庄园、谢灵运别墅，即是其著名的代表。他们"封锢山林"，独占性极强。城中贵族就以私家花园、别墅来做补充；而政府府第作为城里的主要建筑，是国家投资兴建的，不当官就得退回，很难靠这种建筑来改变城市建设面貌与城市群体生活面貌，没有形成"城乡对立"格局。当然，六朝城市规模与城市功能比此前有所拓展，六朝故都的金陵千帆聚集，百业辐辏，成为古今有名的"烟粉地""销金窟"，便是一例。

隋唐时期城内仍然实行"坊市分离"建制。一个都会，无论是商业都会还是一般都会，其中心部分都有高大的城墙包围着，对外起防御作用，对内起拘管作用。城门有重兵把守，按时启闭。城内居民分坊居住，以坊为单位进行管理。市门的启闭与坊门的启闭时间不一样。当时规定：日中击鼓300下，市场开业；日落前七刻击钲300下，闭门散市，停止一切交易。在市场内部，设有市署，由市令、市丞、录事等专职吏役管理市场交易，维护市场治安。市署要负责规划行、

肆、铺、摊位的安排，要负责评定与检查物价，核定度量衡器，检察处理纷争、斗殴、扰乱秩序的行为。唐代长安有东市、西市，仅东市就有220行。东都洛阳有南市、北市两个市，南市有120行，3000多个肆，400余片店。由此看来，商业活动是相当繁盛的，而管理体系空前严密。至于民坊，则设有坊长（里正），坊门由专人专管，按时启闭，凡出入不时、所携不物、衣冠不整、横行喧呼、径逾邪出、未报而用火者，都在查禁之列；居民不得向大街开门，平民与官府分坊居住，民坊与市坊截然分开。街坊中不得经商设铺摆摊及背负叫卖；城市除寺庙旗亭外，没有市民的公共娱乐场所。这样，尽管长安为当时世界一大国际都会，白天中外游人学子商贾塞巷填街，但一入夜，便万籁俱静了。这时，巡街御史、武候铺、各营卫士之轮值者，在每街每坊每角隅进行巡查、守候、侦查，发现可疑，立即采取措施。在如此严密而严厉的控制下，城市市民的生活秩序自然是平静的。

（三）唐中期以后打破坊里，建设街市

这时的突出变化是封闭式城建的解体。宋初，依法拆除了坊墙，废除周秦两汉以来的"坊市"，开放了"街市"，变政治中心为多功能中心，具备政治、经济、文化、交通、教育、消费服务等功能，实现了城市功能的一大转型。

宋太祖登基的第三年，即建隆三年（962年），下令拆除坊墙，沿街允许开设店铺，实行"街市结合"的城建体制。这时开封城人口达百万以上，城中沿街店铺林立，计有6400余家，一改秦汉隋唐时期居民区与商业区截然分隔的状况，实现了"街"与"市"的有机结合。京师与各地的营业时间，也彻底打破了周秦汉唐以来的"日中为市"的传统，日夜经营，有早市、晚市、夜市之称，而供各阶层人士聚会娱乐的酒律、茶楼、勾栏、瓦舍，夜间依然营业……著名的《清明上河图》便典型地反映了这一空前的城市生活画面。京师坊、市界限的突破，带动了各地城镇经济生活的活跃，唐以来10万人口以上的大都市有十来座，宋代发展到四十来座，而且都实行坊市交叉配置法。洛阳为北宋西都，繁华略如汴京。扬州是控扼东南水陆运输的要冲，商业尤为发达；杭州在北宋时已发展成东南第一州，广州更发展成东方大港；鄂州居长江中游，成都居长江上游（当时人们以岷江为长江上源），都是商品集散地。南宋定都临安（杭州）之后，对旧城进行了大规模的改造与扩建，使之成为一个有60平方公里的大城，人口达100万以上。像汴京一样，临安城区建设，也采用了街市结合式：取消居民区的坊墙，允许百姓向大街开门，允许商贾在居民区经营，大街两侧可以摆摊设铺开商店。街道空旷处，江湖艺人可以聚众献技。供市民娱乐的勾栏瓦舍处处兴建；酒楼茶舍歌馆以至妓院，一个连着一个，日夜经营。展示着这个封建都会一派消费繁华的景象。

汴京作为人烟浩穰之区，人物辏集，作伪百端，流氓无赖，横行于街巷之中，滋扰生事。一些游手好闲之徒设立美人局，用娼优作为诱饵，引诱浪荡子弟，趁机诈取钱财；至于"京师无赖辈相聚赌博，开柜坊，屠牛马驴狗以食，销铸铜钱为器用杂物"者更为严重。繁华的商业区，公共秩序十分混乱，一些商贩买卖货物，以假充真充好，骗取钱财，被群众痛斥为"白日贼"。靠商业为生的牙人也遍布东京，他们勾结官吏，侵鱼百姓，哄抬物价，走私漏税，滋扰市场。一些官吏也常借助权势发财，他们相互勾结，在东京市场上形成一股强大的势力，有的武装走私，偷税漏税；有的贱买贵卖，牟取暴利。《续资治通鉴长编》卷四四九记载：知青州资政殿学士王安礼，"在任买丝，勒机户织造花隔织等匹物，妄作名目，差兵搬担，偷侵一路商税，上京货卖，赢掠厚利，不止一次"。另外，商业区比比皆是的茶楼、酒肆为无技无能、好吃懒做的闲人提供了生存场所。

此外，茶馆、酒楼为了招揽生意，公开在店内安置妓女，以吸引顾客。安置妓女的茶馆，当时称为"花茶坊"。大的酒店有"浓妆妓女数百，聚于主廊槽面上，以待酒客呼唤，望之宛若神仙"。一般酒店则有"下等妓女，不呼自来，筵前歌唱，临时以些小钱物赠之而去"。由于安置了妓女，便有一些浪荡子弟，为妓女而来，追欢买笑，搞得茶楼酒肆乌烟瘴气，一片混乱。勾栏瓦子作为娱乐场所，也成为"庶士放荡不羁之所，子弟流连破坏之门"（见《梦粱录·瓦子》）。纨绔子弟、市井无赖、闲散军卒，聚集于此，滋扰之事频频发生。

南宋初，几万、几十万的北方灾民一批批流向江南、流入临安；中原地方贵族豪门三教九流都涌入这个"临时都城"，于是流氓无赖，滋扰生事，大街小巷，怪事丛生。据《武林记事》等书记载，元宵佳节，满城笙歌，灯火繁华，车马阗拥，不可驻足。于是有无赖子执五色印，上刻"你惜我，我怜你"数字，专门打印在姿色年轻女子背上，羞辱游玩士女。奸黠之徒，设美人局，招引浪荡子弟，诈取钱财。有柜坊赌局，结党作弊，巧伪百端，勾聚赌徒钱物；有"水功德局"，以求官、觅举、迁转、交易为名，假借声势，坑骗群众。至于剪脱衣囊环佩，穿窬窃箱，更是不可胜数；而且结成团伙，"各有称首"。市场经营，也是"以纸为衣，铜铅为金银，土末为香药"，公行诈骗。牙人市侩勾结吏役，侵鱼百姓，走私漏税，结伙生事，"破坏尤甚于汴都"。——这类治安问题，是宋代消费经济市井文化迅速发展的衍生物，带有明显的时代特点。

宋代城市打破了市坊界线，商品交换发达，但街道狭窄，人口稠密，居住拥挤，疏忽大意或蓄意作案的火灾常有发生。据《宋史·五行志》记载，两宋三百余年，京师与全国各州县城发生特大火灾达200多次，其中开封发生了44次。南渡后的临安火灾更多。宁宗嘉定元年（1208年）三月，临安一场大火，连续烧了四天，烧了御史台、司农寺等九个中央机构，"延烧五万八千九十七家。城内外亘十余里，死者五十有九人，践死者不可计。城中庐舍九毁其七，百官多僦舟以居。地方不少州府城市往往毁之于一炬。"如北宋乾德四年（966年）二月，岳州大火，把衙署、仓库烧完后，"燔市肆民舍殆尽，官吏逾城仅免"。再如大中祥符二年（1009年）四月"升州火，燔军营民舍殆尽"。正因为火灾的损失如此惨重，宋统治者对防火工作不得不倍加重视。

总之，五代以后，出现经济都会（商埠、产业），出现"专业街道"，有了公共生活设施（报时、水井、道路照明、集会）、公共安全设施（消防、报警、负责秩序管理的岗、铺）、公共消费场所（饼屋、歌馆、酒楼、茶室、典当、妓院、赌坊）、公共文化娱乐场所（勾栏、瓦舍、街头表演场）、公共活动场所（街市、庙宇、赛会、游乐）、公共服务场所（如理发、沐浴、厕所、出租交通工具车马舟船轿、出租餐饮器具、出租婚丧嫁娶仪仗之类）；还有公共择业场所如手工工场、服务业之类。从此，消闲性、游乐性节日活动与群体聚会日渐增多增大增广。城乡生活形态激烈分化。北宋汴梁（开封）、南宋临安（杭州），还有扬州、泉州，是当时政治文化中心城市与经贸交通中心城市。这样，周秦汉唐的"坊间封闭、静态管理"过时了，于是政府实行分厢管理，街道上先后设置了厢公事所、军巡铺与防隅巡警，成立了专责消防队；居民以街道为单位逐门逐户编号登录，实施"开放式动态管理"。

乡村生活以小农之家的自然聚居为主，形成自然村落，散布于有农田的地方。唐诗、宋词与传奇、话本中，有这种社会生活形态的生动记录。城乡分离由此展开。

（四）明清之际，城乡经济联气分趋，市民运动兴起

明代城市出现"市民阶层"。以特色产业、规模产业为依托的城镇星罗棋布。城乡生活形态进一步分化。农村务农为主，但各具特色的地方性农副特产与家庭副业、家庭手工业（如编织业）基地发达起来，作为农业经济的补充，也作为"帝国工场工业"的后备力量、支援力量而存在，构成城乡间的新的经济纽带，这叫"联气分趋"，中国城乡，始终是气脉联通的；城乡人的角色转换是自然的。明人小品、传奇戏、小说、笔记文，生动地反映了这个时期新出现的生态景观。

明代城市突出点是工场工业在布局上的大幅展开。东南沿海城市经济迅速发展，南京、扬州、苏州、杭州、松江、广州，佛山镇、武昌镇、景德镇，都以生产发达、市场繁荣著称于世。松江府投放市场的棉布"日以万计",苏州"郡城以东,皆习机业"。景德镇"广袤数十里,业陶数千户……万杵之声殷地,火光烛天,夜令人不能寝"。这个时期,造船业、丝织业、棉纺业、制茶业、制瓷业、矿冶业、制盐业等行业高度发达,并在相应地区形成相对密集的特色产业,以中心都会为核心,带动广大农村腹地,汇成一种前所未有的生产力。生产者、经营者们在比速度、比产量、比质量、比营销、比运输、比信息、比技能的大规模竞发活动中,早已突破自然经济状态下个体经营、封闭保守的千年旧习,形成了相互依赖、相互联结的利益共同体,出现了以私营作坊、工场为基地的劳动力密集组合和以行会为纽带的利益集团。它们拥有雄厚的人力、物力资源,其中任何一个环节的"异常",都直接牵动广泛的产供销系统而作用于整个社会。密集的劳动群众,自然会产生新的政治要求,新的生活要求;加之大量失业农民进城谋生,在"出卖劳动力"的新型雇佣制下正在向"产业工人"蜕变,这些一无所有的人被高度组织起来,机器设备成了他们的生存依靠,他们对社会经济变动保持着极度的敏感,最善于做有组织有目标有计划的群体斗争,到明代中叶便已形成一股强大的时代冲击波,震撼着既有的统治秩序。

随着城市经济的发展,生活方式也发生了深刻变化,除工商产业外,社会服务性行业更见兴隆,赌场、妓院、酒楼、茶社、戏馆、饭庄、旅店、当铺、银号、柜坊……应有尽有,不应有的也都滋生出来了,这一切不能不深刻地改变城市生态与市民心态,人们的生命追求、审美意识发生了根本性的改观。物欲的膨胀随着少数人财富的高额积累而呈几何级数的上升,也不能不加剧社会的不平衡而带来社会成员间的激烈冲突;而活跃于消费经济、消费文化中的幕僚政客、文人士子、师爷家丁、奸商牙侩、江湖艺人、闲散军卒、社会流民、帮闲伙计、僧尼丐帮,又构成了城市生活的另一股势力,他们成分最复杂、思想最易变、行为最敏捷,而破坏力也最明显,成为孕育新型安全事故的温床。

为了强化对社会基层的政治控制,明代在王阳明的倡导下,在南方还推行了《十家牌法》。以十家为单位,要求每家门前置小牌,上书人丁若干,注明身份(某官、某职、某差役或习某技艺,做何营生等)、田产、租赋、家庭人口、有无残疾、是否在家、缘何外出等情况,审核确实之后10家汇总编成一册,留县待查。每10家要自报本甲内平常有偷盗不轨行为者,记名于《舍旧图新簿》,待改正后,同甲之人具保,才能入"正册"。不报者同甲之人均有连带责任。同甲之人,每月酉时各家照牌轮流查看,查看有无去向不明的人,防止来历不明者投宿。平时要劝止争讼,催征赋税,联防联保。除与保甲法相辅而行的《十家牌法》外,王阳明还搞了一套《乡规民约》,要乡里民众一体遵依。立约之人,定期集会，审议合约成员中"彰善纠过"事宜，而且规定了一套近乎宗教仪式的烦琐礼仪，目的只有一个："灭心中贼！"王阳明说："灭山中贼易，灭心中贼难。"他要从思想上、精神上泯灭群众的任何反抗意识，维持明政府所需要的统治秩序。

（五）清末民初，向近代城市转型

清末以降，我国实现了又一次"城市转型"，即向近代城市的重大转型。它发端于西方殖民者在"开放口岸"城市、在使馆区、租借地的"市政改造"，起步于洋务派在上海、武汉、天津、长沙等地的"市政管理"之更新。这时，上海、武汉等地相继有了由现代建筑、商号形成的宽阔街市、行道树、路灯这些近代城市的标志性景观。从此，中国城市有了自来水、现代公交车、现代公厕，有了邮政、电灯、电话、下水道、消防站、垃圾站，有了大型商场、大型旅馆、大型游乐场，也有了游艺厅、电影院、戏院、公园、体育场、大会堂、公共图书馆、博物馆、展览馆之类。这时，"上海滩"报人满街跑、买办处处有，操"洋泾浜"英语者比比皆是，兴中会、光复会相继成立并积极活动起来，以留学生为主干的新型知识分子队伍也开始出现。更新鲜的是有了新的产业，大型工厂、大型公司成了现代城市的"身份证"。

城市市政面貌的改观还在其次，最重要的是城市新型管理模式的出现，新生社会力量的出现，新型职业群体与新型社团的出现，以及近代产业与产业经营思想、经营理念的兴起与扎根；是产业家队伍与无产者队伍的开始形成，这才标志着"城市领导乡村"的时代的真正到来。在这方面，不妨以上海为例说明之。

1901年1月29日，在西安避祸的"老佛爷"以光绪名义发布《上谕》：要求大臣"各就现在情形，参酌中西政治，举凡朝章国故、吏治民生、学校科举、军政财政，当回当革，当省当并"，提出建议，下决心"预备立宪"。她连续下令，要求"兴学校以广教育、办巡警以保治安，行自治以申民权，练新军以固国防"。光绪三十四年（1908年）十二月颁布《城镇乡地方自治章程》，规定要举办学务、卫生、巡警、善举、筹款、编查户口等。其变法之深度、广度、速度与成效，都超过了三十年洋务运动与1898年的百日维新（按："洋务"也是她本人于1875年咸丰帝死后、全面听政时启用李鸿章而推动的）。此时出现了上海地方自治组织、湖南地方自治组织，武汉、天津自治局等，他们均有实绩。其中，上海"工部局"做出的成绩最为显著。

"上海城厢内外总工程局"成立于1905年10月。因本地精英李钟珏、叶佳棠等有见于租界管理之善而发起，经苏松太道（即俗称之"上海道"）袁树勋之核准而成立，其领导集体"议事会""参事会"成员（76人）来自市区各善堂、书院、警务及各铺段董（商人），由投票公推组成。它是上海商界、学界的自发组织，是"地方精英权力的制度化"。按照核准的批文："所有马路、电灯以及城乡内外员警一切事宜均归地方绅董公举。"开办不到两年，即办成了填河、筑路、电灯、水厂等公益事宜，部分地段设置了警察，成绩卓有可观。随之又扩大了参事会，各善堂、助学所、南市商会、北市商会、地方自治研究会、地方公益研究会、东南城联合会、西北城联合会均各举职员参加。这又大大促进了上海新生力量的成长。1911年辛亥革命前后，上海有名的产业家有：祝大椿、朱志尧、虞洽卿、严信厚、孙多森、王一亭、朱葆三、徐润、曾铸、沈缦云、朱开甲、苏本炎、于城等人。

宣统元年（1909年）6月16日公布《城镇乡自治章程》，工程局自愿办理"选举局"之任务，通过上海市选民的公选，转型为"自治公所"，这就纳入了清末立宪新政的轨道，成为推行自治的机构。1911年辛亥革命之后，经沪军都督府同意，成立了"上海市政厅"，主要领导成员即由"自治公所"转制而来。它主办过一次"临时选举"，两次"普选"。李钟珏任市民政局总长后，其重要举动即是下令拆除了上海建筑三百五十年的老城墙。他把墙基修成了公路，城砖用于砌城内河道的硬岸和城中的下水道。

上海拆墙之举是近代史上城市转型的标志性事件。拆墙，使上海完全摆脱了"旧城"的感观。上海城建于明嘉靖年间，周长9里，城内居民20万。光绪三十二年正月，工程局李钟珏、郁怀智等提出拆城之议，引发争议；反拆派认为不利于治安，地方士绅曹骧等人说："城内地方辽阔，员警既未大备，又无租界之团练兵舰严密保卫，如无城墙保护，奸贼更易生心，后患何可胜言。"他们反对拆城以保家园，既防法租界乘机扩界，又防所谓窃盗奸民；但他们不反对"多设员警，清洁街道"。争议双方逐级上书至苏松太道、江苏巡抚、两江总督。最后经过协调，双方达成妥协：增开城门、修筑马路，保留城墙——但终究还是被完全拆除了；而"修筑马路、拓宽街道"等举措，也成了仿效者武汉城之市政改造的首发之举。

中华文明五千年，城市生态有五次大蜕变；但自禹王城、平粮台出现以来，城（城垣）与池（护城河）便一直是公共安全防卫设施；周秦汉唐城邑，均按严密的建城蓝图开建，国家投资一切公共建筑与土木工程；居民分坊居住，街市分离；士农工商，一律实行封闭式静态管理；但城乡行政管理、城乡经济事业是一体筹划的。宋初拆除了坊墙，实行街市结合。从此，私人投资于市场、商号、铺面及公用设施的建设，于是生产型、消费型街道同时成片出现，"市民"开始成为新型社会力量，开放式动态管理提上日程。到清末民初，城市生态出现又一次脱胎换骨的蜕变，这一次恰恰是从拆城墙、拓街道下手的，一举改变旧城观感，社会深刻变化由此开篇；全新的工商业与第三产业业态在城市里集聚，市民阶层分化十分显著，而城市生活方式离农村生活方式也就愈来愈远了。

十、谈谈海洋文化的中国文化本体

有人说，中国历史上只有大陆文明、只有黄土文化，没有海洋文明、没有蓝色文化。此论大误。要说海洋文化，其文化本体应该是人类社会文明向海洋的延伸，应该是以海上观光、海岛风情、海产经营为三大支柱的文明事业，而海盗掠夺不在其中。中国历史上固有的海洋文化不仅起步早，源远流长，而且就"文化"的本质内涵来说，它的含量之丰厚，绝非境外任何人的"海盗文化"所可比拟；但一直疏于整理，相关知识几呈碎片化的存在；加之近代以来，在西方所谓"蓝色文化"的强势比拼下，连"黄土文化"也处处被动，对历史上海洋文化之中国文化本体，那就更加缺乏关注的热情而论述严重不足，与方兴未艾、蓄势待发的中国海上事业很不匹配。时至今日，这个状态必须扭转。

（一）先秦：中国海洋文化之文化本体的胎育

1. 中国远古文化中，不乏对海外文明的多彩憧憬。中国人早就把"海天"作为一个整体的认知对象来看待，且不说关于海上仙山的瑰丽想象，仅《山海经》对遥远海域的精彩记述，就足以展示中国先民的辽阔视野与求知能力；它足以证明中华文明从起步期起，就十分关注海外文化，就在积极吸纳海外的文明成果来充实自己。这是中国海洋文化的第一道曙光。

中国先民认为：海天一体，这个旷远浩渺的美妙空间，正是一个可以放飞思想、驰骋心灵的自由天地。孔子有"乘桴浮于海"的构想，庄子、列子和阴阳家们都有"大海通天"的精彩描述，民间更有"贯月槎""挂星槎"之类的绝妙传说。这样的文化，培育了中国先民"四海为家""四海之内皆兄弟"的博大情怀，又积淀为中华民族平等地发展海外交往的传统理念，甚至怀着对海外文明的崇信心态，绝无"占有""掠夺""戏侮""侵凌""奴役""殖民"之杂念掺杂于其间。这样的文化本体，就与任何海盗文化、殖民文化划清了界限。

2. 先秦时期，海上旅游、海外观光、海产开发、海洋利用，都已经提上了日程。这一切，都有丰富的历史记录和文物史迹做证。商代人用的中国第一代货币"贝"就来自海上；西周人粉刷墙壁用的"灰蠹水"就是用海蚌壳烧制的；春秋首霸的齐国便是大兴海上鱼盐之利而崛起的。齐人还是海上旅游、海外观光的启动者（事见《管子》《晏子春秋》等书）。齐景公便是海上观光的发起者。春秋后期，越国为便于争霸中原，开辟了近海航线，不远千里，不惧海上风波，把都城由浙江会稽迁至山东琅琊，这实在是一次壮举。仅就其集中"三千木客"打造海上巨型运载工具"海槎"而言，就是一项惊世成就（事见《越绝书》《吴越春秋》等）。这是中国海洋运输业的高起点，亮起步。"三千木客"是史载中国第一支造船工匠队伍，这很了不起。这便是中国海洋文化之最早的文化主体：海洋征服者，海洋经营者。

（二）秦汉六朝：中国海洋文化的启动

1. 生长于内陆的秦人，对海上经营却有特殊贡献。秦皇东巡，开辟了秦皇岛、蓬莱、琅琊三大海口；其中，秦皇岛的鞭石填海，表达了中国人的豪雄气概；蓬莱口岸的功能更是持续增长；汉唐宋元文章中有大量关于蓬莱仙山的美妙结撰；徐福从琅琊下海东渡，相传为日本文化的开山之祖。秦人还是"滨海通道"的打通者。秦皇巡狩山东、江苏、浙江，走的就是这条路。秦人在番禺还建造了一座船坞，能打造远航"涨海"（今南海）的巨舶，那三组六轨的铺向大海的滑道，至今遗迹尚存。这是中国人在公元前三个世纪就已具备大海航行能力的实证。

2. 汉代楼船将军所帅部队，是中国水军（海军）的最早雏形。它走的是江浙闽粤的东南航线，它促进了中原人对东南沿海地区的关注与开发。东汉时，东罗马使者东来，就是从番禺登陆的。其后三国东吴将军扬帆台海。西晋名僧法显是从陆路赴中亚、南亚游历的，返程走的便是穿越南洋群岛的海路，历经南海、东海、黄海而返回华夏。他有《佛国记》传世。

3. 六朝海景诗赋尤称发达，世家名门以海产斗富。东晋、南朝与朝鲜半岛及日本的跨海通联，以长江口或浙东为出发地点。海上观光，也成了王谢世家名门比拼的一项豪举。谢安更是海上观光的名家。六朝海上贸易热火，斗富的门阀地主如石崇、王恺即以拥有从南洋舶来的巨型珊瑚、玳瑁及香料竞豪雄。南朝有与海外往来的丰富记录。

六朝写景诗赋连篇累牍，其中以海洋风光为审美对象者不绝于世，作为骈俪名篇的《海赋》名手何止10家。此后的绘画、雕塑中，海波、海上仙山、海外动植民人是不可或缺的审美元素。六朝隋唐以来的佛教艺术品中，"南海观音"聚焦了中国人对大海最瑰丽最亲和的好感与向往。要说"海洋文化"，舍此优美文化，就只能剩下干巴巴恶狠狠的海盗行径了。

4. 说到"海盗"，中国历史上倒也不缺这一号角色。晋末有孙恩造反于东海上，他便是史载中国海盗之祖。明人唐顺之《荆川集》诗曰："频岁孙恩乱，帆樯压海头。传烽连戍垒,野哭聚沙洲。"即以孙恩喻指明代的倭寇之祸——其中有很多其实是打着"倭寇"旗号的中国海盗。要说孙恩们有什么"海盗文化"的话,那么,他们对浙闽粤之近海的"海情"(季风、洋流、暗礁、港湾)倒真的很熟悉。

(三)隋唐宋元:中国海洋文化的辉煌

1. 隋唐的海洋文化成就卓然。隋唐留下大量海外文化交流记载,突出表现为朝、日两地来华之使团与留学生、留学僧的不绝于途。中日跨海交往,佳话连连。其中,鉴真大和尚率庞大科技文化团队六次跨海赴日,将佛教文化与中华产业文明、科技文明、社会文明全面传导给日本列岛,为日本文化奠基。唐诗、唐传奇中对海外仙境有种种奇幻描述。白居易的诗篇在朝鲜半岛流传得比在中土更深入社会底层;中国针灸、造纸、印刷术在日本、在朝鲜半岛均取得重大突破,甚至呈后来居上之势;民间往来更是唐诗、唐传奇的重要题材。其盛况是欧洲中世纪所梦想不到的。

2. 宋的海舶打造、洋路开通,获得了旷古未见的新成就。宋代开辟了海上丝路,宋舶可以直下锡兰湾,遥指波斯湾。宋代海洋文化在综合推进,打造了一批沿海国际性商贸口岸。从巨型海舶的批量化打造、海口的连片经营,到海外贸易、海上安全的法制化建设,全都遥遥领先于文明世界。宋代"四大发明"的社会产业化发挥了重大外溢效应,磁针在远洋航行中的应用,典型地反映了中国科技的卓越水平。宋代很注重内陆实体产业对海外市场的不绝供应。宋代专业产区和特色产品给对外贸业做出了有效支持。

宋建国之初,朝廷就设置了"提举市舶司",专"掌蕃货,海舶、征榷、贸易之事"。宋太宗太平兴国初年(976年),又在京师设有榷易院(署),专管对外贸易,后又相继在广州、杭州、明州(宁波)、泉州设立市舶司,史称"三路市舶"。元丰年间(1076年—1085年),宋政府又颁发了我国古代史上第一个专项外贸法规《市舶法》,即进出口贸易法规。它规定榷易院与市舶司责在招徕外商,发展外贸。其"榷易"的基本办法是:外商船舶进入口岸后,停在海上,由宋政府派市舶官员登舶查验货品,按一定比例(大致细货为1/10,粗货为2/10)抽取实物,以"贡品"的名义由番商运交宋政府,这其实就是国家的"进口税";来华的外商头领要拜会地方当局,一般还安排朝见皇上,皇上(中国政府)要给来商大量"恩赐",其价值往往大大超过其所"进贡",为的是让外商觉得有利可图,经常来华贸易。换句话说,"进贡"是有偿的。抽取"贡品"之后,凡属国家统购包销的"禁榷物资",由市舶司出钱购买,不超过全数的30%;其余商品称"博易物资",由中外商人按市价自行买卖,也可由番商自行运销内地。元代干脆废除了"禁榷"制度，只抽解其货物的1/10—1/15做"进口税"，其余商品一概自由经营。有人用"朝贡贸易"来概称中国古代外贸，这显然是不确当的，"朝贡"从来不是外贸的主体内容，只是一种礼仪性的"关税"，尚且是有偿的。

自从海上丝绸之路发达之后，世界贸易以中东—阿拉伯半岛为中心。因为从中国或印度经海路到地中海世界，必须经过红海和波斯湾。这两条海路正好在阿拉伯半岛的东西两侧，被阿拉伯人所控制。阿拉伯人占领地中海东岸之后，发展出一种三角贸易。那就是用中国的丝绸瓷器，换欧洲的工业品，用这些工业品换非洲的黄金象牙，然后用黄金象牙换中国的丝绸瓷器。这对活跃欧洲、非洲、中东和中国的经济都有非常大的帮助。

3. 元代世界性海外交通大联网。宋元时期的市舶司、市舶务或舶场、商埠，明珠般洒落东部沿海，带动了东南经济的大发展。当时，天城广府，享誉海外。泉州在"刺桐"的名义下以"东方第一大港"蜚声西亚、北非与南欧。宋元海外贸易具有很强的继承性，宋元有完备的海上贸易章程，有海上救难法规，这都是中国人的首创。宋元之际主持闽广海贸的巨擘是外籍海商蒲寿庚，他富甲天下。

马可·波罗和白图泰（Ibn Battuta，1304年—1368/1369年）等一批东来的旅游家，向欧洲人介绍东方文明，促成了大航海时代的到来。元末，开始从海外引进五大农作物——玉米、甘薯、花生、棉花、烟草，极大地改变了中华农业生态，改变了中国民众的衣食结构，这是一项重大历史功勋。

事实上，葡萄牙人占有印度西海岸的果阿之后，才向当地人学会了记账和贸易；有了葡属"东印度公司"之后，才与出没于南海/东海的中国民间商船队打交道，练出了一身海盗加海商的本领。相比之下，可知真正的"海洋文化"到底是谁营造的。人们不妨把11世纪—19世纪的泉州、广州与威尼斯、亚历山大相比。看看欧洲的"海难法"，再看看从葡萄牙到荷兰、英吉利各国的"东印度公司"之起家史，不难明白西方海盗史向全球殖民史跃迁的轨迹。

（四）明清之际：中外海上贸易的大发展

1. 明清之际开始了中西文化的海上大交流。宋朝以后，中国的民间海外贸易便发达起来。明代，大量中国商人在海外建立了自己的基地。比如现在的新加坡，曾经是海外华人的停泊港，华人在新加坡建立了大型城堡。另外还在印尼和菲律宾也建立了城堡。这些城堡有武装保护，比较安全。商人们从中国把丝绸瓷器运到这里，然后和阿拉伯商人做生意，从阿拉伯商人手里换到黄金之后，把一部分存放在这些海外基地，把另外一部分带回中国，从民间购买出口货物。这样，这些黄金不能进入中国的官方金库，而是进入民间，这招致明政府的忌恨，甚而派兵镇压"海盗"——正和西方做法完全相反。

郑和下西洋这一辉煌篇章世人皆知，这里不赘述了。一句话，那是和平交往，绝无海盗行径混迹于其间。中国人和东亚人、东南亚人、南亚人、阿拉伯人共同营造了跨太平洋、印度洋的海上贸易秩序，那是和平双赢、多方获利的秩序。它营造了"大航海时代"启动之前和平友谊、平等互惠的国际海洋秩序。明代中外金融大流通，全球白银都向中国汇聚。明代民间南洋开发积极启动，活跃于东海和南洋的民间国际商贸更是十分活跃，主要出口货物有生丝、纺织品、瓷器、铁器等，驶往暹罗、占城、交趾、三佛齐、咬留巴、马六甲等地，换回苏木、胡椒、象牙、犀角等。

明清之际开始了中西文化的正态大交流。席卷欧陆二百年的"中国潮"助推西欧走进文艺复兴运动和大航海时代。

2. 大航海、大商贸时代的到来。当初，葡萄牙、西班牙及随之而来的荷兰、英吉利，渐次把持了马六甲海峡，强行介入"南洋"与"西洋"的原有贸易体制中来，又进入东亚贸易。1514年葡人来到闽广沿海，登上广州外海的屯门岛，不与地方当局打招呼，即上岸贸易，"获大利而归"，尝到甜头，即与倭寇勾结起来，武装劫夺商旅，掠卖人口。嘉靖三十五年（1557年）葡人以欺诈贿赂手法从澳门官员手中获准"租用"。至此，葡人有了介入"日本/中国/南洋"三边贸易体制的基地；但其本身所有的正当商贸额比例微不足道，只是倾力于用海盗船骚扰我东南沿海，在闽浙沿海为祸二十余年之久，至1549年才被浙江巡抚朱纨赶走。朱纨是中国人战胜西欧殖民势力的先锋。

明人开展的灭倭之战与抗葡海战，有力抵制了葡、荷、法、英商团的殖民掠夺：他们先后东来，彻底断送了由中国人、东南亚人、南亚人、阿拉伯人、波斯人共同营造的跨南海、波斯湾、阿拉伯海直至红海、地中海的固有的海上贸易秩序。明清之际与葡、西、荷海上力量相抗衡的劲旅在民间。

荷兰人于1604年东来，两次强占澎湖，侵扰厦门，抢夺渔船，俘虏华人，逼迫劳工为其筑堡，抓壮丁去爪哇当奴隶。明天启四年（1624年）荷兰人登陆南台湾。西方殖民势力武力犯华占地，荷兰首开恶例（葡占澳门尚是以"租借"为名的）。它又进入菲律宾，血腥屠戮华人，清剿华商势力；但无力与海上华人势力抗衡。

清初名臣蓝鼎元说：台湾"直关东南六省之安危"，批驳部分朝臣的"弃台论"，力主统一台湾。他已预感到未来国际形势。清政府终于做出决策，武装统一了台湾，有效地保证了"百口通商"的安全。通常所说的"五口通商"仅指依条约向洋人开放的五大国家级口岸，而不是当时所有的沿海商埠。

从康熙二十三年（1684）到乾隆二十二年（1757年）的七十三年间，中国开往日本贸易的商船总数达到3017艘，平均每年41.4艘。（据木宫泰彦著、陈捷译《中日交通史》）。中国的商船还从事东南亚各国与日本的转口贸易，中国对东南亚各国也一直保持了旺盛的外贸，中国商船为东南亚带去的是丝、茶、糖、药材、瓷器和中国的土特产。至于出口到欧美各国的商品，主要是：生丝、丝织品、茶叶、瓷器、土布、麝香、朱砂、明矾、铜、水银、甘草、大黄、桂子、糖、姜黄、樟脑、绸缎、丝绒等。其中以生丝、丝织品、茶叶、瓷器、南京土布为大宗。南京土布在英国本土挤占了曼彻斯特纺织品市场。透过名目如此繁多的出口产品清单，我们可以看出，在清中前期的对外贸易是何等的繁盛与发达。

（五）近古中国海洋文化的书面表达

除《海赋》《四游记》《镜花缘》等不同门类的文学作品外，纪实性的海外游记《瀛涯胜览》《星槎胜览》《真腊风土记》《岛夷志略》直至《海国图志》等著作，构成近古中华海洋文化的一大品类，它是历代中国人开眼看海外的重要凭证，构成了中国海洋文化的底色，有待认真开发，今摘其要籍开列于下：

1. 宋代赵汝适撰《诸蕃志》二卷，徐兢撰《宣和奉使高丽图经》四十卷，范成大撰《桂海虞衡志》一卷，周去非撰《岭外代答》十卷值得注意。

2. 元代周达观撰《真腊风土记》一卷，汪大渊撰《岛夷志略》一卷，安南人黎崱撰《安南志略》十九卷均可以参考。

3. 明代有胡宗宪撰《筹海图编》十三卷，张燮撰《东西洋考》十二卷，西洋人艾儒略撰《职方外纪》五卷。黄衷撰《海语》三卷。费信撰《星槎胜览》，张升撰《瀛涯胜览》，都提供了很扎实的资料。

4. 清代陈伦炯撰的《海国闻见录》二卷。记天下沿海形胜，有东洋记，东南洋记，南洋记，小西洋记，大西洋记，昆屯记，南澳气记。还附有地图六幅：四海总图，沿海全图，台湾图，台湾后山图，澎湖图，琼州图。内容特详备而实用。另有黄叔璥撰《台海使槎录》八卷也可看。

讲"海洋文化"，若不着眼于"文化"，而津津于"炮舰"，岂不偏离了主题！

十一、官场文明从反腐做起

古人反腐，从一开始就与立法相联系。依《尚书·舜典》的说法，夏禹曾颁发"昏墨贼，杀"的法令——凡昏愦、贪墨与贼害他人之人，一律杀掉！这就是说,我国早就把官场人物的贪腐行为列入依法严厉打击的对象了。官场反腐,从进入文明社会的第一天起就开始了。

(一) 中华反腐的第一立法

看来,腐败的确是一个根深蒂固的历史顽症,历代奸腐官吏总要搞职务侵占、法外掠夺;一旦得手,就决不放弃,绝无收手之日,还会钻现有法律的空子,或通过私自立法(恶法)来保护和扩充其无限膨胀的私利,对社会的危害难以估量,故《尚书·商书·伊训》说,先王制订《官刑》,用来警戒在职在位的卿士们:

"敢有恒舞于宫,酣歌于室,时谓巫风;敢有殉于货色,恒于游畋,时谓淫风;敢有侮圣言,逆忠直,远耆德,比顽童,时谓乱风:惟兹三风十愆,卿士有一于身,家必丧;邦君有一于身,国必亡:臣下不匡,其刑墨。具训于蒙士。"

这份《官刑》针对的是邦君与贵族的贪占奢靡行为。由此可知,中华先民早已把"腐败"纳入法制之内予以警戒惩处了,早已把反腐提到政权建设的高度、要求严肃依法处置了。反腐成了永恒的主题,而《伊训》开了这个头。

一个政权能够公开承认并揭示其统治集团上层有腐败阴暗面,是这个政权文明程度的生动表征,也是它具有自信力的表现。倘若这个政权走到了无力处置它已经意识到了的腐败之祸时,那就濒临危境了。无论本文是否真的出自汤王或伊尹之手,其作为古典文献的历史价值是公认的:它吹响了我国文明史上反腐的第一声号角。而且,史载有这样的事实:伊尹本人就曾以老臣的身份,流放了刚露出腐败苗头的新君太甲,让他闭门思过;待他有了改过的实际表现后,才还政于他。这是我国历史上成功防腐、反腐的第一佳话。

(二) 《周礼》定下防腐反腐的"六廉"条例

《周礼·天官·小宰之职》曰:"以听官府之六计,弊群吏之治:一曰廉善,二曰廉能,三曰廉敬,四曰廉正,五曰廉法,六曰廉辨。"六计,即六稽也,亦即这里所定的"六廉"。廉:廉访、廉察、廉按之"廉",即指政府的深入查证。六廉:从六个方面查实是否做到了:1. 亲善待民;2. 办事敏捷有效;3. 敬守本职,慎狱恤刑;4. 清正为官,一身正气;5. 循法守纪,执法不苟;6. 辨识是非,头脑清醒。计:稽查,核计,审计之义。弊:本义是指弊端,通假为遮蔽,作法学术语用时,其义为论断、判决。这六廉,是很科学的考核方法:它不仅是一般地看政绩,看表现,搞定性分析;而是全面考察,做认真察访,让数据说话,靠定量分析,经调研审计,然后才做出全面结论,作为君主对政府官员升迁、留任或黜罚的依据。

不过,到底如何量化这六项表现,以便审计呢?下文"宰夫之职"做了说明：（宰夫）"掌治法，以考百官府、郡—都—县—鄙之治，乘其财用之出入。""岁终则令郡吏正岁会，月终则令正月要，旬终则令正日成，而以考其治。治不以时举者，以告而诛之。"

文中，乘其财用之出入：核计其财政收支；乘：计算。财：指钱谷之类。用：指金玉布帛之类。物：指六畜、野兽及器具之类。诛：责罚。岁会、月要、日成：按财政年度每年会计一次，按要目每月核查一次；按规则每日检查一次。有奖有惩，不搞片面性。

事实上，有周一代的腐败是很严重的。《尚书·毕命》篇中，西周第三任国王周康王（公元前1020年—公元前996年在位）说："我闻曰：世禄之家，鲜克由礼；以荡陵德，实悖天道。敝化奢丽，万世同流。""世禄之家，鲜克由礼"，三千年过去了，这个判断也不算过时。国家秩序的最大破坏者不在平民，而在世禄之家，千古如此。西周建国于前1046年，至康王即位还不到三十年，此时的"世禄之家"，多半是追随周文武打天下的军功勋贵，他们已经"鲜克由礼"了，可见问题之严重。但康王能明晰地认识到病灶之所在，正好证明"成康之治"得来不虚。商周从不讳言"世禄之家"的丑行恶迹，并将惩贪拒腐列入政府严办之职责；并没有所谓"刑不上大夫"一说，毋宁说反腐矛头就是指向"鲜克由礼"的世禄之家的。

（三）秦人以法反腐

商鞅认为：明君治国，不依赖官吏的贤德与否、才智若何，而应依靠法纪的严明，使民不能掩罪，官不敢贪腐，吏不能妄为，让夫妻、交友不能相容隐。其手段就是用"能言之马"去监督"马夫"——他说："事同体一者，相监不可。"他说：让马夫们相监，不可，因为他们"事同而利合"；"若使马焉能言，则驺虞（马夫）无所逃其恶矣，利异也。"商鞅从官吏之间的利害关系入手，提出了政府反腐的策略与组织人事安排之"术"：反腐不靠官之众、吏之多，不靠多设衙门，因为官吏们利害一致，根本不会互相监督，正如马夫监督不了马夫，因为他们"事同体一"；而"能言之马"定能监督住"马夫"，因为两者利害不同。后世君王，常用卑贱者去监督位高权重者，即取智于商鞅。然而，历代当政者是不可能真正信赖"能言之马"的，无论其反腐调门多么高亢；而新"马夫"只能比旧"马夫"更加"马夫"，这是商鞅早就说过的。

秦人有《为吏之道》一文，以格言形式讲明了国家官员吏役的执法守法之道和区分官吏良否的政治与道德标准。秦始皇把拒腐反腐的道德要求归一于法纪要求。以下是原文摘抄：

  临财见利，不取苟富；临难见死，不取苟免；欲富太甚，贫不可得；欲贵太甚，贱不可得。毋喜（谄媚）富，毋恶（憎恶）贫。正行修身，过去福存。

  吏有五善：一曰忠信敬上，二曰清廉无谤，三曰举事审当，四曰喜为善行，五曰恭谨多让。五者毕至，必有大赏。

  吏有五失：一曰见民倨傲，二曰不安其朝，三曰居官善取，四曰受命不偻（接受任务后，不立即躬行），五曰安家室，忘官府。

  这段文字明白如话，注入我们时代的理解，也不失其警示作用。
  《秦律》突出规定了对官吏的法律检验，以杜绝贪污；若挪用公款公物，则以盗窃论罪。若行贿受贿一个铜钱，就要受到脸上刺字并服苦役的刑罚："通一钱者，黥为城旦。"以苛严的法令反腐，反在腐败的起点上，不失为有力措施，然而他搞"为治惟法"，其效果如何，历史早就做了结论。

（四）汉代设计的反腐制度

  汉初为了防腐，制定了"考功课吏法"，并创立了官员回避制度——不得在本地为官，有姻戚关系者不得在同一地区、同一系统为官，不得相互监临；同时实行职务连坐，州刺史、郡守对贪渎官员有纠举揭发之责，否则连坐。
  汉武帝元封五年（公元前106年），将全国分为十三部（十三州，即13个监察区），置部刺史分头负责。十三部刺史有明确的监察职责，叫"六条问事"（历史上，汉的《六条问事》为唐代《巡察六条》、元朝《宪台格例》、清朝单行监察法规《钦定御史台规》等做出了示范）。"六条问事"的具体内容是：

  一条，强宗豪右，田宅逾制，以强凌弱，以众暴寡。
  二条，二千石不奉诏书，遵承典制，背公向私，旁诏守利。侵鱼百姓，聚敛为奸。
  三条，二千石不恤疑案，风厉杀人，怒则任刑，喜则淫赏。烦扰刻薄，剥截黎元，为百姓所疾。山崩石裂，妖祥讹言。
  四条，二千石不恤疑案，风厉杀人。
  五条，二千石苟阿所爱，蔽贤宠顽。
  六条，二千石违公下比，阿附豪强。通行货赂，割损正令。

这六条，把田宅逾制、侵鱼百姓、不恤疑案、风厉杀人、蔽贤宠顽、阿附豪强、通行货赂等列入打击整肃对象，确实戳到了官僚队伍的痛疽。

除此六条之外，汉代州刺史还具有监察各路诸侯王、全面考察其活动的职责。具体内容有：巡行郡国，以六条监察郡守、相国、诸侯。一旦发现他们有六条所列的不法行为时，有权弹劾，并报请上级监察机构处理；其后，东汉光武帝刘秀又采取了加强中央集权的诸多措施，整顿监察机构，加强了御史台、司隶校尉和州刺史等三套监察机关。汉的统治前后延续四百年之久，不是偶然的。

（五）唐代的政绩巡察

唐代稳定并健全了决策、审议、执行、监督一体化的政权组织形式，御史制度得到了长足的发展。唐代御史台下设台院、殿院、察院，其中察院设监察御史。监察御史"掌分察百僚，巡按邦县，纠视刑狱，肃整朝仪"，职务十分重要。所谓"分察"，是指在京稽查尚书省六部、百司，"纠其过失，及知太府、司农出纳"；所谓"巡按"，就是将全国划分为十道监察区，委派十道巡察使和十道按察使，轮流稽查各区的政治经济动态，每二年轮换一次，所察范围有六，号称"六察"：

其一，察官吏恶善；

其二，察户口流散，籍账隐没不均；

其三，察农桑不勤，仓库减耗；

其四，察奸猾盗贼，不事生产，为私蠹者；

其五，察德行孝弟，茂材异数，藏器晦迹，应时用者；

其六，察黠吏豪宗兼并，纵暴贫弱，冤苦不能自申者。

唐代御史为监察人员，无所不纠，无所不察，连御史大夫、御史中丞也在被监察之列，他们在具体监察业务中是各自独立的。

（六）宋代的经济审计

周秦两汉一直以"抑商"为基本国策，到了唐代安史之乱之后，"商"的力量日见增强，私营工场手工业迅速发展，大地主、大商人与大官僚结为一体已是普遍现象，抑商国策随之终止，于是贪腐问题也就越来越触目惊心。

到了宋代，经济文化空前发达，拿金融领域来说，就出现了关子、会子、交子等多种举世皆无、宋朝独创的有价证券，加上宋代造纸业、印刷业空前发达，有价证券的法律管理一时也跟不上，故金融犯罪出现前所未有的诡谲欺诈的情况，数量惊人巨大。宋代江西一个贫困小县的县丞，用私印钞票做工程投资拿回报来洗钱的手法，获利之巨竟超过了唐代贪腐宰相！因而政府经济管理的任务也就同步加重了，促使中央组织机构与审计制度得到健全和完善，财计监察制度得以强化，其机构设置与管理措施更趋于严密。审计一词就出现在宋代。

宋政府"制度反腐"的力度是空前的，由御史监察部门、经济管理部门、官吏考核部门、行政司法部门联手，共同实施检核审计：其对象是各级官府与官吏，审计内容为三大项：

1. 财政财务审计，意在保证财政收支的真实、合理、合法；

2. 经济绩效审计，意在核实任内户口、垦田、赋役、盐茶矿冶之税收是否有合理、合法的增减余缺；

3. 财经法纪审计，意在稽核盗窃国家资财、贪财受贿卖法、仓库出入不法、账册不清，工程浮估虚支等等，国家据以进行弹劾惩处。

另外，对官员个人则有在任与离职的专项审计。

宋代在审计技术上也有新的发展，比如审计中常用的查账法，具体化为"账账相符、账证相符、账实相符"的指标，这就堵塞了大量财经漏洞。

(七) 明末越反越腐的教训

明末社会护法力量的耗减与贪腐发生机制的变异值得注意。

明代（1368年—1644年）中后期，我国东部沿海地区经济迅速发展，盐业、茶业、矿冶业、造船业、棉纺业、丝织业、陶瓷业、印刷业、外贸业空前发达，能吸纳成百上千个劳动力的大型工场比比皆是，大量失业农民走进城镇，开始向产业工人蜕变；到明中后期，开放了海禁，与刚刚兴起的西欧葡萄牙、西班牙达成贸易，构筑了跨太平洋、印度洋、大西洋的"海上丝绸之路"。中国产的生丝、丝织品、瓷器遍及南洋、南亚、中亚、西欧、北欧，在欧陆形成"中国潮"。国家年年出超，入华白银占全球白银产量的1/3—1/2。《白银资本》(ReOrient: Global Economy in the Asian Age) 的作者德国人贡德·弗兰克(Andre Gunder Frank，1929年—2005年) 认为："整个世界经济秩序当时名副其实地是以中国为中心的。"国家经济形势确实是好。

在这种形势下，既得利益集团在新的社会生产力所提供的源源不绝的无尽财富面前，急剧膨胀的物欲随着少数人财富的高额聚敛而呈几何级数的攀升，加剧了社会的不平衡，带来社会成员间的激烈冲突。明统治集团肆无忌惮地吮吸民财。在其带动下，地方大员、幕僚政客、师爷家丁、奸商牙侩、江湖艺人、闲散军卒、社会流民、僧尼丐帮，又构成了社会生活的灰色地带，进而绞结成黑恶势力。他们常用"告状"手段，大肆进行捏控、虚控、枉控、反控、扳控、诈控、越控，公然借用司法和执法者之手，于变乱中实现其非法诉求，向社会与法纪挑衅，诈取惊人的经济利益。此时，犯罪手段诡异化，犯罪方式更加谲怪化：比如对于到手的赃款赃物，除历来的独吞黑吃与分赃之外，还发明了"扳赃""摊脏""洒赃"等手法："扳赃"是扳扯与案子根本无关之权势人物，利用其某个污点，迫使其分担风险，承担案责，进而当上保护伞；"摊赃"是把赃款摊给团伙内外成员，使之分担"案值"，让主犯的定罪量刑之依据得以降低甚而"归零"；"洒赃"是把赃款赃物洒向社会，甚至以"公益"面目出现，借以"洗净"其赃，漂白自己……蹊跷的是，此时的社会，却在"吸纳""消化"甚而"欢迎"这种"摊"与"洒"，社会自己在为"反社会"势力的结聚和肆虐铺设着温床，提供着资本，还以为人家在办"公益"！

黑恶势力，何代无之？问题在于：当时症袭来时，国家体制机制内的抵抗因素、护法清污能力反而在退缩，在弃守，在异化；明末社会的"护法"意识、护法能力在全面耗减，不同层面上的众多社会正面因素在松解化、消极化、负罪化甚而黑恶化，这是新出现的社会危险走向。

1. 司法机关的多头管理与不作为，执法力量交叉争权，反向操作，违纪操作，甚至毁法操作。有人借案谋利，肥了自己，也为黑恶势力提供了相当的活动舞台与众多机遇。恶人只需几张状纸，多方投递，自己无须应诉，通过政府权力，总能把对方拖烂、累坏、击垮，而轻松地获取暴利；

2. 基层行政力量与黑恶势力相勾连、相交集，社会遏制力崩解，更为刑事作案者的"目标无序化"提供了可能；他们可以随心所欲地随机选定攻击目标，无人能受到有效保护。因为防不胜防，你根本不知道何时何地因何故而受到伤害，于是社会陷入惊恐之中，又百倍放大了黑势力的攻击效应；

3. 历来作为基层社会之中坚的"有组织力量"——宗族势力、血缘纽带——在"市民化"条件下松解了，"守望相助""贫富相恤"的意识淡化了；相反，绅士们往往因产权问题、性生活问题上的沦落、败坏，在伦理上"负罪化"，失去了主持社会正义的组织力与号召力，无力制约宗族内部反社会势力的滋生与作恶；于是历代社会基层自治的根基发生动摇，全社会的稳定也就无望了；

4. 历来作为社会良知、社会正义、社会和善之承载者的知识分子与宗教徒灰色化，他们混迹于经济大潮之中，晕头转向，却以社会精英自居，用文化博大利，其人格形象的矮化，价值取向的分化，舆论指向的模糊，是非判断的混乱，道德底线的弃守，都在自决防波堤。有的人更着意模糊是与非、善与恶、罪与非罪的界限，为新生犯罪手段辩护，给违法行为提供舆论宽容，甚至智力支持；

5. 于是乎一个个家族赌棍，会社游棍，江湖异棍，宗教淫棍，市井刁棍，银庄奸棍、皂隶恶棍、公堂讼棍，法司权棍……便争相出世，无不给社会、给平民带来无边的灾难。在艰困中度日的老百姓失去承受力、防范力，正义力量得不到凝聚，为黑恶势力的狼冲豕突准备了广阔空间；社会临事惊惶，更百倍地放大了破坏性效应；加上黑势力的煽惑、灰色势力的策应、亚文化的助势张风，很容易激成恶性事变。

明前期特别是朱元璋时期，也曾采取一系列严酷措施来反腐，而且对御史职务订立条规也提上了日程，但终于未能逃过灭亡之灾。这一沉痛教训，是后人不能不牢记于心的。

（八）清人一面大力反腐，一面大搞"合法腐败"

清代雍正年间，让巡察御史带领着一帮资历浅而急等为官的"候补官员"组成巡察团队，到各地去伺察审计，一发现贪官，随即奏报，就地免职，同时在随队的候补者中任命一员替补。这样，审察者与被审察者利益对立，不仅不会串通作弊，而且审察者绝不容情，被审察者也就加倍认真，谁还敢官官相护呢？这就保证了官场一时的相对清廉。大贪官落了马，遭了"报应"，老百姓出了恶气，也欢欣鼓舞。同时，雍正把大笔大笔的赃款"收缴国库"了，又拿出不少的银子来奖励办案有功的能吏与部门，这也加快加大了反腐进度与成效。不过，这个办法并不能持久：因为他们办案得力，一能升官，二能发财，利益看得到，一伸手就摸得着，用这批"饿汉"去反奢华，饿汉真能长期"饥饿自守"吗？

而且，雍正根本不懂得反腐应该"依靠群众"的道理，他没有考虑过如何把基层贪官直接从民众身上盘剥来的赃款返还给民众，让百姓亲身分享反腐利益，让直接受害人得到一定的补偿，反而用"重奖有功"的办法给社会留下了一个"新老官场重新分赃"的印象，因而无法获取民众长期有效的实际拥护。雍正遏止了清前期官场的庸腐，充实了国库，却因不能"与民分利"，反而得了个暴君的名声，连他本人如何登基也成了舆论的话柄。

读史使人聪明，也许是真的。

十二、中华文明从未中断的生命密码

中国历史告诉人们：王朝兴衰对社会进步影响重大，王朝兴社会必兴，王朝亡则社会蒙难。但王朝时有兴亡，社会则持续存在，二者的兴衰起伏毕竟不是一回事。历史上，历代王朝此兴彼衰，分合迭呈；但中国社会、中国文化则持续存在、从未中断；有时甚至是反向相关：王朝衰败，兄弟阋墙，在给社会重大祸害的同时，也可能从另一层面给社会以某种发展之机，于是分久又合，衰而复兴，且能迈上一个全新的台阶——否则，岂不早就中断了？"中断"问题只是动荡时期、短命王朝才会出现的严肃课题，这是不言自明的事理。现谨以春秋时期、南北朝时期及五代十国为例，说说动荡社会的竞发机制，说说中华文明从未中断的生命密码。

（一）春秋战国，典型地展现了华夏各地各族内蕴的竞发机制。周王室衰败与解体之危，恰恰给了春秋战国政治、经济、思想、产业全面兴发之机，也给了华夏文明发挥其历史主导作用的生态场

周初裂土封侯，让五等诸侯在华夏全境做星云状分布，在广袤的东方大地，部署好一个个文明支点，各自独立去推进以其都城为中心的开发建设，营造乡—遂—州—里、城—邑—亭—寨相配套的居民区（片、点），进行深度的国土开发与民智开发。这就扎深、扎牢了我们民族发展的万年根基。

史载，周初分封的诸侯邦国以千百计，仅姬姓一族就有53个；五世之后，其君主改以国名为姓氏，这就有了虞、虢、鲁、晋、管、卫、蔡、曹、吴、滕、成、应、蒋、霍、毛、雍、毕、原、聃、郜、邢、酆、凡、茅、胙等"国姓"。他们一个个远离渭水之滨，奔赴千万里之外的陌生土地，去独立谋生，一个个都成为拓荒者，创业者。同时承担这种拓荒开发之组织领导任务的，还有统治集团的其他上层人士、历代先贤的后裔，各地的土著贤能——这些异姓诸侯，又在"同姓不婚"的戒律下，相互结成姻亲网络。周王室要求他们不论血亲还是姻亲，一律秉持"四海皆兄弟，天下是一家"的共同理念，遵守统一的礼乐制度，去营造自己的江山。这就牢固确立了华夏人在中原文化中的主导地位，赋予华夏文明以不灭的生命力。

周人所成就的业绩影响深远，甚至汉唐时代十万、数十万人口的名都大邑，以及雄关险隘，津渡通途，都是先秦人布点开发时早已绘就的蓝图。比如陇西有秦亭，岐山有召亭，平陆有茅亭，荥阳有虢亭，上党有黎亭，东郡有胙亭……这些都是西周邦国留下的印记。不过，他们虽然与周王室共享着四百年的光荣历史，但各地各国的开发到底是怎样进展的，却未见有相应的历史记录；绝大多数邦国只是留下了国名国姓，以表示其依稀存在过而已；后世连这种印记也几乎遗忘了，实在可惜。

别着急，历史进入春秋时期后，立刻结束了这一沉闷局面，排演出一幕幕可歌可泣的悲喜剧。各地各国各族群之间，虽有激烈的军事竞合，多变的实力重组，但更多的是通关易货、兴灭继绝的相互提携、相互渗透。典型如"五霸"之间，就是一种竞发关系：不以消灭对手为终极目的，而以建立共同发展的新秩序为任务，这从历届称霸之盟的内容可以看得分明。

1. 齐国兴发于环渤海地区，从开发大海的渔盐之利起家，带动了周边东夷人的跨越式进步。他高举"尊王攘夷"大旗，成为中夏第一支主体实力，团结鲁宋陈蔡郑卫各路诸侯一起，在与山戎、北狄、荆蛮的迭次交手中，解除了"蛮夷猾夏"的现实威胁，展现出古老河济文化的豪雄威力，为诸子百家准备了最好的生态场。葵丘之盟①典型地反映了霸主的竞发胸襟，为今后的国际生活规划了共同的价值观。

2. 其后，晋的"和戎"成功及其与秦楚的长期争霸，捍卫了华夏文化在燕山以南、太行东西、大河内外的主导地位，使尧之都、舜之壤、禹之乡不致陷落。曾记得，伊洛地区，汾水流域，河东、河西、河内，都曾是华夷交叉杂处之区，"披发左衽"是当时的现实威胁；正是晋人与其后继者韩、赵、魏的不懈奋斗，让"中原"成长为华夏文明的永久根据地。

3. 秦的崛起于西戎，使伏羲—神农—后稷以来兴发于黄土高原的农业血脉绵延伸展，通过郑国渠、金牛道、都江堰等惊世工程，把关中、汉中、蜀中连成一体，先后经营成"天府之国"，带动羌戎与巴渝，让西部文明照亮了大江大河的源头所在（古人视岷江为长江上源），并向祁连山、星宿海、天山、昆仑山投送华夏光芒。

4. 楚人扼江汉之交，以荆襄鄢郢为腹心，云梦湖湘为后盾，先拿下江黄随许曾，再扩及陈蔡宋鲁滕，又把兵锋推 徐淮—濮水—京索之间，一度问鼎河洛。赫赫有名的"鄂君楚节"证明：楚人开辟江汉为主航线，组建了覆盖淮汉汝颍、湘资赣澧全流域的水陆联运网，让全境血脉畅通，储运迅捷。楚辞与编钟，则是楚文化瑰玮特质的最好代表。楚国先后与齐、晋、秦、吴进行白热化的争霸斗争，三年不对外用兵，引为国耻；甚至有"楚虽三户、亡秦必楚"的生命自信——当中华肌体中存有这样的韧性基因时，谁还能指望它的"中断"与"消亡"？

5. 至于吴越两国，虽偏居东南，却接连出了好几位杰出的文化代表：吴太伯把西北黄土文化带到了披发文身的三江五湖；季扎让周礼/周诗渗透于刀耕水耨者的灵魂；范蠡把经商事业推进到圣域，而本人也成为垂誉千古的商圣；欧冶子把钢铁的冶炼铸造技术提升到世界一流，开创了冷兵器的新纪元；西施为提升人自身的美树立标杆；吴人开邗沟，用人工运河联通江淮大地；越人组织三千"木客"打造海舶（海槎），把都城从会稽山上沿东海航路整体搬迁到山东琅玡，吹响了中华海洋文化之嘹亮号角（海螺）。东海航路是世界最早的史有文明的和平航线。

---

① 葵丘之盟的内容是：第一条：诛不孝，无障谷，无曲防，无贮粟，无遏籴，同恤灾危，备救凶患；无易树子，无以妾为妻，毋使妇人与国事。第二条：尊贤育才，以彰有德。第三条：敬老慈幼，无忘宾旅。第四条：士无世官，官事无摄，取士必得，无专杀大夫。第五条：无曲防，无遏籴，无有封而不告——凡我同盟之人，既盟之后，言归于好。

齐晋是周初封国，而其实力真正强大起来，却是进入春秋之后的事；而随后称霸的秦楚吴越，在春秋初期，都还是边缘性的土邦，其名声逊于鲁宋陈卫，其地位不及曹蔡江黄；而通过争霸，它们对拓展壮大中华文明却厥功甚伟！它们的争霸史，正是东夷北狄西戎南蛮与华夏文化的融合史，正是华夏文化的兴旺发达史，正是诸子百家大放光彩的文明史。诸侯争霸，礼崩乐坏，曾有多少人为之唱挽歌；诸侯争霸，世局一新，各地各部的竞发力得到有效展示，中华文明从此立于不败之地，这才是历史的结论！今天，对于站在历史前进节点上促进礼崩乐坏、推进华夷融合的春秋人物和历史事件，都应该给出恰当的评价与热情的讴歌。

（二）魏晋南北朝时期，正是中国境内各族人民相融合的紧要关头。六朝历史证明：在东方，讲民族融合，讲社会文明，最主要、最重要、最广泛、最有效的路径是各族文化的相向而行，绝不是谁吃掉谁，不是让统一的文明体裂解得鸡零狗碎

汉家四百年，凝聚成大一统的中华文明体，而六朝，统治中原的汉家文化，却几度濒临毁灭的险境。汉末，由于军阀混战，造成"千里无鸡唱，白骨蔽平原"的惨状；十六国时期，汉人被屠杀、消耗，人口损失85%以上。但就是在这样的险境中，我们依然挺过来了！其表现特异：

1. 精耕大农业综合经营的中式庄园，在烽烟交争中存储了民族文化的火种，维护了民族经济的基因，锤炼了社会基层自治/抗害/复壮的能力；只要有一线生机，中原人就能营造出生的希望，并吸纳进入中原的周边各族共同生产，共谋出路。这正是中华文明永不中断的内在潜力。实例：大家都知道诸葛亮和王猛吧？他们在出山之前，就都生活在私家庄园中。外面的世界惨绝人寰，而他们的庄园依旧是宁静的天下，该干啥还干啥，且绝不是个例、特例！就像《齐民要术》所记述的那样：人们总是在共同的实体产业中，在庄园作坊的大规模作业与远距离跨境交易中，从事着生产劳动，相互磨合，相互协作，锤炼自己的自治/抗害/复壮能力；总能共克时艰，找到生路。

2. 在生活方式、生活习俗的文明进化中向着轻松便捷者看齐。本来，孔夫子、司马迁都习惯于席地而坐、分几而餐的汉家风俗，此时都换成了使用胡式高脚桌椅板凳来围坐着集会、聚餐了，这可是生活方式的改变！这时，宫殿与庙宇盖上了波斯的彩色琉璃瓦，政府门前全蹲着一对波斯雄狮；每逢节庆，必是胡笳羯鼓，吹弹歌舞，让巨龙与南亚凤凰、西亚麒麟一起来营造吉祥、传递欢乐……这些，而今都成了典型的"中国元素"——这是积极地向共同文明的方向演进的结果。当此之际，异族之间，即使通过战争或通婚也能促进接触，但归根结底，还得通过长期的共同生产生活，才得以相互磨合—融汇—同化。

3. 六朝华夷文化的艰难融汇,特别是西域的器乐、舞蹈、雕塑、建筑、丛林文化及大量的医药、农林、园艺、果蔬进入中原,渗入民间,支撑着中古民生的深度"胡化",催生了中古科技创新、艺术创作的空前活跃。六朝打破了两汉文坛经学独秀、谶纬搅局的陈规旧套,社会审美水准大大提升;尤其是对汉语声韵调之规律的科学揭示,极大地提升了中华民族书面共同语的表现力;其时个性化作家作品批量性涌现(六朝作家之多,远超两汉),也为隋唐文明的发展打下了深厚的基础。

4. 共同走向礼法文明。在民族习惯法、国家成文法的相互融通中渐次统一行为规范,统一奖惩标准,提升文明水平;特别是在两性关系与上下尊卑的伦理上,南北各族各地方差异悬远,但各政权都在不断地主动地学习先进的汉式礼仪与刑律,且都取决于其内在的催动力而非任何外力胁迫。中华法系的形成,中国的国家立法活动,其成就皆以六朝为突出。同时,大量地方名僚士绅,为推广良风美俗做出了不懈的努力;大量名流家风,往往成为当地各族人的世风民风的标杆,发挥着巨大的示范作用。中华民风因此而不断充实、不断更新,成为中华文明"从未中断"的生动体现——这是西方人很不"熟悉"的领域。对于中国人来说,凡在六朝经济文教生产生活中推进民族融合者,不论其血统如何,不论其在哪个政权下服职,其业绩都应该受到同等的敬重。

顺便说点题外话。与魏晋同期的古罗马,原也是庞然大物,似乎很有实力,可北欧"蛮族"被匈奴一驱赶,便盲目地闯入了西欧,向西罗马来了场无序扫荡,便让它立刻"退回到旧石器时代"去了,却始终不见一名西罗马人萌生过"光复旧物"的打算,不知罗马文化的"威力"何在?不过,西欧人倒是热衷于在族内"反异教徒"斗争,连同族同种同教的"东罗马文明"也力图彻底捣毁,为此发动了为期250年的"十字军东征",除了烧杀抢掠,没有任何建树。西方人所熟悉的是:对内,热衷于搞民族裂解,形成小国林立的局面;对外,则是战争与屠戮,进行海盗式劫杀。近代,整个西半球的"拉丁化",更是西欧人通过战争进行文化置换、种族铲除的结果,在那儿是无所谓"民族融合"的。而他们的后人,却无耻地把这说成是"文化冲突"!可是当年,西半球原住民还没有来得及萌生任何要与入侵者做"冲突"的念头,就已被铲除了!

(三)汉唐城市的封闭式静态管理体制的松解,开启于安史之乱后,直至五代十国时期。王朝兴废频繁,内讧绞杀不断;而恰恰是此时,城市经济文化生活开始大活跃、大变样;商品生产提升到空前高度;庶民文化牢牢占据主导地位——那是庶民用自己的奋斗与牺牲换来的

1. "街市一体化"体制的演进。周汉以来,直至隋唐,我国城池一贯实行隔离式坊里配置结构：街坊、市坊皆有闭合式的高厚坊墙，只开坊门供居民定时出入；居民与坊市均不得向大街开门；入夜即行宵禁，不得私自用火、私自出行。偌大的长安、洛阳城，白日里车水马龙，入夜即通城寂静，除节日期间"金吾不禁"外，无灯火，无人声。到安史之乱后，朝廷失去了对社会的超经济控驭力，恰恰给了地方城邑逐步地、自发地向"街市一体化"体制演进的机遇。此时，一个标志性的景观便是：居民向大街开门了！于是有了"街市"，有了"市容"，"城市"这才名副其实而活力四射；但同时街道交通也就显得空前混乱，而制定严明的交通法规就势在必行；于是从五代十国的中后期起，京师的十字路口，连同国家级交通要道上，每隔二百步，便树起了高高的标语牌，当时称作"榜"。榜书《仪制令》，要求"贱避贵，少避长，轻避重，去避来"，却取消了周汉"男左女右，男女分途"的老规矩，当年可是令人耳目一新的景观。在郊野桥头渡口，也普遍竖立石刻《仪制令》——今从陕西到苏北，从河北到福建，都有实物发现。

2. 城市经济相对平衡的发展。历史上，每一王朝，只有京师能得到一骑绝尘的大发展，而五代十国，各地方政权，势必要建设自己的"京师"，使之成为地方政治、文教、交通、产业中心。于是不少都市有了自立发展的机会，荆楚闽蜀，南汉北汉，南唐吴越，其都城就都崛起了，这就带动了各地区经济的平衡发展。加之商贸业的活跃，开启了长江流域、大运河一带的国家工场工业与私营工商业作坊的蓬勃发展，于是米、粮、盐、茶、丝、绸、漆、矾等一大批特色产业基地与商品集散中心纷纷成型，涌现出长江带的成都、梓桐、自贡、襄阳、荆州、长沙、江州、江宁以及福州，和运河带的沧州、济宁、淮阴、扬州、无锡、苏州、杭州、泉州、广州等经济都会，促成中国经济重心的东下而南移，大官僚、大地主兼大商贾一身而三任者也就开启了登台表演的季节，而朝廷重农抑商的传统政策，就再也无法照样维持下去了。

3. 这番蜕变到北宋初便形成了不可阻遏之势。宋太祖顺势而为，于开隆三年，正式下令"拆除坊墙"，仅保留街巷口的"牌坊"以作地标，不仅允许住户向大街开门，而且每户门前五尺地，允许自行摆摊设铺；通街商号可以经营早市、日市、夜市甚至"鬼市"；这就使街市结合完全合法化、正规化了，它是两宋经济腾飞的前奏，而《清明上河图》为这一历史景观做了及时录像与适时总结。

这就是社会竞合力，这就是中原王朝迭兴迭灭而中华文明从未中断反而在发展的生命密码。我们高度评价统一王朝对社会发展的巨大优势，但也不能忘记即使短命王朝也有其长效机制，地方政权也能推动社会的全局改观，否则就会衰而不起、亡而不兴、几度中断了。看历史，是需要辩证思维的。

第二讲　上古文明别裁（三代—战国）

历夏商周三代及春秋战国时期，我们称为上古时期。夏商形成的汉语言文字，至今仍是民族文化之民族风格/民族气派的鲜活载体。周初确认了"食货领先、礼法并举、不忘兵刑"之国家职能；奉"民为邦本，食为民天"为基本国策。春秋战国之际，以诸子百家学说为理论灵魂，华夏各部及周边各族展开了激烈的竞合，推动中华政治、法律、经济、文教、军事、科技、交通、衣食的全面发展，奠定了中华文明的深厚根基。

一、《无逸》篇的要害是"天子享国论"

周公是华夏早期的杰出政治家、思想家，其毕生事业足以垂范后世者，无过于"制礼作乐"，他为中国数千年王朝的政权建设提供了思想依据与实践模版，其平生的积极贡献是主要的，突出的。这方面的论述文章已经很多很多，兹不赘言。本文仅以《尚书·无逸》篇为据，就其首倡的"天子享国论"略作剖析，侧重于揭橥其历史的消极影响。

（一）《无逸》篇是天下第一家训

《无逸》篇广引商代数百年的政治经验，要求君王"所其无逸"，"先知稼穑之艰难"、明白"小人之依"而普施德政以求"长久享国"。周公曰：

昔在殷王中宗……不敢荒宁，肆中宗之享国七十有五年；其在高宗，时旧劳于外……嘉靖殷邦，至于小大，无时或怨，肆高宗之享国五十有九年；其在祖甲……爰知小人之依，能保惠于庶民，不敢侮鳏寡，肆祖甲之享国三十有三年……厥后立王，生则逸。生则逸，不知稼穑之艰难，不闻小人之劳，惟耽乐之从。自时厥后，亦罔或克寿：或十年，或七八年，或五六年，或四三年……

周公意犹未尽，又说：

"文王…怀保小民…咸和万民。文王不敢盘于游畋，以庶邦惟正之供。文王…享国五十年。

文章以"民本"思想为依托，明确指出：民意不可违，民之怨尤与诅咒，都来自君主自身的不德与妄行。君主要谨身自好，心胸开阔，有容人之量。要主动纳谏改过，不能诿过于人，不能一听到不同意见就大开杀戒，排斥异己，那会酿成严重恶果。

本文千叮咛，万嘱咐，说的都是些掏心窝子的话。它为犯有奢靡逸乐"毛病"的后世君王预先开好了救治的药方。文章出在3000年前，着实难能可贵。宋人真西山说：《无逸》篇"始以逸豫为戒，终则以弃忠言、惑邪说、远法度、治'诽谤'结之……信乎其为百代之元龟也"。这番评价说明了作者的"自觉主题"：祖宗艰难创业，子孙要想守成，唯一的诀窍就是"无逸"。而普世读者也都可以从中抽绎出相应的教益。据此，人们评价它为"天下第一家训"，确乎很有道理。

（二）《无逸》篇的隐蔽主题是"天子享国论"

不过，细细读来，我发现它背后还另有一个有待探讨的"隐蔽主题"，这就是：本文反复出现"××王享国××年"之语，它透出了"君位乃王家私有私享之物"的潜意识或曰潜台词。就这么一句潜台词，便足以让后世天子有理由享用其资产、消费其国家了。这就抵消了千百篇苦口婆心的"君子所其无逸"的说教。

我认为，本文的关键词不是"无逸"，恰恰是这个反复出现、贯穿全篇的"享国"之语。"享国"一词是周公的独创与发明，标志着此时的政界、思想界已把"国家"看成是供帝王私人"享用"的对象物了。看来，周公时代的"私有观念"是超过既往的。此语一出，君王们就只记得自己该好好"享国"了，本文劝勉的"无逸"主题就被冲淡以至消解了。这大概是周公自己也没有意识到的，尽管他说的"无逸"理论根源于"民本"思想，符合统治集团的长远利益，它与国家安全、社会进步、民众利益似乎并不矛盾，但它们毕竟不是一回事。

本文在《尚书》中是一篇"分水岭"之作：《尚书》此前的各篇论政之文，没有一篇是从维护君王个人的统治地位出发来论述的。无论是《尧典》还是《盘庚》三篇，又无论是《皋陶谟》还是《说命》三篇，也无论是《洛诰》还是《洪范》之"九畴""八政"，在论及国家政治应该清明，政权应该为庶民谋福祉时，都是从政府本身的职责与功能出发，讲国家如何推行德政、政府如何慎用刑法，否则就不合天理民心，就应当排除它，推翻它，换个明主圣君，并没有任何让谁谁长久"享国"的意识夹杂于其间。此前的尧、舜、禹与皋陶、伊尹、傅说等，他们思考问题的立足点与出发点，都不是王者个人的"享国"与否、"在位"与否。人们即使在声讨夏桀、商纣时，其立足点也并不在于责其为"不肖子孙，丢了祖业"，而是批判其背弃了王法仁政而陷民于水火，违背了天心民意，就应该被打倒，根本不要求臣民们忠于任何个人，特别是暴君、昏君或庸主。恰恰相反，如果"君不君，臣不臣"，就应当另选贤能来执政，即如《墨子·上同》所主张的那样：由什伍长开始，直至诸侯，都从"农与工肆之人"中自下而上地逐级推选"贤可者"登台执政。《尚书》此前的各篇政论，都不是从本人、本族、本集团如何"创业垂统"上思考问题。他们没有这方面的"自觉意识"。然而，从本篇起，"国家"再也不是服务社会、服务全民的全职政治机器了，君位再也不是"秉承天意、恭勤为民"的最高政府岗位了，各级行政首长再也不由天心民意来做取舍了，而是让王家嫡系宗派来"永久享有政权、巩固世袭特权"了。这被视为"天经地义"，视成一切政治家、谋略家为之筹谋划策的终极目标和荣誉事业。一夫功成，百代家传，万姓下跪。秦始皇奢求传之万世，项羽高叫"彼可取而代也"，刘邦得意地夸耀"某业所就，孰与仲多"，便都是视国家为私产，是可夺、可创、可传的"家业"；连陈涉那句"王侯将相宁有种乎"的造反名言，也不过是兵戈之下出皇权、屠刀起处夺富贵之公然宣示而已。至于刘邦关于"非刘氏而王者，天下共诛之、全民共讨之"的政治训示，更是这个"享国"论的自然延伸。

（三）"天子享国论"贻害无穷

问题的严重性正在于此。因为，在"天子享国"论下：

1. 凡国家机器的顶层设计、各级政府的职能规范，都要遵循王权高于一切的政治原则。全国大一统，天子至上，天子专政。他天然地拥有行政权、主祭权、教育权、立法权、人事权、征伐权、财政权等，"惟辟作威，惟辟作福"。国家有庞大的行政机构在直接为君王和王族利益服务，为君王之餐饮、祭祀、宴享、游猎、娱乐、丧葬等服务。国家财政向王室利益倾斜，王室消费不在国家财政之会计审核之列,当政集团不受任何有效监督。天子的权力直达每一个臣民、每一寸土地;连祭神也以王家"礼典"的形式归天子专管,一切由天子独断专享。谁想染指天子所享之权,谁就是"野心家",是"阴谋家",就要受到举国一致的共诛共讨。

这里,人们不妨看看《周官》。《周官》规定:朝廷中,天官冢宰府仅有不及2/5的机构承担着治国理政的政务,却有3/5以上的机构是直接为王家生活服务的,对其主食、副食、饮馔、衣着、出游、宿卫负责;为其祭祀天地鬼神与私家先祖服务;为其宴享、娱乐、外内交游、随机颁赏服务;还要为王家治丧送死服务;且全都是举国体制,每乡每遂,每党每里,每户每夫,一遇"王丧",必层层发动,责任无微不届,不允许有丝毫懈怠与冒犯。天官府如此,其余地官府、春官府等也大体如此,全把竭力维护王室私利视为重中之重,确保万无一失——却宣称这就是"为公"。

尤为怪异的是:在天官太宰与宫正、宫伯的掌管下,一面禁闭上万名妙龄女子于深宫高墙之中,终身无权婚配,且随时会被"赐死";一面为了保证周王个人"享有"宫廷所有女性的任何"服务",甚至把宫中所有奔走服役的男性全都阉割了,形成庞大的阉人队伍,让人家断子绝孙,却要求其无条件对君王保持忠诚——这一毫无人性可言的"设计"竟也成了天经地义的律条!周人曾义愤地声讨商纣王宠幸妲己,却从制度上认可其后宫体制之如此荒唐庞大的设计!这不分明是搞"合法腐败"吗?

2. 凡国家基本制度的建定,都要为王室的世袭垄断政权服务,所有制度,都要充分体现"天子理国"与"天子享国"的高度统一,比如西周实行的基本制度封侯建国制、宗法等级制之类,要求一级服从一级,天下服从天子。国家各职能部门,各个职官,各有名分,不得揽权、侵权、越权;也不得弃权、怠政,以维护天子的享国之威。把君王私家利益同一于国家民族利益,把君王集团内的纷争内讧同一于国家民族的治乱,把君主权力的每一次伸张,视同于国家政治的发展;君主个人的耻辱与灾殃,也被视同为全国全民的灾难与屈辱,要求以举国之力去捍卫之,而不计国计民生要为之付出如何沉重的代价,于是天下所有的自然资源、人力资源、智力资源,都必须绝对地服务于君王的需要。

3. 其政治伦理的核心、忠奸判别的底线,都要看臣民们是否尽心竭力地、舍己忘身地为天子家族的世代"享国"服务、为统治集团的既得利益服务。于是在社会生活中,在人生价值上,在是非成败的历史评价上,都把"忠君"高悬为唯一标尺,顺之者为忠臣义士;逆之者则从思想上、政治上予以否定,甚至从人身生命上予以灭除——多么沉重而高昂的代价!

典型如诸葛亮者，此人一生并不以结束汉末军阀混战为政治目标，也不为"救民于水火"而勉力。他未出山时高卧深隐于隆中，完全隔绝于"白骨蔽平原"的烽烟血腥之外。他那份著名的《隆中对》，其实仅仅是为一个到处流浪的、寄人篱下的刘姓"皇叔"出主意，谋划如何把战争引入相对平静的四川，去篡取身为真皇室嫡亲且名声尚可的刘璋之势力范围，从而割据西南一隅而已。对割据江南的孙权，他要联合共存之，不惜放弃荆州也不与比拼；对挟天子以令诸侯的曹操，他认为"此诚不可与争锋"。他宣称自己一生的最大事业是"讨贼"，但其六出祁山之兵锋却总是指向曹操势力的边缘地区，只在甘陇一带搞点军事骚扰，而且每战必败；他始终回避直指长安，更不敢挥师去"逐鹿中原"以求统一华夏。他耗尽了蜀中有限的民脂民膏，都拿来"鞠躬尽瘁"于刘备父子了。他是以分裂割据为终生志业的，却用"忠君"香粉涂抹得十分诱人。

历史上，同样是国师级的智谋人物，前有张良，后有刘基。张良先助身为亭长（小小"派出所长"）的刘邦进入关中，收降秦王子婴；后助身为汉王的刘邦走出汉中，剿灭威震四海的西楚霸王，一统天下。张良心目中从无"此诚不可与争锋"的对手，这才叫"军师"！刘基辅佐出身穷和尚的朱元璋，先是扫清江南群雄，后又北伐中原，终于驱逐强虏，创建大明。他何尝把先行建政称王的陈友谅、张士诚辈视为"友军"而主动避战？相比之下，这位自誉为"管乐"的孔明先生，其谋略，其功业，又何足挂齿！他却被塑造为"万世忠臣之表"，并享有"古今第一军师"的崇高荣誉，此无他，盖因其忠于刘姓"皇叔"而已。

4."天子享国"论误国也误身。在这种"天子享国"论下，享国者一个个蜕变成误国者/祸国者，也就是历史的必然了。中国古史上，至少有2/5的在位者是孤儿寡母或平庸无能者；又有1/5本人并不坏、却根本无力担当大任，尤其是国难当头时无力甚至无意愿去独当一面者，仅仅因为血缘关系而被迫"独承大统"，这能不误国/误身吗？他们该要怎样的执政团队为之买单？他们又该白白耗费多少忠贞臣民的生命去为之殉葬！

在这种"天子享国"论下，其无底线的"合法腐败"势必滋生出/孵化出一批批自视为"主子"的山大王、地头蛇，作威一方，祸害百姓；又势必刺激出一个个揽权篡权者的无尽野心与不测贪欲，导致频繁的骨肉相残，改朝换代；军阀割据，生民涂炭，从而给国家民族酿成一轮又一轮的全局性灾难！如此思想，如此体制，既是君王"享国"的福源，也是王朝倒台的祸根。这是尤其值得警醒的。

我想：周公无意间自己伤了自己，而且伤及要害，这恐怕是他本人所始料不及的。周公若果真在天有灵，面对历史，其能觉悟于斯乎？

二、分封制·乡遂制·郡县制

人们似乎比较熟悉分封制与郡县制，而对"乡遂制"则很少注意。其实，这里隐藏着一串需要澄清的历史问题：封建制出现的历史条件何在？它是怎样运作的？人们批判封建制是正当的吗？封建制是地方行政制度吗？它是郡县制的前身吗？郡县制是从哪里来的？它是秦始皇创设的吗？郡县制又是怎样运作的？其历史意义何在？

其实，分封制并非地方行政建制，分封制下的五等诸侯国，根本不是各级地方行政单位，它不可能蜕变出层层套设、垂直领导的郡县制来。各诸侯国名义上"礼乐征伐自天子出"，实际上，西周政权只不过是个名义上的"政治联合体"而已，各诸侯国具有高度的自治权、生存权、发展权。他们有自己的全套行政机构。周王室对各国内政外交不做具体干预。因此，封建制与郡县制并不直接构成互不兼容、先后嬗变的地方行政制度；而从大一统领土国家之行政网络的形成史去看，"乡遂制"才是郡县制的前身。

那么，分封制是怎样一种制度呢？

（一）分封制是西周国土开发与民智开发的重大战略部署

西周开国之君周武王姬发将全国土地人口分赐给统治集团内的公、侯、伯、子、男等不同爵级的成员，使之各建其都、各辟其野、各治其民、各征其税，做到各守其位、各安其分、各尽其职、各获其利，从而保持全境的稳定与安宁有序。这就是"封侯建国"制，也称"封土建国"制，习惯上称之为"封建制"或曰"分封制"。周初受封的诸侯国有70余个，另有诸侯的附庸国二三百个。

当年，这批受封的姬姓宗亲和功臣名将，一个个奉命离乡背井，远离渭水之滨，开赴千里万里之外的陌生土地去拓荒建国，谈何容易？何况还要遭遇原住民的干扰、抵抗？那么，周天子又是怎样为大大小小众多诸侯划界布点的呢？被封者又怎样才能准确到达自己事先一无所知的所封地点呢？从这个角度讲，周王室待自己的宗室贵族与功臣并不"优厚"，而治理担子却很沉重。故每个受封者，作为周王室派出的一支"拓殖先锋队"，其上上下下，没有一股很强的排难克险、开拓创业精神，是不足以担当重任的；其随行的施政团队中，辅政大僚、武装侍卫，以及各类各行业的专职能手，自然都是不可或缺的角色。他们分头创业，对华夏大地开展深度的、连片的国土开发与民智开发，通过世世代代的共同努力，为中华民族营造了东方宜居家园，使华夏文化的有效覆盖面西起甘陇河源,东达东海之滨,北抵燕山辽水,南包江汉流域,为后世大一统中华帝国安放了一块磐石之基,其体量之巨大,为同期世界文明古国所绝无仅有。

周初,受封诸侯到目的地开疆建国,而最初的"建国"活动,也就是筑上个土围子,把居住区四面围合起来,再对凿城门,筑好贯城通道,以供出入。城墙外徒内斜,在城外围环凿水沟,通水者称池,无水者称壕,用以护城。城中建亭(街亭),亭很高敞,用来安放封国先祖之牌位,以供祭祀(后来发展为宫廷与宗庙建筑)。城中还筑有一座土台,把受封时天子赐予的那包"土"置于坛心,四周围以短垣,栽上当地的主要标志性树种,这就成为该国的"社稷坛"了。它象征着一个封国的草创大业的实现。城内住户起初也就是诸侯及其随迁人户、工匠与武士了,统称"国人",有参政议政之权,有守城卫国之责。城外广阔的郊区,有郊有野,有邑有亭(邮亭),分配给追随诸侯而来的卿士、大夫们做采邑。邮亭是驻军或通邮和通信的据点。郊郭则多安置着本地原住民;郊野提供可耕地、草场、水源与林木和狩猎物,由乡/遂—州/县—间/里各级行政区管理。

都邑建设,出于国土开发与政治控制的需要,总是以长久的生存繁衍为第一考虑。在哪里选址、建多大规模,皆取决于水源、能源和林草地的生态,要考虑百年后该城的水源、能源、耕地与人口的正态配比。故各国都城,几乎没有建在山头上的(古希腊的城堡都建在山头上,一断水就完了)。咸阳、洛阳、晋阳(太原)、临淄、大梁(开封)、襄阳、郢都、寿春、淮阳等城,都建在大河之滨的开阔地,又大多有山丘高地为依托,原因在此。

这种城建体制,既能使士农工商成为一体化有组织的群体,又有利于各自发挥潜力去开发、去拓殖。说到底,它有利于带动一方的经济文化发展,比单纯考虑攻防需要的"城堡"对社会发展要有利百倍。故先秦时数千、上万人口的都会在华夏土地上纷纷涌现,而"攻城""灭国"者也不必以"毁城""屠城"为手段,攻入城池者只要"收其图籍、毁其宗庙"就行了。政权易手,而社会生产力、社会体系不致遭到根本性的破坏。这是后来春秋战国时空前战乱下经济文化仍能大幅快速发展的历史根因。这与罗马城被北蛮摧毁、伽太基被罗马毁灭、耶路撒冷被十字军踏平的后果很不一样。

(二)乡遂制与分封制原是兼容而并存的

乡遂制早在周初就已经萌生。周天子在其直属区内,地方行政管辖上推行的就是"乡遂制"。周天子把直属的京畿城区分为六个"乡",设"乡—州—党—间—里—比"六级行政单位;而京郊鄙野则被分为六个"遂",设"遂—县—鄙—赞—里—邻"六级政区。乡与遂为一级政区,州和县为二级政区……皆有衙署。基层的间与赞或比与邻,也设置官长,由基层推选。这才构成周的政区网络。

诸侯国在其境内也都依样办理，区别仅是天子六乡六遂，诸侯三乡三遂（后来被突破了）。故先秦典籍《左传》与"诸子"中，"乡遂""州党""郡县""闾里""比邻"之类的政区名称，所在皆是，只是还没有被统一整合而已。比如齐国管仲时期，即成功地推行这种制度：

《国语·齐语》与《管子·大匡》中都记载着：齐国管仲执政后，将齐国国都临淄分为三部分：即三个工乡，三个商乡，十五个士乡。十五个士乡又划分为三个片。这三个片内，以户为单位，五户组成一轨，设轨长一人；十轨为里，设里有司一人；四里为连，设连长一人；十连为乡，设乡良人一人，由卿大夫担任。每家出丁一人为甲士；一里有甲士五十人，组成一小戎，由里有司率领，配备战车一辆。一连有甲士二百人，称为一卒，由连长率领，备四辆战车。一乡有甲士二千人，四十辆战车，称为一旅，由乡良人（卿大夫）率领。五旅组成一军。临淄有三片十五个乡，共组建三个军，分别称中军、上军、下军。中军由齐桓公直接统帅，上军、下军分别交由齐的上卿国氏与高氏率领。

齐国京都以外广大国土被划分为五个"属"（五大行政区，相当于周的"遂"）。属有属正（长官）。每属十县，每县三乡，一乡十户。因此，由下而上，就形成了邑有司—卒帅—乡帅—县帅—属大夫（属正）的五级地方行政网络，覆盖整个齐国。这便是后世郡县制的前身了。管仲将其称为"叁其国而伍其鄙"。今天看来，除了政区称谓上稍有出入外，就其行政体制而言，它就是《周礼》所说的"乡遂制"。

对于乡属官员的配置，管仲不搞单纯的贵族血统继承制，而是实行举荐制。具体做法是：每年正月之朝，由齐桓公亲自召集各乡乡大夫、各属属正，让他们汇报辖区内"居处好学，慈孝父母、聪慧质仁"者，凡"有拳勇肱股之力，秀出于众"者，都一一推荐上来，"遂使役官，历试其能"，给以俸禄酬劳，称为"三选制"。与此同时，齐桓公又让乡大夫与属正定期汇报辖区内"不慈孝""不长悌"及"骄躁淫暴不用上令者"，进行惩处。这样推行的结果，便形成了一种良性社会生活秩序："匹夫有善可得而举，匹夫有不善可得而诛（责罚）。""罢（疲）士无伍，罢女无家。"社会风气走上了正轨。这是对社会基层的有序管理，成效卓然。

同期的晋楚宋卫秦等国，也都有乡、县、州、里之类政区建制的存在。

（三）作为地方政区，郡县制是乡遂制的升级版

秦始皇一统中国之后，诸侯国已被一一消灭了，周代的分封制也就自然终止了，于是乡遂制便获得了大发展的历史机遇。经过秦始皇的整合，西周乡遂分治

体制被简化并统一为郡、县、乡、里四级政区，推行郡县长官负责制，发展完善而定名为"郡县制"。郡县制的特点：1. 中央集权，郡县长官由天子统一任命、随时调遣；2. 有各级政府机构，下级服从上级，分工明晰，协作共事；3. 官员按爵级领取报酬，定期考核评比；4. 所有公务员皆有职务条例，需忠勤职守。其设官如下：

1. 郡守：一郡之长，负责全郡政事。其佐官与属官有：（1）郡监御史：朝廷委派之监察官。（2）郡都尉：专掌一郡武事，负责征兵，禁察搜捕盗贼；（3）郡丞：郡守在政务上的主要助手，主理机关内务，并率领其所属郡府功曹，分头承办全郡的文书、政务、钱粮、刑法、狱讼等各项事务，相当于"省办公厅主任"。

2. 县令（县长）：掌一县政务。其佐官与属官是：（1）县尉：掌本县武事，主管军事训练，巡捕盗贼；与县令分署办公，业务上"承望都尉"。（2）县丞：掌一县文书刑狱钱粮事宜；主持政府内务。

秦代郡县地方官郡守县令，是由皇帝直接任命的，皇帝有权随时撤换。

3. 县以下的基层是乡。乡下又分成里、什、伍。乡设乡啬夫、乡三老、游徼及若干名乡佐，共同管理一乡政务与治安。乡官由县令任命，有薪酬。乡三老掌教化。乡啬夫负责征收赋税，受理狱讼。

4. 里设里典或里啬夫、亭啬夫；什伍则设什长、伍老等，负责所在区段的治安事宜。另外，族有族长，家有家长，他们都承担着相应的管理任务。

可以看出，这就形成了覆盖全国的行政网络，举国一盘棋，中央任何举措，皆可以"似身之使臂，臂之使指"，实现举国体制，行政效率举世无双。人民的一举一动，都在各级职官的监理之下。这是帝国政治的根基。中国人动辄以举国体制办大事，是源远流长的。

三、井田制原是一种土地垦辟制

读古书，老是碰到商周时国家推行"井田制"的问题，可是查遍先秦著作，除《周礼》有个大致介绍、《孟子》有个含糊说法外，往往只塞给你一个"井田制"的概念，让人摸不着头脑：不知这个"井田制"到底是不是一种古老的"土地所有制"或"土地分配制"？还是一种"大田耕作制"、一种"国土开发经营模式"？或者只是一种"田野水土工程方案"？这是搞历史者应该弄清楚的基本知识之一。

（一）对《孟子》的话，认真不得

历代解释"井田制"者，都尊孟子为鼻祖，然后各自去衍绎。

《孟子·滕文公》篇中说：当年，孟轲立誓要"为天子师"。鲁国有个小小的附庸——滕国，滕国有个臣子来拜访他，对孟大师说："我们国君想实行'仁政'，想推行'井田制'。想请问孟大师：这'井田'是怎么回事儿？如何着手去办？"孟大师一听，张口便给出了一个说法，曰："方里而井，井九百亩。其中为公田，八家皆私百亩，同养公田。公事毕，然后敢治私事。所以别野人也。"这一来，他就把"一夫百亩，九夫为井，一井九百亩，中央百亩为公田，四面八百亩为私田"的意思引入了"井田"的概念。他还给这个"井田制"添上了颇有人情味的设想："乡田同井，出入相友，守望相助，疾病相扶持，则百姓亲。"说得煞有介事。于是就有史学权威据此而把"井田制"解释为"奴隶制社会的土地所有制"了，此论也就被广泛接受了。

可是，人们也不想想：古往今来，公田、私田何时像孟子所说的那样成"1∶8"的比例呢？又何时做过这种"井字格"的配置呢？而且，在耕地位置上，"公田"有可能、有必要总是"居中"吗？更何况，孟子生活的当时及其前后，"家国"是一体的；"国"是王之"国"，"家"为卿大夫贵族之"家"。这"家"是很庞大的，动辄上百上千的人口，怎么会只占1份"公田"而让奴隶、农奴或自耕农、自由民去占有8份"私田"呢？那只是孟大师一时应付场面而虚拟出来的"仁政"说教而已。他自己分明知道这番"高见"在小小的滕国也行不通，故特意打招呼："我这里只是讲讲大原则，至于具体怎么做，斟酌润色，粉饰包装，全由你们君臣自己负责了！"到底是位"大师"，他只给"原则"，才不考虑操作上的可行性呢，而且还预置了事后的评议权。

说穿了，他这是误导，一种很不负责任的误导，要真照他的"公田∶私田=1∶8"的公式去做，让"公家"与"自耕农"同得一份地（100亩），岂不成了一次彻底的"土地革命"了？它不合乎历史实际，也不符合《周礼》等文献对"井田"的反复申述与一再介绍，它架空了也败坏了"井田制"所固有的真实内容和历史声誉。

《周礼·地官·小司徒》载："乃经土地而井牧其田野，九夫为井，四井为邑，四邑为丘，四丘为甸，四甸为县，四县为都，以任地事而令贡赋，凡税敛之事。"这分明是说"井田"乃"经土地"（安排部署大田作业）的一个方案，以井和夫为基数，去摊大饼。待井田开垦完成后，让其"任地事"，即承载人户、庄稼、林木、川路、坊市、宫殿等等，也作为征收田亩税、物产税的依据。这段话，与某片地块的"公有"还是"私有"并无直接干联。

说来挺怪诞的：后世凡崇儒的历史家、思想家们，总是引述孟轲的话，沿着孟轲的思路去讲"井田"的"公"与"私"，牵强附会地设想出一个个"恢复井田"的主张来，然后又为其"行不通"而慨叹，总是说"井田"过时了（比如历代"史志"中的"食货志"几乎都有这种哀叹的调子）；而历代身在农田一线活动的农学家、水利专家们，则全都说自己是在依《周礼》之"井田"去垦辟土地的（比如王祯《农书》、徐光启《农政全书》），却反而被冬烘儒生、拘拙大僚们讥为"空想"，真是学界奇观！

（二）《周礼》讲："匠人营国"需依"井田"

其实，商周先民每拓垦一片土地，都要驱蛇虫、焚林木、开沟渠、辟川原、筑道途、达城邑、通京城，使川路成网，南北其亩，皆呈"井"字格布局。这就是"井田"的来历。周的先祖在开发渭水流域时就是这么垦殖其田的。正如《考工记》所云：用"耜"掘出一块土垡，其宽深广各一周尺。以此为起算单位，六周尺（6耜）为一步；宽一步、长百步为一亩；百亩为一夫（约当现在的30市亩）。然后累进下去，"夫三为屋，屋三为井，井四为邑，邑四为丘，丘四为甸，甸四为县，县四为都，都四为同"，逐层核计，逐层组合，逐层上升，全国也就"大同"了。

城邑建设也依"井田"。《周礼》上说："匠人营国，方九里，旁三门。国中九经九纬，经涂九轨；左祖右社，面朝后市，市朝一夫。"这是说，周代工程人员在兴建城池时，也以"井田"为依据：长宽各三里（全城大致方十里），每边开三座城门；城内通道横九条、纵九条，形成"井"字格；经线路面有九轨宽。城内的主体建筑祖庙、社坛、朝廷、市场等，均以"井/夫"为基准，做统一规划——这就提供了一个规范的"方十里"之城的营建方案。

古人建城，事先必有规划，即依周礼规定的"方九里，旁三门。国中九经九纬，经涂九轨；左祖右社，面朝后市，市朝一夫"的要求做出总体设计来。那时，"井/夫"是一切水土工程的"标准计量单位"：凡城池面积、街道面积、祖庙社坛面积、市场朝廷面积，皆以"一夫（100亩）"为基准。诸侯们只要照着《周礼》的既定模式办理，则其创业之初的如何"治野"、如何"为城邑"、如何"作丘赋"，如何开沟渠、筑道路等问题，都依此既定方案去做，而且所建的城邑、都鄙与郊野是配套的，能做到自然生态与社会生态的平衡。这是一种计长远、可持续的建国开疆方案。姜太公便是这么着手"营丘"（动词）的。

起初的诸侯国都不大，国土面积以"方十里""方百里"计，即截长补短，大致纵横各有三里地上下，就算是一个"方十里"之邦国了；如果纵横各十里地的话，便是"方百里"之邦了（也就如后世一个小小县镇那么大）。一个邦国到底能有多大，就看该集团的"开疆"能力了。开"疆"越大，拥有的"井田"面积越宽，就越强。故古文字中"疆"和"强"是通用的；而"疆"是由"田"累积而成的。

那时，最简陋的小国之都，周边围以土垣，中心建一个高出一般民居的"亭"，辟出一间房子当"祖庙"，供奉先祖的木主牌位；再筑一座土台，把受封时天子赐予的那包土置于坛心，四周栽上当地主要树种，成为该国的"社坛"，这就完成了一个"封国"的草创大业了（以后有条件时再逐步正规化）。都城周边的广大地区，则统称为鄙为野，形成此疆彼界，也统一按"井田"去规划、计量。当然，事实上国界不可能那么整齐划一，必须按山川地势的走向为定，邻国之间又可能犬牙交错，于是跨界争斗便不可避免。

另外，我们从《墨子》《管子》《齐法十三章》《吕氏春秋》等书中还看到：凡勘查城建的地址时，要一并考虑该地区的城区面积（人口承载量）与周边的耕地面积、森林面积、水源状态等，要求各项条件皆相称，互相间要保证起码的比例；若缺乏水源、能源、衣食之源，城池就没有活力了，将不可持续。看来古人是综合考虑自然生态与社会生态的总体平衡的。这很重要。

（三）《周礼》讲："凡治野"需依井田

商周时期，人们每开垦一片土地，都要开沟洫、挖渠道、通大川，使川路成网，南北其亩，有计划地进行垦殖；即开垦出所谓"一夫百亩，九夫共井"的"井田"来。这个"井"字，既指其纵横交织的沟渠道路的网格之状，也指"凿井于中"以便自流灌溉的田间水井。周人的先祖在开发渭水流域时，就是这么开垦"井田"、建设家园的。

照《周礼·遂人》的说法："凡治野，夫间有遂，遂上有径。十夫有沟，沟上有畛。百夫有洫，洫上有涂。千夫有浍，浍上有道。万夫有川，川上有路，以达于畿。"这是说：凡规划农田建设时，要将农田水利网"沟、洫、浍、川"与田野交通网"径、途、道、路"的建设统筹安排，路面和渠面等宽，开渠所掘土方即用于筑路，一举两得。

那么，这路面和渠面的宽、深、高怎么决定呢？《周礼·考工记》中讲到：要开沟凿渠，就要有规划。这规划的原则是："九夫为井，井间广四尺，深四尺，谓之沟。方十里为成，成间广八尺，深八尺，谓之洫。方百里为同，同间广二寻，深二仞，谓之浍，专达于川。"这是说：田野的大小水渠都要与本地区的总面积配套开挖，最终要"专达于川"，做到四面八方，水路通达。

在《司马法》中，也有类似的话："司马法：六尺为步，步百为亩。亩百为夫，夫三为屋。屋三为井，井十为通，通十为城。"这就又把步、亩、夫、屋、井、通（同）、城的递进关系讲清楚了。

当然，古人是懂得的："凡天下之地势，两山之间，必有川焉；大川之上，必有途焉。凡沟逆地防，谓之不行；水属不理顺，谓之不行……凡沟必因水势，防必因地势。"（见《考工记·匠人为沟洫》）可见这里讲的"井田制"是提供关于基建工程布局的一种规范性的思路，提供一个工程计量的"标准模块"，要求保证水渠、道路、城池的基础面积成正态配置，至于是否"方整化"，则要由地貌地势来决定。各地山川原隰的地形、地势、地貌是不一样的，不强求整齐划一地建成"井字格"，需要根据实际地形、地貌做出变通。但方整化的总原则、通水、通路的总要求则是不变的，被永久地执行着。汉代的长安城与洛阳城，元明清的北京城也仍然是方整化的（尽管城中的河海湖潭淀甸那么曲折弯环，高低错落，也并不将其一律裁直、铲平）。至于郊区旷野的田土川渠，凡人工开挖垦殖者，尤其是国家屯垦区，则一律方正有序。

如此看来，"井田制"绝不仅仅是为了"田"，它首先是"国土开发制"，是一种"水土工程规划"，它既不是单纯的"田制"，也不是单纯的土地耕作经营制，尤其不能理解为"土地所有制"。

当初，"井田制"的推行，结束了炎黄至夏商以来百姓"迁徙无常处"的历史，发挥了稳定社会、稳定基层的作用。从此以后，安土重迁便成了中国先民的生活理念。后来社会发展了，商鞅搞变法，"废井田，开阡陌"，一切可耕地都要开发出来，井字格的田野规划（不是指征税制度）便被突破了，而"阡陌"则开通着。至于"方块田"，则无论高原、平原还是湿地，只要开垦，就都仍然保留着。历代任何地方的成片垦殖，也都离不开方整有序、通水通路的基本要求。

（四）"井田"原则适用于一切大面积屯垦

在地广人稀、草莱满目的西周时期，无论关中平原还是中原大地，建一个"方十里""方百里"的诸侯邦国，要落实"井田"式的开疆、建城、垦殖、修渠、筑路、造田的方案，是可以办到的。后人往往觉得那么做太机械、太理想化，进而怀疑其可行性，那是因为没有考虑到周初的生态大势、地貌大势、政治大势。

我国华北平原、黄河中下游平原，古代居民点总是安置在"丘"（台地）上，故上古地名多带"丘"字、"台"字，如犬丘、楚丘、商丘、尼丘、楚王台、平粮台、邢台之类；而低洼的湿地、沼泽地、苇子地更是四处密布。湿地不能住人，大多处于中度以上的盐碱化状态，也不适宜耕种，要种就得"化斥卤为膏壤"。怎么化？古人的办法是挖河、排涝、引水、洗盐碱。洗盐碱就是通过沟渠系统将含盐的积水排去。只要引水灌溉，三年左右就可脱盐。那么，排水就是关键。怎么排？往低处排，小河往大河里排，大河往黄河里排，黄河往大海里排。而"井田制"所提之关于水渠、道路、城池的基础面积必须成正态配置的要求，也就能贯彻下去了。可以说，盐碱地的改造，依循的仍然是"井田"的基本精神。姜子牙兴齐，秦人修郑国渠，西门豹治邺，都是"变斥卤为膏腴"，变盐碱地为沃壤。这就要引水"洗盐碱"。直至元明清时期，虞集、丘濬、郝敬、徐贞明、左光斗、魏呈润、危素、汪应蛟、董应举、徐光启等几代人反复在京东、京西、京南改造盐碱地、苇子地，试种水稻、甘薯、棉花，均获得成功。他们自己都说这是在"恢复井田制"，即实施"井田"的要求：土地方整化，使渠网密布畅通，以利泻出斥卤，降低地下水水位，露出可耕地，并筑成台地来安置居民。他们都希望由此扭转"南粮北运"的局面，却被冀籍地方顽固派一次次地阻遏了。

至于非盐碱的荒地、抛荒地，无论开发成旱地还是水田，都得引水灌溉或凿井灌溉、自流灌溉。凡大田作业，绝离不开"沟洫纵横，水流通达"，就是说，仍然要依遁"井田"精神去办事。比如，汉代经营"河西四郡"，创设了一种屯田制度，全力推进"西域军屯"。西汉文帝时（公元前169年前后），以罪人、奴婢和招募的农民戍边屯田，以军队制式开始了陇西屯田（天水方向）、金城屯田（兰州方向）等，虽说初时规模有限，却为"河西走廊"的经营开了先声。两汉对今甘肃、青海、新疆的有效开发，全都是在荒漠上开发出来的美好绿洲。这些田全是方整化的，也全是沟渠道路配套的，是"井田模式"的应用。

其实，今天的"屯垦"又何尝不是"井田方案"的继续呢！

四、孔子是位活力四射的阳光人物

孔子，名丘，字仲尼。他的家乡在山东曲阜，这里原是神农氏活动区域，我国农业文明的重要发祥地之一；是商部落前期的都城（奄）所在地，又是西周周公礼乐制度在鲁的"试验区"和"示范区"。正是这种文化血脉，滋养了孔子。

世人都说孔子出身于一个破落的贵族之家，因为他祖上曾是宋国贵族；其实，他本人只是鲁国的一位平民知识分子。

孔子五世祖是宋国的一名小官儿，到其祖父地位下降了，只得从濮阳迁居于曲阜（一座弯弯的小山岗）。父亲叔梁纥娶妻施氏，生了九个女孩儿，仅有一个男孩儿，名孟皮，还是个跛子。60多岁的叔梁纥与颜氏三女儿徵在野居于尼山（远离城区）而生孔子。孔子在男孩儿中排序为老二，故名为"仲尼"。不久，父亲死去，年轻妈妈抚养儿子成人，母子的生计之苦，可以想见。要是划成分，绝对是贫下中农。

平民出身的孔子，年轻时"多能鄙事"，放过羊，守过仓库，会算术，能驾驭四匹马来赶大车，走在十字街头能像跳舞一般有节奏。他懂音乐，会弹琴，爱跳舞，精礼仪，喜赋诗，会射箭，还知道些军事知识；他当过国家礼仪活动的主持人，还主持过别人的丧仪——这才使他取得了"儒"的身份。他还是位出名的大力士，"力能扛关"，只是不善于种田、种菜，他自己承认"吾不如老农""吾不如老圃"。他也不爱做生意赚大钱，但他的学生子贡却是国际大商人，资助他周游列国，打通各国当权者的门路，替他四处扬名，是他最得力的"贤弟子"之一。他对财富的用处是有切身体会的，所以在《周易·十翼》中说"崇高莫大乎富贵"，这话当然有来头。

孔子的生活态度很阳光。他在齐国有机会听到"韶乐"，乐得"三月不知肉味"，这大家都知道；孔子编《诗经》，每首诗都有"乐谱"，可以配乐演奏，这人们也知道；但对孔子怎么"念诗"，怎么教学生"为诗"，后人真知道的恐怕就不多了——北宋大科学家沈括知道，《梦溪笔谈》里写着呢："学诗者必自'二南'而入焉。故孔子告儿子孔鲤曰：'不学诗无以言。'既而又告之曰：'人而不为《周南》《召南》，其犹正墙面而立也欤。'（此语出自《论语·阳货》）"这是说：人如果只会空口念古诗，不懂得演唱《周南》与《召南》这样的配舞乐章，就等于朝着高墙呆站着，当木鸡、当呆头鹅，太没意思了，应该配上音乐、歌着舞着去"为诗"。这里说的《周南》《召南》，指周代流行于中原一带的民间乐曲，被王室收编了。按古代青少年入学读书的顺次，念《诗经》时正是12岁—20岁的青春期。孔子让他的学生放声高歌"君子好逑"，还要舞着跳着弹奏着唱，这场面、这氛围跟今天的"通俗歌曲演唱会"或"街舞"的情景和氛围也差不离了。

孔子本人不善耕作，但收录了大量农事诗。"农"是诗三百的第一题材。他歌颂的古圣先贤，没有不务农的。他搜集的宫廷雅乐，商周史诗，也都是以农业、农耕为题材的。

孔子是主张"放郑声"的，但当时社会并不排斥"郑声"。即如在一次重要的外交聚会中，郑国卿士子展曾赋（清唱）《将仲子》，子蠫赋《野有蔓草》，子产赋《郑之羔裘》，子太叔赋《褰裳》，子旗赋《有女同车》，子柳赋《箨兮》……凡此诸篇，皆被朱熹辈称为"淫风"，而当时皆见美于叔向、赵孟、韩宣子等一代贤大夫。不过，晋国老政治家叔向听闻郑六卿均赋此类情诗后，曾话外有话地说："诸君乃是郑今后数代之当政，而皆志存温柔。吾放心矣！"此话出自此老之口，其弦外之音，亦足以深思。孔子态度，当亦如此。他本人喜爱舒缓悠扬的古歌、雅乐，而不爱追求冲击力、带煽情性的"郑卫之音"，故批评"郑声淫（太过分）"。但他老人家如果真的讨厌"郑声"而欲取缔之，消灭之，那么，他删诗时删掉就是了，那岂不省事！可是，恰恰是他、且百家中只有他一个人认真地搜集保存了这么多新锐鲜活的民歌，从而奠定了中国诗歌的民族风格。要不，谁会知道"桑间濮上"是些什么名堂！

孔子也从过政。他好不容易在鲁国当上了"司寇"，管刑法的，一上台就跟鲁国炙手可热的权势人物过不去，弄得很快就丢了官。他便离开鲁国，周游列国去了。人在旅途，苦哇，他很幽默地说自己"惶惶如丧家之犬"。估计碰过不少壁，也吃过不少哑巴亏，所以他很恼火地说："唯女子与小人为难养也！近之则不逊，远之则怨。"是的，凡要别人"养"的"女子与小人"，能是好东西吗？你一接近他，他就缠上你；你想疏离他，他又会找你的麻烦。你干吗要"养"他（或她）呢？子路曾批评"子见南子（国王之宠姬）"，恐怕是有缘故的。

当然孔子最擅长的还是当老师教学生，在竹简木片上刻写文字，用牛皮绳编排书简。他生活在晋楚吴越争霸白热化的年月，楚王兵锋早在一百年前就已推进到濮水，中原危殆；那个时代充满了动乱，充满了灾难，他很希望社会安宁，人民乐业，君子守礼。他带着弟子东奔西跑，总想找个地方施展才干，亲自去治国平天下。然而他没有这个机会，人也一天天老了，只好回到家乡去当他的教师。

他当教师，不光是用诗、书、礼、乐的文化知识来教他的生徒，还用射（射箭）、御（驾驭车马）、书（书法、刻录简牍）、算（筹算、策算、测算、计算）的技能技巧来培育他的生徒，德、智、美、劳样样都上，再加军体训练。孔子真正是"传道"而"授业"的！他是世上绝无仅有的"全知全能大教授"！这样的教师，中外古今历史上，一人而已。据说他有3000弟子，72名学有所成者，子夏、子张、子思等还成了他编书传道的得力助手。当年，孔子是"自编教材"的。他面前堆着大堆大堆的竹简，一面整理"鲁史"成《春秋》，一面把"三坟五典八索九丘"改写压缩成一本《尚书》，一面还搜集周代六百年间的诗歌编成《诗三百》。他好辛苦！他作为宋国人的后裔，对商文化情有独钟。商人敬鬼，什么都要占卜问卦，可是孔子整理《易经》时，写了十篇专论，偏偏无一言涉及怪力与乱神，把一本占卜之书转化成"中国自然哲学"（莱布尼茨语）的学术之祖。在整理史料时，他很想为贵族们护短遮羞，"为尊者讳"，但《诗经》中却存录了大批尖锐的政治讽刺诗，连国君霸占儿媳也不放过。他编《春秋》，对国家要闻也只是一句半句的提示语而已，搞一字褒贬，但却连续七次记下了鲁庄公的母后姜氏与齐国国君搞"兄妹约会"的丑事，并不顾惜国母的情面。可见他当年整理旧籍时，并不以自己的个人判断定取舍。这一点，后世的主编们恐怕做不到，没这份科学勇气和包容心。他太伟大了！

孔子作为一介平民知识分子，又育人，又编书，有理论，有实践，好时光又多耗在四处奔波上了；到老了，还成就了那么多那么大的文化事业，真的不容易。他的生命活力之光，过去没有灭过，将来也永不会灭！

五、让易学走向现代、走向世界

（一）《易经》是什么？其学理贡献是什么？

《易经》是现存第一部中华原创经典，是商周两千年国家治理、社会管理、民生护卫的智慧结晶。

《易经》的最大贡献就是提出了"阴阳对应"的世界观。它认为世间万物都是分阴分阳而互根互渗地相对应着的；而所谓对应，既包括了事物之间相应的对立、对抗关系，更强调了事物之间相应的对比、对称、对偶关系与对等、对齐、对扬关系，还强调了事物之间的共生、共存、和谐共进关系。它用"变易、简易、和易、交易、不易"的哲学方法论来观察世界，解释世界，指导行动；它把"崇高莫大乎富贵""立成器以为天下利"作为人生价值目标；用数术模型来分析、解答现实问题；用易符、易象来表达玄理、传达信息。这才是完整的"易学"，才更适应系统论、结构论的理论诉求，更符合全息性学说、可持续发展学说的精神需要，也为人类的趋吉避凶、安全发展提供了无限多样的方案选择。例如，在解析社会刑狱问题时，把"易学"的观念作为参考，可以不受黑白二元对立论、为治唯法论、赎罪论、复仇论的左右，不致堕入丛林法则之吃人或被吃的可怕陷阱。

《易经》的重大贡献还在于：它首举"天地人"三才一体的价值论，把人的价值提升到与天地齐平的高度，这才是真正的"人权宣言"！它还明确申述了儒学的"神圣观"："利用出入、民咸用之谓之神""备物致用、立成器以为天下利，莫大乎圣人""圣人以美利利天下，不言所利"；还进一步肯定"天地之大德曰生""崇高莫大于富贵"——这就把发展群体利益、发展民生产业提到了神圣的高度，从而肯定了人的生存权、发展权，肯定了人的优化生态、发展性灵、提升生存质量的要求。这正是中国学界、政界的通识，而后世小儒、腐儒、庸儒们却总想用空洞说教来遮蔽它。

《易经》之可贵还在于：《易经》为丰富法理思维开辟了广阔的空间：它最先

展开了中华法哲学的基本论述，形成了礼、法、禁、令与罪、刑、狱、讼等法学基本概念。它的六十四卦，卦卦皆为趋吉避凶而设，但它不语怪力乱神，不把现世祸患归结为当事人的先天命定，也不归结为上帝对世人之"原罪""本罪"的惩罚，不把解决现实灾难的希望推到彼岸世界去；它不空口允诺荒渺的来世幸福，也不许诺个人超脱现实去成仙成佛；它也不赞成使用暴力向平民进行恫吓与震慑。恰恰相反，它把社会灾凶视为政局清明度的指标，要求以良政善法为社会做安全保障。它指导在位掌权的君子担当起解除民生疾苦的责任，希望当局能明白"理财正词、禁民为非"的道理，从而"利用正法"来形塑人、形塑社会。为此，它确立了裒多益寡、称物平施的施政方针，确立了明慎用刑而不留狱的人性折狱规范。西哲苏格拉底说：普世国家都有"法"，我们的目标是如何确保"法为良法"。可以说，《易经》早已从根本上回答了这个问题。如果说，人类社会要由"成文法"（制定法）来维系秩序，那么，成文法的正义性、合理性从哪里来？它的权力又来自何处？不是来自上帝，也不是来自"神启、神断"，正如《易经》的"自然哲学"所揭示的：天无私覆，地无私载，春生夏长，秋收冬藏，顺之者昌，逆之者亡。天人合一，政清法明。由此看来，《易经》不愧是中华法学的理论先导，是中华法治的无可取代的学术资源。人们自当应用易理来指导礼法赏罚，指导罪刑狱讼，指导吉凶祸福的判断与救济，离开这个核心对《易经》六十四卦的任何解读，都是隔靴搔痒。

《易经》的重大贡献还在于，它通过对六十四卦卦名的演绎，结合远古衣食住行的种种发明创造，告诉人们：远古圣贤，无一不是终生劳动者，无一不是艰辛创业者，无一不是科技发明者、无一不是"以美利利天下"者！孔子只是反对非生产性的"淫技奇巧"，何尝反对过生产制作？他分明告诉人们：古来的圣贤崇拜，就是对劳动的崇拜，就是对民族创造力、民族创造精神的崇拜！凡违背这一精神者，就是对"圣道"的背叛。《易·系辞》下篇之第二章说：

> 古者包羲氏之王天下也，仰则观象于天，俯则观法于地，观鸟兽之文与地之宜，近取诸身，远取诸物，于是始作八卦，以通神明之德，以类万物之情。作结绳而为网罟，以佃以渔，盖取诸《离》。
>
> 包羲氏没，神农氏作，斫木为耜，揉木为耒，耒耨之利，以教天下，盖取诸《益》。日中为市，致天下之货，交易而退，各得其所，盖取诸《噬嗑》。神农氏没，黄帝、尧、舜氏作，通其变，使民不倦，神而化之，使民宜之。《易》穷则变，变则通，通则久。是以自天佑之，吉无不利，黄帝、尧、舜，垂衣裳而天下治，盖取诸《乾》《坤》。

本文告诉人们：古来的圣贤崇拜，就是对劳动的崇拜，就是对民族创造力、民族创造精神的崇拜。后世那些四体不勤、五谷不分的庸儒、小儒、腐儒，总是千方百计地把社会实践从"易道"中抽离出去，无视孔子本人亲口所言的"法象莫大乎天地，变通莫大乎四时，悬象著明莫大乎日月，崇高莫大乎富贵。备物致用，立成器以为天下利，莫大乎圣人"的遗训，将其一概剔出《易经》之"义理"之外，可算是非圣无法至极了。

（二）徐光启从易学找到了与西方科技的思想接应

明清之际，易学既让中国学界乐意接受西方"天学"知识，吸纳其数学、物理学、天文学、逻辑学及科技理念，也让中国的思想文明与制度文明参与了西方14世纪—18世纪构建"自然哲学"和世俗政治制度的全新探索，成为欧洲人冲决中世纪之"天启神学"的思想牢笼、摆脱教廷神治体制的推进力，找到了构建新思潮、新体制的重要人文元素。

徐光启说：孔子曰"泽火革"。"革者，东西南北、岁月日时，靡所弗革。言法不言革，似法非法也。"徐光启意识到既有的传统科技的方法论的缺陷：宋明以后之儒，把"开物成务"之治道排除在儒家学术之外，贱视"形而下学"。徐光启认为：对治道的关注本是先儒的传统，但它却在后世式微了。"尝谓三代而上为此业者盛，有原原本本师传曹习之学，而毕丧于祖龙（秦皇）之焰。汉以来多任意揣摩，如盲人射的，虚发无效；或依拟形似，如持萤烛象，得首失尾；至于今而此道尽废。"（《刻几何原本序》）宋代是中国传统科技发展的顶峰，可恰恰也是从宋代起，科学严重沦为道学的附庸。程颐便曾说："士之所以贵乎人伦者，以明道也；若止于治声律、为禄利而已，则与夫工技之事，将何异乎！"（见《二程集》）至明季，此种观念可谓尤烈。科技既然不能登大雅之堂，便只能于民间自生自灭，混迹于各种形式的社会生活中，甚至沦为"妖妄卜筮之术"。对此，徐光启说："算数之学特废于近世数百年间尔。往昔圣人所以制世利用之大法，曾不能得之士大夫间，而术业政事，尽逊于古初远矣。"（《刻同文算指序》）他主张融汇西方科技与中国传统科技为一体，由"翻译"而"会通"而后"求超胜"（《徐光启集》卷八《历书总目表》）。其"求超胜"之旨，未尝不是今日赶超国外的"心传秘法"。徐光启这一代人的努力，为开启我国传统学术的结构性、器质性变轨发挥了枢纽作用。

（三）易理是中西文化正态对接的桥梁

徐光启们通过易学把中国知识分子从道学、理学、心学之片面强调"形而上"学、贱视"形而下"学的牢笼中解放出来，去关注民生，关注国计，关注科技，产生了巨大成效。明末文化界、出版界，出现了一派全新气象。

徐光启和利玛窦合译的《几何原本》，厘定了"几何"这个科学名称，并创制了诸如点、线、面、直线、曲线、对角线、并行线（平行线）、直角、锐角、钝角、三角、面积、体积、几何、代数等全新数学术语；利玛窦和李之藻合译的《同文算指》中，创制了诸如平方、立方、开方、地球、北极圈、南极圈、五大洲、赤道、经线、纬线等一批地理学术语；利玛窦和李之藻合著的《浑盖通宪图说》中出现了天体、赤道、子午规、地平线、天地仪、地球仪等天文术语。葡萄牙人傅讯际和李之藻合译的亚里士多德的逻辑学《名理探》就出现了明确、解释、剖析、推论等词；意大利传教士艾儒略译著的《西学凡》和《职方外纪》二书，创制了原罪、采取、处置、公法、文科、理科、法科、法学、地球、大西洋、热带等词汇。这些地地道道的新造汉语单词，所指的事物事理，对传统文人来说，都是全新的；学习它们，无疑是一次"换脑"，一次知识更新！

清朝时期，在中国人李善兰、徐寿、华蘅芳等的协力下，西方来华人士马礼逊、丁韪良、傅雅兰等译著了《万国公法》《公法总论》《大美联邦志略》《微积溯源》《三角数理》《电学》《声学》《光学》《地学浅释》《化学鉴原》《植物学》《代数学》《全体新论》等书籍，先后厘定了国权、权利、宣战、交战、战时、战争、特派、法院、民主、友谊、维持、异邦、会议、管辖、法院、盟约、执照、遗产、关涉、管制、限定、议定、权威、权利、国债、公法、国政、国法、国民、巡捕、公司、股份、银行、资本、价值、物价、公司、工资、通知、固辞、遵守、专管、追求、机器、铁路、汽车、纺机、空气、煤气、自来水、自来火、圆锥、曲线、轴线、微分、积分、系数、椭圆、级数、常数、变数等一大批专业术语。当年的学者们何等通达精明、妙用汉语！试想，当年如果都用"音译词"，汉语岂不早就杂乱无序了吗？

明清两代都在吸收西方先进文明，并创制出汉语新词。明清新著作、新词语的涌现，正是新生活、新文化的生动表征，是中华传统文化经历时代转轨而发生结构性、器质性生动变革的体现。

（四）欧洲先哲从《易经》吸取宗教改革的精神营养

欧洲宗教改革的核心任务是从中世纪神权重压下解放"人"、确立"人"的价值。《易经》的"天地人"三才说，《易经》阐发的"天地之大德曰生""人为万物之灵"的人伦大道，在欧洲思想文化界起了振聋发聩的枢纽性作用。

在欧洲最初的宗教改革中，新教信奉者仍然沿用中世纪旧教的血腥屠杀手段，以教派之间的你死我活之争来解决神圣的信仰问题。16世纪—17世纪的欧洲，被宗教战争搅得四分五裂、精疲力竭。人们在灾难中觉悟到"无休止的好勇斗狠，不仅产生了明显的恶果，还使我们不知足，不能享受美，使我们失去思考的美德。"启蒙哲学家们认识到：应该克服宗教狂热，实现宗教和解，找到和谐的、理性化的信仰基础。于是把目光投向了东方，汲取中国思想之要义，让理性导引人的精神生活与政治生活，做到宗教宽容、道德高尚、政治开明。为此，莱布尼茨主张用"孔夫子哲学"从信仰分裂与宗教迫害中拯救欧洲文化。他在《单子论》中提出了"世界和谐论"，在《中国近事》的序言里，他写道："希望中国与欧洲这两个文明程度最高、在地球上又相隔最远的民族携起手来，逐渐把位于它们两者之间的所有民族都引入一种更合乎理性的生活。"莱布尼茨所处的那个时代，欧洲精神的最重大的课题是倡导一种理性的、自然的、宽容的"自然神学"，来调和信仰与知识、神启与理性的冲突，来调和新教与旧教以及新教不同派别之间的冲突。莱布尼茨认为西方缺乏中国的道德哲学，认为孔子所代表的儒家哲学包含着一种"自然神学"，其最高原则是"理"，即"理性"。他肯定孔子学说的合乎理性，合乎自然，这被看作对西方宗教的严重挑战，因而受到教会的群起攻击，巴黎当局下令禁毁其书。可思想是长了翅膀的，它一时间便飞遍了全欧。

其后，伏尔泰则批判道："欧洲王公及商人们发现东方，追求的只是财富，而哲学家在东方发现了一个新的精神和物质的世界。"他们从欧洲实践中，深切地理解了"天地人"三才说，理解了"天地之大德曰生""人为万物之灵"的易理（此说后来被概括为欧式表达的"天赋人权"）。他们的本意是想把中世纪的"天启宗教"引入"理性宗教"轨道，殊不料却起了摧毁罗马教廷神圣权威的历史作用。正是他们的如此努力，才端正了宗教改革的方向、澄清了宗教改革的内容，找到了宗教改革的正确路径与和谐手段，进而将宗教改革直接导入"思想启蒙"的新阶段。

（五）欧洲启蒙运动哲学家视《易经》为精神支柱

西方的学者翻译的中国古代经书，呈现给欧洲一种可敬的中华智慧，让欧洲一些思想活跃的人相信了孔夫子的哲学，相信异教文化也会产生高尚的德行。

在启蒙运动全盛期，莱布尼茨的继承人沃尔夫于1721年7月在哈雷大学做了《关于中国人道德哲学的演讲》，集中论述中国的道德哲学，试图寻找一种优越文明的哲学基础；于是传教士介绍的"中国形象"，便成了欧洲启蒙思潮的异域参照。西方启蒙思想家们借用其主观构建的"中国形象"来评议欧洲现实，其实只是他们的一种顺手牵来的思想方法论或曰一个特定的观察角度。启蒙思想的殿后大师即是"重农学派"的思想领袖魁奈。在魁奈看来，中国是一个根据"自然法则"建立的模范国家，从帝王官吏到哲学家，都以"自然法则"作为王法、政治、经济和社会生活的最高原则。世界上没有更完善的政府与更完善的经济制度了。他的这些言论，都可以从《易·象辞》关于"君子"的全方位论述中得到印证。

可是，时势在变易，欧洲宗教界、学界、政界的新一批代表人物卢梭、孟德斯鸠们，承袭了罗马帝国与天主教廷之"凌驾于世界之上"的精神自傲，搞逆向思维，无非是要构建欧式新型意识形态，从而实现欧洲文明的"自觉自强自为"，这符合了"让资本走天下"的需要。于是"中国潮"从"飞龙在天"走向了"亢龙有悔"的衰变过程。

尽管如此，肯定中华文化之积极面者仍代不乏人。20世纪中叶，亲自来华考察的罗素就明确指出：孔子与其他宗教奠基者的最大不同是，他灌输给人们严格的伦理道德准则，永为后世尊崇。然而，这些准则却无半点宗教上的武断意味。孔子不是宗教家（他不言怪力乱神），他是个注重实际的政治家，所讨论的都是治国之策。他所追求和培养的美德，不是个人的得道升天或者企求来世的幸福，而是希望造就治国的君子和繁荣昌盛的社会——这正是《易经》的主旨所在。

早在明代中后期，当利玛窦来华之时，《易经》便已走向了世界，成为中西文明正态对接的第一桥梁。正如柏应理神父所说：人们向欧洲介绍的中国，"不是人们耳闻目睹的现实中国，而是出于《易经》等古老典籍之思想的中国，即孔夫子的哲学中国。"他认为"孔夫子的哲学"是一种古老的、智慧的"自然哲学"，它树立了理性原则、道德秩序，成就了一种明智、宽容、深厚、淳朴的文化传统。而这正是欧洲"宗教改革—启蒙运动—文艺复兴"所急需的人文精神，成为欧洲人反对"天启神学"的重要思想元素，从而参与了欧洲人文思潮的推进和发展。

《易经》作为全球公共文化资产，早已获得世界的公认，全球有20多种不同民族文字的译本与无数相关著述。其所蕴含的"东方智慧"为中西哲人所共尊，境外"汉学"往往由此深入内层，可见其理论覆盖面之广，生命力之强，学术地位之崇高。20世纪80年代，当代世界生态学家们聚会巴黎，一致呼吁："人类要在21世纪持续生存下去，必须实现文化上的东方转向，向孔夫子吸取智慧！"这就再次肯定了"易学"在世界文化史上的价值。而今，让易学进一步走向现代、走向世界，正是当代中国学界义不容辞的担当。当然，这并不是一件轻而易举的事。

六、《尚书》纵论政刑狱讼而未论及仁义

《尚书》是一本"上古之书"，由《虞书》《夏书》《商书》《周书》合订而成，是跨越尧舜禹——夏商周两千余年的典、谟、训、诰、誓、命之文的精华结

集，勾勒出尧舜禅让、虞廷议政、禹划九州、盘庚迁都、傅说诤谏、周公制礼、成康开新、穆王立法的治国模式和良好政风，奠定了中华政刑狱讼体制的初基，是树立在中国思想文化史之源头的一座丰碑，历来受到人们的特别重视。

作为先秦原典文献，《尚书》反映出先秦儒学初创期的理论取向，预制了中华法治的基础理论构件。我们今天要做的工作，就是发掘中华法治文明的本土资源，萃取先民的政法理论精华，从中汲取有益的政治智慧。

（一）《尚书》深论刑狱，并未论及仁义

在先秦文献中，首先系统阐释罪犯、狱讼、刑赦等概念的，就是儒家；老庄没有提过相应概念，墨子没有论述过罪刑问题；只有后起的法家，才在"法、术、势"的体系内阐述了自家对法刑的系统主张。相比之下，《尚书》的价值就可想而知了。

长久以来，人们习惯于用"仁义"来标称孔孟之道，用"仁政"来指称孔孟的政法核心，这似乎已成共识。然而，请认真读一遍《尚书》原典吧，你会发现《尚书》无一篇不在讲述制度性、法律性、刑狱性问题，从法哲学到国体—政体的系列性研究全有，恰恰没有对"仁义"的任何论证。

那么，《尚书》作为历代公认的儒学经典，它是怎样讲"刑罚"的呢？现在通行的《尚书》本子中，有一种58篇本，千百年来一直是最普及最权威的本子。其中所有"典、谟、训、诰、誓、命"之文，无一篇不在讲制度性、法律性、刑狱性的问题。人们从中可以看到对"刑法"的十分系统的表述，从国体、政体的制度性研究，到"法哲学"的阐释；从立法、司法、执法的原则说明，到具体律条、具体案例的刑法适用，无不论及，无不有明晰的交代。其间"刑"字用到70处以上、"罪"字用到50处以上，"罚"字有55处；相关的"典"字也有36处，"杀"字26处，"式"字19处，"狱"字16处，甚至"戮"字、"赦"字也各有15处，"法"字7处；而"仁""义""德"3字却极少出现；刑狱术语出现频率如此之高，呈现出多层次、多指向的广泛应用态势，其关涉面很宽，仅就本书中"刑"的含义而言，就有：1. 典范、规范义。《尧典》："观厥刑于二女。"《泰誓》："屏弃典刑，囚奴正士。" 2. 律法、刑法义。《尧典》："象以典刑，流宥五刑。"《舜典》"鞭作官刑，扑作教刑，金作赎刑""惟刑之恤"。《伊训》："汤作《官刑》。"《吕刑》："刑罚世轻世重。" 3. 治理、管理义。《周官》："司寇掌邦禁，诘奸慝，刑暴乱。"《吕刑》："伯夷降典，折民惟刑。" 4. 惩治、处罚义。《大禹谟》："刑期于无刑。" 5. 杀人、行刑义。《康诰》"非汝封刑人杀人""用其义刑义杀"。这一切，形成了"《尚书》罪刑理论"体系。

依此看来，认为孔子只讲仁义而不重刑法，至少是不合乎《尚书》的实际

的。而今，人们在振兴国学，复兴儒学，这很有必要。为求真知，那就应从解读儒学的先秦原典做起。

（二）《虞书》《夏书》留下了国家机器从无到有的历史面影

《尚书》之《虞书》《夏书》，上溯帝尧，下及大禹，千年史却仅存九文章，文内渗入了许多虚拟传说成分，特别是商周政刑制度的"远古化"，分明不是当时原作。但作为上古文献，它承载着先秦儒学关于政治理想、政权建构、刑法理念及其表达方式的丰富信息，其在中国政治思想史、法学史上的源头地位是确定不移的。

《虞书》的第一篇《尧典》，追忆了帝尧敬授农时的史迹，开启了我国古代天文学、农学的初源，体现着天人合一的哲理；又记了帝尧禅位于舜的传说，那是东方民主的第一版本。第二篇《舜典》追述了大舜设官分职，组建行政机构的重大举措，详记大舜修文德、徕远人、平水土、逐四凶的政治举措；而后的《大禹谟》《皋陶谟》和《益稷》，详记了虞廷的职责分工，烘托出虞廷上下开诚布公、和衷共济、爱民勤政的德政局面；其中"五刑"的提出，更说明中华先民早就走上了依道立法、依法治国之路。这一切，都在事实上对"国家源于暴力，刑狱出于复仇"的西方说法预先做了认真的否定。

《夏书》只有4篇，其中最重要的是《禹贡》。它详述各州之地质地貌、人口构成、物产品类、产能状况、储运通道及贡赋比率。单就"九州"概念的出现而言，它就已清楚地表明了我国远古先民不仅能做明确的时空界定，而且掌握了全国各地的物情、物态、物产，拥有对其做归类分析的科学方法，其起点之高、视野之广、思虑之周，在同期世界上绝无仅有。① 其后的《甘誓》篇记录了夏人组建六军，动用国家暴力来巩固王权的重大行动；《五子之歌》与《胤征》，或提出"民为邦本"的命题，或打出"邦有常刑"的告诫，或揭示"政荒民乱，未或不亡"的规律，或喊出"恭行天之罚"的口号，无不体现着先民对法治秩序的热切呼唤。

（三）《商书》勾画了商代的德治模式

《尚书·商书》含《汤誓》《伊训》《太甲》《盘庚》《说命》等17篇文章。从商汤到盘庚，从太甲到武庚，从伊尹到傅说，君臣们力行德政，为创建一个清平政局做出了他们能够做出的最大贡献。《伊训》篇记下了"汤作《官刑》"的内容，树立了我国政坛上第一面反腐大旗。其后的《太甲》三篇，记录了国相伊尹

---

① 直到近代，欧洲人才把"国家要素"界定为政府对于疆土、人口、资源、物产、赋税的独占支配权，而《禹贡》分明早已把握住这一切要素了。这是中国作为"领土国家"的思想理论基因。

"流放"君王太甲的全过程。此举为先秦儒家以"相权"制约"君权"的思想提供了先期示范。《盘庚》3篇，是公认的传世佳作。盘庚迁都，从黄河以南搬迁到黄河以北，在当时，实在是惊天之举。这组政论文的成功，尤其是大量成语、俗语的出现，比如"纲举目张""洞若观火""星火燎原""搬起石头砸自己的脚"等等，极富表达力，极具生命力。《说命》3篇，记述商高宗武丁苦心求贤，竟任命一名筑路奴隶为国相的奇异过程。文章洋溢着一种君臣共图国治民安的祥和氛围。这组文字与其说反映了一段历史真实，毋宁说生动地展现出先秦儒家学派对理想政治风范的渴求与期待。

（四）周公制礼，成康治国，穆王立法

《尚书》的最后部分是《周书》，分量最重。其1—9篇，反映西周灭纣建国的奋斗史，以《牧誓》《洪范》篇最为重要；10—22篇，透过《康诰》《王政》《周官》《无逸》各篇，再现了周公制礼的历史生态；23—29篇，讲成康昭穆等继位君王革故开新的种种谋划，以《顾命》《君陈》《康王之诰》、特别是《吕刑》篇最为重要。

书中，《泰誓》《牧誓》记叙了周武王姬发调集大军渡渭入黄，讨伐商纣王的重大战争。崛起于西戎仅仅十来年的"小邦周"居然一举整垮了建国数百年的"大国殷"，简直是旷世奇闻。它生动地证明了"天命无常，惟德是依"的政治哲理。其后的《洪范》篇最能概括周初的建国思想、建国谋略、施政方针。该文与《禹贡》《吕刑》一起，凝聚了先秦儒家的政治智慧，构成治国利器。

西周建国的柱石是"周公制礼"。这"礼"的含义十分丰富，它是"德治"精神在各个领域的程序化、规范化落实。人们不难从《康诰》《酒诰》与《周官》《立政》等篇中得到完整的理解，也不难从中把握住周初诸侯分封制、宗法等级制等基本制度的形成过程及其早期实践形态。至于《无逸》篇，要求周王室的子孙们"所其无逸"，要"先知稼穑之艰难，知小人之依"等，都是至诚的训诫之言。然而，该文真正被付诸实践且影响深远的思想并非是"无逸"，而是"天子享国"论！此论一出，永保王室享国便被上升为中国政治伦理的核心，成为一切人的一切言行的共同主题，成了评判忠奸功过，审断有罪无罪、此罪彼罪的终极依据，其正负影响之巨，已经毋庸赘言了。

《周书》还对西周后续当局因时变化，更制变法的活动做了理性概括。书中成王、康王的文诰与讲话，很能反映他们的执政轨迹，许多政治经验历久弥新，让人叹服。《毕命》《君牙》等篇写成王康王上位时，调整治国方略，实现了从创立政权到巩固政权的适时转轨。应该说，成康都意识到了政策转轨的紧迫性。康王面对周人中滋生起来的惰性势力，下定决心整顿之。他不仅向"世禄之家"的腐败歪风开刀,而且下力气"管好身边的人",大力整顿宫廷机关,成效卓然。

《周书》最后的《吕刑》篇,预制了中华法理的基本构件,集中论述了刑、法、罪、狱的基础概念,阐释了情、理、法、禁的辩证关系,明订了五刑五禁、三审五听、八成八议的执法司法规程,推出了慎狱恤刑、不侮鳏寡的人性狱审原则,锻造出中华法学的汉语思维模式与汉语表达方式,诱发了中国刑侦学、预审学、证据学、法医学、公案文书学等的超前早熟。

至于书末关于鲁、晋、秦的三篇(《秦誓》《费誓》等),或人物不明,或时事脱节,甚或连题材也游离于"周书"之外,又当别论。

这一切,都是虞夏商周两千多年间政刑实践的丰富经验的高度提炼,颇有历史的超前指导作用。本文不愧是中华法理的基础性源头文献之一。

(五)弘扬《尚书》礼治精神是我们的应有担当

先秦儒家言必称尧舜,长期以来,被人们判为"复古",谥为"倒退"。这实在是太皮相了。事实上,《尚书》告诉人们:先秦儒学所崇奉的正是一种开放式的民本政治,这里根本看不到任何专制、独裁、不恤民命的影子;而尧、舜、禹、汤、周文武,益、稷、太甲、伊尹、武庚、傅说、周公等圣君贤相,其本人原就是从社会底层涌现出来的,绝大多数出自劳动者之家,甚至本人就是陶工、是厨师,是奴隶、是渔夫。他们终身勤苦为民,且贡献卓著,敬服他们,有什么错?要知道,肯定他们,正是对中华民族之民族精神的塑造和弘扬,而否定他们,将其矮化、灰色化、边缘化,正是对中华民族精神的戕害与扼杀。

作为先秦儒学的源头之著,《尚书》内容极为丰富,但成书在两千五百多年以前,其文字表述与后世差距很大;今人读古书,尤其是读这种带强烈政论性的古书,当然不能迷恋旧说。今人应能恰当地引入现代社会科学学术研究的方法论,在正确把握其文本原义的基础上,清理其理论脉络,这样读才有当代意义。例如:认真看来,58篇本中那些被清儒斥为"伪经"的文章,特别是《大禹谟》《五子之歌》《伊训》《太甲》《说命》和《泰誓》《周官》《君陈》等30篇,占去原本《尚书》篇幅的一半。就其政治思想理论倾向来说,所删的恰恰是该书最富有"民主性精华"的部分,是《尚书》的题旨所在、灵魂所在,是先秦儒家政治学说中最有生气、最富操作性的精粹部分。清代某些考据专家试图把人们的视线从文本自身的思想政治主旨上移开,去关注什么字句来历,搞烦琐考证,把原书弄得鸡零狗碎,却号称"保存真本"。这样做,自有清代当局的政治需要在。我们则应走出那片迷雾,回到气魄豪雄的汉唐人重视58篇本的原路上来——这便是我做这番讲说的初衷。

七、《周礼》讲的是国家体制与社会基层管理

《周礼》为"三礼"①之一,它在上古先民关于国家职官制度的构想下,反映着先秦人对大一统领土国家②的向往,贯穿着依礼建政、定制、立法的精神,也透现出私有制政权对"君王治国、君主享国"之权与利的追求,是先秦社会管理文化的概括与提炼,其所蕴含的正负价值,均影响深远,很值得认真品析。

(一)《周礼》六典:对国家职能的全面认识

《周礼》为国家机器做了顶层设计。它认为一个大一统领土国家的政权组成应该是:最高统治者为天子,朝廷依"六典"设官分职,其分工十分清晰:

> 一曰治典,以经邦国,以治官府,以纪万民,由天官冢宰掌之。
> 二曰教典,以安邦国,以教官府,以扰万民,由地官司徒掌之。
> 三曰礼典,以和邦国,以统百官,以谐万民,由春官宗伯掌之。
> 四曰政典,以平邦国,以正百官,以均万民,由夏官司马掌之。
> 五曰刑典,以诘邦国,以刑百官,以纠万民,由秋官司寇掌之。
> 六曰事典,以富邦国,以任百官,以生万民,由冬官司空掌之。

这六典是全书的总纲,是《周礼》的脊梁骨。它以政治法律为主干,统筹全国的行政管理,以"富邦国、任百官、生万民"为目标,教化与礼俗齐抓,产业和兵刑并举,表明了先民对国家职能的周全把握:维护政治秩序,发挥法治功能,组织社会生产与社会生活,不像有的论者那么偏激,把国家仅仅视为"暴力机器",视"政权就是镇压之权"。中国历代政权都以《周礼》为样本来设定国家体制、机制,来制定国家大法,来管理社会生产与生活。

---

① 前人将《礼记》《仪礼》与《周礼》合称"三礼",唯《周礼》讲大一统国家之职官制度,它提供了"帝国政府组织法"和社会基层行政管理法。

② 中国人很早就形成了领土国家的理念。《诗经》发出了"普天之下,莫非王土;率土之滨,莫非王臣"的呼声;《尚书·禹贡》视"九州"为一体,做出了分区开发、分片管理计划;《礼记》倡导"天下为公""天下大同"精神;"四书"表达了"四海之内皆兄弟""修身齐家治国平天下"的深广情怀。中国人从来不以"民族国家"的思想来制定排他性的政治方略,也从来不允许任何人在"民族国家"旗号下搞国土分离和国民分化,像欧洲那样分裂了再分裂,分得鸡零狗碎,搞得干戈纷扰。西方人习惯于那种"民族国家"的狭隘概念,故称"中国不是一个国家,而是一个伪装成国家的文明",原因在此。

同时,《周礼》又规定:按"乡遂制"组建周王直属地方的各级行政网络:周天子将其直属领地(京师)划分为6个"乡",将其周边领地划分为6个"遂"。"乡"下设州—党—间—里—比,"遂"下有县—鄙—酂—里—邻;各级皆设"长",都列入职官序列。这么层层贯通,使君主权力直达基层。周天子所封大小诸侯,也都在各自境内仿此"乡遂制"办理,实现诸侯对境内的有效行政管控。《周礼》全书就是依此行政网络来结构全文的。它是中华历代举国体制的第一块基石。

(二)天子制:国家机器的建构原则与运行机制

中国古代政治制度的要害是"天子治国"与"天子享国"的高度一致,它是《周礼》设官分职的最高原则遵循。

1. 天子治国。王权高于一切,全国大一统,由天子统揽《六典》,指挥六官。六官的运作,全都纳入"惟王建国,辨方正位,体国经野"的轨道。六官都在"佐王治邦国",人人都要尽心尽力为天子奔走效力。这就从制度上准备了天子集权的土壤;而集权的结果便是积怨。积怨至深,便导致改朝换代,从头来起。

2. 天子享国。《周礼》将宫廷机构与朝廷机构整合为一体,宫廷官署与朝廷官衙往往相叠合,而且总是让宫廷事务优先于朝廷政务。这在天官府、春官府中表现得尤为突出。二府之下属官署,几无一家全力承担国家治政实务者,全纳入宫廷系列,所谓"外官内属",为天子享国提供严密的组织人事保证和强大的财务物资支持;而其相应的国家行政管理,反而处于从属地位。

"天官"原应以国家政务为第一职责,可他却要奉身于为君王服务,如天子祭神鬼、宴宾客时,他要去牵牲口、斟酒、代饮直至送丧之类。他手下的宫廷官员隶役,队伍庞大,且一并列入国家官员序列,全由国家负担。他主持的国家财政,总是向当政集团的私利倾斜,王室消费被认为是"天然合理"的,王家开支不受节制,于是"合法腐败"就不可避免。比如君王"一日三举"①的吃喝铺张,又如"王之嫔妃有一百二十人"的记录②:此即为食色两端的"合法腐败",符合当时之"国法"规定。君王享有如此优厚的食色特权,又怎能不惹来"无数英雄竞折腰"而闹得"城头变幻大王旗"呢!可见其为祸之烈。

---

① 《天官》记载,王之餐饮的要求是:食用六谷,膳用六牲,饮用六清,羞用一百二十品,珍用八物,酱用百有二十瓮。"王日一举,斋日三举"。一举:一整套餐饮。

② 《礼记》载:除王后一人外,天子还有夫人三人、嫔九人、世妇二十七人、女御八十一人,分为九组,九人一组"御于王"。另外还有无数女巫、女史为之效劳。那么,君王一人仅编制内就可合法占有120多个性伙伴;世间至少有等量的鳏夫存在——实属伤天害理之制。

3. 全国一体化。为确保国家机器的正常有效运转，国家各职能部门通过"官叙""官常""官联"等形式构成一个有机整体，分工协作，覆盖全国，共同向天子负责。于是国家政治伦理的最高准则便是忠于统一政权、忠于当朝天子。在"全国一体化"的大前提下，有一套可操作的运行机制与运作规范，保证着各级各类政府机构的正常运作。

（1）等级服从的"官叙"原则。在宗法等级制下，一级服从一级，上司为尊，友邻互重，有伦有序，各守本分，这叫"官叙"，是最基本的政治伦理。有问题可越级反映，但不得越级行动，不得越俎代庖，以保证整个国家机器的有序运转。

（2）分工清晰的"官常"原则。各有名分，各负其责，依本职常规作业，不得揽权、侵权、越权、滥用权力；也不得弄权、弃权，不得怠政、亵渎权力，以保证国家机器的每个零部件都能健康运转。

（3）协调联动的"官联"原则。职官之间、部门之间、事务相连及的单位之间，要有大局观、协调观、效率观，要有联动、互促、共事意识。全国一盘棋，联手圆满完成任务；不得互相干扰，互相拆台。

（4）守纪有为的"任事"原则。没有担当就没有绩效，特别是在政策指令尚未明确下达的情况下，当事态需要时，无论主官或副职，都应本着对国家、对事业负责的精神，敢于担当，积极谋划，主动工作，争取事业有成，争取国家利益最大化；但事后必须及时如实汇报，补办应有手续，主动承担可能的后果。

《周礼》的上述原则，对于从政者来说，是应知应有的政治操守和官场规则，它体现了中国政治文化的早熟。

（三）朝廷与宫廷的权力整合

据周公的设计，周代朝廷曾有"三公"的设置，可与天子"坐而论道，燮理阴阳"，对天子的权力有所制约；但从周成王起，即借口"人才难得"，便将此位空置起来了。在《周礼》中，"三公"事实上蜕变成了乡大夫身边的专席教官，只有"六官"才握有实权：

1. 天官冢宰府。由冢宰（即大宰）统率朝廷百官听命于天子，所谓"百官总已以听"；由他主理全国政务，直接对天子负责。其主要助手为小宰，助其理政；又有宰夫，主管本府内部的行政事务。天官府是直接为天子"享国"服务的部门，也是落实"天子治国"的责任部门。其大宰负责的"六典—八法—八则—八柄—九职—九赋—九式—九贡—九两—象魏—祀五帝"的系列安排，小宰负责"六叙—六属—六职—六联—八成—六计—祭祀—岁会（年度会计）"的系列工作，构成了全国政务部署与施行之总纲，一切由此展开。这里，"八成"中的狱讼,特指婚姻、田土、财务方面的民事诉讼,统由小宰负责。他主管民事诉讼,但不管刑事。

天官府首先是为"天子治国"服务的,围绕"国家七事"奔走。"七事"是指"祭祀、朝觐、会同、宾客、军旅、田役、丧荒"等,竟无一字涉及工场与工程建设之类的产业实务。当它为王家养生送死奔走时,动辄举国体制,不计成本地铺张。天官府中设有医师署、大府署、职内署、内宰署等,承办国家部分政务,远不及为"天子享国"服务的力量配置详明。内廷事务远重于朝廷政务,内庭官署,主要是直接为君王及王后、世子的高质量靡费服务的。

2. 地官司徒府。大司徒是"教官",负责全国教化与土地、人口、赋税等的政策制定。从行政管理上说,司徒府以下便按照"乡—州—党—间—里—比"及"遂—县—鄙—酂—里—邻"来设置各级官署,配置行政长官与吏员、隶役。它要做到:

(1) 掌管全国教化,掌管土地图籍与户口登录、赋税力役的征收等方面的政策法令,所谓"以礼教让,以仪辨等,以乐教和,以刑教中(适中),以俗教安,以世事(产业、职业、行业)教能",以此来形塑国民,形塑社会。每年正月,还要派人去全国各地宣布国家政令与刑律,是国家法治宣教的直接责任人。

(2) 其主要工作是:主管六乡、六遂的人口、六畜、车马之数,所谓"稽其夫家,辨其老幼、贵贱、废疾、马牛之数;辨其可任者与其施舍者;掌其戒令、纠察,听其狱讼"等。负责落实农事上的土会之法、土宜之法、土均之法、土圭之法,负责十二教、十二荒政,以及三事五礼、祀五帝等任务,缺一项都叫失职。

(3) 其职务活动,动辄举国体制,全民动员,普世发动。比如:凡大丧,"帅六乡之众庶而治其政令";大军旅、大田役,都需招致万民而治其政令。若国有大故,则致万民于王门外,听从调遣。凡大荒大札,则令邦国移民通财,舍禁弛力,薄征缓刑。

总之,地官府作为中央职能部门,要总揽国家教育、生产、生活之行政管理,它是佐助天子治国理政的实际担当者。

3. 春官宗伯府。负责国家礼乐制度,负责宫廷与王族内部的一切行政管理事宜及其专享福利,兼管国宾的接待。除宗教大典、宗教仪式外,春官宗伯府的职责更多的还是执行王家礼仪。礼仪是人类自身的行为规范,表达的是人与人之间的尊重亲近关系,本质上不同于神鬼迷信,却又总是披着宗教外衣,借以强化其权威性。

春官府是直接为"天子享国"服务的又一个中央职能机构,其下属官署郁人、鬯人天府、世妇、大司乐、大卜、大史、巾车、典路之类，几无一家不是直接为君王服务的。如果说其他官署的隶役总还有个定额编制的话，那么，这里的歌舞伎与男巫女奴们，却是公然声明了人数不限的。这里有世妇、外宗、内宗之女官和阉宦为君王管理内外命妇与宫女、女奴们，还有冢人、墓大夫从事王家的服丧送死事宜。甚至设有占梦、太祝、冯相氏、保章氏直至丧祝、诅祝之类，任务烦琐甚至荒唐。

当然，本府也有某些"兼职单位"在为"天子治国"服务：如天府、典命、太史、内史、外史、御史等职，兼着"国家档案"的存档、保管任务。凡国家机要册籍，包括土地人口及官员任免资料，国家制度史料、各种文书文告等。中国自古以来关于土地、人口的统计资料的保管从未中断。关于狱讼的文献档案积存历代皆有。其丰富性、连续性、真实性，举世无双。这有积极意义。

4. 夏官司马府。负责国家安全与全国的军政事宜。通俗地说，这是国家"管武"的部门，有大司马、小司马、行司马、军司马等职，掌管着国家军政禁令。其掌固、司险、司士、职方等官署，有全国城郭沟渠的修治加固任务，有周知全国山川形势、控扼险要、修通道路、管理交通的责任，有考核官员、上报朝廷的职责，还有沟通四方邦国的职责等。然而书中对于军备、军训却又语焉不详，远远不及对王家之衣饰冠履之关注。司马府的大半精力，消耗在君王一年四季例行的大田猎上，美其名曰军事演习，实质是为君王的飞鹰走狗、逐兔追狐服务。另，先秦寓军于民，寓军于农，军警一体，政刑不分。因此军中的相关禁令，地方同样要执行。这样，全国就被管制成了一个"大兵营"。

5. 秋官司寇府。它负责国家刑狱方面的建制立法与司法执法事宜。通俗地说来，这是国家"管刑狱"的部门。其核心任务是：

（1）掌管全国刑法狱案，贯彻"刑新国用轻典，刑平国用中典，刑乱国用重典"的原则，对于农桑、军旅、政务，都要区别情况，慎用刑律。

（2）要负责管教罢民、助理穷民；负责颁发并解释国家政令法律，监督国家履行盟誓条约，负责国家大型政治军事活动的安全警戒。

（3）负责朝廷及地方重要刑案的审理。负责"八辟之议"，即"亲贵贤能、功故勤宾"八种有身份的人犯法后的议罪量刑，其定罪量刑需上报天子核准。负责全国人户的登录汇总与汇报。但刑官不受理民事诉讼。

（4）《周礼》把国情统计、社情调查作为法治建设的基层基础工作来抓，划归司法部门的秋官府主管，由小行人主持。这颇有首创性。

6. 冬官司空府。它负责国家大型土木工程与官办工场的生产与经营。通俗地说来，这是国家"管产业"的部门。以"事典"为据，它是要专责"以富邦国，以任百官，以生万民"的，就是要专责发展工商业，为国家提供雄厚财力，以富国、任官、养民（排斥工商原是法家的主张），担子不轻。

但古本《周礼》缺"冬官司空府"部分，后人用《考工记》替补。《考工记》所述，是国家土木工程与国家工场的行政管理与技术管理。要求按法定规格，为国家定质、定量、定期完成各种礼器、乐器、兵器、冥器、工具、农具、衣食的监造；要求全国同一产品都用同一尺度，实行标准化生产；而工场百工，也实行标准化消费，如四季衣粮柴草须按计划发放，且均有核定量级，由专人主持，违者严惩。

《考工记》又专章规定了"井田经野"的法则，要求建城时应使土地、水利、交通及农林牧副之资源承载力与城区功能相协调；又明确了"匠人营国"的规格等级，包括城体、城门、御道、宫殿、宗庙、坊里等各方面的统筹安排，等级尺寸，不得僭越。全国沟渠道路的筑护修治，也由"冬官"负责。

《考工记》包含了大量珍贵的天文、数学、物理、化学、生物等自然科学知识与科技信息。许多文字既是生产经验的总结，更是国家指导生产流程与器物验收的工艺规范，反映出周秦时代的工场管理思想、营建制度、技术水平、产业面貌，对今天了解和研究中华科技史、工艺史和产业发展史，都具有重要的文献价值。

（四）国家机器对基层社会的严密管理

《周礼》所说的基层行政管理是十分严苛的，这突出地表现在邻里比伍的居住管理和坊市的经营管理上。

1. 城区与郊野的基层行政管理。《周礼》所说的基层行政管理，有城区和郊野两大块：城有六乡，每乡五州，每州五党，每党五闾，每闾四里，每里五比，每比五户。城外的广袤郊野，分为"六遂"，每遂五县，每县五鄙，每鄙五酇，每酇四里，每里五邻，每邻五户；其中有一部分不归六乡六遂管辖，而作为封地与采邑由朝中卿大夫们去自理。无论城区与郊野，各级皆有"长"，行政权力直达居民户。再配以各种职能的吏员以及大量隶役，进行层层套设、层层监控，其行政效率很高。因为基层的比邻、闾里之"长"也属职官序列，国家给予薪酬，这对政府财政开支来说，无疑是个沉重负担，必定要转嫁给广大庶民。

中国周秦汉唐（安史之乱以前）时期，城区居民都是居住在一个个"坊"内的，民户不得向大街开门，坊门按时启闭，夜晚宵禁，实行封闭式静态管理，要求极细极严。邻、比官长要组织比邻各家，实行联防连坐，使"相受相和亲，有罪奇邪则相及"，就是说，严密治安管理，人人都在严密监理下。同时，参与基层治安管理的专职人员，还有司谏、司救、调人、禁暴氏之类，分头负责民间道德操行的教育训导，技艺技能的传授承继，进行相应的检查考核并做记录，而他们的爵级只是"下士"，与比长、邻长同。其权责的交叉重叠十分突出，禁暴氏竟也有权"戮其犯禁者以徇"，连这种下士也手握杀人大权，这太可怕了。其恐怖程度，绝不亚于所谓"暴秦"。

地方有司门、司关、掌节之类，分别掌管城门之门禁（门卫），掌管道路商旅、关卡津渡的稽查征税等各项事宜。先秦寓军于民，寓军于农，军警一体，政刑不分，因此军中的相关禁令，地方同样要严厉执行。州县配有野庐氏、司寤氏、司煊氏、修闾氏之类专责隶役，负责郊野、中夜、居民点、交通要道的防盗、防贼、防火等类安全事务，杜绝事故的发生。甚至还有个衔枚氏专门负责禁止"嚣呼叹鸣于国中者，行歌哭于国中之道者"[①]。旷野则有掌客、掌交、掌讶、掌察之类，还有环人、穴氏、剃氏、翼氏、庶士之类，也都各有相应的行政管理专责；又有蛮隶、闽隶、夷隶、貉隶之类，分别主管相应民族区域的地方治安行政。有人说周汉时期官员数占民众数的比例极小，我是不信的。有一层又一层的大小官员压着，百姓的压力还能小吗？中国老百姓养成的"知法守礼"习性，绝非一日之"功"。

想想看，照此办理，居民每五人或五户就有一个"长"管着；庶民们抬头见长，举步触官，不知还剩几多自由？不仅如此，问题还在于：《周礼》并未给"人、户"做明确的法律界定（商鞅才确立了"一丁一户"的法律界定）。那么，执法官员的裁量权就存在着太大的随意性了：谁知道什么"人"、多大的"户"何时会受到何官何役的何种"株连法办"？

2. 坊市的行政管理。我国周秦汉唐都将市场设在指定的坊内，称为"坊市"。坊有坊墙，坊门定时启闭，实行封闭式管理。商贩不得走街串巷、不得沿街设铺；坊市由国家管控。坊市秩序由司市、肆长们专管，"掌市之治教政刑，量度禁令"。在司市（市长）的主持下，征召一批专业内行任质人、廛人、贾师、泉府等，与肆长、胥师、司稽、司暴协同工作。其中，每二十肆设一名胥师、一名贾师；每十肆设一司暴，每五肆设一司稽，每二肆设一胥，每肆设一肆长。他们或负责启闭坊门、分配商品摊位，或负责查验评定商货的品类、质量、衡定物价，或负责征收租金、抽取"样品"，或负责提供资金、货源，或为交易之契约当中证，或负责惩治不法商户或扰乱市场者……不一而足。由此不难想象，在一个坊市中，该有多少"市管""城管"人员在活动。不知商民、市民们

[①] 此制到汉代还在执行。《汉书·朱买臣传》记载：朱买臣年轻时，一次走在大街上，一时兴起，大声吟唱诗文，他妻子连忙阻止，说："你这么歌吟于市，警察是要抓人的！"后来他跟老婆离婚了。

还剩多少贸易自主权?

在《礼记·王制》篇中,有一段关于市场管理的禁令:"圭璧、金璋,不鬻于市;命服、命车,不鬻于市;宗庙之器,不鬻于市;牺牲,不鬻于市;布帛精粗不中度、幅广狭不中量,不鬻于市;奸色乱正色,不鬻于市;锦文、珠玉成器,不鬻于市;衣服、饮食,不鬻于市;五谷不时,果实未熟,不鬻于市;木不中伐,不鬻于市;禽兽、鱼鳖不中杀,不鬻于市。"这份禁令的目的,既用以维持当时的法纪,维持商品质量标准,防止商人的欺诈,还考虑到了生态状况。其内容十分缜密,是中华民法和商贸法很早就很发达的突出标志之一。与此相适应,对禁止上市之民生消费品的管理,则由乡、遂、州、县各级官府负责。它们配有遗人、廪人、仓人、舍人、委人、积人、士训、山虞、林衡、川衡、矿人等,分头掌管着国家衣、粮、刍草、薪炭的保管与供应,掌管着山林、川泽、土地、矿产资源、生物资源的保护与开发,严禁非时砍伐和渔猎,严禁非时烧荒和采摘,严禁私下买卖,做到"利归于上"。这是国家垄断和政府专利的萌芽。

在这种严密管理下,市场秩序当然能得到有效控制:王室官府的专用品列入违禁品范围不得上市,不合格产品不得上市,不应季节的产品不得上市,贵重商品、贵重消费品不得上市,连生活必需品如衣食之类也不得上市。这在产品短缺的时代可能是必要的,它服务于等级严明的消费控制,保证了上层贵族的特权与享受,堵死了越级消费的渠道。市场在如此这般的管理下,不知还能繁荣否?话说回来,我们也不得不为三千年前国家行政管理的有效性表示惊讶与敬重。总之,《周礼》设置的国家机器对全体国民的管理是十分周到严密的。细看《秦律》,就其文本表述而言,其苛细绵密程度,也不过如此。

八、《春秋》可证:新闻与历史原是一家

都说中国人重历史,这不错,但我要说:"中国人重历史,尤重新闻;而且特重即时新闻,自古如此。"所谓历史,那是"过去时"的新闻;而新闻,则是"现在时"的历史。新闻先行,而后有历史;新闻累积,而后成史书。新闻与历史,原是一而二、二而一的文化事业。

(一)史,原指事件的现场记录人;史事,原指即时记录的真实事件

人们都说:作为"五经"之一的《春秋经》,是经孔子之手删削过的"鲁史",是很严肃的经典;而王安石不这么看,他说《春秋》经文不过是"断烂朝报"。这一来,他就把"史书"与"朝报"联系起来了。他说的"断烂"2字,

过于情绪化，且先放着，后文另议；这里先说说"朝报"。

"朝报"者，"朝廷"发布之"时事报告"也，唐时将其专称为"邸报"。这"朝报"是要及时而适时地在相应范围内公开发布的。那么，中国朝廷从什么时候开始有了这个发布朝廷信息的制度的呢？回答是：上古就有，至迟起于商周。

传说我国进入文明史之初，朝廷就有记录君王言行、发布朝政信息的专职人员，叫作"史"。据传说，史官最早出现在黄帝身边。《礼记·内则》称："五帝有史官。"古籍《世本》中说："（黄帝史官）容成造历，大桡作甲子。"但这都难以确证，而商代君王身边有"巫"与"史"两种"文官"，则是无疑的。"巫"负责事前的"占卜"，"史"负责对已发生之事件做记录，两者相辅相成。今见之"殷墟甲骨文"，其实就是商王朝当年的"朝报"，它及时记录了具体确切的"时、地、人、事"，且所记之事有因、有果、有过程，而且相关信息是对外发布的，可以认为它已具有后人说的"新闻要素"。

到了周代，"史"又有了进一步的分工，叫作"左史记言，右史记事"，他们紧随在君王身边，专做现场记录。国家还专门设有史馆，主持人称"太史"，专记内庭人事任免之事者为"内史"，专记外廷之军政大事者为"外史"，专记后宫事务者为"女史"；还有一批在史馆供奔走服务的"小史"。他们遇事都要及时记录，并在指定范围内适时发布。

比如：《鲁春秋》中记有晋人"杀其君之子奚齐"一事，又记有"齐太史书崔杼弑其君，晋太史书赵盾弑其君"等事，这些都是当年的"实时记录""现场记录"，并适时做了"国际通报"。

齐太史为了及时抢记"崔杼弑其君"的政变事件，哥哥被杀，弟弟立刻顶上去，又被杀，三弟又顶了上去。时在史馆服役的"南史"闻讯后，立刻抓起笔来，赶赴现场，得知三弟已成功地记下了这一事件，这才退下。可见，当个"现场记者"，是要冒很大风险的。这些"史事"，原本是"新闻"，而且还是及时向"国际"通报了的"要闻"，所以鲁国史官才记了下来。事后，它就变成了"第一手史料"。

关于"左史记言，右史记事"的话，最初见于《礼记·玉藻》："动则左史书之，言则右史书之。"而《汉书·艺文志》则说："古之王者，世有史官。君举必书，所以慎言行、昭法戒。左史记言，右史记事。"又说："事为《春秋》，言为《尚书》，帝王靡不同之。"《春秋左氏传》也记有"左史倚相，掌记左事，谓之左史"等制度。所记之事，后来便整理成书，名为"春秋"。《左传·昭公二年》载：韩起聘鲁，称见《鲁春秋》。《国语·晋语》载：司马侯对晋悼公云"羊舌氏习于《春秋》。"《楚语》申叔时论"傅太子之法"，云："教之以《春秋》。"可见《春秋》为先秦晋楚齐鲁各国史书的"通名"。这"左史记言，右史记事"的制度，后世又演变为专记帝王言行起居的《起居注》。只是它有"保密期"，君王去世后才能择机"解密"，当然不许随意发布。

从文字学上看，这个"史"字的本义就是"事"。在《说文》中，"史、事"二字是被归为一类的，因为二者音近义通。另外，在国家机关工作的人称为"吏"，奉命执行任务者称为"使"，国家机关设置的不同部门叫作"司"，所以说，"史—吏—司—事—使"之音义皆相通。一句话，"史"的第一义是"现场记事"，然后才是把这种记录依年月日"累积整理为历史"。自从左丘明、司马迁的"史书"成功问世之后，"史"的"历史"这一义项被放大了，而"及时记录实况"的原始义项反而退隐了，新闻性让位于历史性了。不过，史官固有的"记实"精神则得到了强调。本来，作为"即时新闻"，当事人、旁观者都还健在，若刻意造假，易被识破；不造假，又有政治风险，故史官（新闻官）难当。而作为"过去时"的"历史"，则早已事过境迁，"成功者不受惩罚"，加上"为尊者讳"的习惯要求，于是便难以"求"当年之"实"了。作假的现象自然会越来越严重，人们也就更加呼吁"历史真实性"了。

可见"史"原本是指国家专职记录现场事件的角色（史官—新闻官），转而指由史官积累起来的文字资料（史料），又转而指根据这些史料整理而成的"史书"；而先秦史书则通称为"春秋"；只是《鲁春秋》经孔子删订后，世人才专称此书为《春秋》。同样，"史记"一词，本义也是指"史官（新闻官）所记之事"，故又可叫作"太史公记""太史公书"，后人才把此书专称为《史记》。

（二）《春秋》原是春秋时代的"朝报"

那么，王安石为什么说《春秋》是"朝报"（朝廷新闻报道）呢？因为《春秋》经文原是按"朝报"的体例撰写而成的。今天看来，《春秋》经文短小简练，每条只是一句短语而已，很像是而今"日刊"的头版头条新闻标题。这些经文的制作，在特别讲究"礼制"的孔子手下，其行文用语非常严格，政治原则非常严肃，后人把它叫作"春秋义例"，誉为"以一字寓贬褒"。试以下列三条《春秋》经文为例，说明一下它的原则性之强：

1. 夏五月，郑伯克段于鄢。（《左传·襄一年》）
2. 天王杀其弟佞夫。（《左传·襄三十年》）
3. 陈君杀其公子御寇。（《左传·庄二十二年》）

这三件事，都是相关国家向鲁君通报的"即时要闻"。由鲁国史官记下的"史实"，后来经孔子删削整理，留下了上述"经文"，而左丘明、公羊、谷梁则分别为之做了"传注（说明）"。这里仅据宋代魏了翁所撰《春秋左传要义》所言，做一些解说。

魏了翁说：《春秋》经文有这么两条"义例"：1. 凡是称"君"者为"罪君"，认为君王应为该事变承担主要责任；2. 凡是称"国"称"人"者为"国讨"，言一国之人所欲讨伐者也，罪在被讨伐者一方。

根据这个原则，例1"郑伯克段于鄢"句中之所以称"郑伯"，是指郑伯亲自灭了弟弟"段"一事有责任。他对"段"的非法活动，先是不教而"养成其恶"；及其作乱又必欲杀之，故称"郑伯"，是在"罪"郑伯之"失教"。然而，"段"是郑伯的同母胞弟，号称"公叔"，为什么不写成"郑伯克弟于鄢"或"郑伯克公叔段于鄢"呢？因为"段"身为分裂国家的谋首，其行为已经不符合"弟"或"公叔"的身份与义务了，故去"弟"以罪其凶逆。那么，郑伯与段是兄弟关系，不是敌国。依例：战、败、克，都是指两国交兵而言。"段"为郑臣，此事属"内政"，为什么要用"克段"字样呢？这是点明"段"是以"敌国"态度攻郑的，他有罪，应受谴责。总之，兄弟俩各有其责，但责任大小、轻重、性质，各有不同，故行文有区别。

另外，兄弟二人交相杀害，各有曲直，怎么记载才算公正呢？魏了翁说：《春秋》经文中，如果用"弟"字，则说明其"曲"在兄。比如例2："天王杀其弟佞夫"。此事罪在"天王"，而"佞夫"名前存"弟"，是因为佞夫并无谋反之事，他是无故被害的，故经文保留其"弟"的身份，从而谴责了"天王"。这就叫"以一字寓贬褒"。

什么叫"国讨"？即"以国家名义谴责其不义不道"。如例3"陈君杀其公子御寇"，事情是：陈宣公杀害了他自己的"太子"御寇。经文称"陈君"，是因为陈国上下皆憎恶国王枉杀公子，故不写成"陈人杀其公子御寇"，而以"国讨"的体例记下了此事。书中还有"晋侯杀其世子申生""郑杀其大夫申侯""晋杀其大夫里克"之类，都是"不义而杀"，可以作为比照的例子。依当时的"国际惯例"，一国的卿大夫被杀，必须向各国通报其"罪行"，取得国际上的"谅解"与"支持"。陈国把此事通报给了鲁国，当时肯定要说"公子御寇该杀"之类的话，但经孔子整理后的《春秋》则对此做了客观而公正的记录兼评议。

（三）王安石指斥的"断烂"，事出有因，但无道理

说到这里，就要讲讲王安石批评《春秋》所说的"断烂"一词了，此言不无理由：《春秋》经文，是孔子"删削"《鲁春秋》之后而成的。《鲁春秋》是按

年、月、日依次记事的，它被"删"被"削"之后，自然就"断"了。所以《春秋》中有不少年、月就是空文，全无只字"记事"。比如开章明义第一条，只有"经元年，春王正月"几个字，没了下文。不论后儒为之做出多少"疏解"，都不足以说明孔子在全书开笔之时，何以不肯记下"元年，春王正月，（鲁）隐公即位"之事。其下一条"夏五月，郑伯克段于鄢"、卷三的第一条"经三年，春，王二月己巳，日有食之"等经文，不都有具体记事吗？可见这全书第一条真是"断文"，不论孔子是否有意为之。书中，季与季之间，月与月之间，日与日之间，被"删"后的"断文"就更多了，留下了太多的空白。

再说，像"郑伯克段于鄢""陈君杀其公子御寇""晋侯杀其世子申生""郑杀其大夫申侯""晋杀其大夫里克"之类，行文的确是有贬褒爱憎，是非分明，但后人根本无法从这些字句中得知相关史实到底怎样。若没有《左传》为其一一注明原委经过，后人就谁也无法知其所云了。而《公羊传》《穀梁传》只是恣意引申、各立其说，门户争吵，无所适从。在王安石看来，"经"也好，"传"也好，均无法信据，此之谓"烂"。后人再依此做疏解，只能烂上加烂了。所以他主张："请自今经筵毋以进讲，学校毋以设官，贡举毋以取士。"（见《宋史纪事本末·学校科举之制》所载"神宗熙宁四年二月"条）

但是，话说回来，《春秋》毕竟是一本"经书"，其价值远非"断烂"一词可以抹杀的。理由如下：

1.《春秋》经文，只是《鲁春秋》的"要目""索引"，而不能也没有取代《鲁春秋》原文。我们知道，在简牍时代，书册翻检很艰难，孔子读《易》，尚且"韦编三绝"，读"史"，更易脱简；若有一本"要目"在手，自然轻快许多。于是孔子便着手编了这个"要目"。孔子尽管主张"述而不作"，但他要通过删削取舍，承载自己的思想，表达自己的是非判断，反映自己的观点立场，记录礼崩乐坏、蛮夷猾夏、争霸以战、杀人盈野的社会现实，故当时"子夏之徒不能赞一词"。从先秦诸子的各家文章看，诸子与各国"行人"引述《鲁春秋》所涉之史事者不在少数，有的人还是孔子的前辈，他们不可能仅据孔子删后之《春秋》的片言只语去发论，他们手中应是握有《鲁春秋》原著的。左丘明之所以能写出《左传》来，把相关经文所涉之史事说得头头是道，就有力地证明了《鲁春秋》原著的存在。可见《春秋》经文之简要，是由其编辑主旨和功能决定的。这么说来，它就不应受到"断烂"的指责了。

2. 从文化史、史学史的特定角度看，它可以帮助我们准确理解"春秋笔法""一字贬褒""为尊者讳""直笔""曲笔"等词语的真实含义，可以帮我们解开古籍阅读中的许多死结、难题。比如，这"为尊者讳"之"讳"，世人往往错解成回避事实,掩盖真相。其实,那只是希望把某些阴暗、污秽、凶残、酷虐、逆天、反人类的丑事恶事说得粗略一点、委婉一点、文明一点,不去揭黑幕,不去铺排血污而已。人们一旦知其"所指",也就无所谓"讳"了。前引"天王杀其弟佞夫"一则,矛头直指天王的枉杀,根本就不为天王"讳";《庄公》卷中,连续记载其母姜氏与亲兄公然七次"约会"的丑事,何曾隐讳?谁不知道这个"约会"在干什么!

3. 从新闻学的特定角度看,《春秋》经文锤炼精确,字斟句酌,其分寸尺度、爱憎立场、是非判断,均达到了他人难以企及的地步。前述魏了翁对"郑伯克段于鄢"一句的训解,就提供了一个立义垂范的好例。笔者在开场白里说了,"史"的第一义是"现场记事",并在相应场合予以发布,然后才是把这种记录"依年月日累积整理为历史"的。故从"新闻史"的特定角度看,前面提到,今见之"殷墟甲骨文",其实就是商代当年的"朝报",而且记录了具体确切的"时、地、人、事",且记"事"都还有因、有果、有过程,可以认为它具备"新闻要素"。《春秋》《左传》的这些"史实",原本都是当年的"现场记录",是"新闻",而且还是及时向国际社会通报的要闻,后来才变成了"第一手史料"。从这个意义上说,"中国新闻史"是不是应该把眼光放宽些呢?不要只看到唐人的"邸报"就止步。

九、墨子:自下而上地推选农与工肆之人当政

清人俞樾说:"孔子贵公,墨子贵兼,其实则一。韩非以儒墨并为世之显学,至汉世犹以孔墨并称。尼山而外,其莫尚于此老乎?"春秋战国之际,儒墨并称"显学",很有影响。到了汉初,主张"无为而治"的黄老之学受到重视,地位急速提升,而墨学开始式微;汉武帝之后,搞"独尊儒术",习儒可以入仕,而力主苦学苦干的墨学就不再受读书人的重视了,但社会上仍以孔墨并称;墨子济贫扶困的侠义精神和重生产/重积累的勤苦风格则一直在民间传承着,并已内化为民族品性。六朝搞门阀政治,大煽玄风,墨学大受冷落,成了个别学者的案头点缀。隋唐以降,似乎只有韩愈对墨子有所肯定,墨学归于沉寂。宋明理学家只知咒骂,并无研究。直到晚清,才又有学者重新整理墨学;在西风东渐之时,人们惊奇地发现:《墨子》一书,开拓了儒道法家们所根本没有涉足的自然科学与技术领域,对逻辑学、数学、力学、光学、机械制造学、战争攻防学都有非常珍贵的探讨。墨子的学术地位重新获得公认。新中国成立后,墨学被当作

"小生产者的思想"；今天，我们将对墨学的政治伦理方面进行再分析、再评价，澄清一些被扭曲、被遮蔽的说法。

（一）墨子兼爱，爱的是生产劳动者

在《墨子》书中，对他生活于其中的春秋战国之际的政治混乱，有深刻的揭示。

《兼爱》（下）："当今之时，天下之害孰为大？曰，若大国之攻小国也，大家之乱小家也，强之劫弱，众之暴寡，诈之谋愚，贵之傲贱，此天下之害也。又与为人君者之不惠也，臣者之不忠也，父者之不慈也，子者之不孝也，此又天下之害也。又与今之贱人，执其兵刃毒药水火以交相亏贼，此又天下之害也。"对于现实社会百姓所受的深重灾难，儒墨道三家都做了批判，颇为一致，但对酿成这种祸患的本因和解救它的药方，各家便有所不同了。墨家主张从救助弱势群体使之免受欺凌做起，并尽心尽力而为之，其精神十分可贵，是中国人侠义情怀、阳刚精神的第一次理论阐发。

《七患》："国有七患。七患者何？城郭沟池不可守而治宫室，一患也；敌国至境而四邻莫救，二患也；先尽民力无用之功，赏赐无能之人，民力尽于无用，财宝虚于待客，三患也；仕者持禄，游者爱交，君修法讨臣，臣慑而不敢拂，四患也；君自以为圣智而不问事，自以为安强而无守备，四邻谋之而不知戒，五患也；所信者不忠，所忠者不信，六患也；蓄种菽粟，不足以食之；大臣不足以事之，赏赐不能喜，诛罚不能威，七患也。"墨子认为，当时的国家有七大祸害：其一，不搞国防，却忙着修建楼台宫苑；其二，外患严重而外交孤立，无人救援；其三，行政机器臃肿无能、虚耗民力去搞接交，其四，当官者持禄保位、不尽职守；未入仕而游学者爱巴结各种势力，危害国家，君主使用权谋机巧对付臣下，臣子提心吊胆，敢怒不敢言；其五，君主自矜功伐又昏庸无能，邻国对本国有所企图而不知戒备；其六，上下离心，君臣离德，忠奸混淆；其七，国家手中无粮，没有权威，赏罚无效。这七患，都是针对当政者说的。要改变它，就得从上面下手。《辞过》篇说："（当今之主）必厚作敛于百姓，暴夺民衣食之财，以为宫室台榭曲直之望，青黄刻镂之饰。为宫室若此，故左右皆法象之（臣下都效法学样于君王），是以财不足以待凶饥，拯孤寡，故国贫而民难治也。"这就批判了君主们建立在掠夺基础上的奢华享用。当然，它并不笼统地反对修城郭、建宫室，它明确地说："以其常役修其城郭，则民劳而不伤；以其常征收其租税，则民费而不病。民所苦者非此也，苦于厚作敛于百姓。"这个见解何等正确！它的口号是："节俭则昌，淫佚则亡。"这是真理，腐败淫逸永远是祸国的病根，勤劳俭约永远是老百姓安身立命的基础。

（二）墨子尚贤：各级长官均应由民间自下而上逐级推选

《尚贤》上篇说："国有贤良之士众，则国家之治厚；贤良之士寡，则国家之治寡。故大人之务，将在于众贤（使贤能众多）而已。"只有贤者才能治国，贤者愈多，国愈能治好，因而墨子主张从"天子"起，就"选择天下贤良辩慧之人"而任之；天子的助手、朝廷的三公、卿大夫们，也应该"选贤良"以任之；各地诸侯与其卿士、乡长，以至里正，一律"选贤任能"。贤能在哪里？在"农与工肆（农人、工匠、商贾）"之人中！

那么，怎么才能产生众多贤者呢？他有一番美妙设想："然则众贤之术，将奈何哉？……必且富之贵之，敬之誉之，然后国之良士亦将可得而众也。"他认为只要国家高度尊重并支持贤士，就会贤才辈出："虽在农与工肆之人，有能则举之。高予之爵，重予之禄，任之以事，断予之令。"这样就不愁没有人才可用。

他又提出：选用人才有一条原则，那就是"以德就列，以官服事，以劳殿赏，量功而分禄。故官无常贵，而民无终贱。有能则举之，无能则下之。举公义，避私怨，此若言之谓也"（《尚贤》中），绝不能"亲戚则使之，无故富贵；面目姣好则使之"。他说："面目姣好，岂必智若慧哉？若使之治国家，则此使不智慧者治国家也。国家之乱，既可得而知矣。"显然，墨子的"贤人政治"方案是对世卿世禄制下的贵族政治的严厉否定。在夏商周三代的贵族政治下，国家政权把持在世家贵族手中，从天子到乡长里正，都不能保证贤者在位。相反，用人以亲疏远近为原则，只要是"骨肉之亲、面目姣好"者，不论贤否，世代掌权，国家怎么能不乱呢？墨子主张从根本上改造它——正因此，墨子的理论遭到孟轲之流"无父无君"的肆口大骂。

《尚同》篇讲道："选天下之贤可者立以为天子。天子立，以其力为不足，又选择天下之贤可者置立之以为三公；天子三公既已立，以天下为博大，远国异土之民，是非利害之辨，不可一人而明知，故划分万国，立诸侯国君。诸侯国君既已立，以其力为未足，又选择其国之贤可者，置立之以为正长。"这样，从天子到里正，都是"选天下贤可者任之"，保证级级皆贤，这是治国的根本。

《尚贤》下篇说："民，生为甚欲，死为甚憎，所欲不得而所憎屡至，自古及今未尝能有以此王天下、正诸侯者也。今大人欲王天下、正诸侯，将欲使意得乎天下，名成乎后世，故不察尚贤为政之本也？——此圣人之厚行也。"我们敬重墨子的这一番苦心与智慧，他毕竟在两千五百年前就提出了"民选天子民选官"的要求！而且他认为贤才来自社会，来自农与工肆之人，不在贵族之家，这比起孔孟认为圣贤只能出自贵族（"君子"）的观点来说，就有天壤之别了。

（三）墨子尚同：自下而上地统一是非标准

在选贤的同时，墨子提出了"尚同"的口号，要求全体国民把自己的美丑是非善恶即一切言行都由下而上地逐级"上同"：个人上同于自己选出的正长、里长，正长、里长上同于自己推选的乡长、州长；乡长、州长又上同于选出的诸侯及其助手，诸侯又上同于天子，天子则上同于有意志的"天"，而天下人都听命于天子的"发政施教"。只要天下都这样逐级"上同"了，举国都保持一致了，社会就很容易治理了。否则，"一人则一义，二人则二义，十人则十义，其人兹众，其所谓'义'者亦兹众；是以人是其义而非人之义，故交相非也。"思想的混乱，必然会导致社会秩序的全面混乱："是以内者父子兄弟作怨仇，离散不能相和合；天下之百姓，皆以水火毒药相亏害，至有余力，不能以相劳，腐朽余财不以相分，隐匿良道不以相教，天下之乱若禽兽然。""无君臣上下长幼之节，父子兄弟之礼，是以天下乱焉。"这里，墨子充分论证了"尚同"的必要性，但这个"一致"来自基层，是自下而上的"同"，且每一级都是民选的，这就保证了"上同"的人民性。

为着一同天下的思想，首先必须有圣明天子和贤能的官长在职在位，以保障层层"上同"的推进。《尚同》："明乎天下无正长以一同天下之义，而天下乱也，是以选择天下贤良圣智辩慧之人立以为天子，使从事乎一同天下之义。"按照墨子的畅想，"尚同"具体步骤是：从里正做起，到乡长，到诸侯，再到天子，逐级上同。第一步，百姓上同于伍长、里长。基层百姓要把所见到的一切报告给里长，由里长判断是非善恶，全里都听从他的，因为他是本里公选的贤者。这样就使每个"里"都人人向善了。第二步，里长上同于乡长："里长发政（于）里之百姓，言曰：闻善而不善，必以告其乡长。乡长之所是，必皆是之；乡长之所非，必皆非之。去若（你的）不善言，学乡长之善言；去若不善行，学乡长之善行。则乡何说以乱哉？"这样扩展下去，各里各乡都做到善恶标准相同，思想言行一致了，社会还会乱吗？第三步，乡长再上同于诸侯，诸侯上同于天子："凡国之万民，尚同乎天子，而不敢下比。天子之所是亦必是之，天子之所非亦必非之；去尔不善言学天子之善言，去尔不善行学天子之善行。天子者固天下之仁人也，举天下之万民以法天子，夫天下胡说而不治哉？"有了全国的尚同，则千里之外的一切动向，天子都可以随时把握到："圣王不往而视也，不就而听也，然而使天下为寇乱盗贼者，周流天下无所重足者，何也？以其尚同为政善也。"于是，墨子得出结论说："尚同为政之本而治之要也。"今天看来，墨子有不少天真的地方，但他这种要求一步步脚踏实地去行动的思想方法，仍然是可贵的。

（四）墨家的生活态度与价值取向

墨家学派对自家的学说怀着深沉而执着的信仰，始终在苦行救世，一心为他人、为社会着想。《修身》篇说："君子之道也，贫则见廉，富则见义，生则见爱，死则见哀。四行者不可以虚假，反之身者也。"他们绝对摒弃士子们行言不一的陋习，要求自己"藏于心者，无以竭爱；动于身者，无以竭恭；出于口者，厶无以竭驯"。心中所珍藏的是对万民的永不消竭的博大之爱，行动保持的是对事业的永不消减的严谨实诚，口中说出来的永远是切实可信的雅驯之言，而且全心全意地终身实行，永不懈怠，"畅之四肢，接之肌肤，华发隳颠而犹弗舍"！墨家子弟们真的用自己的实践塑造了铮铮国民应有的生命形态。他们自奉俭啬，而为社会呼号则唯恐不及；他们拯弱济危，为弱小奔走即不计艰辛。他们一面苦口婆心地劝导在位者放弃奢华、放弃攻掠，放弃争斗，一面积极地争取和维护小民的安康和乐的生活；他们所苦苦追求的正是"国家之富，人民之众，刑政之治"，是整个社会的安宁康乐。当年，"墨子学儒者之业，受孔子之术，以为其礼烦扰而不悦，厚葬靡财而贫民，久服丧生而害事，故背周道而用夏政。""使后世之墨者多以裘褐为衣，以屐蹻为服，日夜不休，以自苦为极。曰：不能如此，非禹之道也，不足谓墨。"说到这里，庄子也禁不住称赞道："墨子真天下之好也，将求之不得也，虽枯槁不舍也。"

一次，墨子为了救宋，从鲁国赶到楚国郢都，十日十夜不肯休歇，跑得面目黧黑，脚板开裂流血了，他撕片衣襟草草包扎一下，又继续赶路。有一次，弟子禽滑厘问他："天与地孰仁？"墨子说："翟以地为仁。泰山之丘，则封禅焉；培塿之侧，则生松柏。下生黍苗莞蒲，水生鼋鼍龟鱼。民衣焉食焉，地终不责德焉。故翟以地为仁。"这段话，朴实而真切地表明了墨子的人生观、价值观。

《鲁问》记载：越王对墨子弟子说，他准备把"故吴之地、方五百里"封给墨子，请墨子赴越，以便于随时请教。墨子对弟子说："意（猜想）越王将听吾言，用吾道，则翟将往。量腹而食，度身而衣，自比于群臣，奚能以'封'为哉？抑（倘若）越不听吾言，不用吾道，而吾往焉，则是我以义'粜'也。均之粜，亦于中国耳，何必于越哉？"这很生动地表现了墨子重道轻利的高尚操守。他自奉甚俭，但却在《尚贤》下篇中要求君上对贤士能"高予之爵，重予之禄"，以厚俸酬劳绩，"非以赐贤也，将以成事也"。其境界很高。

墨家真诚地希望通过自己的表率，带出良风美俗。在身体力行的同时，墨子也注意宣传自己的思想和主张，其宣传很注重有的放矢，不逞口辩，务求实效。《鲁问》："凡入国，必择务而从事焉：国家昏乱，则语之尚贤尚同；国家贫，则语之节用节葬；国家喜音沉湎，则语之非乐非命；国家淫僻无礼，则语之尊天事鬼；国家务夺侵凌，则语之兼爱非攻。"这证明墨家学说来自现实，又服务于现实。

  墨家坚决反对不义的侵略扩张战争，而十分用心于帮助小国弱国的防守。《墨子》书中，运用几何学、声学、光学、重力学、机械学的原理与技巧，设置了种种有针对性的防御设施，一一化解了敌人的进攻手段，如各种高车、云梯、铁钩、冲车、高垒、飞楼等水陆器械，以及水淹、穴城、掘地道等手段，都取得了显著效果。《墨子·号令》要求："去郭百步，墙垣树木，小大尽伐除之；外空井尽窒之（填塞它），毋令可得汲也（不让敌人得到水源）。外宅室尽发之，木尽伐之；诸可以攻城者，尽纳城中。令其人各有以记之（做好财产登记）。事已（战后），各以其记取之。事为之券，书其枚数。不能尽入，即烧之（凡不能运进城堡的战略物资，就地销毁），毋令客（敌人）得而用之。"这就是"坚壁清野"。《墨子·杂守》篇："先举（首先查明）城中官府、民宅、室署，大小调处（将大小宽窄事先调查配置好）。葆者（凡入城求保的人），或欲从兄弟、知识者（旧相识，老朋友），许之。外宅粟米畜产财物诸可以佐城者（一切有助于守城的物资），送入城中。事即急，则便积门内（情况危急时，就近收藏于城门内）。民献粟米布帛金钱牛马畜产，皆为置平价，与立券，书之（按平价登录采购，并发给凭证，做好记录）。""寇近，亟收诸杂乡金器若铜铁，及它可以佐守事者；先举县官室；居官府。不急者（闲置的、储藏的），材之大小长短及凡数（各类物资的总数），即急先发（立刻首先征发调用）；寇迫（敌人迫近了），发屋伐木（征发民房、砍伐树材）。虽有请谒（请托求情），勿听（不能允许）。"

  对于墨子学说的内容，我们的解读至此告一段落。总的看来，墨家学派对自己的政治理想有坚定的信念，他们真诚地希望出现"天鬼（神）富之，诸侯与之，万民亲之，贤人归之"的政治局面，能够让人们"谋事则得，举事则成，入守则固，出诛则强"。墨家倡导"非攻"而强调帮助弱者固守自卫，倡导"兼爱"而排斥世间一切欺凌强梁与诈骗，倡导"非乐"但绝不否定百姓对居处、衣食、舟车、婚姻的正当需求……其思想不似思孟一派的廓大而空，其理论不似老庄列子的玄虚幽渺，其主张不似商韩法家的刻削无情，其文章也不似孟轲庄周的采丽惊眩，很有一种只求实效不务虚名的特色。然而，墨家不懂得，统治秩序是统治阶级的秩序，数千年间的秩序，都只能是剥削阶级统治集团所认可、所推行、所维护的秩序。墨家的"兼爱""非攻""非乐""节用"主张，并不能满足统治者不断膨胀的利益需求，因而也就永远不可能成为剥削阶级统治思想的理论基础。这就决定了墨学的长期沉寂。

第三讲　中古文明别裁（秦汉隋唐）

这是距今2000年至1000年间的历史，历秦汉六朝与隋唐五代。两千年前，大一统帝国确立了"政教分离、中央集权、基层自治"的政治体制，力推精耕农业，大兴实体经济，注重产业管理，不断强化各种族间的政治认同、法纪认同、文化认同、心理认同，保证了最大民族群体的持续发展；又致力于携手东亚、中亚、南亚、西亚及欧非各古老文明，共铸和平吉祥、安康互利的世界秩序。

一、秦人的文化事业

有人说"秦无文学"，这话不对：吕不韦、李斯都是入秦之后成为大作家的。又有人说"秦人焚书"，这话也对也不全对：秦代是烧了一批搜查到手的私藏的"诗书百家语"，而这类书秦国库里照样存放着；真正把秦代国家存放的百科之书一把火烧个精光的是项羽，是项羽造成了秦汉之际的文化断层。事实上，秦人还是修书、藏书、读书、教书的行家，更是汉字改造的里手，后人深受其惠。秦人的文化贡献实实在在，绝不是空口说说而已。

秦代统一中国后，始皇帝就下令收聚天下图书，办起了"国家学府"，"悉召文学方术士甚众，欲以兴太平"（见《史记·秦始皇本纪》）。他召请了一批齐鲁儒生，聚之咸阳，封了70名"文学博士"（按：这里的"文学"是文化学术之义），让他们搞脱产研究，分头主管着"诗""书""百家语"的收藏与研讨。秦始皇还要求天下"以吏为师，以法为教"，明令推广法典、狱案之类的书籍，比如《秦律》《封诊式》《秦律十八种》《为吏之道》等"教材"，当时就是随着秦军的推进而普及于各地的。孔子作为教育家，他对儒学的传播，采取了"只有来学，没有往教"的态度，故真正受教者有限；秦始皇作为政治家，动用行政力量，向全社会灌输法学知识，大兴法纪教育，效果非凡。同时，秦始皇身边还一直有儒生博士在参政议政。他又多次巡游齐鲁等地，反复约请当方儒生来跟他一起论议国事，制作仪典，还举行了登泰山的封禅大典，这正是后世帝王也普遍梦想的"儒者事业"。他还喜欢方术士，喜欢巫卜之书，故医药、卜筮、算术、种植、树艺之书如《易经》及《语书》《日书》《大事记》之类也得到了保护，且都有专人收藏、保管、学习、研讨。秦政府对国家籍账、文书档案、史料积存，也都给予认真的保惜。这是浩大的文化工程，有大量"秦墓竹简"可以做证。

秦始皇最注重的当然是制定《秦律》，他还领导撰写了一批关于法律、狱案、行政方面的书，如《封诊式》《为吏之道》等。《秦律》覆盖面之广，出人意表，其中就有《户婚律》《田律》《市律》《仓律》《牛羊律》《工律》《工人程》《行书律》《公车司马猎律》等不同名目，而今所说的民法、刑法、行政法、经济法、劳动法，以至诉讼法、工程管理法等，无不出现于其间。秦始皇在帝位仅仅十年，建咸阳、修长城、筑驰道、开灵渠、造骊山墓、建阿房宫……如此众多的巨大工程一一上马，且大多限期完工了，那是在《秦律·工人程》等全套法律的规范下实现的，而当时全国可供征用的劳动力不过百万，且都是文盲们用简陋手工工具完成的！看看兵马俑吧，那是今天千名中专生在两三年内能制成的吗？但秦始皇靠一支文盲队伍办成了！他又让史官收录上古的史书与《诗》《书》、"百家语"，其中不乏《吕氏春秋》这样的"百科全书式"的巨著，责成博士们学习、研究，组织他们讨论，只是排斥"史官非秦记者"。今见今古文两种《尚书》版本中，春秋五霸的国史唯独收有《秦誓》一篇，其他霸主皆无只字，可见这《尚书》是源自秦国国库收藏的官方版本。当年秦皇亲封的70名"文学博士"，有好几位一直活到汉初，还发挥过整理旧籍的大作用。如传授《尚书》的伏胜、制作朝仪的叔孙通等人，原都是"秦博士"，这些人都"秦材汉用"了。看来，秦代的藏书与养士，是有一定的规模与效用的。笼统地指责秦始皇"坑儒"，是不公道的。《史记》中分明写着，他坑的是一批骗人的"方术士"与某些互相告发的儒生，并不是因为这帮人政见不同，只因为他们对秦始皇搞人身攻击，又互相牵引攀扯出来的。真不明白关于"坑儒"的罪名究竟是怎么形成的。

令人惊异的是：秦人所修之书，从书名到篇章名，都能用"核心关键词"为标目，准确反映内文主题。比如《封诊式》这个书名，意为"封存发案现场、进行司法诊断（侦查）的法律程式"。以此为书名，何其精当！更为可贵的是：其内文各章节的标题，用的也都是严格的司法术语，如"讯狱""穴盗""出子"

"经死""封守""贼死"之类。迄今的法制文书之标目的规范程度，也不过如此。这是一种超前的文化成就。不像先秦或西汉诸子之书，往往以作者人名为书名，机械地截取文章的头两三个字为章节标目（如《论》《孟》），甚至不管是否成词，且其分章分句，还得由"章句之学"来导引，而"章句之学"却是东汉学人的功夫！秦代，帛书是"珍稀品种"，上自帝王，下至士子，人们大量地使用的是廉宜的简牍之书。秦始皇本人读的政府文件也全是竹简，很沉重的。《史记·秦始皇本纪》中讲：为了及时审批朝臣和各郡县呈送上来的公文简牍，秦始皇"以衡石量书"，"日夜有程，不中程不得休息"，辛苦极了。程指的是额定的量，一石是120斤。他用石为单位来定量他每日必读的简牍，那要由4个壮汉来专职为他搬运。秦始皇在巡视各地的路上也从不间歇，他要及时处理全国各郡县呈报上来的所有公文，累得他竟然抵挡不了一次中暑，52岁上就一病不起，死于沙丘。

秦始皇还一再指令简化汉字，整合战国字体，统一全国文字。他重视文字改革，下令李斯、赵高、胡母敬等人新编了好几种语言文字方面启蒙读物，如《仓颉篇》《爰历篇》《博学篇》等，把商周以来零乱繁杂、不易认读、不易书写的甲骨文、大篆、虫书以及山东各国用的"异体字"，都整合统一为方正平整的方块汉字"秦隶"了。秦人又改良了毛笔，造出了"兔毫""狼毫"，大大地提升了文字书写的"生产力"。汉代文字学家许慎曾回顾说：战国之际，"诸侯力征……分为七国，田畴异亩，车途异轨，律令异法，衣冠异制，言语异声，文字异形。秦始皇帝初兼天下，丞相李斯乃奏同之，罢其不与秦文合者"（见《说文解字·序》）。秦始皇一心要实现并巩固全国范围内的政治统一、经济统一、法律统一、文化统一，他把语言文字的整合视为帝国事业的一项基础性工程，于是简化大篆的结构，整合汉字的构件，简省文字的笔画，从而创制了"小篆"，进而又改圆转笔形为平直笔形，成为"秦隶"，这就便于书写又便于辨认了。至于政府公文用字，有别于社会用字，要用"八体"，其中含虫书、大篆、小篆、隶书四种基本体式；另有刻符、殳书（兵书）、摹印（政府大印）、署书（官员签字）等四种变形的官家专用的军政书体。《秦律·行书律》中说：凡制作绝密公文，下达军事命令，刻制官府符印，以及官员签名之类，必须用相应的特殊字体，以便保密和确认。显然，这是需要有相应的文化水平才能胜任的，此所以需要"以吏为师"也。《秦律》规定社会用字通用小篆或秦隶。与甲骨、金文（籀文）相比，秦隶的字形方正，部位稳定，笔触简化，书写便捷，字的构件也大大简约了，大量"部首"被归并为一或者符号化了。比如秦、奉、春、泰、舂各字，原篆字本没有通用的部首，秦隶都归一为"春"字头了；又如原来字形差异很大的部首

"阜、邑、水、火"之类，也都纯粹符号化了——今天的简化也不敢采用这种极简方法。秦人讲究书法艺术：李斯写的字，方方整整，笔画清晰，长和宽的比正好成"黄金分割"式，特别美观，这可以用现存的《琅邪刻石》《泰山刻石》为证，那便是李斯书写的典型的秦隶。这样的文字，比起甲骨文或大篆来，不知要便捷多少倍。于是书就出多了；书多了，也就为公私收藏提供了基础。

可以认为，秦国人为书面录入的大发展提供了良好的条件，为书籍的大批量生产提供了可能，加之以吏为师的普及教育，可以想见此举对中华文化建设、文化传播具有何等深远的意义。可是一般历史书上，对秦始皇与秦人的这类文教贡献却不肯给予应有的积极评价，只记得他烧了一堆私藏的"百家语"和杀了一批方术士，就扣上一顶"焚书坑儒"的大帽子了事，实在不公。一句话，秦始皇在文化事业上的重大贡献是主要的，是大有益于后世的。

二、秦代的产业管理条令

"秦律多如牛毛"，实现了对全体国民生活的全覆盖，它对实体产业的基础管理尤为重视，在中国经济管理史上，颇有开创性。现就其重要条目略述一二，以窥一斑。

（一）资源管理法令

对农业社会而言，"资源"主要是指土地、水流、林木、庄稼、动物、矿藏等，这方面的管理法令，既有从前代继承而来的措施，也有秦人自创的新规。如：

田律：关于耕地、可耕地的保护、垦辟、耕作、利用的律令。《秦墓竹简》中载有这样的条令：

1. 土地上下了及时雨、禾苗抽穗时，应及时上报其顷亩数及未耕面积数，禾苗生长期所下雨之受益面积、雨量大小亦应上报，遇有旱灾、水灾、风灾、虫灾及它物损稼成灾情况，一律及时上报顷亩数。近县派急脚专题报送，远县由邮驿传递：每年八月底前报送。

2. 春二月，禁止采伐林木及壅塞堤水；不在夏季不准烧草为灰；不准采殴、伤害幼兽幼鸟和鸟卵；不准下毒取鱼鳖；到七月弛禁。唯有死丧作棺木不受此时限。凡邻近马场牛场及其他禁苑者，不得纵犬入内：入而未追捕兽者勿杀；追捕者杀之；在禁区所杀犬，需上交充公；在其他地点杀犬，应食其肉而交其皮。

3. 农村居民不准卖酒，田啬夫（村长）、部佐应严加管理纠察，违禁者惩。另外还有交纳、收存、支用谷物与刍草的条令，此不赘述。

（二）生产管理法令

秦代工业、手工业都是官营的，故工场与作坊的管理法令严密而周详，制订有《工律》《工人程》《均工律》《牛羊课》《金布律》《仓律》《厩律》《邮驿律》《司马律》《属邦律》《关律》等专门法规。中央由少府主管，地方由令长主管，并设专员（吏、役）分管；具体作业则由"工师"负责。要求保质、保量、保工期、保原材料消耗，保从业者的衣粮之定额发放；要求制定产品质量指标、规格、产量；制定劳动力责任制及生产指标与奖惩事项；确定劳力组合调配及生徒教养的方案及其实施。其中有些法令颇具创意：

1. 产品零部件规格标准化，全国统一，以利于随时随地的更新与验核："为器同物者，其大小短长广亦必等。（见《工律》）"这在西方，是近代工业大生产的要求；手工产品则各有"个性"。

2. 官有武器需有专门标识，编号登录，百姓领用必须造册登记，按期归还原物，私易或损毁者应受惩并赔偿（见《工律》）；在中国，武器管理向来是从严的，是政府行政任务。

3. 男女工程量。视作业性质分别计算：(1) 隶妾及女子用针为锦绣它物，女子一人当男子一人（按工计酬，同工同酬）；(2) 冗隶妾（编外杂工）二人当工一人；(3) 更隶妾（计时女工）四人当工一人；(4) 小隶臣妾可使者（七岁以上女童工）五人当工一人。（《工人程》）没有区别就没有政策，原则是"按工计酬"。

4. 新工匠初作工事，一年只需完成常工定额的一半，二年应完成全额；工师要负责好好地教育训导。能先期学成者报告上司，将有所奖赏；逾期未学成者记录在案，上报内史备查（见《均工律》）。

5. 适时识拔、优遇能者：隶臣有巧可以为"工"者，勿以为人仆养（不得替贵族家庭当车夫、厨夫之类）（《均工律》）。

6. 产品验收奖惩："省（验收）殿（末位），赀（罚金）工师一甲（一领盔甲之价）；丞及曹长（班组长）一盾；徒，络组二十。"又，"采山（开矿者）重殿（连续考核为末位），赀啬夫一甲，佐一盾。三岁比殿（连续三年皆为末位），赀啬夫二甲而废（停职，开除，淘汰。参见《秦律杂抄》）。

仅就这些例子，已足见《秦律》立法思想的详密苛细了。

（三）商贸管理法令

秦人重农轻商，对商贾的管理尤为苛严。《秦律》沿袭《魏户律》条文，曰："自今后夫赘婿、贾门逆旅，勿予田宅……三年，欲仕仕之。"中国古代的轻商国策,就是这么定下的。虽说到唐代政策上有了变化,但轻商意识则一以贯之。

1. 商品质量管理,如"布表八尺,广二尺五寸。布恶,其广袤不如式者,不行(不许上市买卖)"。

2. 货物买卖,值一钱以上者须明码标价(各婴其价),"小物不能名一钱者,勿婴。"(婴:在商品上系上小木牌,写明单价。)

3. 买卖"生口"(包括牛马与奴隶),三个月内无旧病复发方才生效,否则退回,并返还原价。

4. 百姓欠官府的债或罚没款,而已移居他县者,发文他县,由所在县负责追偿;官府欠百姓的钱债而已移居他县者,发文他县,由所在县负责清退赔补。

(四)钱币证券管理法令

1. 官府受钱者,千钱一畚(蒲编的容器)。以丞、令之印印之。不盈千钱者,亦封印之(见《金布律》)。(按:贾谊《过秦论》有"头会箕敛"一语,意为按人头数会计各户税额,用畚箕去挨户收敛钱财。)

2. 百姓和官府公人,均不得选择钱币之币种或新旧,违者,告发受惩。

(五)重大工程的管理法令

而今,在京北群山中,有数处燕人筑、秦人修、明人重造、今人闲游的几段古长城,以八达岭、慕田峪、司马台为著名,一律盘亘在山脊陡崖上,为峭壁增高,替峻岭加势。远远望去,岭上长城如巨龙卧波。那山顶的烽火台,又似炮楼般雄峙着,阅尽人间沧桑,仍不改其俯视一切的威严。让人纳闷的是:两千年前,在这片环顾四周、了无人迹的荒山野岭上,是谁画出了长城的走向图?是谁主持了这一浩瀚的工程?他们又是如何把这批数不尽数的巨石、条石、碎石利用起来、垒叠成"长城"的呢?不少段落,峭壁下临深渊,上面立足都很困难,秦人又是怎么施工的?

为了确保各项工程的按期完工,秦人制定了《徭律》,规定全国劳动力由中央统一调配使用。被征调的刑徒与民工,均得按期到达目的地,误期者惩。秦代全盛时全国人口约3000万左右,修长城用30万民夫,戍岭南用50万民夫,建阿房宫、骊山墓等用70万民夫,筑驰道用劳力不下于20万。所有工程,几乎都是在秦始皇40—50岁期间完成的。如此浩大的劳动大军,离开全国的统一调度与严密管理,是不可想象的。

(六)秦人为什么能干成如此众多的国家级项目?

仅拿驰道一项来说,以咸阳为中心,西去今天水、兰州有"陇上道",北上今包头以远有"直道",东北去太原、雁门、碣石山有"邯郸/广阳道",东去洛阳、新郑、曲阜至琅邪或芝罘有"三川/东海道",东南去寿春、过长江,直抵会稽山上有"寿春/会稽道",南下襄阳、荆州、桂林,通往番禺(今广州)有"南郡/零陵道",西南通汉中、成都、巴郡有"汉中/巴蜀道",另有"五尺道"直通昆明、大理、腾冲;东部有"滨海道"连接碣石、蓬莱、琅邪、彭城、高邮、江乘、会稽;北边有与长城平行的"塞上道",连接右北平与雁门、上郡。这些驰道不但修成了,秦始皇还多次在出巡时使用过;仅此就足见当时工程管理任务之紧迫与繁重了。

据《云梦秦简》记载:当年,秦始皇是让一批"度者"(工程师)承建工程的。事先,由"度者"做出规划:在哪条线路上筑墙?穿过哪些郡县?有多少土石方?用多少料?质量指标如何?要用多少运载砌筑工具?用多少劳力?劳力又从何处征集?什么时候完工?如需跨季节施工,换季的衣装该如何筹集?要多少粮食供应?……这都要制成《爰书》,逐级上报,逐级审议,最后由秦始皇签发《命书》,下达任务,要求按期、按质、按量完成,否则追究"度者"与所有工程人员的责任,不合格的要推倒重来,所费工期由全部参加者无偿负担。万里长城,就是在这样的严密管理下修成的。

当年,秦始皇用十年时间,猛力结束了四百年纷争动荡的历史,为我国创立了大一统的政治体制,又用十年时间统一行政,统一法律,统一军事,统一经济,统一货币,统一文字,筑驰道,开灵渠,修万里长城,他北使胡人不能"南下弯弓而牧马",南开桂林象郡,实现了华夏文明的初步整合。他在政治革新与社会改造两大领域都取得了卓著成效。他一心要构建一个能发挥大一统政治体制的历史优势的实践模式,但毕竟是亘古未有的开创,他的试验,几乎耗尽了社会蓄积的所有经济实力,远远超出了一两代人所能承受的负荷,使其实践模式的先天性弱势迅速暴露;加之他本人五十而终,秦二世又倒行逆施,致使秦政权在农民起义与六国贵族造反的双重夹击下迅速崩亡,可惜。

但无论如何,秦始皇的时代也是一个闪光的时代,是应该用浓墨重彩去记述的一个"以法治国"的时代。秦始皇称帝十年就去世了,还干成了这么多事,请问:汉高祖登基十年,唐太宗夺位十年,他俩干成了这么多功业吗?

三、《氾胜之书》告诉你汉代的精耕农业有多精

世界农业都是由采集农业、粗耕农业向精耕农业发展的。精耕农业的标志是会用牛耕与犁。《氾胜之书》告诉你:汉代不仅全面实现了向精耕农业的转进,

而且注意到每一个耕作环节都有严密的操作指标,都有明细的核查数据,马虎不得,必须照办。

(一)《氾胜之书》的基本内容

世界上最古老的农学名著之一、我国现存第一部农学专著《氾胜之书》,是西汉成帝时(前32年—前7年)的氾水(在今曹县)人氾胜之所著。他早年曾任议郎,以劝农使者身份在三辅地区教农耕作,负责管理关中的农业生产,取得成绩,升任为御史。他身体力行,进行了长年的"区种"试验。列入试验的主要作物有早禾、晚禾、麦、稻、稗、黍、大豆、小豆、麻、瓠、瓜、桑等;而"区种"法则是汉代农田耕作制度上继赵过"代田"法之后的又一次重大突破。后来他把试验成果写成了《氾胜之书》,共2卷18篇,系列性地总结了西汉时期我国北方的农作技术,所记耕田法、区种法、溲种法、种麦法、种瓜法、压桑法、种麻法与穗选法、接博(嫁接)法、轮作法、间作法、混作法、稻田水温调节法、施肥法等一系列耕作技术,大都是文献记载中的首次出现,经过了他的"证明"或"证伪",而且处处以实验数据来说话,其成果一直处于当时世界的前列。这不仅为后世留下了我国传统农学的开山之作,而且留下了难得的科学研究方法论与实证型科研精神,这是更为宝贵的财富。他的这一精神是贯穿全书的,在《耕田》《溲种》《区田》《麦》《瓠》等篇中表现得尤为突出。

"耕田法"提纲挈领,将"趣时和土,务粪泽,早锄早获"提到农作原则的高度,使中国农民紧趋农时、精耕细作的优良传统得到理论提升,尤其是把"趋时"放在第一位,这是中国农民、中国政府历来最认真对待的大事,历代《农历》与《月令》的修订、颁布都适应于"趋时""授时"的需要;汉代另一本农书《四民月令》的问世其意义也在于此;这也正是中国传统农业优于世界各国古代农业的根本所在。氾胜之一开头就抓住了问题的实质。

"区种法"又称"区田法",是把平旷耕地分成一方方的小区,区与区之间培出土埂;或者在无法连片开垦的山陵坡地,开出一方方的小区,然后根据作物的不同与地势,决定分区的大小和坑内挖土的深浅,这就确保了"区"内"水、肥、土、种"的综合高效利用,又便于田间管理。区田法解决了耕地面积有限、粮食产量有限的严重历史课题。他的实验启发人们:耕作技术是无限的,它可以解决"吃饭问题"。其办法影响深远,金代曾以行政力量在黄河流域推行,明清时代仍在推广。现代陕西、山东和云贵川山地所采用的"掏钵种"或"窝种"法,其原理与区田法是一致的。

"溲种法"是在浸种法基础上发展起来的:在禾谷播种前二十天左右,用马骨煮出清汁,泡上含有毒性的中药附子,加进蚕粪和羊粪,搅成稠汁,浸种于其中。浸过的种子蒙上了一层带有药物的"粪壳",种下之后,可以避免虫蛀;萌发之后,因根部养料充分,禾苗整齐茁壮,耐寒抗旱能力强,而且有利于"标准化作业"。这与当今普遍推行的"包衣种子"技术的科技原理、操作思路也是相通的。其余"靠接法(瓠瓜嫁接法)""稻田水温调节法""豆田施肥法"……都是这样产生的;溲种法中的"神农法"与"后稷法"的对比,也都出自他严格的科学试验。

"穗选法"与"接博法"在当时世界上都处于先进行列,具体操作在《麦》《瓠》等篇有记载。全书最后一篇《杂项》中,作者明确地把粮食生产提到国家安危的高度来认识,把"水运"与"国运"相联系,可见作者的视域是开阔的、心胸是宽宏的,这完全符合我们这个"以农立国"的东方大国的全民共识。

(二)《氾胜之书》重视实验与数据

深入一步的分析又让我们发现:氾胜之的经营理念十分科学,即使放在今天,也不失其先进性。这突出地表现在他的"先试验/后推广""勤比较/重效益"与"拿数据来说话"上。

人们知道,西方近代科学之所以能成为"科学",一是靠实验,任何理论、观点、办法,都要通过反复试验来"证明"或者"证伪",只有"拿出证据来",人们才会信服。同时,你拿出的证据,不但其"结果"要"用数据说话",其操作"过程"也要用数据说话,看其操作是否"规范"。如果不能如实说明其验证过程的"规格""规范",那么其"结论"也仍然是可疑的。

但,这种用"试验"与"数据"来说话的科学精神与科研方法论,并不是近代西方人所独有的;我国汉代农学家氾胜之在公元前的年代里就是这么做的了。全部《氾胜之书》朴实地记载了他的试验过程与实际成果,闪耀着严格进行规范操作、精确计算耕作成本、认真核计经济效益的精神,带有明显的历史超前色彩。书中对于作物的播种期、播种量、播种密度、播种深度、覆土厚度等都依据作物种类、土壤肥瘠和气候条件等做了明确的数值规定,且每一步都按规定实验。他对农田翻耕的时机、次数、深浅度、畎垄的大小长短配置,都有数据交代;对单位面积里应播多少种子、施多少肥料、灌多少水,庄稼的株距、行距若干、要进行几次中耕、能收获多少粮食,其中耗费多少劳力,折合多少商品货币,都有清楚精细的核算。而且,所有数据都是从他本人的反复试验中提取的。

比如书中《区田》一节,所有操作都是规范化的,一切都严格按既定数据办事;而各种数据又是在实验过程中不断修正的。他是这样记载的:"以亩为率,令一亩之地,长十八丈,广四丈八尺;当横分十八丈作十五町;町间分十四道,以通人行,道广一尺五寸;町皆广一丈五寸,长四丈八尺。直横凿町作沟,沟一尺，深亦一尺。积壤于沟间，相去亦一尺。"能这样规范地整地块、种庄稼，今天的试验田也不过如此。在这以前，他曾经"悉以一尺地积壤，不相受"，因而"令弘作二尺地以积壤"，相关数据在后续的试验中得到了修正。"种禾黍于沟间，夹沟为两行，去沟两边各二寸半，中央相去五寸，旁行相去亦五寸。一沟容四十四株。一亩合万五千七百五十株。"这纯粹是"以数据说话"，跟今天现代化农场的机械化、标准化作业已经相去无几。

试验告诉他："种禾黍，令上有一寸土，不可令过一寸，亦不可令减一寸。"他又得出结论："凡区种麦，令相去二寸一行。一行容五十二株；一亩凡九万三千五百五十株。麦上土令厚二寸。"他又把这种严格规范推广于其他种植："凡区种大豆，令相去一尺二寸。一行容九株。一亩凡六千四百八十株。区种荏，令相去三尺。胡麻相去一尺。"

经过面上大田种植的推广，他求出了大田耕作的"平均数"："上农夫区方深各六寸，间相去九寸。一亩三千七百区。一日作千区。区种粟二十粒，美粪一升，合土和之。亩用种二升。秋收区别三升粟，亩收百斛。丁男长女治十亩。十亩收千石。岁食三十六石，支二十六年。中农夫区方九寸，深六寸，相去二尺。一亩千二十七区。用种一升，收粟五十一石。一日作三百区。下农夫区方九寸，深六寸，相去三尺。一亩五百六十七区。用种半升，收二十八石。一日作二百区。"说明一下：这里的计量单位都是汉代的，1石约当今21市斤有余。"岁食三十六石"，即每个全劳力月食口粮63斤上下。

又例：《种瓠》一节，还有这样的说明："一本三实，一区十二实，一亩得二千八百八十实，十亩凡得五万七千六百瓢。瓢值十钱，并值五十七万六千文。用蚕矢二百石，牛耕、功力值二万六千文。余有五十五万；肥猪、明烛，利在其外。"其论述何等科学！

先进的技术确保了汉代农业产量的不断提高。汉初纳税人口仅800万，到西汉末年（公元2年）发展为59597983人（在册人口登记数），这与汉代农业高产稳产是分不开的。我们中国仅用了占世界约1/15的耕地，就养活了占世界约1/5的人口，或者说中国以7%的世界耕地，养活了22%的世界人口；中国的农耕面积仅及美国的70%，却养活了比美国多五六倍的人口。原因何在呢？就因为自古以来就把提高单位面积产量、提高土地的利用率作为头号大事来抓。氾胜之所提出的耕作原则至今仍对旱作农业起着指导作用。

总之，氾胜之一生都在搞农田试验，他还把亩产40石的试验成果上报朝廷，以解决当时关中人口多而耕地少的现实压力，起到了实际作用；而且他的这种亲历亲试的科研方法论，也为历代农学界所广泛接受，形成了传统，后世凡取得农学上的重大成就者，如北魏的贾思勰、元代的王祯、明代的徐光启，无不是亲身实践、注重试验，先实验、后推广者。氾胜之的科研方法论出现在两千年前，而且带领中国农学一直走在世界前列，着实令世界吃惊，它的成就远远超过了欧洲上古及中世纪的所有农书，比欧洲近现代兴起的实证型科研方法论也毫不逊色。

本书在汉代就引起了重视，与《四民月令》等同视为农学经典，即使名震后世的经学大师马融、郑玄也引其文来注经讲学；《汉书·艺文志》中也存录了它，题为"氾胜之十八篇"（两卷）；后来《隋书·经籍志》及《旧唐书·经籍志》《新唐书·艺文志》和宋代郑樵的《通志》中都有著录，以后就失传了，人们难以知其原貌了。所幸的是，其主要精华已为北魏《齐民要术》和宋人《太平御览》等书所存录。我们现在看到的《氾胜之书》则是近现代人从中辑录的，保存了原书十八篇的体例，约得4000字。今天看来，其中或许有文字错置之嫌，但基本上反映了原书的风格、内容，这应该是没有疑问的。

一句话，《氾胜之书》告诉我们汉代精耕农业到底精明/精细/精确到什么地步。

四、官从吏来：汉代官员的执政能力世界一流

国外有学者以朝廷下达文件到达基层的广度与速度，和边远地区对政策效应之反馈信息的多寡迟速为指标，研究世界各古文明国家的行政效率，结论是汉代为同期最高者。考察汉代官员的来历，一是文化考选，一是贤能征召，但都要从政府机关的吏员做起，按工作实绩，逐级选拔而上。就因官从吏来，故执政能力很强。

中国历史上，官与吏原无太大的区分。秦人重法吏，吏的地位很高，固无须多谈；西汉时，萧何、曹参均以"刀笔吏"为开国元勋，故终西汉之世，公卿多出于胥吏，即使以儒雅贤厚出名的大僚，当初也多借径于吏职以谋出身。汉代虽儒吏并进，然当官必当断狱，断狱必贵引经，故博士弟子之"明经"者，其首任也多选为郡府之法吏，使其在第一线历练历练，以熟悉法务，精通法律。故此时吏的身份为世所重。

到东汉时，渐分流品，官和吏的社会地位渐渐拉开了距离。尽管如此，以博学专精出名的胡广，也不免要从郡府的一名小吏做起；袁安以世传易学出名，也只任了个县功曹；应奉读书据说是"五行并下"，才名很响亮，也仅为一名郡决

曹吏；王充、徐稚是大学问家，也都以县"从事功曹"起家。他们都不以为是大材小用，特别珍惜当下的基层实践，因为日后还会有尽其所能的机会。

人们普遍认为：过往时代的官场上，很讲究出身、资历，没有贫苦人的位置，其实不尽然。看看两汉史，真正有能力、能担当、办得成大事、在历史上留名的人物，大多是出身卑微、来自底层的人。汉代文明，是汉代人实干出来的。它的成功，证明汉代官员吏役的执政能力很强。

汉代从亭长（派出所所长之类）出身的达官名僚众多，了解一下他们的进身轨迹，对于认识汉代文明，具有特殊的意义。下面来看几个例子。

（一）冯异与无蒌亭

东汉刘秀刚起事时，奔走在河北一带。一日，车驾出逃，官属没跟上。他独自奔到城下，城门已闭。攻之而得出，日夜兼程，蒙霜冒雪，所过城邑不敢入，时或绝食。一日，奔至饶阳县无蒌亭，有冯异者，进豆粥。刘秀曰："得公豆粥，饥寒俱解！"明日晨，刘秀将出走，亭内有人主张扣留他，好向官府领赏。无蒌亭长说："天下形势谁可测知？为何要关闭长者呢？"刘秀遂得脱身。南行至虖沱河，河水结冰，人马得渡。冯异从此追随刘秀，平定天下，后来成为著名的"大树将军"。

（二）仇览爱管事

《后汉书·循吏传》：仇览，陈留考城人。少为书生，淳默寡言，乡里无知者。到40岁时，才被县召补为吏，选为蒲亭长。到任，他劝人置产业，并为之制条令，至于果菜鸡豕，各有定额。农事既毕，乃令子弟群居，还就学读书。他所作所为，原不是亭长分内事，但得到了民众的拥戴，乡邑为之谚歌颂之，后来仇览成了一代名吏。

（三）吴汉亡命贩马

吴汉字子颜，南阳宛人。家贫，给事县为亭长。王莽末，以宾客犯法，乃亡命，至渔阳，资用匮乏，以贩马自业，往来燕蓟之间。所至，皆交结豪杰。后随光武帝东征西讨，屡立战功。自建武年间，常居上公之位，官至大司马。

（四）臧宫勤力少言

臧宫字君翁，颍川郏人。少为县亭长、游徼，掌巡禁奸盗。后率宾客入下江兵中，为校尉。因从光武征战，诸将多称其勇。光武察宫勤力少言，甚亲纳之。后拜宫为广汉太守，十八年拜为太中大夫。

（五）虞延为户牖亭长

虞延字子大，陈留东昏人。身长八尺六寸，腰带十围，力能扛鼎。少为户牖亭长。时王莽贵人魏氏门下宾客放纵，虞延率吏卒，突入其家捕之。以此结怨，故位久久不得升迁。他为人淳朴，不拘小节；又无乡曲之誉，故长期困顿。王莽末年，天下大乱，虞延常身披甲胄，拥卫亲族，扞御抄盗，赖其全者甚众。延为郡督邮。光武帝巡狩至外黄，问虞延皇室园林栢树株数，延悉晓之。由是见知。建武初年，出仕于执金吾府，除细阳县令。每至岁时伏腊，辄休遣囚徒，各使归家。囚徒并感其恩德，皆应期而还。虞延后迁南阳太守，广宣德化，勤修政教，宽刑宥罚，囹圄空虚，盗贼弭息。

（六）赵孝过境不称名

赵孝字长平，沛国蕲人，王莽时任为郎。每告假归乡，常白衣步担自行。一次，从长安还乡，途中欲止歇邮亭。亭长先时闻赵孝当由此过，以为有长者来做客，故扫洒待之。赵孝既至，不自称名，亭长不肯接纳，并问他道："闻田禾将军之子当从长安来。何时可至乎？"赵孝回答说："三日至矣。"于是遂离去。赵孝后来从政有声誉，拜谏议大夫，又迁为侍中，又迁任长乐卫尉。

（七）卓茂为亭长受馈做辩护

卓茂以儒术举为侍郎，给事黄门，迁密县令。他劳心谆谆，视人如子，举善而教，口无恶言。吏人亲爱而不忍欺负他。一日，有人前来告发："部亭长接受了我的米肉馈赠。"卓茂辟开左右，细问之曰："亭长是向汝求之乎？还是因为汝有事嘱托而受你的馈赠呢？或者是平居无事，你自以情义而赠之乎？"其人曰："乃吾自往赠遗于他。"卓茂曰："你自遗之，而彼受之，何故前来告状呢？"其人曰："窃闻贤明之君，使人不畏吏，吏不取于民。今我畏吏，是以遗之。吏既受赠，故来告发耳。"卓茂曰："这么看来，你可不算是好人了！凡人所以贵于禽兽者，以有仁爱、知相敬也。今邻里长老，尚致馈遗，此乃人道之所以相亲，况吏与民乎？官吏当然不应当乘威力、强请求于民！但凡人之生于世间，群居杂处，故有经纪，有礼义，要相交接有恩义。汝独不欲修为之，宁能高飞远走，不食人间烟火啦？亭长平素是个善吏，逢年过节赠遗之，这是常礼啊。"其人曰："苟如此，国家法律何故禁之？"卓茂笑曰："律设大法，礼顺人情。今我以礼教汝，汝必无怨恶；若以律治汝'妄告'，尔何所措其手足乎？"光武评曰："卓茂束身自修，执节淳固。"评价极高。

（八）施延雇佣于半路亭父

沛国施延，家贫，母老，四处打工养母。曾避地于庐江临湖县，种瓜自养。后到吴郡海盐县，打短工度日，赁作于半路亭父家。时会稽督邮冯敷到山阴县，施延持帚，前往伺候。冯敷知其为贤者，下车致谢，使入亭与饮食，并脱衣与之，饷以午钱。施延不受。冯乃荐之于州，在任有政绩，顺帝征拜为侍中，后位至太尉。终年76岁。

综上可见，两汉时的达官贵人，不少起自卑微，家境单寒，都是靠自身努力，由佣夫、亭夫、亭长、州县小吏做起，逐步升至州府僚吏，工作卓有成效，得任为县官，然后逐步上升而为京朝官或地方大吏，终能做出一番事业来，名垂青史。汉代达官贵人，出于卑微者如此之多，难怪其执政能力很强，而且很正派。

吏职的被鄙视，起于六朝时。六朝推行"九品中正制"，官爵为门阀所垄断，他们当着"清流"之官，而把一切实务都推给寒士去承办，于是"敲扑鞭棰""案牍劳形"就成了"浊吏"们的专责，于是"官"与"吏"在社会心理上开始分趋，吏不为社会所重。到了清代，干脆不许吏人当官，断了吏人的进身之阶。从此，为吏者便破罐子破摔，能捞多少就捞多少。清代的吏役师爷，特别脏污奸巧，不是没有原因的。

总而言之，汉代官员队伍是流动的，绝大多数出自基层，是逐级选拔上来的，办实事的能力特别强，所以能创造世界一流文明。不过，这种人很早就通晓宦场诀窍，懂得走门路，这个缺点也轻忽不得。

五、汉代的西域屯田及其他

汉代创设了一种屯田制度，经营"河西四郡"，全力推进"西域军屯"，这是汉政府使耕地面积翻番的关键性举措。西汉文帝时（前169年），以罪人、奴婢和招募的农民戍边屯田，以军队制式开始了陇西屯田（天水方向）、金城屯田（兰州方向）、张掖屯田（张掖方向）、三边屯田（酒泉方向）等，虽说初时规模有限，却为河西走廊的经营开了先声。当时，国家预作耕牛、种子等方面的先期投入，让军人以军事建制去垦荒种地，收入归国家所有，民户则免三年租税。所垦地依井田格式，道路通达，沟洫纵横，方整有序。后来汉武帝又向西推进，进行渠犁屯田（库尔勒方向）、轮台屯田（轮台方向）、车师屯田（奇台方向）、伊循屯田（楼兰方向）、莎车屯田（莎车方向）、乌孙屯田（在今境外）等。其对天山山南地带的开发，倾注的力量尤为巨大。至此，西域的"布点分片开发"已粗具规模。它分担了汉政府经营西域所需的浩繁支出，是国家对西部疆土最有价值的投入。

东汉继承了这个制度，又有所发展。东汉时的柳中屯田（吐鲁番方向）、伊吾屯田（哈密方向）、宜禾都尉（安西、敦煌方向）屯田、护羌屯田（西宁东北方向）、龙耆屯田（西宁以西方向）、湟中屯田（西宁以南方向）、焉耆屯田（焉者方向）等西域三十四部屯田等，都是对今甘肃、青海、新疆的有效开发，且全都是在荒漠上由驻军开发的美好绿洲。先民的业绩，值得后人永远记取。

你只要想想今天的新疆有16个江苏省大，就不难判断当时比今日之新疆更为辽阔的"西域"地区，对于汉家江山是何等重要了。古代国家政治中心与地理中心相一致，都以关中为腹心，其去新甘青藏与去苏浙闽粤的空间距离和"心理距离"是相当的，而西去的"丝绸之路"与"边塞行"则更为汉唐立功立业者所向往。如果说关中好比是心腹，那么，汉代的河西四郡与西域，就是伸出去的力臂与劲拳。此拳的挥动，可以画出两道弧线：一从阿尔泰山画向黑龙江、乌苏里江方向，一从青藏高原画向怒江、澜沧江、红河方向。它为中华民族的休养生息提供了最有效的"安全边界"，此后2000年来，无论是一统政权还是各族"分立"政权所进行的土地人口争夺战，大体上都是在这两道弧线内部展开的"拉锯战"，无非是你出我入而已。

附：西部大有可为

新疆有多大？比蒙古国略大些，有160万平方公里，即16个江苏省那么大。新疆除首府乌鲁木齐市外，还有哈密市、吐鲁番市、阿勒泰市、昌吉市、库尔勒市、塔城市、博乐市、伊宁市、阿克苏市、喀什市、和田市等地级市。仅一个地级市和田（24.8万平方公里），就有全江苏省面积的两倍多；与广西（23万平方公里）和湖南（21万平方公里）差不多大。全国除西藏（120万平方公里）、内蒙古（110万平方公里）、青海（72万平方公里）、四川（48万平方公里）、甘肃（39万平方公里）等省区比和田大之外，其余20多个省区市都比它小。这里有昆仑山雪水的自流灌溉，又是盛产和田玉的宝地。可见中国西部的开发大有可为，天地太广阔了！既然我们的祖先在汉代全国人口仅4000万—5000万时，还能以巨大规模去开发大漠绿洲，建设西域；那么，我们在当今条件下，就一定可以做得更好、更出色！否则，我们就太对不起祖宗，更对不起子孙后代了。相形之下，两汉人对大西北的开发，气魄何等豪雄！今天，经营新疆，就是经营16个江苏省啊！就是经营"丝绸之路"的大本营啊！那是该下大本钱、出大气力的！

六、从《齐民要术》看庄园经济

公元3世纪—7世纪的三国两晋南北朝时期，中原大地高度发达的农业经济之庄园式生产模式、生活方式，对进入中原的周边各族人民、特别是北部、西部一直处于游牧经济下的各族人民，产生了巨大的吸附与融汇作用。那时，以苻秦、拓跋魏为代表的北方少数民族先后纷纷内迁，迅速接受中原农业文明，努力实现生产方式、生活方式的全面更换。与此同时，中原原住民的生活习尚也吸收了大量异质因素，其服饰结构、饮食结构、起居方式也都有大幅改观。可以说，少数民族的"汉化"与中原原住民的"胡化"是同步进行的，并且在合流中步步趋近而又相向发展；内迁居民与原住民共同促进了中华文明素质的总体提升；而使这种融合得以实现的"大熔炉"就是中古时代的"庄园经济"。出版于北魏孝武帝至东魏孝靖帝时期（532年—544年）的《齐民要术》，对这一伟大的民族融合工程所取得的杰出成就，特别是农学方面的可贵经验，有具体而切实的反映。打开《齐民要术》，我们可以看到中国中古时期典型的农业生态，看到庄园经济下中国农民是如何从事种植业、畜养业的，如何从事多种经营和家庭副业的，还可以了解到北方人民辟耕地、兴水利、积农肥、制农具、种庄稼、植菜蔬、艺瓜果、栽林木、培药材、畜马牛、豢猪羊、育桑蚕、养鱼鳖、制乳酪、造酒酱、织丝麻、制皮革、染布帛、做胭脂、合香粉，以至防病害、祈鬼神的活动，从中看到中古时代中原先民实际生活的一个个生动镜头。

《齐民要术》作者贾思勰，中古时代的杰出农学家，齐郡益都（今属山东）人，曾任北魏高阳太守。在中国这样一个农业大国里，为官一方，其根本任务就是组织好农业生产。贾思勰以其对农业的钻研和对民生的关切，著成了他的《齐民要术》。作者"采捃经传，爰及歌谣，询之老成，验之行事"，使该书"起自耕农，终于醯醢，资生之业，靡不毕书"，成就了一本理论性、实践性兼具的经典性农学专著，也记录了"以汉族为主，兼顾各族"的生活风情，全面总结上古的农业科技，开启了中古农业的新天地，把中国农学提升到了一个新的高度。

（一）对农业、农事的有序安排

六朝时期，农业是以"庄园经济"的形态推进的，庄园（含北方世家大族的"坞堡"和南方贵族地主与寺院地主的"庄园"在内）是当时社会组织生产、安排生活的"社会基层单位"，《齐民要术》涉及的农业、农事安排，都是以"庄园"的存在为依托的。它所讲的一切，正是六朝时北方庄园的生产规模和经营内容，从中可知当时农家的大田种植、园圃培植的种类之繁多、工序之严谨，可知当时对果树、林木、药材、经济作物之栽植的重视、技术要求之高；还可知对农作物繁殖技术（播、移、栽、插、接枝、压条、分棵、保果等）的全面积累，又可知当时家庭副业（粮食加工、纤维加工、榨油、酿酒、制酱、制醋、制曲、制脯、为蔬菜瓜果保质、保鲜等）的全面展开。它的"警设守备""习射""雇工执役""存问九族""分厚彻重"云云，且每季都有大量的籴进粜出事务，不是大庄园主是不会考虑也无力举办的。这是一种完全的、彻底的"自给自足且绰有余裕的庄园经济"。

当年，这样一个"庄园"之所能，需要如今无数农业"大专生"的通力合作才能完成，还未必能做好。说来让人难以置信，从六朝时中国农民一年四季的辛劳与精工，可知要当一名"合格的农民"，其智力素质、体力素质、科技教养都必须是高级的；当年一群绝大多数不识字的文盲能完成如此繁难的作业，这有赖于中国独特的科技传承体系在发挥作用。在这样的庄园坞堡里，除繁重的大田作业外，还有无休无止的各种"杂事"要办，每件事都有相应的技术要求：凡油脂、乳酪、蜂蜜、牛羊肉、禽蛋、鱼虾、酒醴、香醋、精盐、豆酱、糖饴、干果、腌菜……甚至香粉、草药、皮毛、缫丝、纺绩、制衣、油漆、打井、造房，无不由庄园自做自为。其技术技能都是高级的。

（二）大田耕作制度的不断变革

种庄稼离不开土地，而耕地和可耕地的面积总是有限的，土地耕作制度的不断改良，是保证土地持续高效利用的根本途径。本书重点介绍了"畎亩法""区田法""代田法""轮作法"，贯串着"精耕细作"精神。"扩耕"总是有限的，在已耕土地上找到"可持续利用"的最佳途径才是根本。而中国传统的"生态农业"恰恰就是由此起步的。

1. 扩耕法。扩大耕地面积是土地利用的首选措施。中国在殷商时代就把垦荒种地提上了政府工作日程。从甲骨文、金文的记载来看，商周时代就是通过"垦牧"来扩大耕地面积的。东周以后，到处都在提倡"垦草""治莱"。《管子》《商君书》把"辨土""垦草"提到基本国策的位置。管仲与商鞅，力主运用国家力量，综合推进垦荒、改土、制作有机肥、选择高产作物的系列工程，使得齐国发展为春秋首霸，而秦国则"崛起于西戎"。同时，先秦人又特别重视农田水利、重视土壤改良，积累了"变斥卤之地为沃壤"的宝贵经验，李冰、郑国、白公、西门豹、春申君都是当时的农田水利专家。有水就有田，开成一条渠，灌溉千万顷，世世代代享其利。本书中还详列了古代名吏在土地开发方面的模范事迹，他们总是把土地开发与民智开发统一起来，统筹兼顾，着力于"富之、庶之、教之"，体现着"以人为本"的一贯精神。这是更为有价值的创造。

2. 精耕法。《齐民要术》一开篇就提出"凡人营田，须量己力，宁可少好，不可多恶""多恶不如少善"。在扩大耕地面积的同时，中国古代还通过提高单位面积产量来提高土地的利用率。战国时李悝曾为魏文侯作"尽地力之教"，以提高土地的生产率，提出"治田勤谨，则亩益三升"。《荀子·富国》篇："今是土之生五谷也，人善治之，则亩益数盆，一岁而再获之。"这就有了"复种技术"。历代农学家无不提倡集约经营，少种多收。北魏时期就有"顷不比亩善"的农谚。人们想尽办法，如混作、间作、连作、轮作等，尽可能种上二茬、三茬，甚至更多茬的作物。农业是依靠绿色植物吸收太阳光能转化为有机物质的。中国传统耕作制度，一方面尽量扩大绿色作物的覆盖面积，另一方面尽量延长耕地里绿色作物的覆盖时间，使地力和太阳能得到最充分的利用，不仅不破坏生态，还最大限度地改良了生态环境。

3. 畎亩法。原始农业时期，先民采用"漫耕法"，大片土地随意耕播，这样长出来的庄稼就散漫无条理。18世纪以前的欧洲便盛行这种栽培方法，于是一斤种子只能收回三五斤粮食。而中国，早在先秦时代，人们已经认识到分行栽培有利于作物的快速生长，因此有了横成行、纵成列的分行种植技术，要求稀密适当，"(禾苗)其弱也欲孤，其长也欲相与俱，其熟也欲相与扶"(《齐民要术·杂说》，转引自《吕氏春秋》)。战国时期广泛采用的"畎亩法"，便是一种分行栽培法。《诗经》中有"禾役穟穟"的诗句，称颂分行栽培的庄稼长势良好。本书对畎亩法有详细介绍：在大田里开沟起垄，若是缺水的高田，就将作物种在沟中，以利于抗旱保墒；若是水分多的下泽地，就播种在垄上，以利于泄水保苗。当时把这叫作"上田弃亩，下田弃沟"。有时，"垄"又被分成一步宽、六步长的小块的"畦"，以便于精心管理。这又叫"畦种法"，六朝庄园的园田、菜圃多用此法，这就是"精耕"。

4. 代田法。西汉时期，在畎亩法的基础上又出现了代田法。这是西汉中期农学家赵过所发明并推广的一种耕作方法。办法是在面积为一亩的长条形土地上，开三条宽一尺、深一尺的沟，同时起垄。将种子播种于沟中，等到苗发芽长叶以后，在中耕除草的同时，便将沟两边的垄土耙下来，壅在作物的根部，这样便能起到防风抗倒伏，保墒抗旱的作用。沟垄的位置逐年轮换，因此称为"代田"。代田法的技术优势一是沟垄相间，实现耕耨结合，且保证了光照与通风；二是沟垄互换，可以局部轮休，使地力不至过快地衰减。在"代田"上，加以相配套的"机耕"农器，如耧车、耦犁的推广使用，使单位面积产量大大提高，起到了"用力少而得谷多"的效果。这是很聪明的"轮休制"。

5. 区种法。在面积极小的田块"区"中种植。其着力点在于保证"区"内的水、肥、土、种相调适。这项措施主要用于丘陵、山地(平原可作宽幅"区田")。氾胜之说："诸山陵、近邑高危倾阪及丘城上，皆可为区田。"用人工制作出大量的"可耕地"来。这是中国劳苦大众的辛勤首创。其特点是"区田不耕旁地，庶尽地力"。由于区外不耕、区内深耕，山坡地也能保持好水土。区田所种作物的行距、株距都有一定的规格，呈等距点播形式，保证了作物有良好的通风透光条件；山坡小块坑形小区，每区的施肥量、植株数也都有一定规格，呈穴播状态。这样便于区内操作，集中管理，集中投入，凡施肥、灌溉、中耕、除草，都在"区"内进行，充分发挥人力、物力作用，提高区田的增产潜力。坡地区田不便于使用牛犁等大农具耕作，人力投入量极大，却又是半劳力、弱劳力也可以经营的，成本相对较低。据《种谷》等篇的记载，实行区种法，当时大豆亩种8升，可收16石，麦子亩收50石—100石、黍亩收100石。现代美、法等国的大型农场，其单产量也不过如此。我国汉魏六朝时农田的这一单产水平，直至20世纪后期，才因生物技术的广泛应用而被打破。

6. 施肥治田。土地除了有一定的面积限制之外，更重要就是土壤的理化性质的负态改变，在"复种"条件下，地力衰减问题更为突出。土地利用率愈高，地力愈会迅速下降。为了保证土地的永续利用，就要把高度用地与积极养地结合起来。《齐民要术》注重培养地力，提倡多粪肥田、绿肥轮作。它引《周礼》"土化之法"说：根据土壤的不同性质，选用不同的肥料来加以改良，进行"粪种"。施用有机农肥，能直接为作物提供养分，同时还改善了土壤自身的结构，改变其成分，增强其通气性、含水率，给微生物提供生长环境。为此，本书总结出施肥"三宜"的经验：时宜、土宜和物宜。不同的生长期、不同的土壤和作物，需要不同的肥料，施肥要看土壤与气候条件以及作物的需要，而气候、土壤和作物的多样性，又要求肥料的多样性，于是设法制作各种有机肥料。《齐民要术》提及的有机肥料有苗粪、草粪、泥粪、人粪、畜粪、骨蛤灰粪、渣粪、黑豆粪、皮毛粪等，都是农民辛苦制作的有机农肥。书中认为，粪有生熟之分，有些肥料在未经发酵腐熟之前使用，不仅无益，反而有害。施用有机肥，确保地力不衰减，是中国生态农业的关键性措施。古人把以施肥保墒中耕锄草为核心的田间管理统称为"治地"，就像为人"治病"一样精心从事，一点也不敢马虎。

上述大田耕作制度，西汉时已经形成，而六朝庄园则使其在空前的深度与广度上得以推行、完善、发展，保障了那个极度动乱时代中华文明的安全根基和中华民族的生存需要。

（三）顺天应时，栽培五谷

《齐民要术》主张：在老天爷面前，一要讲顺天应时；二要讲人定胜天。而所谓"天"，即自然与自然法则，作物的生态规律，动物、植物的固有"天性"；凡与农业生产有关的各种自然条件，如光、热、气、水等，都主宰着农作物的生长发育，其中又以雨水的关系最为密切，"靠天吃饭"其实就是"靠雨（水）吃饭"。人只要掌握了"天"，就可使之为人服务；作物天性也可以改变而为人所用。在这方面，先民最突出的成就无过于对"五谷""六畜"的栽培豢养了。

中国是世界上少数几个农业起源中心地区之一，是粟、菽、稻、麦、桑、麻、茶等主体农作物的重要起源地、培植地。到目前为止，考古学家们已先后在浙江余姚河姆渡、河北武安磁山、湖南醴县彭头山、湖南道县玉蟾寺、江西万年仙人洞、河南舞阳等地发现了众多的农业文化遗址，其中有的年代已是万年以上。从出土遗物来看，当时北方主要种植的粮食作物是粟、稷、黍、菽、麦、麻等，主要驯养的动物是马、牛、羊、猪、鸡、鹅及鱼鳖等，《齐民要术》都做了详尽记述。我国江南地区还发现了80余处新石器时代的稻作遗存，时间从10000年前到4000年—5000年前不等。《齐民要术》对各种作物介绍的顺次是：

1. 五谷。古有"五谷""六谷""九谷"的说法。"五谷"之说出现于春秋、战国时期，或说是黍、稷、麦、菽、稻；或说是黍、稷、麦、菽、麻，反正都是"粒食食物"。它们代表了我国古代的主要农作物。"五谷"在全国的粮食生产中所处的地位因时因地而异。其中，粟、黍等具有耐旱、耐瘠、生长期短的特性，宜于北方旱地栽培；菽（豆类）具有"保岁易为"的特征，是春秋以降不可缺少的主粮。与此同时，人们发现宿麦（冬麦）能利用晚秋和早春的生长季节进行种植，并能解决青黄不接的问题，加上汉代发明了石圆磨，从粒食发展到面食，各式面点糕饵争相上桌，更受欢迎，故三麦受到人们的普遍重视。西汉时期的董仲舒和农学家赵过、氾胜之等都曾致力于在关中地区大力推广小麦种植。汉代关中人口的增加与麦作的发展有着密切的关系。南方人口的增加与水稻生产分不开。《齐民要术》仅记载的稻谷品名就有数十种之多，且做了播种、中耕的技术说明。

2. 桑麻皮毛。北魏时代，中国人的衣着原料主要来自蚕丝、麻、葛之类。中国是最早种桑养蚕的国度，相传蚕桑的发明人是黄帝的妻子嫘祖。考古表明早在距今5000多年前，中国已开始了对于蚕丝的利用。以后，蚕桑业又继续得到发展，并生产出丰富多彩的丝织品，如锦、纱、罗、绫、缎、绸、绒、缂丝等，成为对外贸易的重要商品，汉代联系中西方的交通要道便命名为"丝绸之路"，中国也因此有"丝国"之称。麻主要指大麻和苎麻。大麻兼有衣食之功，提供纤维做衣者是雄麻"枲"，提供麻籽为食者是雌麻"苴"。苎麻原产于南方，商周时代即已进入北方，直到明代棉花普遍种植之前，麻布一直是中国老百姓的主要衣料。为此，《齐民要术》辟专章论列了桑麻种植。另外，大量使用动物皮毛作为衣着原材料（包括帽与靴），是北朝时期北方各族人的特长，书中自然要做说明。

3. 瓜果菜蔬。《齐民要术》同时也重视蔬菜和瓜果种植。古人总是将饥和馑联系在一起。谷不熟曰饥，菜不熟曰馑，民间说："瓜菜半年粮。"为了弥补主食的不足，中国瓜果蔬菜的种类繁多，品种丰富。经常食用的大约在100种左右。在这100种蔬菜中，原产于中国的和引进的品种各占一半左右。就《齐民要术》所载而言，原产于中国的瓜果蔬菜作物最主要的有：葵、白菜、蔓菁、萝卜、芥菜、芹菜、韭菜、薤、椒、小蒜、蕈、芋、茨菰、藕、莲、茭白、菱、鸡头、山药、百合、瓠、葫芦、冬瓜、丝瓜等；而引进的品种则有甜瓜、番瓜、黄瓜、茄子、菠菜、苋菜、莴苣、生菜、葱、姜、蒜、香菜、茴蓿等。对其播种、栽培、田间管理技术、保鲜储存加工技术，《齐民要术》都有精细的介绍。

4. 林木与果木。中国的华北、华南是世界上最大最早的果树原生地之一。从以华北为中心的原生种群中，培育出许多重要的温带落叶果树，如桃、李、杏、梨、柿、枣、榛、银杏、枇杷和板栗等。其中桃在中国的栽培已经有3000多年的历史，《诗经》中就有关于桃树开花的描写，桃可能是在公元前2世纪—1世纪西汉时由丝绸之路传入伊朗，再由伊朗传到希腊，以后再传到欧非各国的。柑橘类果树在中国栽培的历史也十分悠久，史书记载它很早就被作为贡品进献，汉代已经有大规模的种植，有人因种柑橘而致富，并富比"千户侯"。《齐民要术》大力介绍桑、柘、榆、白杨、棠、谷、楮、漆、槐、柳、楸、梓、梧、柞的栽植。可贵的是：贾思勰作为北魏人，对分布在华南地区的果木橙、柚、龙眼、荔枝、枇杷、甘蔗、椰子、芭蕉等也十分关注，书中同样做了系统的介绍。对从域外引进的樱桃、石榴、葡萄之类也做了介绍，凡栽种、整枝、嫁接、管理、收获、储存，无不论及。

5. 其他经济作物。本书对其他经济作物，特别是作为"建材""药材""染料""油料""漆料"及"绿肥"的作物栽种也十分重视，尽力肯定，认为同样是"可与千户侯等"的光荣事业，比如竹子、苜蓿、罂粟、兰草、棉花、薏苡、荅荢、紫草、红花、芍药、牡丹、水仙、菊花、茶树、牛蒡子、枸杞、萱草、苍术、紫苏、决明、黄精、茱萸、栀子、菖蒲之类。然而，以务实为特点的贾思勰对于花卉栽培并不看重，认为"花草之流，可以悦目，徒有春花，而无秋实，匹诸浮伪，盖不足存"。力倡务实，反对浮伪，这正是北方农人的传统观念。

6. 六畜。中国古代的农业还包括禽畜饲养业，它在北魏时代尤受重视。本书以大量篇幅讲"六畜"饲养、管理、兽医及畜产品加工等，反映出当时中原人民的生活特色。尔后的"农书"很少有用如此大的篇幅来讨论畜牧问题的。"六畜"指的是马（及骡驴）、牛（奶牛、黄牛、水牛）、羊（山羊、绵羊）、猪、鸡（及鹅鸭）、犬（连带猫）等六种动物。马主要用于运输及作为战争的工具，养马业更受到北方各民族的特殊重视。书中对于"相马"与"疗马疾"给予了超乎寻常的关注，不厌其烦地详列种种方术，体现出"北方生活"的特点。牛在当时主要是提供乳食、肉食和皮毛，所说的"服牛"，还有耕田和运输。作者还注意到牛粪的使用，书中凡提及熟食加工时，总是要说明以牛粪做燃料的优点：火力稳定，无烟尘。本书对"牧羊"也十分关注，羊可供乳食、肉食，还有积肥、供皮毛的功能；猪有相似的作用。养鸡除了提供肉、蛋外，还能司晨，这在农业社会"日出而作，日落而息"的生活方式中有重要的计时作用。本书这方面的内容十分翔实，还有畜产品的成品、半成品加工技能，也都说得很精细，显然是反映了北朝生活特色，反映了少数民族的放牧管理经验。

然而，狗为"六畜"之一，它的防盗、狩猎、皮毛、肉食等功能也很强，而齐地自古就以养犬著名，《诗经·齐风》有咏犬名篇，本书却未论及，未免有点奇怪。

（四）优化生态的种种措施

《齐民要术》不仅明确提出"虽有智慧，不如乘势；虽有镃基，不如待时"的要求，对春耕、夏耘、秋收、冬藏都做了严格的时间规定，把每种作物的适宜播种期都分出上时、中时、下时来，并做了具体说明，要求顺应作物的"天性"精心管理；可贵的是，《齐民要术》还要求积极地改变作物的"天性"，搞好选种、育种，以优化品种。本书所记的主要的技术措施有：

1. 选种。《齐民要术》引述了汉代《氾胜之书》中记载的选留种技术，提出粟、黍、穄、粱、秫，都要年年用种子田单独下种、留种，分别收获；留种时要进行"穗选"，脱粒时与大田谷物分开，收藏时要绝对保证干燥、保证不与他种混杂。《齐民要术》中还提及"本母子"瓜的留种技术，标志着六朝选种的技术化作业已达到相当的水平。

2. 嫁接。汉代为了结出大葫芦，采用了靠接法：将10根瓜茎用布捆绑在一起，再用泥封住，几天之后，这10根瓜茎便愈合而长在一起了，再整枝，只留下最强壮的一枝，这样结出的葫芦比普通的葫芦要大10倍。本书中还专门讲了梨树的嫁接，对选用砧木和接穗，插入之后的封泥、浇水、覆土等都做了反复缜密的交代，指出嫁接的梨树结果的时间比实生苗还快。书中提到的"木还向木，皮还近皮"一语，道出了嫁接成功的关键。由此可知，当时嫁接技术已经到了相当精湛的地步。嫁接法的成功运用，揭开了"人力回天"的秘密。仅就嫁接理论与嫁接技术而言，书中所述，在当时的世界上也是先进的。

3. 杂交。古人很早就将杂交优势用于动物繁殖。先秦时代，就有马驴杂交产生杂种后代骡和駃騠。《齐民要术》中将马驴杂交的后代称为"骡"，对驴父马母所生的駃騠或马父驴母所生之骡的优势做了分析，要求发挥公马母驴的杂交优势（育骡）。

4. 阉割。古人还利用阉割技术来改变动物的某些天性。《周礼》中已有关于"攻驹""攻特"的记载。除剩羊、骟马外，其他的家畜家禽也用阉割法，如宦牛、阉猪、镦鸡、净猫等技术。《齐民要术》介绍了各民族的经验，主要是用

"无血去势术",即剩羊法、骟马牛法之类。有趣的是,《齐民要术》对植物也讲"阉割",介绍了去除果树主根可促进挂果的技术。

5. 火耕水耨,利用生态,诱发演化。古人把水稻种植技术概括为"火耕水耨",这便是对"天然生态"的巧妙利用:先用火把田中的杂草烧掉,然后再种上稻。出苗时,放进水去。在水淹的条件下,稻能正常生长,而杂草却难以生存。这是对水稻不怕水淹的这一天性的巧妙利用。水稻的根系有裂生通气组织,能从茎叶输送空气到根部,进行气体交换;根在幼嫩时有吸收水分、养分的作用,老化后细胞壁厚化,只营通导作用,又能防止体内氧气的散失;在主茎和分蘖节的地上部分,还能生出不定根,在湿度过大或积水浸淹下,地上部的不定根能吸收空气与养分。而且水稻节间有随着水层加深而伸长的特性,这些都是灌水能淹死杂草而无伤于稻苗的生物学依据。另外,宋以后才普遍采用的稻作移栽技术,在《齐民要术》中竟也有所反映。尽管那不是"栽秧",而是为了"移苗"以除草,但它对栽秧显然有技术性的启发。

6. 对有益菌种的利用。古人懂得苜蓿、菽(豆)类对改良土壤的积极作用,这是对根瘤菌的利用。此外,对有益菌种的利用则主要体现在食品加工过程中对酶和酵母菌的利用。《齐民要术》用极大篇幅来讲酿酒、制曲、做醋、制酱豉、发面、做奶酪、酸乳、制脂粉等,把"微生物利用"做到了出神入化的地步。拿化妆品"英粉"的制作来说吧:用一色纯米,使甚细,拣去碎米,在木槽中下水,脚踏十遍,净淘,直到水清为止。于大瓮中多着冷水,浸米。春秋需一个月,夏则20天,冬则60天,以多日为佳。其间不须换水,越臭烂越好。日子少者,将来英粉不滑美。日期足后,再汲新水,就瓮中沃之,用酒杷使劲搅和,淘去醋酸气,遍数不怕多,酸气消尽乃止。再轻轻取出着一砂盆中,熟研,以水沃搅之。接取其白汁,用绢袋过滤,置于另一瓮中。研尽,以杷子就瓮中良久痛抨,然后澄清之;接去上面清水,贮出淀粉淳汁,置一大盆中,以杖顺时针再搅三百余匝,停置,盖瓮,勿让灰尘污染。良久,清澄,以勺徐徐接去清水,用三重纱布贴粉上,以粟糠着布上,糠上又铺上草木灰;待灰湿后,更以干者易之;直到灰不再湿为止。然后削去四畔粗白无光润者,另外收贮之。其中心圆如钵形,酷似鸭子白光润者,名为"粉英"。待无风尘好日时,摊在床上,刀削粉英如梳,曝之,乃至粉干足,手痛挼勿住。有人客时可作饼待客,做成香粉,可供妆摩身体——即此就可窥见六朝生活的一个面影了:六朝时,不光是妇女,连男子汉也涂脂抹粉,曹植、何晏、江淹等人士便是这方面的名家。

7. 从耒耜到犁耧。中国农民还以自己的勤劳智慧,发明了众多先进的农具,积累了丰富的农业生产技术和经验。《齐民要术》开篇就说,神农氏"斫木为耒，揉木为耜"。对那时的人来说，这"斫木""揉木"就是技术含量很高的工作了。后来，单尖耒的刃部发展成为扁平的板状刃，这就成为"耜"。再后来有了青铜之耜、铁制之耜。差不多同时，又出现了牛耕。牛耕是与犁联系在一起的。起初的犁较为笨重，所以用牛较多，汉代有"二牛三人"的"耦犁"。犁的破土能力主要取决于犁头的铧。春秋战国以后，铁犁铧开始普及。汉代出现了犁壁，这是一个加在犁铧上端的装置，它可以起到翻土兼碎土的作用。汉代的犁是直辕犁，已经具备犁辕、犁箭、犁床、犁梢等部件。《齐民要术》反复说及它的应用，并分析了短辕、长辕的优缺点。另外，楼车也是一种先进的农具，是汉武帝时主管农业生产的搜粟都尉赵过发明的，东汉崔寔《政论》对它有记载。楼车即三脚楼，由三只楼脚组成，下有三个开沟器。播种时，用一头牛拉着楼车，楼脚在平整好的土地上开沟播种，同时进行覆盖和压土，一举数得，省时省力，可以"日种一顷"。楼车的出现为分行栽培提供了有利的工具。它能够保证行距、株距始终如一。楼车也为畜力中耕的发明准备了条件。

8. 现代包衣种子的前身——溲种法。人们知道种子包衣技术是20世纪60年代中期在欧洲成熟的，但看看中国农业史就会发现，这种重要的农业技术在两千多年前的西汉时期即已采用了，那时叫"溲种法"。据《齐民要术》介绍，汉代有两种溲种法：一种是"后稷法"，另一种是"神农法"——用这样两位历史人物来命名，一是说明这项技术之古老，二是说明它具有相当的权威性。"后稷法"就是用斫碎的马骨一石，加水三石共煮，煮沸三次后，滤出骨渣，把五枚附子放进骨汁内浸渍。三四天后，取出附子，用分量相等的蚕粪和羊粪加进骨汁内搅拌，使之成为稠粥状。播种前20天，就把种子放在里面搅拌，使稠汁附在种子上。经过这样处理的种子，不仅可免于蝗虫为害，还可以使庄稼更加耐旱，获得加倍的收成。"神农法"的具体做法有些不同，原理是一样的，也能得到防虫、耐旱的功效。两种溲种法所用蚕粪、羊粪或麋鹿粪，都比较细腻，有较高的黏性，故易黏附在种子外面，且有相当的保水能力。同时，蚕粪和羊粪肥效较高，特别是蚕粪，不仅是富含氮、磷、钾的复合有机肥料，而且还含有一定量的镁、锰、硅等微量元素，还含有植物生长刺激素吲哚乙酸，这对于促进作物壮苗，无疑起到重要作用。骨汁中含有骨胶，它同蚕粪和羊粪一起，可以起到黏合剂的作用。附子是乌头的干燥块根，是一种热性很大、有剧毒的中药，含有乌头碱等多种生物碱，在防治地下虫害方面有一定效果。看来，2000多年前的溲种法，其实是现代种子包衣技术的先声。

由此，我们可以充分认识到《齐民要术》在农业科技史上有多么重要的地位。

七、独放异彩的中国功夫

中国功夫，建立在深厚的中华传统文化的内蕴之上，其源头可追溯到三国名医华佗的"五禽戏"。用肢体自运动来调心调息调气脉，达到健身、卫生、延年、益寿的目的。这是"天地人一体"之民族信仰的绝佳妙用。

中国功夫凭头—手—肩—腰—足的"肢体自运动"来进行自卫防身、搏击竞技，同时通过呼吸控引，练意练气，从而养生健体、祛病延年，这正是它的异彩所在。其肢体语言或讲究轻柔、圆匀、舒缓，或追求威武、矫健、刚劲。虽不以操弄器械见长，但也不拒绝执扇舞剑来增加其观赏性（按：电视里把"中国功夫"搞成某种出奇入怪、好勇斗狠的活动，是一种误解），故能赢得广大民众的追捧与喜爱。

中国功夫，宗派林立，多以教条、门规、程式、套路相区别，但其基本思想、演练原理则是互根互映的，其修炼方式、运动技艺也是可以互鉴融通的。我们生当今日，信息交流频密而速效，自应超越门户，大气包容，广揽精收，以求多元一脉而共襄大业。世间兼学别样者方为大家，僵守门户者难成大器，这是人人都明白的道理。凡名家大师的阅历，皆可做证。

功夫讲法则，修炼有规程。提纲挈领，请读下文。

（一）一身担当

人身为一体，人称"小宇宙"，最具全息性，整体性，有机连通性，是调护、养息、修炼、搏击之物质根基。当全身脉络顺达，气血畅流，精神焕发时，即通体舒坦，生命活力高扬，拼搏取胜矣。故练功先要树立一体观、整体观。

人体是个有机整体，为研究方便，可分节说明：1. 全身为一有机整体，可分为头颈、胸腹、下肢三大节去看；2. 全手是个有机整体，可分为指、掌、掌根三节去看；3. 手指也是个有机整体，还可分上、中、下三小节去看。这么三、三、三地分下去，但不能忘了原是一个有机整体。

太极拳祖师有言："夫太极拳者，千变万化，无往非劲（按：劲，指意志与气力的综合）。势虽不侔，而劲归于一。夫所谓一者，自顶至足，内有脏腑筋骨，外有肌肤皮肉，四肢百骸，相联而为一者也。破之而不开，撞之而不散。上欲动而下自随之，下欲动而上自领之，上下动而中部应之，中部动而上下和之。内外相连，前后相需，所谓一以贯之者，其斯之谓欤！"这里讲的就是人体之组织结构与功夫之气力运作的统一性。

经络家言：连通体表与内脏相应部位的十二经络，分属于十二脏腑，由内脏统帅人体，从头到脚、从手指到脚趾，是全身信息通道、营卫通道、气血通道。所在的任何一处得到修炼或有病变，都可以从脉络的穴位变化上得到显示，可加以诊知与治疗。这是对人身整体状况的又一种理解，有助于讲清人体组织与功夫的统一性，也是中国功夫能一体担当，练体、练力又练意的物质依据。人们评价功夫高低，不能单单看竞技胜负，更应注重平时强身练意的效益。效益才是属于修炼者本人的。

（二）五体联动

中国功夫靠的是"1头—2手—3肩—4腰—5足"的肢体自运动，形成五组功夫单元，合称五动。五动为修炼之纲，纲举目张；不动不练，一切无望。其要诀是：

> 意动体兴，手足呼应；似静犹动，似动犹静。
> 身心兼修，气息圆匀；外示安逸，内固精神。

尽管门派招式各异，基本精神则是相通的。

1. 头眼：练功者以"头颈眼"构成第一个功夫单元。其中，头是全身之主宰。先要闭目养神，静心吐纳，调息待时；而后方能身心舒适地渐入佳境。其诀窍是：稳立足，轻垂手；低眉收颔，自然呼吸，吸收气功学之要领而糅合之。

（1）头：头部之转侧俯仰，须皆成圆弧，顺心自如；伴以抵腭漱口，吞津叩齿，提耳捏鼻；兼练干洗面、干梳头，以收七窍疏通，耳目清明，头脑清醒之效。

（2）颈：颈扼守着肩臂脊胸之闸门，而组织柔韧，最需适度启动，乃仿鹤伸猿盼，虎视鹰睨。其诀窍是：以颈动带动头动。可兼做按筋揉穴功夫，以确保血脉畅达。

（3）眼：要做到正视山崩不瞬目，仰视飞鸿而移睛，俯观山谷透深远，闭目内窥清腑脏，真正练目又练意。还须记着：扭头平视百步外，转项斜盯丈寸分；顺逆环视三五轮，筋节皆调理，自然倍精神；更喜眼疾皆可治，无须用药也无针。

"头颈"单元可原地运作，运动幅度不大，强度不烈；对环境并不苛求，当然以场地宽平、绿色环护、空气流通、鸟语花香为佳。

2. 拳掌：拳掌构成第二个功夫单元。在功夫学上，手乃天地人三才合一之连线。仰手，为昊天信息的接收器；垂手，是安分知足之显示仪；伸手，乃人心意欲之发射台。手上举可提身而承天光，澄神净虑；掌下垂示守法而接地气，厚德承重；掌一劈，截断浮思邪念；拳一击，防护侵凌危害。

从经络学上看，手作为人体信息的显示器，其指、掌、爪聚集众多穴位，最为紧要。练掌，可收诊疗、防病、养生之效。

（1）肘：平舒、侧运，存扩胸之意，有撞击之功。动作通以弧匀为准，而迅猛发力亦所不辞。

（2）手：指爪掌腕，密切配合。舒展到位，目力随之。以身为轴，从肘发力。手形多仿生，如鹤爪、鹰爪、猿勾、熊掌、鹿角、虎扑诸式，各取所宜。

（3）交手：习者对立，人格平等；既得胜出，"承让承让"。

"拳掌"为中国功夫入门之髓。手指头是六种经络的起点，自应加意经营。拳掌之动对场地要求也不高，当然以能"迎天光、接地气"为佳。

3. 肩背：肩背脊构成第三个功夫单元。上身保持正直沉稳，起轴心作用。

（1）肩头莫前勾，肩莫并耸。前勾并耸，很不雅观。

（2）背身向上提，气往下注，仰身屈体，拉伸延长。

（3）脊只要脊正脊强，五脏六腑就皆能各居其位，各守其序，各尽其职，各显其能，故曰：中枢脊梁，挺拔不屈；不倒不挠，丈夫本色。

人之脊梁，是生命尊严的丰碑。"肩脊"最需要表里兼修的自觉意识，它是一个人的精充—气足—神旺之最佳表现。心肺要害在此，须加意防护；"膏肓"是其底线，切须调理，深呼吸即可。

4. 腰肾："腰—胯—臀"构成第四个功夫单元：以腰为轴，可上引肩背，下带臀胯，齐动并运，使周身活泼泼的。其中，学会、练好丹田深呼吸尤为重中之重。

（1）腰："气聚于腕，机关在腰。"腰动要圆，运幅到位。

（2）腹：这里专指丹田运动，要强肾蓄精，正身纯意，排除杂念。

（3）胯：扭摆有度，最忌轻浮。如能沉稳发力，足示壮美之观。

（4）臀：善收勿突，不宜夸饰。所谓审美之功，其实半在臀动。

"腰肾"最讲究整体观念，要做到上下贯通，前后呼应；但求刚劲文明，切忌媚俗粗糙。

丹田在此，它本是母体营卫之先天通道。养生家言：为使血气循环畅达，使神情健旺，就必须结合导引、吐纳来练身、练气、练意。而导引、吐纳的机枢就在于"意守丹田"：因为丹田是意力（意志力）、气力（生命精力）、活动力（肌体运动能力）的储存器和驱动源，人体供血—供氧—供能量就由此出发，故历来最受中医家、养生家的重视（西医家无此类意识）。

5. 下肢：腿足构成第五个功夫单元。股动膝运，脚力发舒；足移体稳，虚实分明。趾掌跟踝，绷勾转顿；直踢横扫，豪气如虹。

（1）股：不生不硬，有度有节。意注足掌之下，力运双股之间。

（2）膝：屈伸自如。立须挺直，蹲要沉稳。

（3）足：立如松，步若熊。步幅依规，接地稳实；立姿平衡，身正心静。

古人云"今夫四肢百骸主于动，而实运以步；步者乃一身之根基，运动之枢纽也。进退反侧，非步何以做鼓动之机？抑扬伸缩，非步何以示变化之妙？"蹲用满掌接地气，卧踩虚空试腿能。飞空骋勇健，智巧夺先机。

"下肢"单元动作幅度最大，力度最强，腾跃最活，攻防兼备。奔竞态势最亮眼，素养造诣最深厚，搏击竞技最能出神入化，可谓淋漓尽致矣。

（三）修炼要领

1. 刚柔缓捷、异曲同工。

从修身养性讲，功夫动作要求圆—柔—匀—静—缓；从竞技求胜讲，手脚必须刚—挺—勇—捷—义。二者相辅相成，不可割裂，不容偏废；应时互用，各有侧重。既修且养，亦攻亦防。

（1）圆：迈方步，走圆场。身手圆转，消解龃龉。

（2）柔：轻软柔和，以柔克刚。行云流水，衔接无痕。

（3）匀：意沉丹田，气息调匀。节奏匀净，步履安详。

（4）静：静穆宁一，净心淳虑，和谐亲近，恭谨诚敬。

（5）缓：轻缓有序，不急不躁。以意动身，后发制人。

（6）刚：掌有力度，拳有强度，不屈不挠，宁折不弯。

（7）挺：挺拔威严，不容轻亵。动作硬朗，目光如炬。

（8）勇：泰山崩于前不瞬吾目，白刃挥于侧敢撄其锋。

（9）捷：迅猛敏捷。出其不意，袭其不备；如猫捕鼠，如鹰攫鸡。

（10）义：见义勇为，当仁不让；有礼有节，武德至上。

2. 百花争艳，风格大同。

下列三项，乃中国功夫界共认之不变真经、公行通则：

（1）言其术：行云流水，圆匀轻扬；矫健敏捷，外柔内刚；

（2）求其旨：动静结合，表里兼修；周身运动，气血畅流；

（3）取其道：尊师重道，诚敬礼让。习艺立人，刚正阳光。

3. 民族重任，时代担当。

更为要紧的是，铁肩担道义：中国功夫要承担养生健体、防病延年之任务；还要承担搏击竞技，修身养性，塑造社会人格形象的职责；更要致力于提升国民素质、培护民族精神、从而向世界提供全新的公共优秀文化产品之使命。任务艰巨、岂容易哉！

中国功夫兴盛之日，即民族素质提升之时！中国梦实现之秋，则世界大同可期矣！

（四）独放异彩

"中国功夫"是我国特有的一种公共文体产品，它建立在深厚的中华文化传统内蕴之上，其丰厚的文化内涵可以归结到六大层面：

1. 以阴阳对应学说为功夫理论基础、以五行生克学说为演练修持灵魂。倡行通达包容，共生互动；善于调节阴阳物我，动静内外，迟速方圆，刚柔进退，高低表里，攻防纵横，以至反侧毁誉等一切对应关系，致力于综合平衡发展。

2. 吸收养生学、经络学、中医学、生态平衡学、运筹决策学之原理，采纳传统拳术、气功、吐纳、按摩之长技，贯彻练意、练体、练技之要旨，精—气—神综合并举；不断推进功夫文化之内涵的充实发展。

3. 以肢体自运动加呼吸控引来表现其高超技艺，形式极具普及性、普世性，为国际通用型，不求怪异惊耸，做到身姿仪容庄重化，套路程式专业化，普及推广平民化，技艺修能艺术化。这有利于拥有最广泛的受众，汇成一股世界性健身洪流。

4. 有严谨的礼节仪容，有合理合法合度的套路格式；使用形象思维表达式作为套路名号、指挥口号、品牌标号，保持鲜明生动、活泼可亲的风格。

5. 修炼主体注重陪护和谐互助、雍容大度、宽和开放的阳光心态与大气人格；名师、社团注重收徒训徒之德行，以及师弟子之交往礼仪和演练礼仪，保证旗章—服饰—鼓乐—仪容的庄重威严。

6. 反对"黑白二元对立"论，不搞弱肉强食，不效丛林法则；不树宗派门户，不准好勇斗狠；社会生活中要为公平正义、救难济困而勇于献智献身，当仁不让，敢为天下先！

今天，发展和普及中国功夫，正是提升国民素质之一途。上述想法，尚有待论证，更待实践中相互切磋，不断提升。

中国功夫，说到底，其实就是中国人的一种动态修养功夫。它的肢体语言是外在的，它的精神气质是内在的。习得外在，把握内在，是我们的任务与天职。

中国人民要体认中国文化，传承中国精神，习练中国功夫不失为一个主题分明的富于民族风采的特色通道；而国际上要想认识中华文明，体察中国精神，中国功夫更不失为一个绝佳窗口。

努力吧，志士仁人们！

八、隋代大一统国家治理模式的全面提升

隋唐时期，是中华大一统国家治理模式的全面提升期。公元589年，隋政权猛然结束了南北大分裂，结束了500年的门阀政治，重新构建了大一统政权，给庞大社会以强力的管束。它着力于创制立法，推行六部制、科举制、监察制、审计制和新五刑，使国家政治经济得到跨越式发展。大运河的开通，一举结束了三国两晋以来南北经济文化的对立与疏离，以"长安—洛阳"为轴线的周秦两汉的内陆型经济横向发展模式开始向"以大运河为血脉、以东南沿海经济为主干的纵向发展模式"的演变。同时，把发展国际交往视为基本国策，长安成为国际性经济文化交流的中心。隋代在甘肃武威还召开了西域万商云集的国际贸易大会。但是，隋政权急速推进的巨幅变革超出了社会所能承受的力度，人们还来不及消化新制度、新设施的积极成果，便遭遇到在分裂动荡中运行了四五百年之久的贵族惯性力量的破坏与民间反抗力量的抵拒，故与秦一样，它也短命而亡；但它努力变革的积极意义是历久弥珍的。

（一）国制新变，强化监察与审计

隋唐行政体制有别于秦汉，却承袭了不少源于北朝的制度因素。中央政府体制变成了"三省六部、二台三院九寺"制，土地实行"均田制"，军事上实行"府兵制"，政府文职官员采用"分科考选制"，国家法治体制空前完善，强化了监察与审计体制机制。

隋朝尽管是一个仅存在了38年的短命王朝，但它很有作为。它改革中央政府建制和地方行政体制，排除世家大族对国家权力的瓜分，提升了国家行政效能，为大一统国制的改善与强化做了意义重大的探索与改革。

1. 废除秦汉"三公九卿"官制，确立"三省六部"体制。为了防止重蹈权臣篡位的覆辙，隋朝分割了宰相权力，在朝廷设置了内史省、门下省、尚书省三省，作为最高行政机关。其中，内史省（后改称内书省）专门负责起草诏令；门下省为献纳谏议机关，主管审查政令与封驳之事；尚书省作为全国政务之总理机构，设尚书令，左、右仆射以主管该省省务，其下设吏部、礼部、兵部、都官部（开皇三年四月改称刑部，从此定名）、度支部（开皇三年改称民部，唐人改称户部，其实就是"财相"）、工部六部，各部置尚书、侍郎，分曹办事，具体管理本部事务。

很显然，这六部都是"实权"单位，上三部（吏礼民）的核心任务是"治民"，以行政手段对全社会进行意识形态的灌输与行政控制，进行秩序管理；下

三部（兵刑工）的重点在兵、刑，那是国家的"强力后盾"。

2. 简化地方层次，加强中央集权。鉴于三国以来地方机构层次过多，权力过大的弊端，隋朝"存要去闲，并小为大"，改过去的州、郡、县三级制为州、县两级制，同时削减地方官职，削弱地方官吏在兵、刑、财等方面的实权，把其任免权收归中央。规定凡九品以上地方官一律由吏部任免，刺史、县令三年一选，不得重任，而且刺史、县令不得在本人家乡所在州、县任职，实行"回避"。这些措施，对于确保中央政权的稳固和防止地方官吏专权营私起到了重要作用。另外，为了大幅压缩政府财政开支，把周秦两汉一直列入"官制"的乡里行政首长，改为"不领国家薪酬"的吏役（他们的需求便自然地直接转嫁到乡民头上去了）。

3. 确立国家监察和审计体制。特殊的是：隋之朝廷除三省六部外，还有二台：御史台和都水台。都水台掌管河堤谒者、都水尉、诸津尉等，与内河警务有密切关联。御史台则负责监察，以御史大夫为长官，御史中丞为次官。下设台院、殿院、察院。察院设监察御史12人，主要负责监察地方官吏。台院设侍御史若干人，负责纠弹中央六部百官，并参与大理寺的审判活动和审理皇帝交付的案件。殿院设殿中侍御史12人，负责朝会纪律，纠弹朝官在宫殿中的违法失礼之事，并巡视纠察京城。殿中侍御史与监察御史共率左右巡使，分头巡察京师（长安城）之东城与西城各坊的治安秩序（这项制度是元魏的延续，可视为明清巡城御史的兆端）隋代如此强化御史监察体制，促进了中央执政能力的全面提升，也是对专制独裁体制的修正与救济。

在尚书省的六部之中，度支部（民部）为国家财计主管机关，下统度支本部、仓部、左户、右户、金部与库部六司。其中，度支本部掌管会计核算与管理事务；仓部主要掌管粮谷的出纳与会计核算；左户掌管户籍、计账，拥有统计与民政方面的职能；右户着重掌管全国公私田宅的租调；金部主要负责全国财物的出纳与会计核算以及度、量、衡具的制定与管理；库部则侧重于军用物资的出纳、管理与会计核算。中央财计组织的健全，为顺利开展系统、全面的审计工作提供了必要的条件。隋朝又将审计机构隶属于刑部，主管全部刑名与财务审计，下设都官、刑部、比部、司门四司，进一步明确了比部审计的司法监督性质。

（二）隋代的立法活动

隋文帝即位后，便着手更定新律，指派高颎、杨素、裴政等人参用周齐旧律，除其苛惨之法，务在宽平，修成后定名为《开皇律》。《开皇律》废除了自春秋战国以来的车裂、枭首等酷刑，保留了斩、绞两种死刑方式，确定了笞、杖、徒、流、死五种新的刑罚形式，被此后历朝一直沿用下来，而具体执行标准则各有调整。

《开皇律》明确规定五刑分为二十等，使定罪量刑工作较前缜密。其中：

笞刑五条，自"笞十下"至笞五十下，分五等。

杖刑五条，自"杖六十下"至杖一百下，分五等。

徒刑五条，自"徒一年"起，分五等，每等递加半年，至三年止。

流刑三条，自"流二千里"起，分三等，每等递加五百里，至三千里止。

死刑二条，分绞刑、斩刑两等。

我国夏商时就形成了针对不同性质的犯罪实施不同刑罚的刑惩体系，由轻至重，有黥（墨）、劓（聝）、刖、宫、大辟等五大"肉刑"，都是加诸犯罪人的活体的。西周时，加上了笞、杖、徒、流，发展为"九刑"，大大压缩了"肉刑"的实施空间；西汉文景时期，又大大压缩了施刑烈度，力求政简刑轻。此后，"废肉刑"便成了社会共识，而《开皇律》则从国法上将"废肉刑"固定下来了（明朝又一度恢复了肉刑）。

（三）隋代的社会层面控制

隋政府高度重视社会层面控制，相关条规也更为完备。国家对世家大族、对士子、对农户、对军人、对宗教徒，以及对恶少、游侠、刺客等社会成员的法治管束尤为重视，规定了相应的限制或制裁措施。

1. 控制门阀世家。

魏晋以来，门阀世家垄断政治、经济，在六朝政权更迭过程中，他们为保门阀私利，始终"随例变迁"，不论皇帝如何更换，门阀世家却能一贯地维护着自家的私利，从而形成一股根深蒂固的社会惰性力量。这种豪族势力的集结，自然有碍于中央集权的推行，即有碍于皇权的巩固，有碍于国家的政治大一统。隋王朝建立后，即着手控制这一阶层。隋政府用科举制取代九品中正制，从门阀手中夺得了组织人事大权，此后各级政府权力便掌握在代表中小地主利益的寒门之士的手中了。隋政府又用"大索貌阅"和"输籍法""分户法""相纠法"等政策，在全国范围内检括人口，从世家地主手中夺回了大量的劳动力，维护了国家经济赖以持续发展的根基。隋政府又推行"府兵制"，把强大的军事力量集中在皇帝手中，使世家豪门无所依恃而就范。此后，门阀世家作为一种特殊的社会阶层，便在政治舞台上从权力核心中移除了。可以说，通过剥夺其特权利益、减少其依附人口、打击其社会地位等措施，统治者有效地实现了对六朝以来门阀世家这一社会阶层的控制。

2. 科举制：笼络庶族地主与知识层面。

所谓科举制，是一种分科考选人才的制度，它是隋政府在组织人事上的一项开创性举措。它以公开的定期考试,向全国所有知识分子打开准入的大门,凭公平的学识竞争,择优录取有用之才,入试者不论贫富(但要查三代有无犯罪前科,本人是否是"贱民"身份),不分民族(甚至不分国籍),也不计年岁(但有性别歧视),也不论以往入试的次数,不搞"一卷定终生"。在这一制度下,一面使"学而优则仕"有了组织保证,知识人有了前程;一面使政府血液得到源源不绝的更新,因而是一个优越的政府选才制度。相对于先秦的贵族世家的世袭制、两汉的官僚征辟制、魏晋六朝的九品中正制,伴之以军功奖赏制等人事制度来说,它贯彻了人才选优原则、公平竞争原则、公开考试原则、公正选拔原则。这样组成的文官政府,保证了它的知识水平与基本执政能力,同时也刺激了全社会的求学之需,打破了历代贵族世家对文化的垄断,故此制能经久不衰,不断完善,并成为世界"文官制度"的先声。

3. 控制农业人口。

现在说到政府对农民——对人口的绝大多数的控制方式。控制农民的办法:一、使之与土地结合起来,不使其流移失业。农民沉稳了国家才安稳,农民浮动国家必定浮动;二、将其组织在一个强力的政治网络之中,让所有人力直接转化为巨大社会生产力;三、由政府直接控制农户,不让地主豪强、官僚世族、富商大贾与寺庙僧道等分割国家人口,占有劳动力,占有财富源泉。这里就隋政府控制农民的主要措施略说一二。

隋代曾推行大索貌阅与输籍法。具体一点说:隋文帝开皇初年,命令全国州县"大索貌阅,户口不实者,正、长远配,而又开相纠之科。大功以下,兼令析籍"(参见《隋书·食货志》)。同时,采纳大臣建议,制定标准户籍式样,明确户等评定条件,"遍下诸州,每年正月五日,县令巡民,各随便近,依样定户上下"(见《隋书·食货志》)。隋政府通过这次全国性户口彻查,"新附一百四十六万一千五百口",而获得了近150万的户口。其办法是:以闾、里、族、党为单位,一个县一个县地进行人口普查,县长要逐个验视本人相貌,这叫"貌阅",再作户口登录。如有不实,闾正、族正与里长、党长要负法律责任,被远远地流放。政府鼓励民间相互告发,揭出隐漏户口者,由被揭人代替揭发人供税服役。又命令三代以上亲属分家立户,禁止发生"千丁同籍""三十五十家为一户"之类户口脱漏诈伪等情。为了使赋役负担相对合理平允,国家颁布了"户等条例",让百姓自报公议每户的户等,政府按户等征税。而一般说来,政府征收的税额低于富豪之家私收依附人口的租税额,减轻了纳税人的负担。于是老百姓都乐于向政府"输籍"而纷纷脱离豪门大户或寺院。就这样,隋代通过貌阅之法,分户之令,相纠之科,输籍之策,空前地增加了国家直接控制的人口数,即直接的剥削对象。这一措施，后来形成定制，至唐代每遇人户变异而更动册籍时，仍须"貌阅"。由县官当面察貌之后再登录更订户籍。

隋代推行均田制，这是为了让农民牢牢地附着在小块土地上。在社会基层推行邻保制，让老百姓自己组织安全保障力量，是谓"基层自治"。规定"百户为里，五里为乡。西京及州县廓内分为坊，在田野者为村。坊有正，掌坊门管钥，督察奸非；村有正，掌同坊正。四家为邻，五邻为保，递相检察"。有人在保内出入，必须向保长申报；如有长年外出或迁徙，里正要负责调查外出者的户等、奴婢驴马的去向及谁人代承其户的交税服役义务等，查实上报县司。县司据报，发给迁徙人《过所》（通行凭证）。

从法治角度讲，对农民的控制，最艰难的是对流民的控制。流民问题，始终是困扰历届政府的严重课题。隋政权的崩溃，说到底，就是因为离开土地的农民太多而失控了。

4. 对其他社会阶层的法治管束。

除了对世族豪门、庶族地主及其知识分子，以及对广大农民的控制外，隋政府对官奴婢、兵士、僧尼、商贾、手工业工人及归附的"化外人"，也进行多方面的管理，尽力将其控制在政府权力范围以内。军人之于法治，有正负两方面的作用："置兵所以止乱，及其弊也，适足为乱；又其甚也，至困天下以养乱，而遂至于亡。"因此，必须加强对军人的控制，其"府兵制"就是对军事力量的严控制度。此外，隋政府对宗教徒也实行严格的管束，不断打击他们的不法行为。特殊的是：东汉—六朝时泛滥成灾600年的"谶纬之风"，是在隋代被扑灭的，大量谶纬书籍从此被禁绝了。中国宗教势力从来没能凌驾于世俗政权之上，与此有关。

显然，这些举措，都极大地强化了中央集权。此后1000多年的中国史上，除五代十国为期五十来年的短期分裂外，大体是统一的，与此不无关系。但历史告诉我们：意识到了的历史任务并不总能做好，要稳步化解400年分裂割据所积淀的历史惯性，把整个社会推上新的运行轨道，需要有一个相当长的时期；而要巩固和收获社会变革的积极成果，更需要待以时日。这方面隋人拓荒，唐人享用，唐承隋制，倒也合乎规律。

九、《唐律疏议》编纂上的方法论优势

唐太宗说："惩奸禁暴，弘风阐化，安民立政，莫此为先。"要"惩奸禁暴"当然需要用刑，也要讲道、"弘风阐化"，应该用道，也离不开刑。于是，把伦理

道德方面的要求上升为法律，凭法的约束力来维护伦理；把属于国家行政管理中要求百姓应尽的义务纳入依法奖惩的范围，用法的形式强化百姓的义务感，就成了《唐律疏议》的一个重要特色，它清楚地表现出以礼统刑、以刑护礼的特色，即以礼的原则——以礼制为指导制定刑惩法规，以刑惩的权威来维护和保证礼的贯彻。这就解决了秦汉以来礼制与法制的矛盾与冲突，使帝国法制达到新的高峰。

（一）唐代持续的修律活动

唐建国之初，高祖李渊以"宽简省刑"为指导思想，下令用《开皇律》为样本，制定唐代第一部律书《武德律》及《武德格》《武德令》《武德式》；到贞观年间，太宗下令将其修改成《贞观律》及《贞观令》《贞观格》《贞观式》，进一步贯彻政简刑清的原则。到唐高宗永徽三年，又令长孙无忌等对《永徽律》的精神实质和律文逐条逐句进行疏证解释，写成《永徽律疏》30卷，以阐明律条文义，并通过问答形式，剖析内涵，说明疑义，永徽四年颁行。元人统称之为《唐律疏议》。《律》和《疏》具有同等的法律效力，"自是断狱者皆引疏分析之"。开元时期有《开元律》《大唐六典》；大中时期有《大中刑律统类》等30余部。至此，《唐律》定型了。此后律文无甚改动，诸帝时的增损、编纂，多为"令""格""式"。唐朝法典至今只有《永徽律疏》和《唐六典》传世，其余均亡佚了。后世的《宋刑统》《元典章》《大明律》《大清刑律》都与之一脉相承，没有多少实质性的更改。

其中最有代表性的就是《贞观律》以及《永徽律》等著名法典了。众多法典的问世，突出地说明：每个王朝都要编制自己的法律，历朝历代都会组织专门的精于法学的班底、经过多年反复研究才编制而成本朝律典。我国从未有过不经审理实践的检验、就轻率收入法典的律文、案例。在中国古代，立法改制，是每一个有为之君的必修课。中国历代建国之初必先建制立法、定仪定规，这是开国之君、有为之君的责任，也是他的权力；但绝不意味着"法由君出"，立法从来不是皇帝的个人行为，而是专门班底的专项任务，是一代执政团队的智慧结晶。

（二）唐律"诸法合体"，适应了国家发展的需要

《唐律疏议》有12篇、30卷、500条，其内部章次安排是：

1.《名例》，阐明了本律的基本精神、立法意图与立法原则，其中规定了五刑、十恶、八议、官当、自首、过失、累犯、共犯、时效、并合论罪、责任能力、对外国人犯罪的处理原则等，相当于近代刑事法典的"总则"。另附本律所用重要法律术语的司法解释等。

2.《卫禁》，是有关皇室宫殿、庙、陵、苑的安全禁卫法规，连及州镇城

成、关津要塞与边防安全的守卫法规。

3.《职制》，是关于国家机构与职官设置的法规，关于官员失职、贪赃枉法、违犯礼制、毁损公物和驿传享用等方面的法规，有如近代的刑法与行政法的部分内容。

4.《户婚》，是户籍、赋税、田宅、婚姻、家庭等方面的法律，有如近代的民法分则，以及土地法、婚姻法、户籍法、继承法等，是"民法"之单行法规的内容。

5.《厩库》，是公私牲畜特别是马的养护法规（马是战略物资，故特予立法保护），与仓库的管理、官物的保护和出纳之法，有近代行政法规和民事赔偿的内容。

6.《擅兴》，是关于军队的征调、指挥、行军出征方面的法律，以及工程兴建的法规，是一种"国防法"。

7.《贼盗》，"贼"指贼害，包括反逆、谋叛、杀害人命、掘墓残尸、造畜蛊毒等；"盗"谓盗劫财物，包括偷窃、强盗以及略诱、拐卖、赃物等。

8.《斗讼》，分斗与讼两部分，是关于斗殴、杀伤、保辜、诬告、教唆诉讼、投匿名书信、违反诉讼程序等的处刑，具有近代刑法和刑事诉讼法的内容。

9.《诈伪》，规定对诈欺和伪造的惩处，近代归于刑法范围。

10.《杂律》，是拾遗补阙，将不便归于上述某一类的犯罪行为，汇成一篇，包括国忌期间作乐、私铸钱币、奸非、失火、赌博、借贷、雇佣契约、商品价格与质量、市场管理、堤防、水运、医疗事故、城市交通、公共安全等各项内容。

11.《断狱》，是关于审讯、判决、囚禁、执行方面的法律规定，含刑事诉讼内容。

12.《捕亡》，是追捕逃亡的相关事项的法规。含已判罪犯和尚未论决而事实上的犯罪者。

《唐律疏议》是古代成文法中最为完备的一部国家法典。它所包含的治安法规为国家警事提供了法律支持，在稳定社会秩序、巩固统治基础方面，发挥了不可忽视的作用。其《名例律》规定的一些原则，对如何认定犯罪性质和确定刑罚方面具有指导意义，如划分公罪与私罪的规定，关于自首减刑的规定，关于区分故意与过失的要求，关于共同犯罪的处理原则，关于合并论罪的原则，关于累犯加重的原则，关于类推判决的一般原则；还有关于老幼废疾减刑的规定，关于同居相瞒不为罪的规定，关于涉外案件的处理规定，等等。这些基本原则与规定，充分证明唐朝的法律制度是相当完备和相当缜密的。

治安法规，是对国民日常生活中的"应为"与"不应为"的法律规范，其目的在于协同道德伦理规范，遏止或减少犯罪危害，确保刑法的威胁力，以稳定社会生活秩序。《唐律疏议》中的治安法规，内容极为丰富，涉及当时社会生活方方面面，它的执行，对于维护社会稳定，发展经济，发展文教，都起了相当的作用。唐代创造了第一流的制度文明，这与唐代第一流的治安法规有密切关系。但"安史之乱"之后，就每况愈下了。唐朝灭亡后，出现了五代十国的分裂割据局面，长达半个多世纪。这个时期战乱频仍，外族入寇，刑罚酷滥，治安极其败坏。直到五代后期，后周王朝着手整顿，制定了一些制度，治安状况才稍有好转。

唐律是诸法合体的，它是时代发展的反映，是中华律学发展的成果，适应了高度发达的古代社会生活的需要。有人把西方工业社会的法律体系视为唯一科学的体系，用以比照唐律，从而贬低唐律的价值，是"只知希腊，不识汉唐"的表现。要知道，"合体"不等于"无差别"，"合体"恰恰反映了有"差别"的存在，才有"合"的可能；只是更强调其相互联系、相互渗透的关系而已，这正是它的长处。只要认真考查其具体条文内容，看起来民刑不分，其实民法与刑法在律条上是有分的；看起来实体法与程序法不分，其实实体法与程序法也是有分的，眉目清晰，不会造成法律实施上的困难。

（三）唐人律法编撰上的特殊收获

1. 律令格式齐备。唐太宗时，又定《令》一千五百九十条为三十卷，贞观十一年正月颁下之。又删武德贞观以来勒格三千余件，定留七百条以为《贞观格》十八卷，留本司施行。斟酌今古，除烦去苛，甚为宽简。太宗时，凡"式"三十有三篇，亦以尚书省列曹及秘书、大常、司农、光禄、太仆、太府、少府及监门、宿卫、计账名其篇目，为二十卷。至此，唐代法典体制已经大备，律、令、格、式齐全了。

影响所及，照式翻造成了历朝皇帝的首办大事。仅就专门"编录当时制勒"的"格"而言，唐代先后修订的就有：继房玄龄等删定《贞观格》十八卷后，世代仿效，有《永徽留司格》十八卷，《散颁格》七卷（由长孙无忌等删定）。永徽分《格》为两部：曹司常务为留司格，天下所共者为散颁格。其散颁格下州县，留司格仅留本司行用。《永徽留司格·后本》，刘仁轨等删定。《垂拱留司格》六卷，散颁格三卷，裴居道删定。《太极格》十卷，岑羲等删定。《开元前格》十卷，姚崇等删定。《开元后格》十卷，宋璟等删定。各"格"皆以尚书省二十四司为篇目。另有永徽式十四卷，后续的垂拱式、神龙式、开元式全是二十卷。

2. 律文缜密无疏漏。对于审断，《贞观律》还规定了相应的原则："诸断罪而无正条，其应出罪者，则举重以明轻；其应入罪者，则举轻以明重。称加者，就重次；称减者，就轻次。惟二死三流，同为一减，不得加至于死。断狱而失于出入者，以其罪罪之；失入者，各减三等；失出者，各减五等。"——这些法定原则的明确，标志着唐人立法思想的先进、立法思维的缜密，立法技术的完备。即以"其应出罪者，则举重以明轻；其应入罪者，则举轻以明重"为例，即足以说明唐律制定者的思维缜密而先进。

因为立法语言与立法技术的先天性局限，任何法律都绝不可能对所有社会现象都预先做出具体规定，法律对犯罪的规定不可能是全面、具体而充分对口适用的，因而在司法实践中，就应当考虑如何弥补立法语言与立法技术的不足，对复杂的社会行为做出有罪无罪、此罪彼罪的审断。而唐人所谓"入罪，举轻以明重；出罪，举重以明轻"的说法便是法律适用上的一个可行的办法。就是说，一个行为在现行刑法中没有明文规定是犯罪，但比它轻的行为在刑法中已规定为犯罪，就可以采取"举重明轻"的方法来适用法律；某个行为在现行刑法中没有明文规定不是犯罪，而判决时要不作为犯罪来处理，那就可以采取"举轻明重"的方法来适用法律：因为轻的行为都已受到刑法的调整，那么，重的行为更应受到刑法的调整。这样做，对双方当事人都是一种人权的保护。可见它与流行的"罪刑法定主义"比起来，在立法思想的先进性、立法思维的缜密性、立法技术的完善性上讲，都绝不逊色。

3. 伦理法特色。

《唐律疏议》又称《永徽疏议》，它总结历代王朝积累的丰富的立法与司法经验，继承西汉以来礼律融合的传统，使礼教纲常进一步法典化、制度化。故所有条文都以"三纲"为出发点和落脚点。为体现"君为臣纲"，规定了一系列严惩危害皇帝安全、尊严和专制统治的犯罪，以及议请、减赎、官当等一整套条款，以确认和维护皇权以及相应的官僚贵族特权；为体现"父为子纲"和"夫为妻纲"，规定了对不孝、恶逆、不睦、不义、内乱等行为的严惩以及七出、义绝等一系列原则制度，以确认和维护以父权和夫权为核心的伦理秩序。

（四）律文与律疏的有机配合

注释解释词义，阐明法理，举例恰当，法律概念和术语的使用准确而规范。其立法思维的缜密，法律条文的充分细化，达到了惊人的程度。例如：

1. 《永徽律疏·一五八》：《疏议》曰：妇人年五十以上不复乳者，许立庶子为嫡。[按] 这里，立法者将妇女不能生育、丧失生育能力的年龄定在50岁，这与现在生理学关于妇女更年期的认识是基本一致的。在1000多年前的唐代，在医学特别是女性生理学还不发达的时候，立法中能有如此考虑，与立法者照顾妇女权益的态度是分不开的。

2.《永徽律疏·二十八》：其妇人犯流者，亦留住。《疏》议曰："妇人之法，例不独流，故犯流不配，留住，决杖，居作。"［按］这是说，妇女犯流放罪，照例不单独流放（以免遭受性侵），因而就地留住。这就规定了男女"同罪异罚"。立法者对妇女给予了照顾，这是现代刑法中所没有的。尽管违背了形式意义上的平等，但却朝实质意义上的平等的探索迈出了一大步。妇女与男子生理不同，体质各异，即使是同一种、同等数量的刑罚，其执行效应是不同的。因而在法律上给予照顾，是应该的。

3.《永徽律疏·二六一》："诸以物置人耳、鼻及孔窍内，有所妨者，杖八十。"现代刑法，无论中外，对"强奸罪"中"性交"的外延争议较大，即性交仅是指性器官的结合，还是将口交、肛交等也包含在内。在司法实践中，有关口交、肛交及同性交，往往"于法无断"的现象。看到1000年前的此条文，不得不愈佩服其立法者思维的缜密。

4.《永徽律疏·二零一》："诸乘驾官畜，而脊破、领穿，疮三寸，笞二十，五寸以上，笞五十（指环绕为寸者）。《疏》议曰：注云：'指环绕为寸者'，便是疮围三寸，径一寸；围五寸一分，径一寸七分。虽或方圆，准此为法。但廉隅不定，皆以围绕为寸。"［按］对牲畜疮口的直径和周长做出数值规定，并作为有罪无罪以及罪轻罪重的依据，使法律真正成为判定罪行的准则，限制了司法官的自由裁量。这也体现了立法者思维的缜密性。

5.《永徽律疏·四二三》："诸在市及人众中故相惊动令扰乱者，杖八十。以故杀人者，减故杀伤一等；因失财物者，坐赃论。其误惊杀伤人者，从过失法。"《永徽律疏·四二四》："诸不修堤防及修而失时者，主司杖七十；毁害人家，漂失财物者，坐赃论，减五等；以故杀伤人者，减斗杀伤罪三等。即水雨过常，非人力所防者，勿论。其津济之处，应造桥、航及应置船、筏，而不造置及擅移桥济者，杖七十；停废行人者，杖一百。""诸侵巷街，阡陌者，杖七十。若种植、垦食者笞五十。各令复旧。虽种植，无所妨害者，不坐。其穿垣、出秽、污者，杖六十；出水者，不坐。主司不禁，与同罪。"在维护公共秩序方面，唐律力求简而不失，思考缜密。甚至强迫主司方负法律责任。

总之，唐律代表了中华立法思想、立法技术方面的最高成就，在中国法典编纂史上具有里程碑的地位和意义。《唐律疏议》的"疏议"部分是中国古代律学精华的体现，它对律文所做的解释，丰富了律文的内容及其法理色彩，建立起了一个律学的体系，从而使中国古代的律学达到了最高的水平。这部律疏对唐以及其后各代在中国推行统一法制起了巨大的作用。

十、唐代的县公安局局长们能干也能诗

隋唐地方实行州县两级制。与州同级的有所谓"府",如京兆府、河南府、太原府、凤翔府、江陵府、河中府、兴元府、兴德府等,在一定意义上说,它们是"直辖州"。州的长官称刺史,府的长官称府尹。西都(长安)、东都(洛阳)、北都(太原)的长官又特称为都牧。京县、畿县、上县、中县、下县长官均称之为县令,掌导风化、察冤滞、听狱讼。"凡民田收授,县令给之;每岁季冬,行乡饮酒礼,籍账传。仓库、盗贼、堤道,虽有长管,皆通知之。"县有"县丞""县尉"为县令之左右手,分判众曹,"收率课调"(见《旧唐书·职官志》)。

(一)隋唐州县的行政体制与法务

州县的"众曹"是指:司仓(仓曹),掌仓库与市肆;司户(户曹)掌户籍、计簿,以及道路"过所",并负责蠲免逋负,以及刍藁、田讼、婚姻、旅舍等事;司兵(兵曹)负责门禁、管钥、烽候、驿传、军防、田猎等;司田(田曹)负责均田;司功(功曹)掌考课,考核项目为人口增减、土地垦辟、钱粮收入、治安良否等项;兵曹、法曹掌盗贼、赃贿、狱审等;典狱掌管狱囚等;工曹掌道桥、舟车、宅舍、工艺与建造事宜。各曹(司)的分工十分明确,任务极为繁杂。

自从魏晋之际玄学清谈成了世族知识分子的时好之后,"摆落世务"以自命清高,将"敲扑喧嚣犯其虑,牒诉倥偬装其怀"(嵇康语)视为尘容中的尘容,世俗中的世俗,加以排斥,律学也就不被一般知识分子所重视了。地方长吏,便都是不明法学之人,"或以军勋余力,或以劳吏暮齿",这些人"犷情浊气,忍并生灵;昏心狠态,吞剥民物",本来就不把民命放在心上,于是积冤遍于域中,于是狱政更为混乱而昏暗,于是执法行法也就被世人视为卑污之职。从此,"轻法学,贱法吏"便成了古代学者与政府的通病。唐代反对世族政治,对此有所拨正。

(二)唐政府重视律学教育

唐代实行科举制,要求州郡每年向中央"贡士"。所贡之士,分为四科:一秀才,二明经,三进士,四明法(另有书法与算术两个专科),各有定额。唐政府命令京师与各郡各县都要兴办学馆,按此四科培养人才。每到年底,由学监负责考核,合格者与上计吏一起遣送到朝廷。有未入学馆而有所成者,同样推荐。

其中明法一科，国家考试时，分为四等。基本做法是："其判问，皆问以时事疑狱，令约律文，断决其有。"以时事疑狱为题进行策问，答案要以国家法律为依据，视答卷情况判断应试者的法学知识与条令的适用能力，分四等录取。头等："既依律文，又约经义，文理弘雅，超然出群。"其答案既能遵依国家律条，依法断案，又能引用儒家经义，阐明大道，文章写得弘雅得体，当然是优等，是首先应予拔擢的。其次是"断以法理，参以经史，无所亏失，粲然可观"，答卷能依照律文判案，引用经史文句进行说明，没有失误差错，文字通顺，这是第二等。第三等，判断依法，有文采；第四等，"颇约法式，直书可否，言虽不文，其理无失。"就是说，答卷总的来说还能依律断事，简单地将律文与狱案相对照，表明应按某律某格某式某例办理，不讲文采，法理上也没有失误，这样的人才也是可用的。把律学作为重要学科之一，注重法学人才的养成教育，是唐代的有用经验。由于唐代科举中有"明法"一科，知识分子们对此也能稍加留意。我们看到，张鷟为应试而练习写的判词体开山之作《甲乙判》，其后，王维的集子《王右丞集》中，也就有了不少"甲乙判"；白居易的《白氏长庆集》中也收录了大量"甲乙判"。当时知识分子是把律学看作一门重要的学问的。白居易曾上书请"升法科，选法吏"，以澄清吏治与狱政。唐代由科举而入仕的知识分子都是"明法"的。

（三）唐代入仕精英　首任多为法职

以下列出唐代科举考试进士及第后首任为县尉者（相当于现在的"县公安局长"），县尉是干什么的？是协助县令处理繁剧的地方政务的。他要负责练武、平乱、征役、侦缉、巡逻、捕盗、治安、关寨查缉、罪犯预审以至对那些抗捐抗税者"采取措施"之类。反正哪儿有碰"硬"的任务，他就必须出现在那儿。干的活儿与而今的县公安局局长加人武部部长差不多。唐朝县尉们的学历很高，不少是进士出身后又参加"拔萃"考试的高才生，至少也是因有特殊才华而被"赐进士出身"的人（同等学力）。如此学历，且一般在18岁至30岁之间，正是盛年，其执政能力毋庸置疑。例如：

房玄龄：临淄人，出任羽骑尉，初唐政治家。

颜师古：万年人，出任安养尉，著名学者、注疏家。

杜易简：襄阳人，出任渭南尉，初唐诗人。

苏味道：滦城人，出任咸阳尉，初唐诗人。

张鷟：深州人，出任过长安尉、河阳尉、襄乐尉等五任县尉，著名"甲乙判"的作手、奠基人。

张旭：吴人，出任常熟尉，著名狂草书法家。

张若虚：扬州人，出任兖州兵曹，诗人，《春江花月夜》作者。
王昌龄：江宁人，出任汜水尉，杰出诗人。
颜真卿：琅邪人，出任礼泉尉，著名书法家。
高适：沧州人，受举荐，授封丘尉，著名边塞诗大家。
杜甫：巩县人，出任京兆府兵曹参军，唐代伟大诗人之一。
元结：河南府人，右金吾兵曹参军，著名散文家。
白居易：下邽人，出任周至尉，伟大诗人。
李益：陇西姑臧人，出任郑县尉，著名诗人。
孟郊：武康人，出任溧阳尉，著名苦吟诗人。
王建：颍川人，出任渭南尉，著名诗人。
卢纶：蒲州人，出任阌乡尉，著名诗人。
张志和：金华人，出任南浦尉，著名诗人。
独孤及：洛阳人，出任华阴尉，著名散文家。
陆贽：嘉兴人，出任郑县尉，杰出政治家。
韩愈：河阳人，出任推官，古文旗手。
柳宗元：河东人，出任蓝田尉，诗人，古文旗手。
舒元舆：婺州人，出任鄠县尉，散文家。
顶斯：江东人，出任丹阳县尉，藏书家。
温庭筠：太原人，出任方城尉，杰出晚唐词人、小说家。
聂夷中：河南府人，出任华阴县尉，著名晚唐小品文作手。

以上各人，皆各有专成，人人能诗，也都是好官。看来，基层职务不是人才发挥的禁域，倒是人才历练成功的熔炉。县尉一职，从来就是"前哲周旋之地"，"经纶似陆内相，亦发轫以渭南"。陆内相陆贽可是安史乱后扭转乾坤的砥柱人物，他的首任即为郑县尉。真金总有发光的时候。

（四）唐代诗人下笔很讲分寸感

唐代士子科举考试录取后，先把你甩到"公安局长"的岗位上去摔打摔打，练出一身执政能力来，然后才有望升任别的官儿——后世凡经科举考试合格成了进士的人，都要先到政法部门去见习和实习，然后才能正式任职。白居易就是这么走出来的。他写《长恨歌》时，正在关中当着县尉呢！后来他成了杭州刺史、刑部侍郎、太子少傅之类的达官大员，写了大批讽喻诗，全是关于时政的，但到底是体制内人，把笔的分寸感很强。

我们还注意到：这些首任"公安局局长"是易地做官的，且通常是南人北任、东人西任，反之亦然，极少有在本道、本州任职的。这就能得到更多的切实锻炼，也防止了乡情对职务的干扰，还开阔了初入仕途者的心胸与眼界。这么做，真所谓有百利而无一害。阅历既多，诗文也就充实了，不会去无的放矢，不会做无病呻吟，也不做无端的发泄，此所以唐诗享有很高声誉的缘故。

十一、录囚值得感恩吗

古有"录囚"一说，指政府定期不定期地清理监狱，甄别被囚禁者予以宽免释放的一种政治性措施。此举往往被渲染为"宽政""仁政"而予以歌颂，这值得提出来商榷商榷。

一般说来，"囚犯"即"罪犯"，"录囚"即"检核赦免释放囚犯"或曰"检核赦免释放罪犯"，这样理解，似乎没有什么错。其实不然。

原来，古人说的"囚犯"，是指"被囚禁的人"；这种被投入监狱囚禁的人，绝大多数却是还没有被判定罪名、还没有被确认其罪行的人；而"罪犯"则指已经事实犯案的人，不论已判未判；当然，主要是指已被法庭定罪量刑的"已决犯"。

要知道，汉唐明清之"监狱"，首先是用于关押、囚禁、折磨政治反对派，却又迟迟不肯宣判其"罪名"的暴力设施。被收押者是历朝历代都有的特殊"囚犯"，周文王被囚于牖里，是史有明文的囚犯。至于被"囚禁"的一般对象，只是官府扣押相关人员以图便于破案、以防凶手再犯罪的一种强制手段。所以一旦有案，被关押的人会很多。若从刑事犯罪角度来说，古代监狱主要是用于关押、囚禁原告、被告、邻佑、干证、牵连犯、待质犯（等待同案犯捕获齐全后进行对质的人犯）、待决犯及轻罪从犯的。案发后，往往久拖不决，加上"牢头"们"以狱为市"，狱中常常人满为患，招致舆论不平，"干犯和气"，到一定时候，政府不得不"清理"一下。

古代对于"死刑"已决犯，那也是要等待"秋后处决"的，关押时限很清晰。罪犯被判"斩""绞"死刑之后，其"执行"不是在"监狱"内，而是在监狱之外，在闹市广场当众执行（包括腰斩、枭首、绞杀、分尸、凌迟……），借以震慑民众；而被判"笞杖徒流徙"的"五刑"之罪犯，也是当众执行的。明朝曾把"犯官"脱了裤子，让他们成排地跪在午门外被打板子。遇上流徙充军之类，有在数千里外荒寒烟瘴无人迹处执行的；反正不在监狱内。一句话，监狱从来不是"惩治犯人的机关"。直到清朝嘉庆年间，因为押送罪犯成本太高，于是进行"狱政改革"①，这才把监狱变成"就地关押惩治之所"的，即变成了"限制人身自由，剥夺政治权利，进行肉体惩罚"的处所。可见，在唐代，监狱原本不是对"已决犯"执行惩治的设施，"囚犯"的大多数并不是"犯人"。

世人所谓"录囚"即"虑囚"，指上级官吏视察狱政时，向被囚之"人犯"讯问查看其犯事经过、审讯决狱情况，从而一一予以甄别。对久系而未决、难决，甚至无法判决的大案、陈案中的从犯、牵连犯、待质犯、待决犯，以及已被囚多年的轻罪人犯，甚至仅仅因为是干证、邻佑、行政管理之责任人而被久系囹圄者，进行一次清理，将其释放出狱而已。

在《唐律》中，实行录囚，有两种情况：一是作为朝廷法官"大理卿"的常职，每五日、十日进行一次："禁囚有推决未尽、留系者，五日一虑。"这是法官的责任行为。一是作为临时措施，作为"特赦"处理的一种政治行为，隋高祖、唐太宗都曾亲自"录囚"，那就是"录者全免，还从特赦之例"了。

这些被赦释放者，绝大部分是原本无罪而被久系之人，或轻罪久系之人，或沉冤难白之人，一旦被释免，政府不觉愧疚，绝无补偿；相反，被释者还要向官家叩首，感谢"皇恩浩荡"！说穿了，这实在是一种法制是非的颠倒。

可是，历来讲"狱政史"者，注意及此的人并不多，往往把汉唐"录囚"制度下对被长期关押之原告、被告、邻佑、干证、牵连犯、待质犯、待决犯、轻罪犯的清理、甄别、遣释措施，泛化为对所有"罪犯"的宽释仁政，加以"表扬"，这实在是受了旧时代的虚假宣传而形成的一种严重误解。在大讲法制、大讲人权的今天，那些抱着旧观念不放，认为"被甄别平反而释放者"应该"感谢皇恩"的人，实在该清醒一点了。

十二、唐代有正字通字俗字，还倡行简笔字

汉字历史悠久，流布广泛，历代书法家的字体又不同，于是出现了许多异体

---

① "监狱"：监者，监视也；狱者，二犬夹一言，争讼也；拘禁关系人以"监督争讼"，这才是"监狱"的本有功能，至少已有4000年的历史；而把本来用于拘禁原告、被告及干证以便诉讼的监狱，变成为一种"惩处已决犯"之设施或基地的做法，则出于清代嘉庆年间（1796年—1820年），至今仅有200年上下。那是因为当时关外三省、新疆地区及云贵、两广之烟瘴地，先后声明：各地遣送来的罪犯过多，本地无法收容，拒绝再接受流放犯、充军犯了；而内地各处，如山东、江苏，也因为难以继续承担"千里押送囚徒"的沉重负担，上奏说宁愿就地处治。清廷这才改为"以监狱就地关押惩处罪犯"。从此之后，"中国监狱"就有了今人所理解的"惩治罪犯"的功能。

字（包括别体字、通假字、古今字、繁简字等），同音、同义而仅仅不同形。其字形差异在于：

1. 字体不同，繁简有别。汉字之真草隶篆，各有自己的写法；点横撇捺，各有运笔的技巧。几千年了，国家那么大，同一个字，有不同字体，毫不奇怪。据说秦汉时通行的字样就有50多种，可谓花样百出；既有结体不同的古文、大篆、小篆、缪书、募篆、刻符、殳书、署书等等，也有结体相同而笔形笔势相区别的龙书、虎书、鸟书、鱼书、虫书、麒麟书、偃波书、垂露书、悬针书、鸾凤书、蝌蚪书之类；还有个性风格不同的倒薤书、填书、飞白等等，名目众多，不一而足。本文仅讨论唐代楷书中的异体字问题。

2. 造字理念不同，用的零部件也就不同。"元"字的起笔是点还是一小横？"真"字头上是小十字还是"匕"（化字的部件）？"秋"的部件禾与火，到底谁左谁右？"貌"字非得用"豸、兒"组合吗？"孵"字非得要加卵旁吗？天上"云"一定要与"雨"关联、非得用"雨云"组合吗？不一样的回答就有不一样的构形。

3. 文化生态不同，造出的字也就不同。"杯"有从木也有从皿的，"矿"有从金也有从石的，"炮"先是从石、后来才从火的……旧时代认为女子是祸水，故淫、偷、懒等字都用"女"字旁，连栖字也要写成"木妻"组合；旧时代歧视少数民族，故其名称字都要加上反犬旁。如此之类，不胜枚举。要之，汉字构形，以切合时用为第一要义，从而体现"工具适用性原理"；同时要满足社会审美需要，合乎社会文化心理要求。

历代政府把其正式认可并推行的字体称之为"正体"，而把民间流行的异体字称作"俗体""别体"。不过，这只是一个大致的说法，除清政府下令法定公文只许用正体外，历来并没有明确的强行界定，因为历代文人都讲究任心自由，没几个人写字是循规蹈矩的。

唐初学者颜元孙（大书法家颜真卿的伯父）曾创"三体"说，依楷书汉字的适用范围将其划分为三大类：俗体、通体、正体。他详解"三体"的含义是：

1. 所谓"俗"者，"例皆浅近，唯籍帐、文案、券契、药方，非涉雅言，用亦无爽；倘能改革，善不可加"。

2. 所谓"通"者，"相承久违，可以施表奏、笺启、尺牍、判状，固免诋诃"。

3. 所谓"正"者，"并有凭据，可以施著述、文章、对策、碑碣，将为允当。若须作文言，及选曹铨试，兼择正体，用之尤佳"。

简单来说意思就是：

所谓"俗字"，都很浅近，只是民间籍账、文案、券契、药方才使用，它们无关乎雅言，故用俗字并没有什么不对。当然，若能改用雅言，那就更好了。

所谓"通字"，指文化界的日常通用字，用之已久，约定俗成了；凡社会实用文章如表奏、笺启、尺牍、判状用之。这并无不可，本应免受指责。

所谓"正体"字，特指经传用字，有权威版本可做依据，人们用之于个人专著，文章；用之于对策、碑碣，特别是官府考核人才、生员应试时，选择正体用之尤佳，免生歧义，值得提倡。

颜元孙于唐太宗贞观年间曾主持"刊正经籍"，为了指导校书，他"录字体数纸，以示雠校，当代共传，号为颜氏字样"，出版时定名为《干禄字书》，意思是"进入官场应知应会的字体"。

这就是他的"三体说"。三体不仅互有繁简，而且各体有时也有自身的繁简，颜氏主张三体都用其中的简笔那一种。这个态度，适应了初唐开放的社会文化生态。初唐社会要求结束门阀世家数百年来垄断文化的余威，也就不满于贵族文化而要求通俗、方便了。

看来，颜氏对"三体"的态度是公允的、开放的。他主张使用"正体"，但并不绝对化。他能包容社会通用字，不排斥民间俗字，只是认为学术专著、应试考卷最好用"正体"，免生歧义。作为朝廷文职官员，又直接主持"刊正经籍"的大工程，他对"正体"更为重视，理所当然。尽管如此，他还是要说："若总据《说文》，便下笔多碍，当去泰去甚。"（《干禄字书·序》）连《说文》他也认为不可死守，可见其为人很通脱，体现了大唐的包容气象。

《干禄字书》正文文字不足一千，因为不是每个字都有"异体"，书中只收了当时有异体的那些字，而尤其重视列出正、通、俗三体中笔画最简明的那一个。而且不论其作为单字存在还是作为繁笔字的构件存在，都只出一次。我们今天所关注的，则是该书中与当今简化字直接相关的那部分简笔字，而不涉及书中其他异体的简笔字。其中为今日简化字所直接收编就有近180个，而当今单体简化字也仅有482个。

第一类，唐代"正体"字中的简笔字。颜元孙最重视这类字，而今搞简化者直接收编它们，成了今"简化字"队伍里的典型文字：

聪、凶、邦、栖、杯、万、才、礼、洒、祢、烟、弦、迹、泛、板、秆、灾、欣、瓮、企、涠、妒、夭、妖、袄、宵、肴、牢、昵、坐、瓦、愧、衿。

第二类，唐代知识界流行的"通体"字。这类字《干禄字书》收入的量最大，而今则构成了简化字的骨干队伍：

蒙、筒、兹、丝、猪、殳、嵒（图）、泥、溪、采、埋、崖、灰、回、屯、因、猿、原、鼋、怜、休、凌、粗、途、堤、携、呵、瓜、挂、床、羌、笋、准、嫂、枭、吊、丑、赖（赖）、矿（矿）、顾（顾）、勾、句、臼、韭、后、苟、扣、兑、卒、继（继）、状、壮、虺、属、匹、卆、伞、拔、狭、楫、席、袋、竖（竖）、溪、断、嘿、侃、乱、卑、蛋、狸、蓄、看、怜、准、散、兆、皂、象、寐、器、妒、况、恙、臭、岳、朴、席、克、劫、帖、狄、覔（觅）。

第三类，唐代的"俗体"简笔字，颜元孙认为民间日用无妨。今天看来，这类简笔俗字，是简化字成员；其重要构件是简笔的，故今也在简化字的范畴内，加（）注明今之简化字，以示其对唐代简笔字的传承关系。

虫、种、与、断、扛、秘、吊、效、蒜、俻（备）、塲（场）、強（强）、粮、荘（庄）、旁、隐（隐）、覧（览）、秤、肃。

下述几种唐代已有的简笔字，却未被今简化字吸收，反而当作"异体字"被整理掉了：

1. 被视为"异体"的古代民间的简笔字。比如：庐之与衙，蚕之与蠶，氷之与冰，堇之与槿，並之与竝……唐人把前者视为后者的简笔字。这种简笔字的总量并不小。《干禄字书》中收入的简笔"正体"字、简笔"通体"字和简笔"俗体"字出乎意外的多，有的甚至比之简化字还"简"，却被当作异体字整理掉了。

2. 古代一字往往有多种简笔写法，现在只取其一，其余舍去。比如"辞"字另有"受辛"组合，今就不收它。又如唐人用"皃"作"貌"的简化，今也不用；可是，唐代讲"面貌"通用的是"皃"而不爱用"貌"，因为"豸"旁是用在"豺豹貂貓貔貅"身上的。

3. 局字，本是"尸句"组合，这才符合形声字的造字要求；但"局"的通常写法早已约定俗成，今亦不视为简体字了。

4. 唐代有些简笔字，已出现今简化字构件的写法，但又不可作简化字看。如能不能的"能"字，唐人有一种通行写法，是把右半边写成"长"样；但与今长短之"长"无关，故不列入简化字。又如"学"字，唐时是作为"字"字的别体用的，与学习之"学"不对应，今也不列入简化字范围。

从上述各类唐人简笔字可以看出：唐人由繁到简的思路，是非常适用的，很有群众基础。当今简化字的简化方法，几乎没有跳出唐人的智慧范围者，无非是"偏旁符号化，构件简省化"而已，并没有什么创新与突破。至少可以这样说：唐朝初年出的《干禄字书》，早已为当今的简化字提供了智慧启迪，准备了基本"队伍"。可以说，没有一个简化字没有来历，没有一个简化字不是中华字脉的正当延伸。认为简化字太年轻，割断了"文化传统"者，其实是个误解。

而今，有人把"正体字"的概念倒腾出来炒作，把它与"繁体字"直接画等号,这是一种糊涂认识。

你说"无"是简化字而"無"是"正体"字吗?《说文》告诉你:错!先秦出的五经四书中,只有"无""亡""毋"的写法,根本没有"無"字!而凡以"無"为构件的字,均有"繁芜""杂多"义,并没有"有无"义;它是秦人把大篆统一改为隶体时,误将"無"字拿来当"无"用了,久假成真,约定俗成了。

你说"云"是简化字、而"雲"是"正体"字吗?《说文》告诉你:错!像云朵状的"云"才是"彩云""祥云""白云"的"云"之本字,而形声的"雨云"却是后世滋生的。多数形声字的形旁是后人添上去的,去掉形旁的简化,倒是"返祖"。

你说"春、舂、奉"未经简化,都是"正体"字吗?《说文》告诉你:错!错在全用"秦字头",不合造字法。在秦人将它们都与"秦"字头归并为一类之前,"春"原是"草屯日"的组合;"舂"原是"双手持杵向臼中捣谷"的形象;"奉"字原呈"双手捧物高高举过头以示敬意"之形。它们互相间毫不相干,可是再保守的人也都接受了秦人的写法,不想复古了。

故颜元孙说:"字书源流,起于上古。自(秦汉时)改篆行隶,渐失本真。"是的,谁曾见过"方的太阳方的嘴巴"(日、口)呢?谁说"三点水,四点火",从四点的字都与"火"相关吗?繁体的"魚鳥馬"都该放到火上去烤吗?可见"正体"早就"渐失本真"了。不要再拿繁体的"真"和"古老"说事儿了。简笔字自古就有,好多比繁笔字的历史还古老,根本不是"简化"时才有的。它广受社会欢迎。《康熙字典》中,10笔以下的简笔字远多于10笔以上的繁笔字;简笔字中新生的简化字远远少于固有的简笔字。主张"废简"者要如何操作才行?

目前,有学者提倡"识繁用简",这很好,有利于识读古版书,符合复兴中华文明的总体需要,但"废简用繁"就有点逆潮流而动的架势了。

当然,简化字也还有改善的余地,比如"同音归并"就显然受了拼音化风潮的影响,把前后的后与王后的后合并,将面粉的面与颜面的面合一,则"面皮"是什么东西?"追随于后"怎么解?这样徒生歧义,背离了汉字字形应尽可能精确表义的规律。况且,而今搞繁简字的电子切换,有些人名、地名、姓氏名、古代年号名,以及行业术语的专用字,一搞同音归并,更易于错误百出,贻笑大方。这就有待于在文字改革的大方向上下点微调功夫进行改善了。

第四讲　近古文明别裁（宋元明清）

这是距今1000年至19世纪中叶的帝国历史，历宋元明清几代皇朝。这其间，中国有了百万以上人口的大都会，有聚集着成千上万劳工的盐场、茶场、矿山与钢铁冶炼，有举世罕见的丝织业、印刷业、瓷器业、航海业等先进文明的标志性业态；有交子、关子、会子等有价证券与金属钱币一起在市场上流通，也不乏书院、会所、公共娱乐场所、公共福利设施……中国人有不屈不挠的武装斗争传统，又率先积累了罢工罢市罢学等和平斗争的新鲜经验。其间，中华文明经受了全局性的颠覆、重建的反复考验，表现出超前的创造力与顽强的生命力。

一、杯酒释兵权，干得真漂亮

宋太祖赵匡胤登基后，玩了一场"杯酒释兵权"的游戏，通过一次吃喝，就让那批帮他打江山的、习惯于冲冲杀杀的武将一个个乖乖地解甲回乡去了。

他干得真好：好就好在此举不流一滴血，便轻松地终止了安史之乱以来200年间军人横行、强者为王的历史惯性，好就好在此举阻绝了五代十国以来军阀们你未唱罢我登台、从刀兵出政权、凭暴力搞专制的历史惯例，让天下从此走向和平安宁。这是此前或此后的开国政治家们很少能友善地做成的大事业，而赵某人在一举杯之间便做到了，真不简单。

当年，秦王嬴政平灭六国，一统天下，他以为大功告成了，自称"始皇帝"，其志得意满之态溢于言表。他推行郡县制，本意是要结束春秋战国的旧秩序，殊不知数百年来战乱纷争的历史惯性仍在，政坛上刀兵火并、强者称霸的

"社会共识"一时还难以改变,曾几何时,便出了个"西楚霸王",凭武装夺了他的江山,当即大封"功臣",让习惯于冲冲杀杀者去当权治民,而"六国"的旧割据势力也一个个趁机复活,这就回光返照式地排演了一幕春秋纷争的闹剧,致使"天下共苦战斗不休",以致到刘邦称帝时,全国仅剩下区区800万人口,不到秦始皇登基时的1/4。刘邦为了结束这种旧秩序,稳定新政局,和他的几代接班人接力血拼,探取了铲山头、杀功臣、灭异姓王、再灭同姓王的旷日持久的流血斗争,历几代帝王,这才换来了大汉的和平、稳定与兴盛。相比之下,赵匡胤"杯酒释兵权"的游戏,难道不是极高明的主意吗?

赵匡胤的"杯酒释兵权"之所以能取得如此历史性成果,就因为它不是一次孤立的"暗箱操作",也不仅仅是君主们弄权立威的一道惯用权术,他有明晰的政治认知,还有配套的"文治"方略。

首先,他能公开透明地讲清楚"释兵权"的道理。他对将军们说:新政权要治国理政、富民兴邦,这就要求各级官员有很强的执政能力,有很高的政策水平;而你们这班人,擅长的是冲冲杀杀,承担不了如此繁难的抚民治国重任。与其将来犯了过失,招致整肃,闹得谁也不高兴,还不如眼下就多领点薪水资财,及早返乡,广置田产,当个富家翁,奉老育幼,谋个天伦和谐来得安稳而久长——于是武将们便解甲而去,不再在政坛核心圈里蹦跳折腾了,故其时中央达官中,方面大员中,没有一个是纯武士出身的。这就为组建全球第一个文官政府准备了条件。

这时,赵匡胤便下力组建文官政府了。他恢复并健全了唐的科举制,大力推进文官队伍的养成教育,明令入仕官员"习律令",律学考试不合格者不能当官。他还给他的后世子孙立下一条铁规:任何时候不得杀害言官与文人!故历史上只有宋代不杀文人。同时,他有鉴于前代、特别是五代十国时期军人当政、任意杀人的乱象,下令把全国命案之审决权收归中央,由君主根据"三法司"的讨论意见做最终判决,各级地方政府均无权判人死刑——这便是我国古代司法界之"君主裁决制"的由来。它从法纪上刹住了地方官杀人立威的一贯做法。

这全套"文治"方略的持续落实与推进,使宋一代创造出超越汉唐的科技文化与经济成就。比如,"四大发明"就是在宋代才转化为社会生产力与文化软实力的:迄今"宋版书"仍是中华之造纸术与印刷术的高水平标志;纸币(交子、关子、会子)的流通,标志着社会经济进入了"近代经济破晓期";而罗盘(指南针)的航海应用,使"宋舶"能远航斯里兰卡,称雄于南海直至波斯湾的浩渺水域;火药的发明,不仅让宋人掌握了热兵器,更为可贵的是,鞭炮的普及,让古今中外芸芸众生有了一个释放"社会潜压力"的通用手段,也让全世界人民都拥有了一个营造欢乐喜庆氛围的低成本普适方式。这比起把火药用于制造火器去成千上万地杀人，岂不文明万倍！

好了，关于"杯酒释兵权"的话题，有点扯远了，就此打住。

二、宋代经济社会的人户管理

宋代经济社会高度发达，社会管理上依行业关系区分户籍。今天，我们从宋代的"行业户籍"可以看到中国本土高度发达的经济形态，那是早在欧美资本主义经济形态出世之前七八个世纪就已经达到的高度文明。它用史实颠覆了"全球都走资本主义之路"的神话。

（一）对两宋社会经济文化生活的扫描

两宋时期（960年—1279年），全世界只有中国有人口超过百万以上的超大城市。两宋的首都汴京（开封）与临安（杭州），都发展到100万—150万人口。北宋境内人口超过20万的城市有6个（同期的西欧名城只有2万—5万人），洛阳、扬州、泉州、广州、鄂州、成都均发展为通商大埠；10万户以上的城市有46个，分布于大江与运河流域，而设有外贸机构市舶司、市舶务或舶场的都会与商埠，更像一串明珠，洒落在沿海一带，北起山东半岛的密州、青州，中经古长江口的扬州、江阴、苏州、上海、华亭（松江）、青浦到杭州湾的澉浦（海盐）、杭州、宁波及温州，南到闽广一带的泉州、福州、漳州、潮州、广州与交州（今越南境内）等，它们奠定了今沿海沿江城镇的规模，带动了南方经济的发展。

造纸业、印刷业是世界10世纪—20世纪信息产业的核心与支柱，而宋代的闽、浙、苏、川、赣正是主要产业基地，批量性的纸张与印刷品源源不绝地供应于国内外市场。相对于周秦两汉的"手写简帛"或六朝隋唐的"抄本纸书"来说，其信息流布的迅速与深入、对社会文化氛围的营造，其成就是不可同日而语的，更不必说境外的什么泥版书、羊皮书、贝叶书了。南宋造船业尤称发达，远洋航行的宋舶，装备有磁针，使用了隔仓技术，可以跨洋航行直至波斯湾，进行大规模的榷货贸易，带动了番禺（广州）、刺桐（泉州）、天城（杭州）这类世界级港口商埠的涌现。南宋时期最先进的织布机有1800多个活动构件，其中有的技术是现代化织布机也无法达到的。遗憾的是它没有解决机械动力问题，还得靠手工操作，尽管巨量丝绸产品分明是由机器生产的，却又不算机械作业。

南宋高宗赵构懂得："市舶之利最厚，若措置合宜，所得动以百万计，岂不胜取于吾民？""市舶之利，颇助国用。"他已经意识到了在世界范围内配置资源、开辟市场的重要性。历史有这样一些记载，值得我们记取：南宋绍兴十年（1140年）仅广州一港的市舶收入就达110万贯，广泉明三州外贸平均收入达200万缗，占国家全部财政收入的22%以上。宋代丝绸、瓷器、造船、制盐、制茶、冶矿业全面兴盛，在各地形成特色产业，苏州、长沙、成都的丝绸锦缎世界驰名。中国体量庞大、产品优异的工场工业，支持了宋元明清持续千年的外贸优势，直到19世纪末期在列强的"毒品贸易"加炮舰政策的胁迫下才告中止。

这一切，标志着我国当时科技与经济的超一流发展水平，当其相继外传于东亚、南亚、西亚、北非、西欧时，又全面提升了人类精神生活与物质生活的水准；而当时的欧洲大陆正在"中世纪"（5世纪—16世纪）的沉沉黑暗中煎熬着。相比之下，宋代的繁华十分惊人。其时，汴京与杭州及全国大中城市，旅馆、食店、酒楼、商号、勾栏、瓦舍以至妓院，整街整街地成片涌现，形成空前景观：城中已经有成套的旅舍、茶楼、酒馆、食店、房屋租赁的配置，有公交工具车轿马驴的出租业务，有生活用品比如婚丧节庆时用的锅碗瓢盆桌椅板凳与礼器乐器的出租业务，有一流的供水与消防设施，有公共文化娱乐场所勾栏瓦舍与自成风格的画坊、乐坊的开办。闻名遐迩的书社、书院集聚着天下英才，有一批批知识分子在自由讲学、自由结社、自由出版，文坛的不同学派，政界的不同宗派，彼此对立着、争鸣着、角斗着，有时也会关押或流放"反对派"，但没有因此而杀人，尤其是没有成批地关押、杀戮文人的事情发生。而当时的西欧各国，正在比拼着成千上万地绞杀"异教徒"。宋政府还设有功德坊、施药局、慈幼局、养济院、漏泽园等文化福利设施；寺院的"丛林化"也使宗教场所成为社会公益、文化交流的策源地；而妓院、柜坊（赌场）、典当行、制币局的出现，更给中国社会打上了"近代"标志。当今大多数地球人仍然认为这一切都是"城市迈向现代化"的重要表征。

中国在北宋神宗元丰年间（1078年—1085年），城市化率达到惊人的30%以上（《元丰九域志》）。宋廷正一品宰相料钱每月300贯，从二品的节度使400贯；知府一般年薪在400贯以上；南宋时期，熟练雇工的工资高于知府工资。南宋开禧二年（1206年）全国人口约7000万，中央财政收入达到8000万贯。清朝到20世纪初也是8000万两，而人口却是4亿。

（二）宋代的"行业户籍"制

宋代户籍登录中的分户类型有：行户、铺户、坊户、机户、匠户、坑冶户、糖霜户（蔗糖生产）、焙户（制茶）、铛户（炼矾）、糟户（造酒）、酒户（卖酒）、盐户、磨户（面坊，粮食加工）、镬户（煮池盐）、亭户（晒海盐）、染户、药户、花户、菜园户、果园户、茶园户、漆户、炭户、窑户（陶瓷生产）、纸户（专业造纸及纸制品）、船户（内河运输）、舶户（外洋商贸）、渔户（渔业）、墓户（守墓）等，难以尽数。

这些"户"极具时代品性，应作特别说明：

1. 行户：参加一个行业组织的工商户。行（háng）设行头，自治管理。上至金银店、交子、会子、质库，下至理发、卖花、制衣、制鞋、提壶卖水、妓女乞丐，一概入"行"①。时开封有160余行，临安有414行。非行户不得入市经商，投行户由官府核产登录造簿，交纳商税，接受科配的货卖份额，在完成赋税与政府"和买"定额之后，才能自由上市。

2. 机户：即织户，从事蚕丝纺织的专业户，又可细分为锦户、绸户、绫户等。一般织户拥有多台自己的织机，自己缫丝、纺织、印染、刺绣、出售。当时汴、杭、苏、蜀、梓（今四川三台）、长沙、荆州等地，均为织户密集区，形成了桑蚕生产与丝绸产业配套的特色产业带，各有特产精品在全国上市，并供外贸。机坊雇工生产，规模很大。北宋仅梓州就有织户数千家，全国机户有10万以上，这是欧洲人到19世纪仍无法梦想的经营规模。政府统购、派销，或征役去国营作坊工作。高级丝绸技师的工资，比丞相级达官还要多。

3. 坑冶户：即坑炉户、矿冶户；细分为坑户、矿户、冶户、炉户，雇佣坑丁、炉丁、冶夫生产。江西信州铅（yán）山铜矿，共雇矿丁10余万人。宋代王应麟撰《玉海·食货·钱币》（卷一百八十）云：信州铅山"冶场之盛名在于官者：铅山、濛山、石堰、岑水、昭宝、富宝、宝成、宝瑞、双瑞、嘉瑞、大挺、大济、永兴、新兴、兴国、兴利、大富、广富、通利、通济……监务坑井，殆几万计。"从业的户数十分可观。北宋全国约有30万矿冶户，很能说明当时传统工业的发展已达到何等可观的规模②！

4. 纸户：一纸坊雇百十名纸工生产纸；贡纸之外（税后）可以自销；但政府得优先"和买"；写字、作画、印书外，可用纸做靴帽、衣衾、被帐、盔甲。

---

① 附注：8世纪意大利工匠有：卢卡有金匠3人，比萨有金匠2人，芒扎有金匠1人，帕维亚有金匠2人，卢卡有铜匠2人；芒扎有铁匠2人。9世纪时史书上的工匠有测量员、毛皮匠、铁匠、裁缝等。1469年汉堡首饰业行会规定：全城首饰匠人不得超过12人。规定冬季工作日12小时，夏季16小时，严禁夜间作业；产品产量、规格都是核定的，不许突破。

② 20世纪60年代，美国学者郝若贝教授（Robert Hartwa）根据宋代兵器制作、铁钱铸造和农具制造等方面的消耗情况，推算出宋神宗元丰元年（1078年）的铁产量大致在7.5万吨—15万吨（按：南宋总的铁产量是15万这个数字的5倍—10倍）。这一产量是1640年英国工业革命时期产量的2.5倍—5倍，整个欧洲各国，包括俄罗斯欧洲部分，到18世纪铁产量大致在14万吨—18万吨之间。宋代中国的铁产量基本可以达到这样的水平。

纸盔甲乃"叠三寸薄绵纸,锤成纸板,方寸四钉,极其坚固,浸水之后,五十步外射箭不入;但滞重而不便于奔跑。"《宋史·兵志》载:康定元年四月,诏江南、淮南州军,负责造纸甲三万,发给陕西防城弓手。仁宗(1022年—1063年)在四川赈灾时,一次发放纸甲十万件。可以想见生产规模之大,技术之高超。这更是同期欧洲人所无法梦想的实体经营。

5. 匠户:有专门技术从事手工生产的作坊,多指金银品加工、制作玉器、漆器、造笔墨砚、印刷、建筑(泥瓦木工)等工匠户。唐以前"工商食官",到宋代都编入民户了,但官府可凭《匠籍》随时征差派役。官府也会配料定制,预购产品,和雇匠夫。

6. 舶户:经营外洋贸易的人户。宋代东南沿海有杭州、明州、泉州、广州等多处对外贸易港口,聚居着中外舶户。宋舶不仅往来东海、南洋,也远航波斯湾,与中亚、西亚、北非商人交易,获利颇丰。国家设市舶司管理之。通常细货抽取1/10税率,粗货抽1/15—1/20税率。南宋时,外贸年收入占国家财政收入的22%以上。

7. 铺户:指城镇开设商铺的人户。宋代商铺众多,分工细,系列化。有酒楼、茶坊、客店、包子铺、瓜果铺之类,有鱼行、肉行、牛马行、猪羊行、粮食行、米行之类,有金银铺、彩帛铺、香药铺、书画铺、香烛铺、头巾铺、胭脂铺之类。这是宋人社会生活充分艺术化的实力支撑。

8. 铺户有时则专指书铺、书坊。宋版书世界有名,福建、两浙、苏南、江西、四川是当时印刷出版业最发达的地区,写书、编书、印书与销售一条龙经营。宋代文坛流行圈点批抹之风,别人的文章一出来,就评头论足,帮其占领市场。每逢国家科举考试,书铺就提前招请名师供养着。待开考后,千方百计把上线入选的考卷复制出来,让名师牵头,组织一批人连夜加以圈点批抹。皇榜一公布,关于"优秀考卷"的评点新书很快就面世,读书应试人争相购买。这是书铺的黄金季节。宋人文章好议论,宋代研究"文章写法"的专著很多,与此密切相关。

9. 另外,书铺(户)中又有一种由地方政府特别指定的、专门承办法定公证事务的书坊。政府发给这类书坊以特别营业执照,给予专用印鉴。规定与官长有亲戚关系者、有犯罪前科者、体弱多病无产业者,不得承办。它负责公私委托的法律文书的制作:如诉状的书写;田产婚书等契约的印制、查验;应试人身份家产的担保;为应征召人的身份事历做中证等。诉状需严格按照法定程式制作,确保所涉内容真实无误,加盖铺户印鉴,承担法律责任,收取相应报酬。有过错或犯法被勒令停业后,交出执照与印鉴,不得再营业。这减轻了国家的司法成本，反而提高了办案质量。

（三）中国古代的工场作坊能混同于西欧中世纪的"手工作坊"吗？

由上，可以看出宋代经济文化产业的高度发达与管理任务的极端繁重。西方直到20世纪之初，靠欧式资本运作，加上对全球血腥的殖民掠夺，也未能达成宋代在11世纪靠本土劳力与本土资源就已形成的如此体量、如此水平的规模产业！那是八百年后欧洲才有的"资本主义生产关系"也未能包容的社会生产力！它是中华生产力与欧美生产力的本质区别！要知道，此时我们的工矿企业，还没有用上机械动力——在没有"工业革命"的地方，中国人凭双手照样创造巨额财富，造福世人——哪里用得着满世界去殖民、去掠夺！

这里，不妨看看当时西方的情况，拿来做一番比照。《剑桥欧洲经济史》（第三卷第39页）中介绍了一些情况，很有参照价值——

14世纪中期之前，欧洲最大的城市在意大利。那里有4个城市人口超过5万，即米兰、威尼斯、那不勒斯、佛罗伦萨。1340年布鲁日有人口3万5，1412年伊普雷大约有1万人。中世纪绝大多数城市人口都远在这些数字以下。西欧14世纪采矿业号称发达，一般矿坑露天，只有3尺—5尺，矿工数人而已。1357年，英国某锡业家有7个矿井，雇工300人。矿石提升用绞盘与提篮。14世纪—15世纪在布鲁日、伊普雷、根特诸城有规定：禁止在城市外发展纺织工业，附近小城市的织机均被取消，并派遣纠察人员到乡村中搜查织机。

15世纪末，德国最大的城市科隆，也只有4万居民，却有11座大教堂，19座牧区教堂，22个男修道院，76个女修道院。城市人口中不事生产的教会人数比例极高。那里的作坊即商铺，生产兼营销，没有内部分工，一师带一、二帮工与学徒，完成生产全过程。法兰克福于14世纪上半期有173个行业，到下半期有579个行业。行业有行会，1469年汉堡首饰业行会规定：全城首饰匠人不得超过12人。

这就是西方经济史上的"手工作坊""行业工会"！它能与宋代的产业及其管理相提并论吗？出人意表的还有更甚者，《剑桥欧洲经济史》又说道——

"中世纪时经商的困难不仅在于道路难行，人为的破坏、干扰也许更可怕。例如许多封建主会敲诈客商，在根本不需要桥梁的地方建桥，以征收桥典捐；强迫商人走根本不需要去的路，收入归当地封建主所有。如果不幸货车翻倒，则全车货物都归封建主。最可憎恨的是'船难法'，遇难船只上的货物，都归当地海岸封建主所有，大都通过掠夺商船发财。他们黑夜中在礁石林立的海区设置灯光，诱使商船碰礁，然后扣留货物。如遇抵抗，船上人员会被毫不留情地杀死，投入大海。"

奇怪的是：总有人千方百计在中国历史上寻找西方经济体的影子，虚夸其"手工工场""行业工会"的历史功能，他们总想在自家老祖宗身上寻找近代邻人的血脉，真不知这些人怀的是什么心肠！他们根本无视中国工场是如何在城际、州际、省际甚至国际上组织超大规模的产供销网络的，只是盯着中国仍在用人工动力，就将其等同于欧洲11世纪—18世纪只收几名徒工的"制鞋作坊"之类，统统以"手工作坊"呼之，从而抹杀中国的现实生产力与科技水平和管理水平，这该到了何等颠顶的地步！

三、宋辽金警察职能的序列化

宋代城市生活的活跃、繁华，带来了国家管理、社会治理的严肃课题。

社会面上的治安管理：两宋时期，城内居民区拆除了坊墙，街与市结合了，政府开放了早市日市夜市，开放公共娱乐场所，居民生活空前活跃，再也不能做封闭式管理了，治安形势凸显危难。宋政府因时变化，汴京与临安等重要都市及沿海商埠的警事，也就采取了新的管理模式，实施"开放式动态管理"，对城区内外实行分厢管理，由"厢公事所"负责一方治安。厢下设"军巡铺"，把警力布上街道，设军巡铺与防隅巡警，流动执勤。大抵200步设一铺（警察岗亭），每铺有押铺一名，军兵四五名至30名不等。临安街头总共有230多个军巡铺。据《梦粱录·防隅巡警》说："遇夜巡警地方盗贼烟火，或有吵闹不律，公事投铺，即与经厢察觉，解州陈讼。"在建筑物转角拐弯易出事处，又设有防隅巡警，负责疏理交通，处置斗殴，夜晚则巡警伏望，负责防盗、缉盗、疏通车马，洒水清污，保护官府商号安全；在交叉道口，还设有"望楼"，警视全区、全城，配置消防器材，还成立了三支专业救火队，当时名为"潜火队"，专责消防。城市的各项功能都有专门人员来承载。其时，居民以街道为单位沿街编制户籍，依号登录。门前设粉牌（户牌）公示居家人口动态，厢公事所按月稽查住户人口变动等情。有这样的警事管理实践，也就促成了"警巡、巡警、巡检、警察、巡察、巡逻"等警用术语的批量性涌现，哪里需要等英法出现"警察"之后才有警务术语？

（一）宋廷关注社会治安及工场企业治安秩序，创建并完善了巡检治安管理体制

《宋史·高宗本纪》载：绍兴十年秋七月，"遣明州水军三百，戍昆山黄鱼垛，巡捕槽船之为盗者。"这是国家在近海运输商贸活动中的防禁措施。

《宋史·职官制·巡检司》载：南宋"分置都巡检使、都巡检、巡检、州县巡检，掌土军、禁军招填、教习之政令，以巡防扞御盗贼。凡沿江、沿海招集水军，控扼要害，及地分阔远处，皆置巡检一员。往来接连合相应援处，则置都巡检以总之。皆以材武大小使臣充，各随所在，听州县守令节制。"可见南宋的都巡检使、都巡检、巡检、州县巡检自成序列，职级层次分明。这正是该组织内部构成完善化、成熟化的标志。

《宋史·职官制·巡检司》又载："本寨事，并申取州县指挥。若海南、琼管及归峡、荆门等处，跨连数郡，控制溪峒，又置水陆都巡检使，或三州都巡检使，以增重之。"

上述材料典型地展示了宋代巡检制的周密性：汉族州县视任务轻重设都巡检/巡检；少数民族区域、民族杂居区域设都巡检/巡检使；江海河埠视需要设巡检使，盐茶酒务设行业巡检，关隘津渡设捕盗巡检。特别有意思的是：无不交代要"各随所在，听州县守令节制"，服从行政长官的指挥调度。这个原则，至今适用。联系到下两例来看，宋辽金与元代，从中央到地方，从内地到周边，警巡（或巡检）的内部组织都是严密的、层级分明的，又全是接受地方长官节制的。可称举世无双。

1. 工矿业治安管理：宋朝工矿业发达，其治安任务之沉重也就可想而知了。矿山之利是官家与私人的必争之地。矿主全是牟大利、求大欲的商贾。他们有钱，足以巴结、贿赂、腐蚀、左右官府；他们有势，足以与政府相抗衡，动辄滋事，坑害大批善良矿工。矿山又是大量非农业人口的集聚之区。流民离开土地，游走八方，多为身强力壮之人，或者身怀技艺，来矿区谋食谋生。然而，矿监所生产的铜铁锡汞，哪一样都值钱，但哪一样都不能直接满足衣食之需。工人们必须仰赖工薪去市场贸易衣粮来维生。矿主们势必千方百计压低工薪报酬，同时垄断衣粮供应渠道，从而获取最大利润。矿工们穷迫时则公然剽劫，一怒即私相械斗，人人轻性命，不怕抵触刑禁，国家却难以控驭，不敢轻率弹压。

宋初余靖《韶州新置永通监记》一文提供了实证：韶州地区被山带海，盛产五金，铜矿储量闻名于岭南岭北。四方之人，弃农亩而持兵器、慕利而至者不下10万人。这些人毋所忌惮。国家稍缓其羁绁，他们即"鹰挚而陆梁"，无所不为；国家若极其约束，有所控驭，他们就"兽骇而踶啮"，拼命抗拒，故难以控制，又不能轻率弹压。因而州境虽说狭小，但寇盗抄掠斗殴杀人的狱案却连连发生，常比他境翻倍。于是新设了一个矿冶管理机构，后赐名为"永通监"。该监的"生产基地与指挥部"的建筑设计，总体布局上非常合理，完全合乎生产安全管理与治安监察的需要。

宋李焘撰《续资治通鉴长编》卷七四《真宗》条下记载:"泸州井监,深在溪洞,官司少人往来,致兹稔恶。诏江安县监军,量分兵巡警之。"这里是讲四川山区井盐生产中的治安监管。戊寅诏:"访闻关右民,每岁夏首,于凤翔府岐山县法门寺为'社会'。游惰之辈,昼夜行乐,至有奸诈伤杀人者。宜令有司量定聚会日数,禁其夜集,官吏严加监察。"[按]这是讲群体活动中的秩序管理。文中,"为社会"指集会结社之类群体性活动,有的还乘机集资。社指的是如春社、秋社等;会指的是民间的庙会、钱会等。

2. 随着警治业务的大力推进,其队伍本身更须严肃管理,所用非人,危害甚烈。

宋人苏籀在《应诏议福建路盗贼》中论及:"萌蘖易兴,滋蔓难图。故平居无寇,亦当谨邻保之法,严警察之备。盗若纠集,岂容不知?"这条资料,表述了宋代警察业务的政治管理功能兼社会治安职能,强调了社会治安的基层基础工作(本文也见于明杨士奇《历代名臣奏议》卷二百三十九)。

宋人廖行之的《省斋集》(卷七)《为长兄到任谢王帅启》中说道:警察人选要精明,不能用书呆子,"凡兹警察之吏,宜用精明之人。如某者,猥以书生,滥沾世赏,徒知守纸上之语,曾未若囊中之锥。"这话说到点子上了。他期待"囊中之锥"能脱颖而出,因为警事要随时面对社会各阶层中形形色色的犯罪分子及其千变万化诡谲百出的犯罪手段、方式,书生如何能行?当然,若走向另一极端,用痞子做打手,危害更烈。

司马光《论皇城司巡察亲事官札子》中说及一事:"皇城司亲事官奏报'百姓杀人,私用财物'事,下开封府推鞠,却皆无事实。欲勾原初巡察人照勘,皇城司庇护,不肯交人。"[按]这个"皇城司",是宋太祖亲自设置的一个"秘密警察机构",特务就叫"巡察人"。他们平日就爱生事:"妄执平民,加之死罪,使人幽系图圄,横罹楚毒。"故司马光上书说,对这种"巡察人",应"少加惩戒",否则"臣恐此属无复畏惮,愈加恣横,使京师吏民无所措其手足"。

担任巡逻、巡察者,其身份为军人、士兵,或民团的团丁,但其工作性质则都是"警事",可见他们的社会角色其实是"警士""特务",若对他们不加约束,则执法力量同时也就成了破坏法纪、破坏治安的力量,且为害更重、更直接,故整饬执法队伍最关键。

以上文本说明:宋代"巡警"的活动内容涉及防火、防盗、禁卫、维持正常生产秩序与群体活动中的公共秩序等;今天的民警仍以这些业务为职责。从中可见宋人对警事的专业性、职务性已经普遍地有了明晰的认识,已经把它与一般行政管理相区别,甚至与一般司法活动相区别了。这是了不起的。它是中国警事史进入自觉阶段的公开宣告,是西欧人到十七八世纪也没有做到的事。

(二)耶律重元:辽代"警巡院"的创议者

周秦汉唐文献中的巡检、巡警、警巡原是动词性的,多指一种禁卫与治安任务。进入辽代以后,"警巡"一词具有名词性,专指国家实行军事化管理的执法护法力量。他们的出现,标志着古代警史出现了一个枢纽。"警巡"往往是"一身而二任"的:战时,他们是"战士";平时,他们是"警士"。虽同样有"兵"的名头,但毕竟是两种不同的社会角色,各有任务,各有职责,不应混为一谈。生活中的所谓"军警一体",即指此而言;但学术研究上还是应当分开去说,这才讲得清楚。

辽代五京为辽国政治经济重镇,辽人特设警巡院专司五京治安,其名称分别为上京警巡院、中京警巡院、东京警巡院、西京警巡院和南京警巡院。每京警巡院都设一名警巡使与一名警巡副使。辽代地方上又有军巡使,有巡逻之责,主管各地治安。警巡院的创制,是我国契丹族在古代世界治安史上的一大贡献。因为五城分布在全国各地区,五城警巡院的建立,实际上相当于各地警巡院的建立,也就是全国城市警事安全专职机构的建立,这是史无前例的。

警巡院是辽人(契丹人)的首创,并为后来的金元两代所继承。《辽史》(卷一百十一)与《续通志》(卷六百三十二)之《逆臣传·辽·耶律重元》中记载:"先是契丹人犯法,例须汉人禁勘,受枉者多。重元奏请五京各置契丹警巡使。诏从之。"《辽史》卷十八之《兴宗本纪》条:十三年(1044年)三月丁亥,"是月置契丹警巡院",这是"警巡院"的最初创立。正与上条记事相呼应。

这是"警巡院"建议之始发,是辽兴宗(1031年—1055年在位)重熙十三年的事。所谓"受枉者多",不过是契丹统治者对"汉法"的不满与不适应的情绪反映,但它却意外地促成了我国"警制史"上的一次重大变革。耶律重元,辽圣宗次子。此人才勇绝人,眉目秀朗,寡言笑,人望而畏之。辽兴宗登位以后,封他为"皇太弟",意味着他将来有朝一日可以"接班"(也就预伏了祸根)。他一生历北院枢密使、南京留守、知元帅府事等重任。耶律重元身处戎职,却未尝离辇下。他上书建议设"警巡院",很有战略头脑。此人很有作为,但最后还是遭猜忌,终于被打成"逆臣";假如在西方,他会被尊为"警巡院之父"的。

《御定渊鉴类函·设官部》增引《续文献通考》曰:"辽无司隶校尉之名,五京各置警巡院,官曰'警巡使'。东京别置'军巡院',官曰'东京军巡使';中京别置'巡逻司',官曰'中京巡逻使'。所掌皆司隶校尉事也。"这一条表明:辽金"警巡使""军巡使""巡逻使"与汉唐的"司隶校尉""京畿采访使"之职在历史上有承袭关系。同时,辽的"五京",与后来金的"五京"一样,实际上是其境内各行政区划的中心城市，因此，"五京警巡院"的建制，也就是全国"城市警治网络"的正式布建，因而在警事史上具有特别重大的意义。

（三）金代的六京警巡院

金国代辽而兴，继承了辽的政治体制。金政权在它的六京——六大中央直辖都会，都建立了警巡院。六个警巡院，同样设有警巡院使、警巡院副使和警巡院判官之职。他们"掌平狱讼，警察别部"，并"掌平物价，度量权衡"，还要"警巡稽失"。《金史·百官志·诸京警巡院使》载："诸京警巡院使一员，正六品，掌平理狱讼，警察别部，总判院事。"这条资料一直被中日两国警史学者作为经典性表述来引用。但人们恰恰忽略了同条史料中最应该注意的关键词"警巡"，反而敏感于"警察"一词，显然是后人把对"警察"二字的习惯性认知带入了古文阅读，于是发生了史料价值之把握上的偏差。正是本条史料明确地昭示出"警巡""警巡院""警巡院使""诸京警巡院使"才是一组名词性概念，它直接指向中国历史上实有的那支执法护法的警巡力量，应引起我们的足够重视。金政权还向各地派出巡察御史，并在险要去处设"散巡检"，在基层实行伍保制，这样构成全国治安网。可以看出，金的治安体制，基本上承袭了辽的治安体制，但也吸收了北宋的一些做法，是辽与北宋治安体制的综合。这是很有时代的与民族的特色的。

历史上的警巡院是专为城市而设置的，由辽代中后期的一个，增加到金代中期的两个，再增加到元代中期的五个，是北京城市规模扩大和城市职能提高的结果。从城市中"坊"的数量来看，辽南京城共划分为26坊，金中都城则增加到62坊，元大都城更增加到138坊，其中南城62坊，北城76坊。从城市的人口规模来看，辽代中后期南京城人口约计13万人，远多于当时一个大县的人口；金代中期中都城人口增加到约40万人；元代中期大都城总人口增加到90余万人。从城市的地域范围来看，辽南京城面积仅88平方公里，而金中都城面积扩展到215平方公里，元大都包括新旧二城，城市面积更扩大到715平方公里。

城市地位的提高和城市规模的不断扩大，继续依赖附廓县实行传统的治理和统治方法显然已经不够。于是，对城市进行专门管理的行政实体——警巡院就从附廓县中分离开来。因此，北京历史上的警巡院不仅是我国最早的古代意义上的警察机构，还是我国最早的独立的城市行政建制之一。辽南京警巡院的警巡使马人望之所以能做到"京城狱讼填委，人望处决，无一冤者。会检括户口，未两旬而毕"，除了依靠马人望个人的才能之外，警巡院机构的设立和职责的专门化在客观上也发挥了积极作用，使社会治理的效率大大提高了。金代和元代对京师中都和大都的城市治理是卓有成效的，这与独立的城市行政实体警巡院所起的作用有必然的联系。可以说，警巡院在历史上的作用是不可忽视的。

四、宋代的纸钞流通及经济犯罪

宋代规模庞大的工业生产，聚集着数万数十万劳工，依工序分工，从事沉重的体力劳动，仅生活必需品的供应就是个沉重的负担，况论其余！拿盐业来说，唐肃宗时举天下盐利，每年40万缗；安史之乱后，在著名理财能手刘晏的经营下，到大历年间（767年—779年）骤增至600余万缗，财富翻了15倍，使唐政府能延续下去（唐代盐利，占全国之赋的一半）。至北宋哲宗元祐年间（1086年—1094年），仅淮盐加山西解盐，岁入即达400余万缗；而南宋高宗绍兴末年（1131年—1162年），仅苏北泰州海宁一个中型盐场，上交的盐税就达700万缗。就是说，南宋一州盐税之数，便超过了唐代税收最高时天下的总和。可以想见，宋代国家办的长芦等"四大盐场"之规模，该何其惊人。这里一旦有事，谁也难负其责。然而，终南北宋数百年历史，关于农民起义、矿工起义，或者关于织工风潮、市民风潮的记录，却寥寥无几，不像明清那样史不绝书；至于军阀生事、宦官造狱，也不像汉唐的为祸之烈。这说明宋朝的治安状况，总体上是良性的。

宋代产业高度发达，而发达的金融活动，特别是金属货币和纸质有价证券的广泛使用，更是其走在世界前列的又一突出标志。

宋代纸币有"交子""会子""关子"之类不同名目，依时地不同及发行功能的不同而异：有的跟金银铜铁铅锡等金属货币一样在市场上流通，有的则是大商贾向国家交纳大笔商品（如茶、盐、军用粮草之类）之后获得的有价证券；有的可供相关官员商贾在途做专项支付用。宋代纸币的印制与发行，主要是由朝廷掌控的，也有官绅大贾自行发行的。例如：宋真宗时，张咏在四川设"质剂之法"，发行交子，以三年为一"界"。65年间，共发行了22界。宋仁宗时（1022年—1063年）国家规定了发行定额，以125.6340万缗为一界（批次）；到了南宋宁宗嘉定三年（1210年）第91界交子发行时，竟发行到2900余万缗为一界。

因为交子、会子、关子之类是新生事物，流通环节不透明，国家缺乏管理经验，法制跟不上，罪与非罪难以划界判刑，于是奸巧欺诈层出不穷。南宋最具时代特色的案例，便是通过"钱会"实施的经济犯罪，其手段十分阴险奸巧，而以官商勾结作案之为祸最烈，国家、社会、个人深受其害。比如，当年造纸术进步了，纸价降低了，用于造币的特种纸生产技术也日渐提高，于是伪币泛滥、钱会贬值。当时，政府官员的第一职责本应是清除伪币，事实却不然。第一线的财经干部们却一心帮着伪币持有者规避风险，提供"脱去逃避之计"，使国家受损失。江西铅山县一名退职小吏，创设了"月敷局"，以监纳无名钱："却不给朱钞，白状交纳，尤为百姓之苦。"在这种形势下，钱钞、会子、关子……这些原本是宋代商品经济高度发达、走在世界前列的标志，却变成了吮吸民脂民膏的吸管，变成极少数强人超额集聚财富的阴谋手段！一位大员曾痛心地说：这分明是"割九州赤子之脂膏，刳四十三县百姓之肝脑，而以肥一身一家"，真令人愤慨。

《名公书判清明集》中就有《卖虚钞》一文，说的是：程全、王选二人以县吏身份，同谋擅创方印（官府大印），"印卖虚钞，作弊入己。"经审讯查证，情犯昭然：李县丞用程全之计，一日之内印几"二百石"纸币，把私制的伪钞先以"工程投资"的名义投充国库，再分批以"工程起造"的名义从国库中一一支出，却纳入了私宅，"监临主守而自为盗"。用今天的话说，这就是洗钱。李县丞一帮人的"超前智慧"确实惊人！《名公书判清明集》中比这还恶劣的案例不少。

《名公书判清明集》中又有《任满巧作名色，破用官钱》一文记述道："此例（按：指借离任名义，临走时豪取国库衣粮百物钱财而巧立的名目）已知其不合《令甲》，必是作法于贪污之人。今稽之例册，乃果无之。创为此例者，甲守也；倍增其数者，乙守也。此二人果何人哉？……士大夫据案而坐，执笔而判，某吏盗公家财，某贼窃民家物，轻则断，重则黜，又其甚则杀，一毫不肯少贷；而至于自己，则公然白昼孥攫，如取如携，视官吏略不惭，视法令略不惧。居师帅之位，而乃为盗贼之行，曾无羞恶之心，此孟子所谓非人者矣！"

官吏对狱审的卖法活动尤为令人惊心，可谓肆无忌惮，明目张胆。例如在查处、抓捕人犯时，必定会抄没其全家，乃至亲邻财产；吏人与豪富勾结，陷害小民，追捕入狱，百般折磨，必致其家产荡尽为止；吏人甘为豪门走狗，为其探听诉讼消息，盗窃诉讼文件；把持诉讼，不问是非，只问钱财；欺瞒，要挟上司，乃至怀恨诬告；获罪之后，改名换姓，继续为吏，甚而"以吏充官"，私设监狱、法庭，自行征收捐税。有个叫孙回的小吏，累经编管，却愈管愈横，竟然伪冒"置充吏"，占据县权，自号"立地知县"，收拾配吏、破落乡司，分布爪牙，竟为苛虐；其弟"孙八王"捉人殴打，辄用纸裹木棒，名曰"纸馄饨"。私押人入狱，"讯腿荆"至有一二百根。福建有个"官七八嫂"，竟然"私置牢狱，造惨酷狱具，如蒺藜、槌棒、狱仗、手足锁之类，色色有之。最残酷者，取细砂炒令红赤，灌入平民耳内，使之立见聋聩"。她"家造两盐库，专一停塌私盐，搬贩货卖，坐夺国课"，还"私置税场，拦截纸、铁、石灰等货，收钱各有定例"。她"占人田产，责立虚契，无钱付度。借人钱物，已偿复取。伐人墓林，弃人尸枢","夺人之货,殴人致死者有之,胁人自缢者有之。私行文引,捕人拷掠,囚之牢房,动经旬日",并"掠人女与妻,勒充为婢;夺人之妻,擅改嫁与恶少爪牙而取其财"。"三十年间,民知有官氏之强而不知有官府;乡民有争,不敢闻公,必听命其家。"官氏次子还用掠夺来的财富,"纳粟得官,今任鄱阳西尉"。某穷县小吏,靠"卖弄死刑公事",居然计赃达1680余贯。"抄估其家,悉为寄附,然银犹且一千二百余两,罗绮杂物,估价不下十万,而旧楮、田宅不预焉。"这样高昂的"案值",汉唐时倒台的皇亲国戚们也会自叹不如;而此等案件竟然发生于南宋的一个贫困小县。由此可知其时经济犯罪何等猖狂!

五、南宋法制生活的多维观照——评《名公书判清明集》

《名公书判清明集》收录了南宋著名地方官吏真德秀、刘克庄、宋慈、胡石壁、蔡久轩、翁浩堂、吴雨岩、马光祖、范应铃、赵汝腾、史弥坚等四五十名作者亲历、亲审、亲断、亲录的典型案例。这些作者,有的是一代思想理论家、有的是著名文学家、法医学家、政治活动家,同时又都是当时享有清誉的能吏,是务实办事的一方大员,因而也是南宋社会生态、法制生活的忠实见证者。他们对宋代法律有着精确的把握,同时对南宋中后期江南社会民生有着深刻而全面的了解,亲自投身于司法执法的社会实践,这就使本书所录突破了唐人"甲乙判"的虚拟案情、重视辞藻的窠臼,也超越了五代宋初《折狱龟鉴》之类的回忆往古陈迹、略呈故事梗概的叙事方式,实现了历代狱案文章的重大跨越,转而成为对现实法律生活的直接干预,反映出宋代最高的审判水平,具有突出的历史文献意义。就其反映历史真实而言,我把这类公堂实判,与地下文物、地上古迹并称为"第三文物"。

《名公书判清明集》的内容,覆盖了闽浙赣湘粤及苏皖鄂桂一带,而这里,恰恰是两宋文化最发达、经济最繁荣的地带,反映着不同身份、不同职业、不同阶层的人们的法制生活情态。

(一)宋代法制生活消极面的赤裸形态

宋代经济社会的发展,决定了这个时代的社会法制生活必然有其特具的方式与内容,而《名公书判清明集》则为它做了真切的记录。

在经济文化大发展的总体态势下,社会消极面也以空前赤裸的形态展示出来。政、经界都滋生出一批暴发户,搞权力寻租,权钱孵化;经济上一翻身,立刻要求政治庇护,要求权力护航,形成一股强大的黑恶势力,引发无数畸形案件。商品经济中大量出现的牙人、揽户等"中介"性质的经济角色遍布各大商埠,进行着中间盘剥;豪门悍仆、泼皮无赖、哗徒讼棍也乘势而起,成为败坏法制的重要因素。这方面的案例颇有"时代特色""地方特点",在《名公书判清明集》中有着淋漓尽致的反映。

全书14卷,居于前列的两卷是《官吏门》,反映的正是一代吏治的腐败,隶役的贪横,可当作南宋一部《官场现形记》去读。其揭示出的重重黑幕,因为都是经过南宋官府确认的案例,所以最为信实,任何人粉饰不了,掩盖不住。如写官吏利用执法权力,敲诈勒索,手段极为卑劣。他们"徇人情,坏法度,书信络绎,嘱托公事,遂使金厅为市易关节之地"。有的县官,公然"轻置人图圄,而付推鞠于吏手",让受害者依他们预先写成的"草子"供写"罪名","及勒令立批,出外索钱。稍不听从,辄加捶楚,哀号惨毒,呼天莫闻。或囚粮减削,衣被单少,饥冻至于交迫"。

同样是对宋代社会黑暗污浊的鞭笞,其后的《人品门》之《宗室类》,《惩恶门》之《豪横类》,写宗室豪绅的横行不法,更为触目惊心。他们"把持一州公事",无所不为,"居巡、尉之职者,以差头为买卖,借此辈为爪牙,幸有一人当追,则恨不得率众以往,席卷其家,以为己有,理之是非,一切不顾"。那些"狞干、黥吏之子,狼贪虎噬,种习相传,而又冒名郡庠,冒玷乡举,此虎而翼者也"。他们口称"州县无如我何,棒不到我吃"。敢于出入州县,敢于欺压善良,敢于干预刑名,敢于教唆胁取,敢于行贿计嘱,气焰极为嚣张。有些地方豪绅,"俨如官司",他们"接受白状,私置牢房,杖具枷锁,色色俱有,坐厅书判,提人吊打"。对于这种人,"官司施行,不能伤其毫毛",甚至"州县猾吏,匍匐归之"。"推原其由,皆贪官暴吏与之志同气合,容纵冒役。所以行案贴写,半是黥徒,攫拿吞噬,本无厌足。既经徒配,愈无顾及,吮民膏血,甚于豺虎。"本书列入"惩恶"一类的当代丑行,有奸秽、诱掠、奸恶(杀人放火投毒之类)、假伪(卖假药之类)、斗殴、赌博、贩生口(贩卖妇幼)、左道、淫祠、诳惑、巫蛊、妖教,以及干预刑名、执持讼柄和讼师讼棍的告讦、妄诉、诬赖等。

本书《户婚门》所占比重最大,连同《人伦门》《人品门》在内,其篇幅最多,案例最丰富,反映面最宽广,将南宋社会父子、夫妇、兄弟、叔侄、宗党、姻亲之间围绕着财产瓜分、财产继承等问题展开的惊心动魄的血腥争夺展示出来。土地仍然是宋人最重要的财产,随之而来的典卖土地,豪门兼并的诉讼就大量产生,其判决占到了本书的大部分篇幅。在那一个个命案面前,我们更清楚地看到了温情脉脉的伦理说教是如何的苍白无力、虚伪空洞。私有财产的增殖与耗减、分配与再分配,扩及对女色的占有,历来是社会病痛之所在,是犯罪量最大而犯罪表现形式又最繁复、最隐蔽的方面,政府、社会、家庭、个人为之做出的投入也最大,最能伤筋动骨。

(二) 宋代司法执法机制的正态运作及其强化

不论当时社会上存在的黑暗面是如何的惊心触目,如前所说,宋代经济文化毕竟是发展着的,看不到一代司法执法体制机制如何参与一个历史新时代的塑造,看不到法制力量是如何发挥社会安全保障作用的,也是不对的。因此,我们有必要把眼光集中到宋代司法执法的体制机制是如何运作、如何强化的方面。

在诉讼的程序运行方面,宋代的司法行政机关已经拥有一套比较完整的、经过官员长期遵循而形成的规范或者惯例。我们可以从案件的发现到判决这一全过程,完整地看一下宋代的诉讼审断程序:

1. 在案件获得方面,主要通过当事人、发现人报案,加上官方巡查获案等途径来实现。宋代允许小民越级上诉、跨境上诉,但对"奸情"案之类的报案人,有明确的身份限定,这就在当时条件下保障了相关家庭和当事人的隐私权。至于伦理案、政治案的投诉人,同样有身份限定;对诬告、匿名也有相应的规范。

2. 在受理方面,宋代路、州、县政府是受理的主渠道,宪司、巡司、粮司、运司、盐道司等也受理各自管辖范围内的案件,并可以接受一般社会投诉,体现出"案件受理权"上的开放性,是社会法制意识强化的表现。另,宋人有明确的法律时效观念,规定了有效受理时限。不过,案件受理上的"政出多门",也消耗了过多的法律资源,为"缠讼""惯讼"的恶性发展提供了过多的存活空间。

3. 在侦查勘验与搜捕方面,案件一旦受理,原告与被告、干证一律收押,犯案者立即搜捕,同时开展现场勘查。比如在触及刑律的宅田产权争夺案件中,主审官出现场是常见的事;还有专门的"体究官"对争议土地进行勘查测量。对于命案则尤为重视,有规范的"尸检格目"需要填报。这类活动强化了案件审理结果的科学性。然而,事情总有它的另一面:因为对"出现场"的重视,于是一有风吹草动,各种执法力量便纷纷出动,闹得鸡飞狗跳,把"办案"变成发横财的良机,往往"案值"不大,而政府与民间的"付出"却高得惊人。

4. 在审理活动中,官员并非一味依赖大堂上的刑讯取供,主观推理,在绝大多数案件中,审理官员更重视利用控辩双方提交的各式书证、利用官府档案文献及保甲邻里的证词、结合治安耳目提供的信息,对案件事实进行逻辑分析,有些案件中官员还要借助专业机构(如书铺)做司法鉴证,对案件事实进行技术性验证,从而得出令人信服的结论。即使当事人诡辩耍赖,也并不必然地导致刑讯。刑讯不是宋代名吏们审理案件的主要手段。用刑主要是用在审断后的惩罚上，而不是在审讯中。

5. 在判决方面，本书所录的判决书，具有相当高的专业水平，内容完备，制作规整。判决书一般包括案件事实、法律依据、处罚结论等部分。其逻辑严密，条理清楚，与今天的判决书相比亦毫不逊色；同时，因宋代理学发达，伦理因素大量渗入判决。宋人判案，尤重理、法、情的综合平衡，尤其是在伦理案件、民事案件中。不搞"唯治为法"，故能使其判决为社会人心所接受，所支持，其社会效应大于单纯的"法办"后果。

6. 在结案程序上，宋代有一套上报、复核、平反、甄别特别是监督执行的制度，保证了判决的严肃性、权威性。而在平反、甄别环节上，注意到对冤假错案的"追责"。不过，从全书看，对"官"的处治通常较宽，"对移"一下即可，甚至不知下文；而对吏的惩罚则相当严厉，因为他们总是暴露在第一线，是民愤的直接宣泄口，"不杀不足以平民愤"。有位县吏，作恶多端，"黥配之日，阖城民庶无不以手加额，呼天称快；虽三尺童稚，亦抛掷砖瓦，切齿唾骂。百姓不堪其苦如此"。

7. 在惩处上，经济惩罚、名誉刑、肢体刑被广泛使用，而生命刑则很慎用。宋代已有相关的录囚制度、狱医制度等，在某个案例中，狱医还有权决定该犯人的身体情况能否赶路。这些说明当时的监狱管理也是有法可依的。至于入监等于下地狱，这无须多说；"以狱为市"，更是公开的秘密。"官司不以狱事为意，每遇重辟名件，一切受成吏手，一味根连株逮，以致岁月奄延，狱户充斥。气候不齐之时，春秋之交，多是疾疫相染，无辜瘐死。""朝廷张官置狱，今乃荡无纲纪。甚至狱墙反为狱官、推吏受赃纵囚之路，可为寒心！"

总之，对宋代狱政的正负两个方面，我们都应当有完整的把握。

（三）多层面地看待宋代法制生活的基本态势

《名公书判清明集》在编纂上有其独特之处。首先，本书是按《宋刑统》《庆元条法事类》（南宋条令的汇编）的体例安排篇章次第的，它再现了宋代法律制度的基本面貌。由于本书的主要内容是实际案例，所以，更能够直接、明白地解释当时的法律制度，起到了实例注释的作用。比如《户婚门》的众多案例，就直接关系到当时的婚姻、田产、继承、分割、管理、经营的方方面面，由此引发的争执自然要依国法来处置。其次，本书总体上说是判例汇编，但其中也有一部分是官府行政文献，对全面了解宋代行政机构的运行有着重要的资料价值。最后，本书的可信度很高，一来是作者很权威，二来本书判例很少有花哨的文字，基本上是严格的三段论（法律规定，案情事实，法定处罚）格式，它标明这些案例文字是规范可信的。

《名公书判清明集》之判词所提供的资料，比起小说的编造戏说、艺术虚构来又自不同，它对社会黑暗有更强的穿透力、揭发力。可以说，本书的案例涉及当时当地社会生活的方方面面，将各方面的极端冲突都展现出来，使人们对宋代，尤其是南宋中后期的社会法制生活有一个多层次、多侧面的鲜活了解。南宋宁、理时期的一代名吏、一批法官，能拿起笔来，对他们生活于其中的那个上层社会的阴暗面，做出如此多层次多方位的揭露、对社会的病痛做出如此深切入骨的剖视，并尽其所能、用尽心力去加以纠正、加以救治，实在是难能可贵，我们还能对他们提出更为苛刻的要求吗？总之，本书的案例向读者展示了一个完整而鲜活的宋代法律生活画面，打开了一个了解真实的宋代社会生活的窗口，使我们真切地感受到：宋代法制在塑造一个超越前朝的社会生活方面，起到了它应有的作用。

六、县令王祯是个活跃在田间地头的诗人农学家

作者王祯，字伯善，山东东平人，生卒年不详。元代农学家、农机师、兼木活字印刷术的改进师。1295年—1300年间在皖南旌德、江西永丰等县任地方官，又一度到福建任职。他在所到之处，积极提倡桑麻棉的种植，大力推广新式农业机械，为其《农书》的著述提供了深厚的生活积累，让他自己活成了一位千古难得的活跃在田间地头的全职县令兼农艺诗人。

一个真有作为的人，时代会考验他，也会成就他。元代是一个把知识分子称为"老九"的时代，还一度废除了科举制，统治者甚至曾打算把农田变为肥美的牧场……其时国家的文化生态可想而知。可就是在这么一个时代，出了这么一个人：山东汉子王祯，安徽旌德县令、一个诗人农学家。他在山沟沟里边工作，边劳作，边写作，完成了他的"文谱诗画一体"的《农书》——这可是一本益世利民之作，它把中国农学提高到了一个全新的档次。古代中国，在数十个世纪里，以有限的可耕地，养活了数以千万计、万万计的人口。这样的生态工程，全世界唯此为大，而且一直持续着、进步着——对此，《王祯农书》做了既全面又系统的研究与反映。

（一）《王祯农书》综合反映了南北农业的时代成就

中国传统农学将农业定义为"稼穑"，即农作物从种到收的全过程，这有两层意思，一是"稼"：是指以"五谷"（或曰"九谷"，稷黍菽麦稻粱麻……）为核心的、包括蔬菜、瓜果在内的"百谷"，甚至扩展到药、染、漆、蜡等经济作

物与梅兰菊竹、桑柘桃梨、槐榆杉松等花木果木林木的栽培种植，以及禽畜蚕鱼蜂的饲养，且一一说明它们的天然性状，讲述它们生存所需的天时、地利与物候条件（水、肥、土、种、气温、光照）。二是"穑"：不仅仅指"作物收割"的一道工序，而是向两头延伸：既包括收割前的防风防雨防虫防盗，又特指收获中的保收速收抢收及上场、归仓等措施，更延伸到归仓后的保质保量保鲜、适口适体适用的贮藏运输与精加工技术。为了完成这样的"稼"与"穑"，就要关注掌握稼穑技能的农人，关注稼穑作业的一切农用器具的制作与功能。可见，古人说的"稼穑"，其实是一个充分展开的农业生态系统工程，是由天、地、人、稼四大生态要素构成的一个完整的、有机的"生态作业链"。

该书分为《农桑通诀》《百谷谱》《农器图谱》三大部分，共22卷，近15万字，插图300余幅。《农桑通诀》是该书的"总论"，在我国农学史上第一次系统地兼论了南北农业技术，《百谷谱》介绍全国各地所产的农作物与各种经济作物；《农器图谱》则介绍了200余种农具的形制与功能，集古代农具之大成，涵盖了大田农作器具与农产品加工机具及某些日常生活用具。可贵的是，它首创了"图谱"式的记录方式，每介绍一种农具，都做出图文并茂的明晰交代，而且从"天地人稼"的生态链出发，配上感情真切而又说明清晰的诗歌佳作，表现出难得的科学首创精神与深厚的民族文化素养。

（二）王祯有健全的农业生态观

书中，《农桑通诀》部分有6卷，以"农事起本""牛耕起本""蚕事起本"三篇开题，作为全书的引论，深情地追叙了我国农桑耕织的起源，从人们的心灵深处唤起对农业的敬重、对农人的敬重。他说："农者披蒲茅、饭粗粝、居蓬藋、逐牛豕、戴星而出、戴月而归，父耕而子馌，兄作而弟随；公则奉租税、给征役，私则养父母、育妻子，其余则结姻亲、交邻里：有淳朴之风者，莫农若也。"一位文人县令，对农民有如此深切的理解和敬重，实在难得。

《起本》以下是"通诀"，含《耕垦》《灌溉》等16篇，是全书的通论部分，作者以"顺天之时、因地之宜、存乎其人"的"三才"理论为指导，在尊重天时、地气，把握物种的生化长养规律的前提下，系统地阐述了垦耕、耙劳、播种、锄治、粪壤、灌溉、收获等所有环节；同时，它又分列了种植、畜养、蚕绩等专篇，阐述林、牧、副、渔等广义农业的内容；还从祈报、孝弟力田、劝助、蓄积等方面，宣传了历代当局敬天重农的思想和相关劝农务本的措施。可见他的"农业生态观"是健全的、综合性的。通论部分以作者编绘的《授时指掌活法之图》作结。他直观地把"天、地、人、稼"综合在一份图表上，既具创造性，又富有实用性，是他的"生态农业"思想的精粹显示。从这个角度看来，本书就是一部完整地记述古代农业的"生态学专著"。

"通论"之后便是"分论",居前的是4卷《百谷谱》,谱列了先民驯化培育的60余种作物及域外引进的各种作物,这可视为中华农作物的驯化小史、栽培小史、引种小史。它分为谷、蓏、蔬、果、竹木、杂类等6大品类,依次描述了各种农作物的品种、特性,清楚地交代了近百种作物的"天"的要素:其天然形态、天然质性、天然物候与天时要求,灌注着作者深入生产第一线做具体观察的辛劳与心血,是从中国农业实际出发而做的"作物分类学"研究。如写谷属中的稷,就有"其禾,茎叶似粟,其粒比粟差大,其穗带毛芒"的描述;记高粱,有"茎高丈余,穗大如帚,其粒黑如漆、如蛤眼"的描述;述冬瓜,有"其实生苗蔓下,大者如斗而更长,皮厚而有毛,初生正青绿,经霜则白如涂粉,其中肉及子亦白"的勾画;记芋,有"叶如荷,长而不圆,茎微紫,乾之亦中空,根白;亦有紫者,其子大如升,食之味甘,旁生子甚多,拔之则连茹而起"的描绘……同时,它还阐释了不同作物的栽培、种植、收获、贮藏、利用的特殊技术要求,以及历代农人通过选种、管理、嫁接、杂交等手段来"顺应天性""改变天性""化育天性",促进品种改良与丰产的不懈努力。读了《百谷谱》,人们会懂得感激大自然的恩赐、感激世世代代华夏先民的辛勤奉献(全世界200多种栽培作物中,有60多种是中国先民培育成功的);也感谢先民对境外优良作物品种的广泛而多样的引进。

(三)《农器图谱》首创了图示、谱叙的表述方式

其后的12卷《农器图谱》,含"农器图"与"农器谱""农器诗"三个组成部分,综合运用了"图""谱""诗"三种表述方式。

1. 农书发展史前所未有的306幅"农器图"。在中国出版史上,先秦时期就有"左图右史"的说法,书中往往配以图表、图录、图籍之类,著名的《河图洛书》《山海经图注》就属此类。版印书籍出现后,书中便有了示意性画图,最有名的如北宋李诫《营造法式》中的"宫室结构图"、南宋宋慈《洗冤集录》中的"向背人形图",南宋曾之谨创出了《农器图谱》。到了元明之际,版面中有了与文字内容相呼应的"配图""插图",表现着诗文戏曲、宗教故事里的人物、情节、场景。《王祯农书》的插图,总结吸收前人的经验,用图表来示现事理,比如《搜时指掌活法之图》就是;更多的是用图形来表现农器的形制与功能的,比如镰刀、铡刀、耙、犁、桑刃、呼鞭这类结构简单的"器具",就只画出其大致形制;至于耧车、大车、连磨、北缫车、大纺车等结构复杂的"机具",就绘出其复杂的结构与功能,有的还注明了部件名称,甚至还表现出相关农具的使用场景。这些图,尽管今天看来,其表达效果未必精准,但足以证明作者是掌握了这一套科学表达方式的。《农器图谱》中多达300幅的插图，是农书发展史上前所未有的。正是靠着这些图谱，我国古代的许多农业机械器具才得以保存下来。一幅图所呈现的形象、构造，往往是几百甚至几千个字也替代不了的。王祯以后的许多农书，如《农政全书》《授时通考》以及《古今图书集成》中的"农器图"，大都是移用《王祯农书》的，有的只做了局部修正。可以说，《王祯农书》显然是中国古代农器图的公认"权威"，而这也正是王祯本人作为农机制造设计师的理由。

特殊的是，作者更爱在"示意图"中注入传统山水画、田园画、木刻画的一些基本审美元素，把器物放在相应的"使用环境"中、放在特定的使用状态下来表现，这就透射出一股强烈的生态气息，为中国读者所乐于接受。试看"田制门""灌溉门""舟车门""杵臼门""蚕缫门"的大量插图，比如《梯田》《圩田》《热釜》《络车》《织机》《卧机》等，在把说明对象置于画面中心的前提下，都适当绘以操作者的形象；而《沙田》《秧鼓》《农舟》《田庐》《水栅》《戽斗》《砧杵》《木棉轩床》等图，甚至绘有远景近景、人物鸟兽做陪衬，很有艺术品位。这种画，客观上也是对传统山水画"重山水木石而轻人类活动"的画风的一种拨正。记得20世纪五六十年代国画大师们把铁轨、火车、电线杆画进山水画，被誉为画坛创新之举，对比一下王祯的《高转筒车》等图，人家早就把当时最先进的机械"融入山水"了！

2. 精准展现作者卓越的科技思想的"农器谱"在《农器图谱》中，配合"农器图"的是一篇篇活跃着科技思维的农器说明文字。王祯在这里所讲的"农器"，首指农田，次指农具，次指农机。他结合着使用说明文与农器诗两种表达方式，依次介绍并讴歌了田制、杷扒、蓑笠、杵臼、仓廪、鼎釜、舟车、灌溉、利用、蚕桑、织纴、𬘘絮、麻苎等20门257种"农器"，包括农田制度、耕作器械、灌溉机具、收割农具、储运设备、农产品精加工器械、纺织机械等，这一部分最能展现作者卓越的科技思想和深厚的传统文化素养，是全书的特色所在。

《农器图谱》从讲"田制"入手，即系统介绍不同田地的耕作、整治、垦殖制度，以借田（皇家示范田）为引子、导入对井田，畦田（代田）、区田、园田、圃田等大田作业的介绍，还有对山区与水乡的梯田、围田（圩田）、柜田、沙田（滩涂）、葑田（筏田）的介绍，既有大田的精耕细作，又有园圃的多种经营，透露出先民的智慧与创造力；更贯穿着作者只要技术措施到位，即"无水不可用、无地不可改、无处不可种"的思想，显现出卓越的科技观和对先民改天换地精神的赞佩之情，还凸现了作者命笔时对农夫命运的深切关怀。他说——

（梯田）山势峻极，不可展足，播殖之际，人则伛偻蚁沿而上，耨土而种，蹑坎而耘……盖田尽而地，地尽而山，山乡细民，必求垦佃，犹胜不稼。其人力所致，雨露所养，不无少获；然力田至此，未免艰食，又复租税随之，良可悯也。

首先是关于土地翻治的农具，以犁、犁刀、耙、耢器为主，其中的犁刀别具特色。犁刀是一种很像镰刀而背比较厚的农具，能够与犁配合起来使用，耕地时犁刀先把草根割断，犁再把土翻起，这样耕作，可以更为省力、快捷。而后重点介绍的播种农具是耧车。耧车在汉代就发明了，到了元代又有了两项重要的创新：一是增加了一个肥料箱，使得播种与施肥能同时进行；二是增加了砘车装置，使得播种后能马上掩土，可大大提高种子的发芽率。谁说中国古代农民"保守""落后"？此时他们的科技应用走在世界的最前列。这个时候的西欧农庄，正在用削尖了的木棍在地表戳个洞洞来搞点播，庄园主正强迫着佃农们把自家的羊群圈到他的地里去过夜，借以完成"施肥"工序……难怪其收种比仅仅为3∶1或4∶1（种1斤种子才收3斤—4斤粮），而这个局面竟然从古希腊罗马时代一直维持到14、15世纪都未尝改变！

第三是农业灌溉器械，王祯一方面把传统的龙骨水车创新为用水力来推动，大大节省了人力与畜力，是古代少有的"自动化机械"；还创制了一种名为"高转筒车"的灌溉机械，能够把水提高到地面以上33米进行灌溉。两部筒车相接，就可以把水提高到66米以上。这在古代是一个很了不起的创造，而且它的结构又那么简单，对许多地高水低地区的作用尤为显著。这个筒车的动力，既可以是人力或畜力，在具备较高流速、较大水量的地区还可以是水力本身，解决了"水力自运作"的课题。其对水功能的认识和利用思想，该是何等的全面而深刻！

第四是收获农具粟镰、钐之类，特别是收割荞麦用的推镰，能达到整齐、干净、得穗率高的效果，还大大方便了后来的捆扎工序。王祯把麦钐、麦绰、麦笼等配合起来做成的"快速收麦器"，是效率极高的收割农具，据说一人一天能收割麦田10多亩，这在古代确实已经是很了不起的装置了。

第五是农产品的加工机械。这方面王祯最著名的创新发明是"水轮三事"。他在传统的普通水力磨上对这个机械装置加以改进，使它能够同时发挥磨面、轧稻与碾米3种功能。与"水轮三事"异曲同工的是他所发明的"水转连磨"，这是在江西地区茶磨的基础上加以更新而制成的，用一个立式的大水轮，再通过一系列的齿轮传动装置，能同时使9个磨盘连动旋转工作。轮下另装有水碓，又可用于舂米。据说用这个装置装上水桶，还能进行高田灌溉。这两个创新充分显示了王祯对机械设计的掌握已达到了相当的水平。他在"利用门"一节中介绍的

"水力农机"达14种之多，还不包括水力灌溉机械在内。

第六是以舟车为代表的水陆运输设备，和以仓庾窦窖为代表的粮食储藏设施。他注意到南北方自然地理条件不同而形成的地区差别，"因地制宜"思想表现得特别显明；同时又希望不同区域能互相借鉴，在交流中实现革新。其中，他特意介绍了南方仓库的防泡湿、防霉变措施，介绍了北方探测深窖储粮的质量状况的"生物显示法"，尤能引起人们对科技使用的兴趣。这一因素，也使他的说明文字充满了人文色彩，不是枯淡寡味的"产品介绍"，因而更为读者所赏读。

第七是饲蚕设备与桑麻棉织器具。饲蚕缫丝在中国历史悠久，桑蚕遍及南北，所用器具五花八门，作者依栽桑、育桑、采桑与浴种、饲养、上山、煮茧、缫丝的顺序，一一做了具体介绍，特别留意于呼吁南北方互相交流，取人之长，补己之短。值得注意的是作者对刚刚引进的草棉的加工纺绩，有一种科学家的敏感，虽是列入"附篇"，却也自成序列：在"木棉序"的"引进小史"之后，以一组文章专门介绍加工木棉的专用工具：木棉搅车、木棉弹弓、木棉纺车、木棉拨车、木棉轧床、木棉总具等。这是因为作者看到了它的无限前途：

（木棉）可谓不麻而布，不茧而絮。虽曰南产，言其通用，则北方多寒，或茧纩不足，而裘褐之费，此最省便……农务助桑麻之用，华夏兼蛮夷之利，将自此始矣。

从整个《农器图谱》中，可以明显看到王祯既是卓越的农学家，更是杰出的机械制造家。他对于绳轮、齿轮、曲柄、连杆等传动装置的运用已驾驭自如，得心应手。在许多机械部件与整体机械原理上，也同样显示出他确实有着深入的研究与极高的造诣。相关说明文字，清晰地表达了他的机械观、技术观。这篇"农器谱"，把一个个看似不相干的农具农器农机分类"谱列"出来，交代其结构上的启承发展关系，交代其功能上的相因互补关系，又交代其不同使用场合的性价比，把看似"无机"的一堆堆器具作为"有机系统"来谱叙，这又是作者"生态意识"的绝佳表达。颇有意味的是：作者在生活用品上力求最古朴的风格，而在生产器械上则追求先进更先进的创造，二者在他的身上奇妙地统一起来了。他既尊重前人的原创成果，又热心于新巧发明，全力去制作并推广之，显示出一位科技大家的本色。王祯能充分尊重前人的努力、前人的劳动、前人的成果，记住他们、感激他们、纪念他们，进而激发自己的能动性去学习、去继承、去发展、去推进这业已存在的事业，所以他成功了。今人之中却有很多不是这样，往往盯着前人的所谓"局限性"去搞什么"批判"，喧嚣浮躁，自我膨胀，以为能胜过前人、他人，到头来要么一事无成，要么陷入更为可怕的"局限性"而告别自己的时代——孰优孰劣，何弃何取，这是王祯的著作带给人们的另一番思考。

（四）260余首农器诗表明作者诗学素养胜过农学

书中与"谱叙文字"相呼应的，还有260余首"农器诗"。除少量诗作出自苏轼、王安石、梅圣俞等名家之手外，绝大部分为王祯自作。它们除扼要地歌咏对象物的性状、结构、功能，起"补充说明"的作用外，更渗透着传统山水田园诗的审美情趣与生活意趣，又表达了作者志在"科技救农""科技富农"的崇高情怀和对甘于奉献却处于社会底层、勤于产业而艰于生计的农人的深切同情，灌注了作者对农器创制者、使用者的敬重之情、关切之意，因而有"抒情诗"的品位。

人们知道，传统山水田园诗往往出自归隐者、旁观者、游览者之手，尽管写的也是农村农事农器农业题材，却过分游离于"农"自身的主题之外，多了些对于"田舍翁"及其生态的欣赏、赞誉或向往，突出的却是那些疏离了政治的清高之"士"的"闲情逸志"；充其量有一些"不平之作"，也都停留在"抒愤"的层面上，而缺乏对"为民解困"的切实思考与实践。相形之下，王祯就很特殊了。他是以农事的直接参与者的身份来歌吟这一切的，他善于做切合现实的理性思考，他成功地把"叙事""说明"与"抒情"的三大诗文功能巧妙地结合起来，体现出实用性与审美性的统一，这在古代作品中并不多见。这些诗的表现力、表达力之强之美，绝不亚于文学史上的大多数知名诗作。

比如，书中咏"田制"的一组诗歌，全是从作者本人的生产实际与科技实践中提炼出来的，尤其突出地体现出他对农业、农民、农村生态的关注，其殷殷之情渗透于字里行间。诗中既有对农田作物生态的贴切描摹，又有对农田耕作制度的精准说明；既有对农村生活风情的审美观照，又有对农民艰难命运的真切关怀；既有士大夫寄情田家别墅式生涯的情意，更有一位责任心强烈的地方官忧怀民生、助民解困的实际操作。这一切，正是他的"田制诗"超越于一般文人"田园诗"的可贵之处，很贴合他这位"良吏"的政治身份和政治素养。由此看来，王祯"农器诗"在元代的批量出世，简直是中国诗坛独树一帜的创造，是作为农学家的王祯对中华文明的又一特殊的文化贡献。

这里，不妨读几首诗来感受一下：

禾 钩

物性纵横本自由，
不经约束浩难收。
荒原草木知多少，
会见芟夷入此钩。

镰　刀

利器从来不独工，
镰为农具古今同。
芟余禾稼连云远，
除去荒芜卷地空。
低控一钩长似月，
轻挥尺刃急如风。
因时杀物皆天道，
不尔何收岁稍功？

水　闸

陂岸人呼古闸头，
万夫功役见重修；
禹门似是重三级，
巫峡还同束众流。
少劈沟渠供碾硙，
每通膏泽到田畴；
休将层闸轻抽去，
恐有它时旱暵忧。

即此数首也就可以看出，王祯之诗，取象魁伟，气魄豪雄，睿思敏快，寄意深远，置于唐宋名家诗作中，也毫不逊色；与前代山水田园诗比，更高出一筹。徐光启甚至说王的"诗学胜过农学"，也有道理。研究古代诗学与元代文学成就者见不及此，宁不有遗珠之憾？

（五）《王祯农书》展现了中华大农业的生态画卷

就这样，《王祯农书》全面而生动地展现了一幅精耕大农业的生态画卷：在这里，你可以看到以大田作业、园圃经营为内容的北方乡村生活，可以看到以"围田""柜田"为代表的南方水乡面貌，还可以看到以"梯田""区田"为特征的山乡风情画面……在那里，沟渠纵横，阡陌通达，畎亩连绵，林木扶疏，桑麻布野，瓜果满园，五谷丰盈，六畜兴旺；鸡鸣狗吠之中，应和着缲车声、臼杵声、薅鼓声、短笛声；人们在忙碌着开渠、耕地、播种、莳秧、艺黍、施肥、车水、刈获、簸扬，在忙碌着饲蚕、牧羊、喂牛、养蜂、打鱼、放鹅、缲丝、织布；就这样，人们在浥露耘苗、戴月荷锄、驾舟采菱、运机输水、投杼织绢、挥汗鞭牛之中劳作着，也享用着劳动的硕果。在这样的田间地头，更可以看到这位地方官、农学家、农机改革家出入田间地头、涧边谷底，忙着宣传、制作、推广农业新技术的身影……它再现了古代农村、农业、农人的生态状况和融注于其中的科技奥秘。可以说，中国传统农学的成就，在《王祯农书》中得到了深刻展现；而王祯本人尊农敬业、亲民实干、勇于开创的科学家形象与其丰厚的学术素养也展现得淋漓尽致。当然，它也利用了《氾胜之书》《齐民要术》《陈旉农书》等前代文献的研究成果。

七、中华法系将元统治引入正轨

历史上，中华法系一直表现出强大无比的统合力、凝聚力，任何一支军政力量，不论它来自何方，只要它想在中原立定脚跟，迟早要接受中华法制的规范、塑造，用中原文化装备自身，"征服民族被征服"，这就是历史的结论。这在世界古国法制史上具有唯一性，是中华文明衰而复兴、永不中断的法制密码。元统治的被统合、被塑造，就是一个典范。

（一）从没有成文法到颁布《元典章》

元大都城中的各民族杂处混住，除契丹、女真、渤海等民族久已同汉民混杂之外，大批蒙古人作为统治民族入居京都，也与汉人相错而居。由于蒙古人尊崇藏传佛教，京畿之间的西藏僧人空前增多。各民族间的密切交往有利于彼此间的文化交流和传统友谊的增长。除此之外，因为蒙古人的三次西征和元朝皇帝在四大汗国中的宗主地位，所以在大都城里，又有大批的中亚各族人民。他们当时被统称为"色目人"，包括斡罗思（康里）人、阿速（阿拉尼）人、突厥（土库曼）人和波斯（伊朗）人等。色目人中多系权豪富商。另外，色目人在工匠、军士与"驱奴"中都占很大的比重，加上远道来自欧亚的商人、罗马的教士和各国的使者，云集辐辏，使大都秩序成为当时治理的重中之重。

蒙古族原来没有文字，因此也没有成文法。成吉思汗用畏吾儿字拼成蒙古语，把自己的训令编为"大札撒"，意即"大法令"，要求后世严格遵守。但这种"大札撒"还不是系统的法典，仅仅是蒙古部落的习惯法。蒙古进入中原以后，曾一度采用金代的《泰和律》，直到建立元朝后才着手制定法律，颁布了《至元新格》。但它"大致取一时所行事例，编为条格而已，不比附旧律也"。元仁宗（1311年—1320年在位）时，又取格例中有关纲纪、吏治的条目分类编成《风宪宏纲》。元仁宗延祐三年（1316年），开始对忽必烈以来的条格、诏令和断例加以厘定，英宗至治三年（1323年）完成，定名为"大元通制"，分为名例、卫禁、职制、祭令、学规、军律、户婚、食货、大恶、奸非、盗贼、诈伪、诉讼、斗殴、杀伤、禁令、杂犯、捕亡、恤刑、平反等20篇，以诏制、条格、断例和令类合编而成，共计2529条。英宗时还编修了《大元圣政国朝典章》，简称《元典章》。

《元典章》现在尚存于世，是研究有元一代政制法制的最基本的文献。该书分前、新两集。前集60卷，分诏令、圣政、朝纲、台纲、吏部、户部、礼部、兵部、刑部、工部等10门373目，每目还有若干条格子目。新集不分卷，分国典、朝纲、吏、户、礼、兵、刑、工8门，门下分目，目下也有条格子目。《元典章》对于研究元代政治、经济、法律、风俗等具有非常重要的价值，但其中讹误脱漏之处颇多，兼杂有方言土语，故不易通读和准确利用。而在刑罚方面，仍保留着早期国家法律的残酷性，如把凌迟之刑写入律文，醢刑、族诛等酷刑也经常被使用，对不同民族采用不同的刑罚和量刑标准。这些做法，一方面是照顾到原有的传统；另一方面，也反映了明显的民族歧视。

（二）"元律"对刑案误判误决的追责制

《元史·刑法（二）·职制（下）》载明了元代对司法执法人的职务要求，其中包含有对错误执法者的"责任追究"条例，很有特色，现摘抄四类责罚条例于下：

一类，对收理、勘验、侦缉、拘捕、立案程序上的失责者的追究：

1. 诸有司辄凭妄言帷薄私事逮系人者，笞四十七，解职，期年后叙；

2. 诸职官告吏民毁骂，非亲闻者勿问；违者罪之；

3. 诸职官听讼者，事关有服之亲、并婚姻之家，及曾受业之师，与所仇嫌之人，应回避而不回避者，各以其所犯坐之；有辄以官法临决尊长者，虽会赦，仍解职降叙；

4. 诸民犯弑逆，有司称故不听理者，杖六十七，解见任，殿三年杂职叙；

5. 诸检尸有司故迁延，及检覆牒到不受，以致尸变者，正官笞三十七，首领官吏各四十七；

6. 诸检尸有司，其不亲临或使人代之，以致增减不实，移易轻重，初覆检官相符同者：正官随事轻重，论罪黜降；首领官吏各笞五十七，罢之；仵作行人，杖七十七；受财者以枉法论；

7. 初覆检官相符同者，首领官吏各笞五十七，罢之；仵作行人，杖七十七；受财者以枉法论；

8. 诸职官，复检尸伤，尸已焚瘗，止传会初检申详者，解职别叙；若已改除，仍记其过；

9. 诸捕盗官搜捕逆贼，辄将平人审问踪迹，乘怒殴之，邂逅致死者，杖六十七，解职别叙；记过，征烧埋银给苦主。

二类，对审理程序上非法失责者的追究：

1. 诸职官辄以微故，乘怒不取招词断决人，邂逅致死人，诱苦主焚瘗其尸者，笞五十七，解职别叙，记过。

2. 诸鞫狱辄以私怨暴怒，去衣鞭背者禁之。诸鞫向囚徒重事，须加拷扭者，长贰僚佐会议立案，然后行之。违者重加其罪。

3. 诸有司承告被盗，辄将警迹人非理枉勘身死，却获正贼者，正问官笞五十七，解职；期年后，降先职一等叙。首领官及承吏各五十七，罢役不叙。均征烧埋银给苦主，通记过名。

4. 诸有司受财故纵正贼，诬执非罪，非法拷讯，连逮妻子含冤赴狱，事未晓白，身已就死。正官杖一百七，除名；佐官八十七，降二等；杂职叙。仍均征烧埋银。

5. 诸鞫狱不能正其心、和其气，感之以诚，动之以情，推之以理，辄施以大披挂及王侍郎绳索，并法外惨酷之刑者，悉禁止之；

6. 诸鞫问罪囚，除朝省委问大狱外，不得夤夜问事；廉访司察之。

7. 诸职官辄以微故，乘怒不取招词、断决人，邂逅致死人，诱苦主焚瘗其尸者，笞五十七，解职别叙，计过；

8. 诸鞫狱，辄以私怨暴怒，去衣鞭背者，禁之。

9. 诸鞫问囚徒重事，须加拷讯者，长贰僚佐会议立案，然后行之；违者重加其罪；

10. 诸有司断诸小罪，辄以杖头非法杖人致死，罪坐判署官吏。

三类，对拟判、上详、审劾、审决中有误而失责者的追究：

1. 诸有司故入人罪，若未决者，及囚自死者，以所入罪减一等论；入人全罪，以全罪论；若未决放，仍以减等论；

2. 诸故出人之罪，应全科而未决放者，从减等论，仍记过；

3. 诸监临挟仇违法，枉断所监临职官者，抵罪，不叙；

4. 诸罪在大恶，官吏受临，纵令私和者罢之；

5. 诸风宪官吏，但犯临，加等断罪；虽不枉法，亦除名。

四类，对监守、执行、行刑程序上失责者的追究：

1. 诸有司辄收禁无罪之人者，正官并笞一十七，记过；无招枉禁、致自缢而死者，笞三十七，期年后叙；

2. 诸有司辄将无辜枉禁瘐死者，解职，降先品一等叙；

3. 诸弓兵、祗候、狱卒，辄殴死罪囚者，为首杖一百七；为从减一等。均征烧埋银给苦主。其柱死，应征倍赃者免征；

4. 诸禁囚，因械梏不严，致反狱者，直日押狱杖九十七，狱卒各七十七，司狱及提牢官皆坐罪。百日内全获者不坐；

5. 诸司狱受财，纵犯奸囚人在禁疏枷饮酒者，以枉法科罪，除名；

6. 诸主守失囚者，减囚罪三等；长押流囚官，中路失囚者，视提牢官减主守罪四等；既断还职；

7. 诸有司在监囚人，因病而死，虚立检尸文案，及并覆检官者，正官笞四十七，解职别叙，已代会赦者，仍记其过；

8. 诸有司，各处递至流囚，辄主意故纵者，杖六十七，解职；降先品一等叙，刑部计过。

总的看来，元律对刑案的误判误决特别注意追责，是希望尽快结束其原有的无序无法状态，把国家置于法律轨道的重要努力；其落实当然不是一朝一夕之功，遇到习惯势力的顽强抵拒也是必然的，但我们仍应肯定它的这份努力。

（三）死刑判决上的中枢会议和君主裁决制

死刑，即生命刑，历代有不同的处死方法，如赐死（如赐其自缢、饮鸩之类）、绞刑、斩（杀头、腰斩、枭首）、分尸（蛊毒、剜心、车裂、凌迟、锉骨扬灰）；元代的法定刑是绞斩与凌迟。在死刑执行上，又有"立决""缓决""优减""赦免"之类，这一切的最后裁定权的归属，尽管历朝历代有所不同，但涉及"五伦""八议""十恶"的大案要案，通常是由皇帝做最后裁决的；而元代则很早就把死刑的最终核准权收到皇帝一人手中了。中统元年（1260年）五月即下诏规定："今后凡有死刑，仰所在官司推问得实，具情始末及断定招款，申宣抚司再行审复无疑，呈省闻奏，待报，处决。钦此。"元代死刑的核准权在皇帝手中，其他刑种则由刑部拟定，中书省核准。

需要说明的是：在死刑裁决权问题上，往古时代的"君主独裁"，不是绝对的，它并不是君主随心所欲的司法行为，在常态下，它也有诸多条件的限制：1. 皇帝也要遵守"国之大法"，"先王之法"，做到依法判决；2. 命案判决是在"所在官司推问得实，具情始末及断定招款，申宣抚司再行审复无疑，呈省闻奏"的基础上做出的，这意味着皇帝的"乾纲独断"，其实是建立在一系列法制运作基础之上的；3. 疑难重案，往往要经过多次反复集议，在刑部审议、台省合议、中枢会议之后，形成集体意见，列出争议性问题，书面奏明可供选择参酌的多种处决方案，最终由皇上做出决断；钦定之后，只许完全执行，不得再行纷争。这是国家法制运作的一个必要的权威环节。从这个意义上看，它只是死刑审决的最后一道程序、一个十分重要的结案手续,"独裁"的象征意义远大于实际意义,不能把皇帝淫威与国家法制的正当运作混为一谈。元代四处征战,将军们杀人如麻,正式建国后如若不把杀人权收归朝廷,不让皇帝独裁,则"建定秩序"将永远无望。

(四)文本分析不能代替司执法实际

不过,还得申明:对史料的文本分析,并不能完全说明其时的实践形态。我们在肯定这些文本内容的时候,仍然要思考当时法制生态的实际面貌。这里,我们也不妨看看元顺帝时名臣苏天爵关于元代后期法制败坏的说法,可知事实上与上述层层审核、层层把关的文本规定下应有的"清明狱政"之距离实在太大了:

苏天爵曾任江浙巡按,他写了《禁治死损罪囚》奏本(见《滋溪文稿》卷二十五),文中说:"自近岁伊始,有司或不得人,以致刑狱滋章,重使生灵凋零,无辜者牵连受刑,有罪者侥幸获免;舞文弄法,悉快于贪奸;肆虐逞威,尤便于皂隶。始则因事以织罗,次则受财以脱放,及闻审囚官将至,却称被罪人在逃;纵欲陈告其取受,却缘本宗事未绝,设计害民,无所不至。其有结案之囚,当使明正其罪。今县未尝申解于州,州未尝申解于路,或畏刑名之错,或因结案之难,不问罪之轻重,尽皆死于图圄。断遣者既未尝有,平反者盖所绝无!夫庙堂宰辅,唯恐一人失所;而州县官吏,辄敢恣意杀人!感伤天地之和,盖亦莫重于此。近因钦奉诏书,巡行畿甸,询民疾苦,疏涤冤滞,念国家治安既久,本欲生全其民。今中外一岁之中,死者不知其几!其在江南犹稍知惧,结案幸达于中书,判送悉归于刑部;议拟方在吏手,囚徒已死狱中!且重罪飞申,先使知事之元发;有司月报,又欲考事之施行。今皆视为虚文,一切置之不问。"

可以说,这位江浙巡按已经准确地预报了元末江浙地区农民起义的祸因。

总之,宏观地说,元统治者接受了中原法制,继承了中原法统,使自己的统治逐步走上了文明轨道,使国家进入世界先进行列,这才让马可·波罗激动万分,要鼓动他的同胞到东方来淘金寻宝。

八、《天工开物》是帝国工业的百科全书

宋应星(1587年—约1666年),明末杰出的科学家,字长庚,南昌奉新北乡(今奉新宋埠乡)人。万历四十三年(1615年),宋应星与兄宋应昇赴省城乡试,县中诸生只有他们兄弟中举,人称"奉新二宋"。后数次进京会试,均未考中,遂绝科举之念。崇祯八年(1635年)出任袁州府分宜教谕,升为福建汀州府(今

长汀）推官。崇祯十六年（1642年）任凤阳府亳州知州。这已是明王朝灭亡前夕了。1644年弃官返回了奉新，在贫困和悲愤中度过了晚年，大约卒于清康熙五年（1666年），享年八十岁。

宋应星所生活的明代，是中国商品经济发展的时期，知识界兴起了"实学思潮"，以"百姓日用"为学问。受此影响，本来就对文学、声学、农学、医学、工艺制造学感兴趣的宋应星，成了一位百科全书式的学者。其作品大多成于明末或明清之际，留存至今的有《天工开物》《野议》和《谈天》等。

从宋应星的作品看，他的社会主张主要是他的财富观。例如《民财议》指出："夫财者，天生地宜而人工运旋而出者也。"又说："财之为言，乃通指百货，非专言阿堵也。今天下何尝少白金哉！所少者田之五谷、山之林木、墙下之桑、洿池之鱼耳。"就是说社会财富是劳动创造的，增加社会财富意味着要大力发展农业、工业，提供丰富产品，而货币本身并不是财富。宋应星的财富观是对经济学原理的天才贡献，此后过了一个多世纪，西方的亚当·斯密才于1776年在他的《国富论》（*An Inquiry into the Nature and Causes of the Wealth*）中提出同样思想。[按] 徐光启（1562年—1633年）也曾比他早些提出"金银，衡财者也，非财也"的观点。这是中国传统财富思想的第一基点。

宋应星的《天工开物》是我国古代最重要的一部工艺百科全书。崇祯十年（1637年）初版刊刻于南昌府。全书3卷18篇，内容涵盖了当时全部生产领域。编次上将与食衣有关的农业置于首位，其次是关于手工业、工业的论述，而以珠玉殿后，体现了作者重农、重工和注重实学的思想。不难看出，书中大部分内容都是作者在南北各地实地调查甚至亲自实践的基础上写就的：景德镇的制瓷，闽广的蔗糖，淮南的海盐，福建的竹纸，杭嘉湖的养蚕、丝织，上饶的砒石，连同云南的矿业，作者都曾亲见亲历过，有生动浅显的记述与说明。本书在材料整合上，重视自身经历、考察和实验材料的积累。这更符合独立地开展科学研究、撰写科学专著的客观需要。

《天工开物》具有的显著特点。

（一）提出了"穷究试验"的科研方法论（见《膏液·油品》总叙）

这是贯串全书的方法论红线。大家知道，欧洲近代科学在西方的兴起，通常以哥白尼（Nicolas Copernieus，1473年—1543年）《天体运行论》（*De Revolutionibus Orbium Coelestium*）的问世（1543年）作为象征，其中对实验的重视推动了西方科学的发展。宋应星对试验方法的重视，现在看来，可以说具有非凡的意义。与他同期的李时珍、徐光启、徐渭等人，同样重视这种亲身践履得来的"实学"知识，它反映着一个时代的知识追求、科研风貌，正好与西方的"启蒙运动"互相感应着。

（二）记述方法先进

在记述农业、手工业的生产过程时，作者使用了大量具体数据给以定量的描述，并配上了190幅具有透视效果的示意图，有机械结构示意图、生产现场展示图、手工工艺流程图。书中对生产各种产品所需要的时间、人力，可能的产量，生产工具的规格、尺寸、配置、效率，各种金属的比重，合金成分的比例，火器的射程和杀伤力等，都是用具体数据加以说明的。如《稻》中就说到秧苗需在多少日期内分蔸、培壅，不同生长期的"食水量"是多少等，这都是前人著作中难得的周详记录，是最好的科技教材。

（三）记录了许多先进技术

如在《粹精》中所述的江西水碓，是以水力为能源，驱动水轮转动，通过立式主轴带动各机件，同时实现灌田、谷物脱粒及磨面粉三种机械功能，这是17世纪世界上最先进的农用机械之一。《乃服》介绍蚕的变异现象，为19世纪英国生物学家达尔文所引述。书中介绍的水稻栽培技术、春蚕培育技术、丝织技术、井盐技术、造船技术、灌钢技术、合金冶炼提纯技术、火器制作技术、丹曲制作技术、海蚌采集技术，在当时都是世界一流的。

（四）表达出先进的科学思想

古有"天工人巧，开物成务"之语，他名此书为"天工开物卷"，意思是大自然用它的力量开创了万物，人类应该利用自己的聪明才智使它为自己服务。这在强调了人类活动应与自然相协调的同时，也突出了人的积极能动作用。《天工开物》一书始终体现这一思想。作者总是用新鲜而又好奇的心理去探求身边的种种平凡事物，他奇怪植物油脂并不会自动流出，是什么人想出了"榨油"的主意？他问如果没有油脂，可怎么照明？可怎么造船？又怎么润滑车轴？菜蔬又怎么能好吃？……正是这种探究心态，使他成就了大量科学观察基础上的发现与发明。书中所有数据都经过本人的"穷究试验"。通过实验证明、获取统计数据，是近现代科学研究的基本功。

总之，全书从头至尾只是平实地介绍当时的实业与技术，没有套话，不逞臆说，总体上看来也并不猎奇，完全从有益于社会民生出发，体现出一代科技名著应有的风范。必须指出：在300年前，凡"铸钱""煮盐""开矿""火药""兵器"之类，都是国家垄断经营的，绝不许民间染指；而"养蚕""缫丝""织锦"之类的技术，对外也是保密的；明清两代大搞"海禁"，凡制造远洋巨舶及进行远洋航行的技术，都是严密封锁的；加之中国民间从来都有技术保密的传统——在这种情况下，宋应星把一生辛勤所得的科技知识和盘托出，这不仅要有科学勇气，还要有政治决心，要有对民生的巨大关切才能做到。我们应该高度评价他的劳动。

《天工开物》刊行后，不久即被清代《古今图书集成》（1725年）及《授时通考》（1737年）所广泛摘引。17世纪末，此书传入日本，被广为传抄，公元1771年大阪出现了"和刻本"。宋应星的"开物之学"在日本兴起。西方研究者把它誉为"中国17世纪的工艺百科全书"。法兰西学院教授儒莲（Stanislas Julien，1799年—1873年）将部分篇目摘译成法文，接着再转译成英文、德文、意大利文和俄文等。达尔文读过这部分内容，并做过引证。人们认为此书足可与法国启蒙学者狄德罗（Denis Diderot，1713年—1784年）主编的《百科全书》（Encyclopedia）相匹敌。为此，把它介绍给今天的读者，就是当代人的一份责任了。

九、时代风向：明人启动了和平合法斗争的新方式

明代人民的反特斗争，发生在宦官肆虐最为猖獗的明代中后期，即正德、嘉靖、万历、天启年间，以矿工斗争、市民斗争最为典型。当时，湖北市民的反陈奉斗争、福建市民的反高采斗争、山东市民的反陈增斗争、云南市民的反扬崇斗争，都产生了震动朝野的效果；而以苏州市民反权奸魏忠贤的斗争最为有声有色，最具政治斗争锋芒，取得的成果也最大最显著。

（一）风起云涌的民众反特斗争

神宗万历年间（1573年—1620年），为搜刮天下财富，朝廷派矿使到各地监督"开矿"。矿使到处，任意指点，说哪里有矿，就在哪里设厂发掘，拆民房、毁坟墓、掘田垄、无所不作。一无所获时，则责令当方官民破产"抵偿"。他们到处肆虐，闹得"天下之势，如沸鼎同煎，无一片安乐之地。贫富尽倾，农商交困，流离转徙，卖子抛妻，哭泣道途，萧条巷陌"[①]。这就不能不激起"民变"。

万历二十八、二十九年间，湖广税监使陈奉由武昌入荆州，沿途苛扰，劫掠商旅。一到荆州，便有商民数千，向他"飞砖击石，势莫可御"；到襄阳，商民数千聚众鼓噪，气势汹汹。襄阳知府办了两个参随小宦官，平息下来。又到沙市、黄州、光化、湘潭等处，处处激起民变。在武昌，陈奉又恣意作恶，于是激怒诸生（读书人），群起控诉，市民万余，蜂拥进陈奉宫，"甘与奉同死"。情绪激昂，陈奉却想用大屠杀来向当地官民示威，于是数万人围困奉府，陈奉

---

① 沈鲤：《请罢矿税疏》，见《明臣奏议》。

逃匿，终日不敢出。其党羽16人被愤怒的群众投入大江。朝廷派使臣刺探动静，两个月不敢入境。最后逼得万历帝召回陈奉，削去地方大僚的官，事情才算平息。

同年，苏州织工的斗争更有气势。当时，苏杭织造太监兼税监孙隆驻在苏州，剥削机户，勒索商税，大水过后，征敛尤苛。时吴民机房出机，机工出力，相依为命。孙隆在苏州设五关，关关抽商税，商贾穷于应付。又每机税银三钱，按机按户抽税，于是机数锐减，机户罢织，从而使大批织工失业。于是人情汹汹，自忖饿死，不如起而斗争。一呼百应，乱石烈火，击宦官，毙税棍，烧奸党，"民咸罢市"。有昆山人葛成，带领2000余织工，分成六队，他本人摇芭蕉扇领队，众人随之，"不挟寸刃，不掠一物，预告乡里，防其延烧。殴死窃取之人，抛弃买免之财"；其纪律性组织性之强，为"中国工运史"也为"世界工运史"写下了第一篇章。连万历皇帝也承认他们是"赤身空手，不怀一丝，只破起衅之家，不及无辜一人"，不敢过于追究，"以靖地方"。待到事平之后，葛成自己挺身而出，"愿即常刑，不以累众"。吴人为之立碑，称为"葛将军"。这样组织严密、纪律严明、万众一心、大义大勇的斗争，使朝野为之震惊。

这样的斗争，在万历年间，遍及江苏、浙江、福建、江西、广东、云贵、荆湘、关陕以至津门、辽东各地，一波未平，一波又起，有的持续数月，卷入几万几十万市民、矿工、织工、商贾及穷学生。对于这种全新的群众斗争方式，腐败凶残的明统治集团是无能为力的。人民的反特斗争，到了天启年间，更趋激烈。周顺昌被捕事最为典型。周顺昌曾在吏部供职，退居苏州后，关心地方疾苦，很得人心。时奸相魏忠贤当道，派特务逮捕周顺昌。消息传出，"穷村僻落，蝇附而至，欲一识周吏部，日不下万人"。这样持续三天，第四天特务们要宣读诏旨，当众逮捕周顺昌，居民"倾城而出，执香者烟涨蔽天，呼号声闻数十里"。全城"震骇罢市"。有挺身请愿者竟遭辱骂，于是群情愤激，拥入大堂，打得宦官死的死，伤的伤，有的鼠窜，有的求饶。特务们魂飞胆落。事后，巡抚毛一鹭飞章告变，准备屠杀百姓。有颜佩韦等5人主动投案，说："杀校尉的是我们，与别人无关！"自取镣铐戴上，自己走入狱中，表现了一种大无畏的斗争精神。经过这次斗争，统治集团的气焰被打掉不少，"缇骑不敢出国门"，特务们再也不敢离京城一步，到处去张牙舞爪了。人民用自己的合法斗争，维护了起码的生活秩序，捍卫了自身的生存权利。

（二）明代文人的集体干政

让明代统治集团感到惊惶的，一是广大市民与手工业工人的罢工、罢市、游行示威、和平请愿等斗争风潮此起彼伏，从辽宁到闽广、从江浙到陕鄂，参与者的广泛性、组织性、战斗力都是空前的；他们不持寸刃，却把斗争锋芒直指统治集团最疯狂的部分——矿监税使、宦官特务，而且不达目的不罢休，不论付出怎样的代价。群体性反特斗争是明代市民和平斗争的集中表现，其广度深度及其社会政治效果都是前所未见的；二是广大知识分子的民主意识、参政意识越来越强烈主动，他们用大办书院、四处讲学等形式，广泛宣传自己的政治主张，制造新的思想舆论，集结新的斗争力量；他们用集会结社的方式，组织起来群体干政，从罢相倒阁到驱逐昏庸州官县官都能办得到。这可是我国传统治安体制所从来没有遇到过的历史挑战！

1. 明代文人干政的集体化。举办书院和开展结社活动，是明代文人干政的最主要的组织形式。书院是知识分子集聚的地方，但它并不是明代才有的新事物。宋代便有书院397座（元代只有22座），明代激增至1239座，以嘉靖—万历年间最为兴盛。书院从来都是以自由讲学传播新学术、新思维的基地，是志趣相投者的集结场所。中国知识分子历来爱以"帝王师"自期，以"政坛代言人"自许，以有风骨自傲，以敢直言自命。这样，弄不好就会形成当局眼中的异己分子，而书院正是其"议执政之是非"的最佳活动场所；志同道合者在这里"结社"，也是事态发展的必然。

2. 对"生员不许干政"的突破。早在明王朝初建之际，朱元璋就下令起草了"生员不得干政"的禁令[①]："天下利祸，诸人皆许直言，唯生员不许。今后生员本身切己之事许家人'代告'。其事不干己，辄便出入衙门，以'行止有亏'

---

① 此禁令共有18条，载于明俞汝楫编《礼部志稿》（卷二十四）《仪制司职掌·学校》：万历三年《换给提学官勅谕》，其中规定：（一）圣贤以经术垂训，国家以经术作人，若能体认经书，便是讲明学问，何必又别标门户，聚堂空谈？今后各提学官，督率教官、生儒，务将平昔所习经书义理，着实讲求，躬行实迹，以需他日之用。不许别创书院，群聚徒党，及号召地方游食无行之徒，空谈废业，因而起奔竞之门，开请托之路。违者提学官听巡按御史劾奏。游食人拿问解发。（二）孝弟廉让，乃士子立身大节。生员中有敦本尚实、行谊著闻者，虽文艺稍劣，亦必量加奖进以厉颓俗；若有平日不务学业，嘱托公事，或捏造谣歌，兴灭词讼，及败伦伤化、过恶彰著者，体访得实，不必品其文艺，即行革退；不许徇情姑息，亦不许轻信有司教官开送，致被挟私中伤，误及善类。（三）我圣祖设立《卧碑》："天下利病，诸人皆许直言，唯生员不许。今后生员务遵明禁，除本身切己事情，许家人代告。有司从公审问，倘有冤抑，即为昭雪。其事不干己，辄便出入衙门，陈说民情，论官员贤否，许该管有司，申呈提学官，以'行止有亏'革退。若纠众扛帮，聚至十人以上，骂詈官长，肆行无礼，为首者照例问遣；其余不分人数多少，尽行黜退为民。（四）国家明经取士，说书者以宋儒传注为宗，行文者以典实纯正为尚。今后将颁降"四书五经"、《性理大全》《资治通鉴纲目》《大学衍义》《历代名臣奏议》《文章正宗》，及当代诰、律、典、制等书，课令生员诵习讲解，俾其通晓古今，适于世用。其有剽窃异端邪说，炫奇立异者，文虽工弗录。所出试题亦要明白正大，不得割裂文义，以伤雅道。

革退。若纠人扛帮，骂詈官长，为首者遣退，余者尽革为民。"想以此来吓退儒生，使之不敢问政。然而万历—崇祯年间，政治腐朽、社会黑暗，阶级矛盾日趋尖锐，人民反抗斗争连绵不断。文人们便冲破"生员不得干政"的禁令，集结起来，讽议时政，臧否人物，且规模愈演愈大，声势越来越强。生员们动辄批判郡守，责骂有司，编制歌谣来制造公众舆论，所谓"迩来习竟浇漓，人多薄恶，以童生而辱骂郡守，以生员而攻讦有司。非毁官长，连珠编于街衢；报复仇嫌，歌谣遂授于梓木。"（《隆庆实录》卷二十四）一唱百和，造成强大的声势。他们以自己的是非标准来是正朝廷官员的得失。他们和朝廷对立到"内阁之所是，外论必以为非；内阁之所非，外论必以为是"（同上）的地步，这种舆论起到了强有力的干政作用。知识分子的群体力量得到了表现的机遇。

3. 结社：知识群体活动的组织化进程。中国知识分子历来有洁身自好的品性，难以组织起来共同斗争，宁可单打独斗；而宋元以来的文人结社活动，则改变了这种局面。最初的结社，是学术流派性的集聚，是艺术流派性的组合（如各种"诗社"），后来逐步出现了社会性的临时聚会，以至政治性的稳定团体。到了明代，文人结社就很普遍了，复社是其中最有组织力、号召力的一个群体。它是在学人领袖张溥等人的主持下组建起来的，团结了大批知识分子。这样，在野儒士们结成的书社，运用深得人心的强大舆论，变相地掌握了部分官僚的任免权，干成了好几个回合的轰轰烈烈的政治斗争。《复社纪略》便记述了张溥、张采驱逐魏忠贤余党顾秉谦的檄文，至今脍炙人口。二张还于崇祯七年（1634年）令门人制檄文，驱逐知府周之夔，结果驱周成功。另外，杜登春在《社事始末》中还记载了两件事：一是张溥授意吴伟业参奏温体仁结党援私，但吴因在朝未久，不敢轻举妄动，改参蔡弈琛，成功；二是张溥领导复社，全力投入政治活动，推翻了薛国观的内阁，将亲近复社的周延儒推上了台，使复社的势力大增。后来，他们又在南京张贴《留都防乱公揭》檄文，驱逐了权奸阮大铖，成为一时大快人心的伸张正义之举。一句话，明中后期朝政都与院社文人活动有极大关联。这种"和平斗争"手段符合当时文人向上的时代风气，开放的社会心态，对动员群众显然有鼓舞示范作用。

4. 书院：引导并制造公众舆论。东林书院是万历十四年由江南人士顾宪诚、高攀龙等人组建的。东林书院一建成，便担负起了引导并制造公众舆论的重要任务。它主张民主，要求统治阶级决策应参照公共舆论，反对独夫政治。缪昌期说："夫国之有是，出于群心之同然。而天下匹夫匹妇之所是，主与臣不得矫之以为非；匹夫匹妇之所非，主与臣不得矫以为是。"（《丛野堂存稿·国体国法国是有无轻重解》）这种要求国家政治要有民主作风的言论，一扫昔日知识分子敢怒而不敢言、屈服于权势的懦弱，而把舆论权威提高到皇权之上，更是中国土地上关于"民主""民权"的大声呐喊。东林人要求民主的政治主张和行为，反映了在野儒生要求通过社会舆论来参与国家政治和社会管理，以享受自己的民主权利的时代要求。

十、经济发展并不必然带来社会安宁

江海横流，泥沙俱下。明后期，农商地主中的既得利益集团，在新的社会生产力所提供的源源不绝的财富面前，其急剧膨胀的物欲随着少数人财富的高额聚敛而呈几何级数的攀升，加剧了社会的不平衡，带来社会成员间的激烈冲突。明统治集团从皇帝开始，一直在肆无忌惮地吮吸民财，从精神生活到物质生活，都空前地糜烂而无耻。在其带动下，幕僚政客、师爷家丁、奸商牙侩、江湖艺人、闲散军卒、社会流民、僧尼丐帮，又构成了社会生活的另一股势力。他们成分最复杂、思想最易变、行为最敏捷，很容易酿成群体闹事，因而破坏力侵蚀力也最明显。由他们构建的亚文化、污浊文化，冲击着、破坏着固有的传统文化，起一种侵蚀、干扰、败坏的作用，成为一种时症。这种政治文化生态不能不反映到当时社会的法制生活中来。

（一）灰色文化流毒江南，社会刑案发生机制严重扭曲

明末李清的《决狱新语》所收案例，即反映了这一社会病态。比如：婚姻，本是人类生活中最美好的一环，而在现实生活中，却是什么凶残黑恶诡诈阴谲皆有，书中仅案题就是"劫妻、拆妻、活拆、谋劫、硬奸、硬配、斩占、占拐、婚变"之类，就是"欺寡、冤命、黑冤、飞攫、环烹"之类，就是"谲拆、枉法、法斩、砍门、诳诈、抄房、灭亲、忤杀、首盗"之类……种种黑幕，一一拉开，阴毒凶残，一一排演。《婚姻》一卷，把明人婚姻生活中的丑恶揭示得如此触目惊心，人们会问：闹成这样，还成什么世道！

其《承袭》《争产》等卷，更以愈出愈险恶的大量案例说明：当年那种受国法保护的"财产继承制""官员恩荫制"，竟无限制地开启了达官贵绅们的亲属后裔不劳而获、坐享其成的奢望，埋下了无穷无尽的亲族争产、父子厮杀的祸根。以致家产越多，祸变越大，不仅危害家庭，而且污染社会，动摇统治根基。原来，真正破坏社会安宁与政治稳定的力量，恰恰就是这个社会所拼命保护的私有制自身，是其既得利益集团，且获利越多者，祸变越大。财富的高额集聚不仅危害社会，更直接危害集聚者自身。这是令人深思的历史教训。

明末有一位能吏祁彪佳，曾于崇祯六年夏至七年冬任"苏松道巡按使"，专职本地区狱案复审事宜。苏松道辖苏州府、松江府等，含今日上海市与江苏省之苏州市一带，扼守着长江出海口，是当年经济文化最发达的地区之一，也是倭寇骚扰最烈、危害深重的地区之一，又是社会黑白势力绞接在一起，诡谲百端地为非作恶又善于漂白伪装的地区之一。他写的《按吴亲审檄稿》一书，所收即其任职期间对州、府、县、厅之案件做复查复审后，给属地执法机关下达的"执行通知书"。这样的公牍，因为是直接发给州、府、县、厅的长官或原案主要承审官的，故可把它作为明末江南社会法制生态的一种忠实记录来看。从此书中，我们能够了解到：明末江南案件的"发生机制"出现了古怪的变异，案子往往从天外飞来，作案人与受害者毫无瓜葛；为死者"申冤"而悲愤欲绝者，竟是借"命"图财的外地浪人；很得社会"好评"的名绅恰恰是一系列大案的策划者，而下狱顶缸的倒是被攀扯的普通人甚至稍有良知的官吏……

透析当时发案之频密凶险可知，原因是：1. 司法机关多头管理，不作为，或执法力量搞反向操作、违纪操作，给黑恶势力提供了活动舞台；2. 承载社会良知、社会正义的知识分子与宗教力量日渐灰色化，不敢出头，甚至弃守道德底线，为黑恶势力的无孔不入提供了机遇；3. 历来作为基层社会中坚的有组织力量——宗族势力与血缘纽带负罪化，内生蠹虫，无以洁身，失去了主持正义的组织力与号召力；4. 基层行政力量与黑恶势力相纠集，行政遏制力崩解，无可提防，为刑事作案者的目标无序化提供了可能；5. 艰辛中度日的老百姓失去了承受力、防范力，使黑恶势力的影响百倍膨胀，小小风吹草动就能引发社会恐慌；6. 正义力量得不到凝聚，也为黑恶势力的狼冲豕突准备了广阔天地。综合这一切负面生态条件，社会便孵化出一个个怪胎：家族里不务正业的赌棍、会社中无事生非的游棍、江湖上兴风作浪的异棍、宗教界道貌岸然的淫棍、皂隶中恣意用刑的恶棍、市井间播弄是非的刁棍、公堂上吃了原告吃被告的讼棍、司法界的玩法卖狱破律徇私的奸棍……他们之间的游走、串接、争锋、呼应、交集、火拼、撕咬、斗殴，无不给社会、给平民带来无边的灾难。当时，相当多的案件，当事人之间竟然毫无社会联系，平日并无利害冲突，也无出事前兆，施害方往往"凭空架桥"，无端生事，借毫不相干的死丧妄兴邪风，见机而上，无空不钻；乘危而上，无恶不作；他们卖身投势，连环结伙，又多公然借用司法执法者之手，四方插足，八面钻缝，凿空造穴，挑动是非，于混乱中实现其非法的经济诉求，表达其向社会挑衅的变态心理。

（二）社会财富的加速增殖，为黑恶势力的泛化与攀升准备了温床

随着社会财富的加速增殖，可供猎获物的百倍提升，也为黑恶势力的泛化与攀升准备了温床。社会文化水准高了，犯罪手段也在诡异化，犯罪方式也更为谲怪化：比如黑恶势力对于到手的赃款赃物，历来是力图独吞黑吃的；而此时，除分赃之外，竟发明了"扳赃""摊赃""洒赃"等手法：扳赃，就是扳扯与本案无关之权势人物、富足之家，使其无法洗脱，代为承担案责；摊赃，就是把赃款摊给团伙内外的成员，甚至毫无牵连的人，使其分担"案值"，让主犯的定罪量刑得以降低甚而归零；洒赃，就是把赃款赃物洒向社会，甚至以"造福乡里"等公益面目出现，借以漂白自己……就如今日之意大利黑手党所干的那样。蹊跷的是，社会却在吸纳、消化这种"摊"与"洒"，社会自己在为"反社会"势力的结聚与肆虐提供着方便。祁彪佳只在"苏松道巡按"任上干了一年半，便留下了这本书，让今人有可能借助这一线光亮去看看活动于沉沉暗夜中的牛鬼蛇神们的狰狞与诡诈，从而提高应有的警觉。

　　明代中后期文人的社会批判，是针对当时黑暗的社会现象和理念的批判。他们开始摒弃和否定传统的道德观念与专制统治，形成了中国历史上至此为止的规模最大、最全面、最深刻的历史反思运动。他们的主张表明了这一时期价值观念的变化和社会思潮的变动，比西方启蒙运动发起得更早。但因中国传统机器过于沉重，旧意识形态过于强大，加上清入关后的严厉的制裁，初上阵的民主思潮遭遇了致命的打击，我国社会发展应有的进程也被打断而延缓了数百年。明代警事未能像商鞅时期那样为新制度、新秩序开路护航，也未能像宋代那样为经济社会开辟新的生机，未能为民众的新的生活方式服务，而是从体制外施力，强化其作为镇压工具的职能，成了社会前进的惰性力量。

　　结论：社会经济的发展、发达，并不能自然地带来社会法制的进步与平安，其间并无正态关联性；恰恰相反，随着社会的价值取向的模糊化，反而耗损了社会对消极因素的遏制锋芒；而社会财富的加速增殖，可供猎获物的百倍提升，倒为黑恶势力的泛化与攀升准备了温床。社会文化水准高了，犯罪手段也在诡异化，犯罪方式也更为谲怪化。在这种情况下，国家必须正面事实，积极应对，回避不行，封堵不行，听任泛滥更不行。至于像明末政权那样倒行逆施、同流合污，其结果便只能是在农民暴动的烈焰中"同归于尽"了。

十一、汪鋐与朱纨是明代制葡抗倭的双雄

　　明中叶的嘉靖年间（1522年—1566年），实在是个多事之秋，内政且不说，国家还面临着来自境外的双重安全危机：一是传统对手倭寇势力的威胁。它一直

活动在东部海域,从长江口到闽江口再到珠江口,自明朝立国之日起,就从来没有消停过。它善用商贸与海盗之间的便捷转身,以劫掠烧杀的传统手段为主,在东南六省的滨海地区制造着血腥,到嘉靖时代,猛然猖獗起来,呈日趋炽烈之势;二是非传统的安全对手"佛郎机"。它于正德九年(1514年),突然出现于南疆海域。时人没一个知道它来自何方。它先后以屯门—濠镜(澳门)为基地,打着通商的旗号,以铁舰火炮开路,交易与劫掠,占地和殖民,活动方式诡秘而嚣张。起初,他们顶着明朝南洋属国"满剌加(马六甲)使团"的名号,来华要求通商;但明人清楚:他们不可能是满剌加的政府商团,甚至不可能是满剌加人,只知道他们拥有的火炮"佛郎机"可了不得,炮弹出膛,挡着的全成齑粉。这给见惯了弓箭大刀、长矛短剑的中国人的印象太深刻了,就索性把这帮麻烦制造者唤作"佛郎机"。他们也就顺机自称是"佛郎机"人了。直混到嘉靖四十四年(1565年),半个世纪过去了,他们才改口说:"本国而今已改称为'蒲都丽家(葡萄牙的旧译)'了,不叫'佛郎机'了。"还说他们的国家"远在数万海里之外,来此很不容易",海上风波险恶,希望上国能划出一片海岛荒地,让他们能避避风,吃点干饭,晒晒货物。得到允诺之后,他们却借机"在此建房盖屋,安营扎寨,杀人越货,无恶不作"起来,"所到之处,硝磺刃铁,子女玉帛,公然搬运。沿海乡村,悉被其杀掠"。于是,中国就面对着来自东洋、西洋的两大祸害了;加之明代社会上滋生着一批批江洋大盗,各层级的统治机器中又蠢动着一个个"衣冠之盗",更百倍地放大而深化了这种祸害;而时代危难必然呼唤时代卫士的出现,汪铉与朱纨便是他们中的先行者。

(一) 汪铉在屯门与草场湾的制葡之战

1. 葡萄牙人的东来。15世纪,葡萄牙人开通了绕过南非好望角通往印度洋的新航路,并占据印度西海岸的果阿,然后向东方拓展。正德九年(1514年),葡萄牙果阿总督欧维士亲自率船,由马六甲东航,前往中国,来到广东沿海,假冒"满剌加使臣"请求通商。当年6月,他们抵达珠江口的屯门岛,当地官员禁止他们上岸,只准就船贸易。

此间,朝廷御史、顺德籍人何鳌说:"佛郎机最凶狡,兵械独精。前年驾大舶突入广东会城,炮声震地。若听其往来贸易,势必争斗杀伤。南方之祸,殆无纪极。"他直截了当地说:"请全部驱逐其在澳的船舶,以及潜居内地者。禁私通,严守备,以求一方安宁。"朝议赞成。由此,形成了闽广海防"禁私通,严守备"的应对新的安全形势的方略。压制葡人的气焰,是当时唯一可操作的正确方略。

2. 屯门之战前夕的侦敌与尝敌。正德十六年(1521年)嘉靖帝即位。葡萄牙使团被逐出北京，驻于屯门的葡国船队也被要求退出珠江口。葡人不从，广东海道副使汪铉奉命进驻与葡占屯门仅一海之隔的南头镇，准备以武力驱逐之。汪铉是江西婺源人，少时即苦读兵书，尤喜历险。此时被派往广东，戍守海疆。在剑拔弩张形势下，他孤身化装成阿拉伯人，悄悄潜入葡营，侦察对方的实力。他发现葡人在屯门安有铁炮30余门，炮口却指向中国兵船集结地。此炮射程远、装弹迅速、命中率高，且发射不用点火，按动机关即可。葡兵手中装备的"鸟铳"，能于百米之外伤人；而人一旦被击伤，伤口脓黑，久治不愈。葡人还拥有12艘兵舰（蜈蚣船），甲板长10丈、宽3丈，两旁架橹40余支，船底尖、两面平，舰身入水很深，虽遇飓风也不会倾侧。每船配200人撑驾，橹多人众，即使无风仍可疾走。船身周围设有火炮34个，最大的千余斤，最小的也有150斤，一发射可及一二华里之外，在地上轰出巨坑。而在屯门岛上驻守的葡方官兵超过3000人，装备精良，训练有素。显然，这些舰船火炮装备，都远超中国的所有，面对占着绝对优势的如此强手，汪知道不能轻敌，不可硬拼，只能智取。汪铉由葡营侦探归来，一面将情况上奏朝廷，一面寻找巧匠，照葡人的样式制造兵器，并让兵士学习使用，于是以50艘战船，对屯门完成了半圆形包围。这显现出汪铉新锐的战争智略。葡人见形势不妙，趁夜遁出屯门，在海上集结战舰，想利用海战优势，图谋报复。

当年（1521年）六月，汪铉接到圣旨，要他速战佛郎机，"驱出我境，无使再生滋扰。"（这是一个明确而有节制的战争目标）六月十五日，双方军队开始交锋，相互做实力试探，历时半月之久。最后，汪铉暗中命令训练好的百名壮士，由远处潜水至敌方"蜈蚣船"底，深水操作，用斧凿击漏了船底，却做到声息无闻；待葡兵发觉时，舱中水已盈尺，立时慌作一团。水下士兵当即跃上甲板，与葡兵展开肉搏，大军随后赶到，生擒敌兵将，俘获二舰而归，而中方未伤一兵一卒。

经过尝敌实战，汪铉又发现：敌人的蜈蚣船战斗力虽然强悍，但由于自重太大，要较长的时间才能启动，列队出战时，单体转向很迟缓，群体运作更滞涩，这可是战场大忌。汪铉对这个细节的掌握，成为日后决胜的关键。

现在，汪铉只等一个好时机了。

3. 凭巧谋妙算夺得屯门之战的大胜。1521年农历九月初，海面忽起南风，且一日紧似一日。当地人说："南风一起，百日后方息。"机会来了！汪铉当即下令封海："违令出海者，斩！"并加强沿岸布防，以绝消息。一面部署士兵，在军民刚贡献上来的数百艘渔船上，装满了干枯的柴草，并浇透油脂，待用。

是夜，汪铉召来了心腹王应恩（时任百户长）。这个王应恩，有一小妹，早年为葡人所掳，由此对葡人怀有切齿仇恨。汪王二人交好，平日时常饮酒论武。王应恩饮酒多醉，夜半醒来，即仗剑而行，一时半刻之后，就带着葡人的眼珠、耳朵之类的"零件"回营来了。汪鋐对他的智勇十分赏识。风起第三日夜，汪鋐向王应恩面授机宜。

九月八日清晨，在蜈蚣船的甲板上做祈祷礼拜的葡人，突然惊讶地发现：猎猎海风中，茫茫洋面上，突然出现了一长串小渔船，正朝自己快速驶来。正犹疑之间，又见渔船后面，紧跟着旌旗鲜明的中国舰队。葡军随即开炮，但为时已晚。身处小舟之中的王应恩点着了这群小船，火借风势，风助火威，小船像火牛一样，冲进了葡军的舰队群。那番舶大而难动，时南风急甚，统统被焚溺，死毙无剩兵。葡萄牙人蒙受了一次重创。此役在《新安县志》中有生动的记载："诸番舶大而难动，欲举必赖风帆。时南风急甚，公（汪鋐）命割贼敌舟，多载枯柴燥荻，灌以脂膏，因风纵火，舶及大舟通被焚溺。命众鼓噪而登，（屠之）无孑遗。"葡人只得转移驻泊地。

此役，国人对于西方的"先进军事装备"，从一开始就表现出出奇的洞察能力，故能够战而胜之。将士们没有因为依照纸上计算所得出的战备、火力等"战斗力要素"的巨大落差而吓住自己，倒是深谋握机，以四两拨千斤，用寸轴运千石，凭巧力获胜，这就是大智慧。

"屯门之战"中，明军缴获了两门佛郎机火炮，汪鋐欣喜地将其进献给了朝廷。嘉靖九年（1530年）秋，汪鋐（时已官至右都御史）上书说："而今塞上未尝不设墩台城堡，但敌寇一来辄遭蹂躏。原因是：墩台只管瞭望，城堡又无制远攻击之具，故往往受困于人。今当用臣所进的佛郎机火炮：其小仅二十斤以下，远可射六百步者，用之于墩台；每墩用其一，以三人守之；其大至七十斤以上、射程远可达五六里者，用之于城堡。每堡用三尊，以十人守之。五里一墩，十里一堡，大小相依，远近相应。一旦寇至，将无所容足，可坐收不战之功。"帝大悦，即从之。中国之有佛郎机火炮，自此始。如果这种开放思路与引进技术的活动能广泛、持续地拓展下去，后续的局面将大大改观。

4. 西草湾大胜后的退让。嘉靖二年（1523年），葡萄牙殖民者来犯广东新会之西草湾。指挥柯荣、百户王应恩御之。转战至稍洲，少数民族的土人潘丁苟跃身抢先登舶，众人齐进，生擒葡将别都卢、疏世利等人——他们一贯在陆上横行，吞地灭国，其恶行总能得手——俘42名葡兵，斩首35人，又获其二舟。余部复率三舟接战，勇将王应恩不幸阵亡，葡人亦被中国舰队驱逐出境。

经此轮战斗，葡萄牙人大败亏输，好几年间不敢再到广东沿海生事滋扰，就转而游弋到漳泉一带去了。在漳州泉州，他们自然也没有好果子吃。

可是，嘉靖九年（1530年），明政府由于饷银不足，同意广东解除海禁，广州市舶司重开。史载巡抚林富上奏说："粤中公私诸费，多资商税。番舶不至，则公私皆窘。今许佛郎机互市有四利：祖宗时诸番常贡外，原有抽分之法，稍取其余，足供御用，利一；两粤比岁用兵，库藏耗竭，借以充军饷，备不虞，利二；粤西素仰给粤东，小有征发，即措办不前。若番舶流通，则上下交济，利三；小民以贸迁为生，持一钱之货，即得辗转贩易，衣食其中，利四。助国裕民，两有所赖，此因民之利而利之，非开利孔为民梯祸也。"从之。

葡萄牙人当然不会放过这个开海的巨大商机。到1537年，他们在广州附近找到了三处居住地：先是上川岛，由于离广州较远，加之地方政府时常干预，葡萄牙人便将目光转向了浪白澳（今珠海南水镇）与濠镜澳（今澳门）。嘉靖二十年（1541年），葡萄牙人选择浪白澳作为新泊口进行贸易。他们冒充别国商人，行贿中国官员，获准"暂搭帐篷居住"，等到货物卖完，需即行拆除。由此每年春夏之交，葡萄牙的商船乘西南季风抵达，千帆云集，浪白澳成为当时与西方国际贸易的中转站。除葡人之外，这里还有来自暹罗、占城、爪哇等国的商人。

嘉靖十四年（1535年），指挥黄庆纳贿，把市舶司移到濠镜，每年上交商税2万金。佛郎机遂混了进来，在此建房长住。高栋飞甍，栉比相望，闽粤商人，趋之若鹜，久之，其来益众。葡人攫取了海上霸权，于是诸国商人畏而避之，南海固有的安宁而繁盛的中外贸易惨遭洗劫，由此中断。

5. 诏安之役进一步证明了中国人的力量。嘉靖二十八年（1549年）三月，佛郎机人行劫至与广东接境的福建诏安。官军迎击于走马溪，生擒贼首李光头等96人，其余遁去。后悉平佛郎机番舶，俘其黑白2酋及余众400多。主将朱纨据朝廷"便宜处置"之权，将96人以私通外番之罪全部斩杀于大校场，全闽震动。这是葡人在屯门之战、西草湾之战后的又一次挫败。事后，朱纨具状上闻，却遭到本土士绅的围攻。

屯门之战、西草湾之战、诏安之战，是中国抗击西方殖民主义者的第一轮尝试性的交手，初战即告捷。这生动地说明：当国家遭遇非传统安全威胁时，中国人原本是有足够的力量应付裕如的，中国人不仅勇于战斗，也善于战斗，在战斗中"学其所长，攻其所短"，巧妙地把握战机，深谋巧断，克敌制胜。这样的战略思维与战术部署，保证了一次次防御性战争的胜券在握。

结论："防守"不等于"保守"，西夷不足畏，师夷之长应提倡，但必须以我为主，以胜为期。舍此而言的"通番有益"论，只能是奴才哲学。在抗夷的同时，对"通番有益"论的既得利益集团，尤其要保持应有的戒备。

（二）传奇人物朱纨抗倭制葡的血拼

明中叶，江苏的苏州出了一个传奇人物朱纨，他会写诗，会著文，还统帅水师在闽浙海疆与东方来的倭寇和西方来的红毛夷加上本土的陆海大盗做血的拼搏，且每战必胜，成为中国最早的、敢与殖民主义者交手而取胜的第一批名将之一。正当他力破倭寇、生擒葡将、处于立功立业的大好势头上之时，却遭遇了本土"衣冠之盗"的群体诽谤。他是倒在积极"反战"而又醉心于发洋财的衣冠之盗的谣诼之中的，死时才57岁。

1. 三日婴儿进了黑狱。朱纨出生于苏州，父亲叫朱圭庵，原任浙西景宁县教谕，遭诬害，被罢官而归。长子朱衣作乱，离家出走。朱衣出走后，次子朱冠居然向县政府告了黑状，毁掉了这个书香之家。这天早上，朱圭庵之妾施氏临产，不意却被人下了毒，所幸命大没死，还正常地生下了个小男孩儿，老爸给孩儿起了个单名叫"纨"。妈问："这不像个女儿家的名字吗？"老头儿说："我倒是盼个女儿呢。纨者，清白素绢也。我要他活得简单点，别像他衣冠二兄那样，文不成，武不就，折腾得人不人鬼不鬼的。"

由于朱冠的恶状，小纨子出生后的第三天，妈妈就怀抱着他下了大牢，被囚禁在一间黑屋子里。狠心的朱冠竟阻止小娘为幼弟哺乳，又干脆截断了小娘的囚粮。就这么挨了百十来天，县里放朱纨和亲娘一起回家。朱冠不许进门，就在墙外猪圈旁搭了个窝棚。

小纨子5岁了，懂事了，就去找老父亲，要他教自己识字。老头儿摇摇头，沉着脸，低声地说："识字？你看我，看你的衣冠兄长，如此活着，识字干什么？这世路，难乎哉！"就教他读《三字经》："人之初，性本善……苟不教，性乃迁……养不教，父之过；教不严，师之惰……"小纨子读着顺口，像唱歌，一下子就记住了，心头却迷糊了，他问老爸："人性当初是善良的吗？"老爸紧闭双唇，两眼直呆呆地看着苍天，没出声；小纨子只得退出。晚上，小纨子躺在母亲身旁，问："娘，这世上是好人多呢，还是坏人多？""傻小子，当然是好人多。要不然，你我就活不下来了。不过坏人也不少，你可要当心。要做好人，千万别学坏了！""是，我听我娘的。"

2. 牢记母训初试钢锋。16岁上，朱纨（字子纯）一举考中，有资格入苏州官学深造了。他的苦读精神，感动得老教师把家藏的书都让给他读，他于是遍读了经史文章。到1521年，以品学出众被地方推荐入京，受皇上接见，赐进士出身，被派到工部去观摩实习。其间，他曾请假回乡看望生母，在"家难"中煎熬一生的母亲，拉着儿子的双手，双泪潸潸，母子都说不出话来。妈为他娶了徐家女儿，不算漂亮，但特别能吃苦，就留在家乡侍奉母亲了。到告别的那一天，母亲依旧拉着儿子的双手，双泪涔涔地说："儿啊，你是知道苦命人的苦的。你出头了，当官了，可要出力帮帮他们哪，要多多地铲除坏人才是。""娘，我记住了。"

嘉靖元年（1522年），28岁的朱纨被任命为北直隶景州知府。他的这个起点很高：一般正式的进士出身的人，入仕当官，也就是当个县主簿或县尉（县办公室主任或县公安局局长之类）什么的，当个知县就算很荣幸了，而他这个"赐进士出身"的人，又没有任何"背景"，而初任就是知府，这太特殊了。他知道这是对他的信任。他是苦水里、污泥中泡大的，自然懂得要恪尽职守，报效国家。一下马，他就着手减轻基层里长甲长们徭役征赋的工作压力，致力于公正地摊派大户小户的赋役负担，做到了政平讼息；又转任开州知府，三年考绩为优，被进阶为奉直大夫，其母施夫人得赐诰命，得称"太宜人"。1527年任南京刑部浙江司的员外郎（主理狱案文书）。1532年38岁上，升任江西布政司右参议，成了省级高干。1534年入朝述职，因为"不承当轴治第之委"（不愿意接受执政严嵩关于购置房地产的私人委托），他被外放为四川按察司副使，具体任务是"整饬威茂兵备"。威茂，即威州与茂州，在今川西北的"汶川—北川"一带，那儿是羌族聚居区，一片荒寒，长年动乱，社情复杂，匪情严重，当政也未必清廉，让他到这儿去搞"兵备"，可知严嵩的用意；然而，这却意外地给了朱纨一个"玉汝于成"的机会。

1536年，威茂两州十余寨羌人结伙连兵，劫掠军饷，且攻打茂州及长宁诸堡。诸寨尽据险而立。其深沟一寨，则山脉起自西番，迤逦而来，至于深沟地面方始落下。壁立斩绝，约高30余里。我难以仰攻，而彼可以下据。地势如此，此战的艰难可知。经朱纨建议，先攻下了叛军盘踞的深沟，又兵分两路，剿灭了浅沟、浑水2寨。至此，成都府至松潘路一带恢复安宁。部院上表，奏报此役的功臣，说："此番威茂用兵，建议运谋、身亲行阵，则兵备副使朱纨之功为多。"朱纨因而得到朝廷颁赐的白金3锭、彩币3副。

1541年朱纨补为山东左参政，1543年任云南按察使，1544年转任山东右布政使，1545年升任广东左布政使。在广东，适逢封川（今广东封开县）平僮之战奏捷，朱纨赶上了后期决战，又获赐白金。一句话，朱纨不论走到哪里，都没有辜负母亲对他的深切期望。

3. 闽浙倭难，祸起海疆。嘉靖二十五年（1546年）朱纨擢升右都察院副都御史，奉敕巡抚南赣汀漳等处，提督军务（省军区），主要任务是遏止闽南、赣南人"下海通倭"的势头，缉安东南海疆。

这里得先说一下倭寇的来历与特情，可谓倭人三变，应付为难。它集使者、官商、海盗于一体，转身极易。史载：正统中，倭人得间，乃入桃渚，犯大嵩，燔仓庾，焚庐舍，贼杀黎庶，积骸流血如陵谷；缚婴儿于柱，沃之沸汤，视其啼号以为笑乐；剖孕妇之腹，赌决男女以饮酒。荒滛秽恶，至不忍言。吾民之少壮，与其粟帛，席卷而归巢穴；城野萧条，过者陨涕。而往来既久，奸民非法出入境，勾引倭人及佛郎机人到沿海"互市"。

嘉靖九年（1530年）都御史胡琏以奸民多非法阑出通番者，请置"安边馆"于海沧（在福建漳州），委通判一员驻理，而非法阑出阑入者却更多，官方无力制止。时中国本土的亡命之徒，多下海啸聚为"舶主"，往来于闽浙粤航线，栖身于大小海岛及港岔湾澳之间，又以财物雇佣勇悍的倭奴以自卫；而闽浙间的奸商猾民，窥伺倭人的厚利，私下与之互市，出卖各种违禁器物。倭人或投贵官家，或投富商大贾，于是狼狈为奸，借势生风，威服自用。但无论贵官家或富商大贾，都利倭人之财货，往往欠资不酬，有达千万金者；如是者久之，倭人大恨。

时闽人李光头、歙人许栋，就以宁波海上的双屿为据点，充当起海上华夷私贸的"主"（中介）了。许栋等"中介"，当即诱使倭人在"讨债"名义下四处攻剽。于是负债的贵官与巨贾，便胁迫政府分派将吏前去捕逐这些"不法倭商"。官府若不答应出兵，一份"通倭养寇"的奏章递上去，一溜官吏从上到下统统抹去，立竿见影；若是同意了，这里刚答应，那边又故意向倭商泄露政府信息，吓逼其先行退去，暂避风头，并答应他日偿债；可是到了约期，日人运来新货，照取不误，却又欠负如初。如此反复作弄，倭商愤怒极了，便加紧和许栋、李光头等海岛势力打成一片，八方寻仇，四面报复，开始杀人了。时沿海大户又假借"济渡"（大陆与外海岛屿间的交通）的名义，打造双桅大船，偷运违禁物品。而其他常年出没于茫茫大海中、穿行于岛屿礁石间的海盗，更乘机肆行剽掠，烧杀奸淫，无恶不作。

当此之际，浙闽海防久已隳毁，战船哨船十存一二；漳泉巡检司的弓兵，旧有限额定为2500名，现仅存千人。故倭寇剽掠，动辄得志，且更加无所忌惮。

看来，闽浙倭难，不仅仅是倭人的问题，它是内外黑恶势力的麇集。

4. 严惩通番，厉行海禁。初，沿海要地遍建卫所，普设战船，以都司等官主持之，控制周密，海上一时无事。待到承平日久，船舶也弊了，军伍也虚了，武备也撤了；及至遇上警讯，急忙募集渔船，以资哨守，而兵非素练，船不专业，一见敌寇舶至，辄望风逃匿。因而倭帆所指，无不残破。

嘉靖二十六年（1547年）六月，巡按御史杨九泽迫切上奏："浙江的宁、绍、台、温皆为滨海之区，接界福建之福、兴、漳、泉诸郡，一有倭患，虽设卫所城池及巡海副使、备倭都指挥等，但海寇出没无常，两地官弁不相统摄，难以指挥调度。请求朝廷特遣巡视重臣，尽统海滨诸郡，庶使事权归一，威令易行。请置大臣兼巡浙福海道。"书奏，廷议称善。嘉靖二十七年（1548年）七月，乃命巡抚南赣汀漳等处的副都御史朱纨，改任"巡抚浙江、提督浙闽海防军务，兼制福、兴、漳、泉、建、宁五府军事"。朱纨明白，朝廷是因为海寇猖獗，才特意创建此官的；他心里更明白：禁奸除寇，向来为势利豪家所深恨，怠者与忌者将伺机坑陷之；但他义无反顾，毅然就任，兢兢业业，如履薄冰。当然，他也明白地提出了一个很严肃的要求：开军门治兵捕讨，一切听以军法处置；遇到重大变故时，得"便宜从事"，即享有对严重事态的临事处决权。皇上也顺口答应了。

朱纨素来廉洁，遇事斩钉截铁，果敢勇毅，威严壮烈。赴任之后，当即日夜操练兵甲，严行纠察，积极主动地寻觅海盗藏身的渊薮而击破之，严厉地执行"根株通海者之令"：凡双桅艅艎一切毁之，违令者斩。其禁止迫急，沿海诸豪右贵绅无不惴惴然重足而立，当然也有人寄望于"新官上任三把火，看你燃烧到几时"。

嘉靖二十七年（1548年），都御史朱纨议招福清地区捕盗船只，剿治有效，因酌量保留福船40余只，给予行粮，使分泊海滨，常川防守。这些年抗倭所依靠的设备，也就如此了。朱纨一时尚未巡至浙江，而驻泊于宁波与台州附近诸岛的海贼已经登岸，攻掠诸郡邑，官民廨舍焚毁至数百千区，沿海烟雾涨天，村村寡妇哭，处处鸡犬飞。巡按御史请求通令朱纨"严禁泛海通番勾连主藏之徒"，让朱纨去啃这批硬骨头，却又不准备当其碰上钉子时为之止血，反而在背后举着砍刀："给我冲！你不前冲，当心脑袋！"对官场这一套，朱纨当然早已洞察，但母亲要他"多多地铲除坏人"的嘱托比他的性命更重要，孤儿寡母的哭声也在敲击他的心扉，不容他稍有迟疑。可是，豪家贵官们为力保其既得利益，又要隐蔽其通倭结番的管道，不想"真干"，就散布流言蜚语，千方百计中伤朱纨，妄图挑唆权要来陷朱纨于死地。

当时沿海奸民与番舶交通勾连，因缘为奸利，而以大姓豪家为主。纨拜官视事，斥去贪污者数人，穷治通海舶者，批根豪右，剪除一无宽贷。十月入漳州，提兵平漳州同安山贼，然后即移师定海，大破海盗于温盘、南麂诸洋。因为得罪了当朝执政严嵩一伙，虽屡奏捷报，却仅仅受到一次嘉奖。

时倭船遍海为患，而陆上兴贩之徒则纷错杂处于苏杭内地，潜居于其中者不下数千家，为之谋主，挟人入寇；为之搜罗农副产品以至妇幼，下洋贸易，闹得闽浙沸反盈天。政府无计，只能严"通番之禁"，但收效甚微不算，反而给闽浙居民带来了更多的灾难。从明政府来说，禁海固然必须，但近海之民，是以海为命的，故海不收者，称为"海荒"。自从禁海之后，西至暹罗、占城，东至琉球、苏禄，皆不得正常地驾帆通商了，而边海之民一天天沉沦困窘下去，以故私贩日益多，而国计也愈绌，商税流失，公私俱损。朱纨不是不清楚这种状况，但只能做一种痛苦的选择，采一种临时性措施。所谓"军法从事"，所谓"便宜行事"，都说明只是战时的戒严手段而已，原本就不是作为国家大政去推行的。

5. 抗倭制葡之同时，还得与"衣冠之盗"做血斗。嘉靖二十八年（1549年）十二月，朱纨正式举行了受命仪式，历阅海防，请以重典刑乱，朝廷赐以军令旗牌八面。于是福建海道副使柯乔、都司卢镗，于诏安之役中捕获通番者90余人，朱纨以便宜行事之权，立斩之于演武场上。人头落地，一时诸豪大哗；朱纨又下令"一切货贿，不得潜为出入"。豪家大族由此看到了自己的末日，人人战栗，其反扑也就更加疯狂。

势家既失利，则四处宣言："被擒杀的全是良民，没有一个是贼党；他们是胁从而被掳的。即使将轻比重、从严处治的话，也该引用'强盗拒捕律'处置之，不该擅自杀害。"不仅摇惑人心，而且又挟制官府。朱纨上疏辩："而今海禁分明，居民皆不与海盗交往。这些人不知是何由'被掳'的？又何由而'胁从'的？我实在弄不懂他们到底在说什么？到底在为谁鸣冤？对战争中的通敌者只能军法从事！我的'便宜'行戮，是我职权范围内的事，是得到朝廷批准的。"看到朱纨执法如此坚定，扳扯不动，势家大惧。

嘉靖二十七年（1548年）初，朱纨巡阅至宁波。凑巧的是：日本违背关于贡使应定期来华、商团限定百人的旧约，提前两年派贡使周良率600人的大队伍来华"入贡"，于当年三月到达宁波，这就给中国政府出了个难题，朱纨奉诏"便宜处分"。他忖度对方既然是以正式使团的名义来"进贡"的，就不可能轻易地退却，为防其滞留海面会生事，于是决定邀请日使周良上岸，延请其入驻宁波宾馆，以礼相待。周良心底自知理亏，主动保证"下不为例"。朱纨便登录其船只与货品以备案，而"海岛倭夷六百余人入城，悉受约束"。日本人被安置好了，看来是无事了，只等朝廷的决定，是接见还是遣回了。谁知到了五月，国内奸民却借机投书，诈传诏旨，说什么"教夷作乱，以杀巡抚为辞"，要求朱纨相机动手杀敌云云，借以激变日方。只因朱纨事先防范缜密，预做了部署，日使周良也觉察到其中别有缘故，这条毒辣的诡计才未能生效。

时闽人林懋和为"主客司"，即专门接待外宾的负责人，公开散布"倭人窥我间隙""宜遣回日使"的言论。朱纨认为，中国对待诸番，应该守大信，讲大义，不能轻易变卦，于是上疏强争之。针对长期以来波谲云诡的变化，他愤怒地指出："去外国之盗易，去中国之盗难；去中国濒海之盗犹易，去中国衣冠之盗尤难！"顺便镌刻了暴贵官家之渠魁数人姓名，请朝廷出面戒谕之。未见回音。他的"衣冠之盗"论，一下子划清了阵线，使人们明确了症结所在。然而，此举拔出萝卜带出泥，让朝野黑恶势力更觉命脉相连，他自己也更深地陷身于极度忌恨他的渊海之中了。由是，闽浙士绅豪户更加仇恨他了，竟纠集起来，由"主客司"林懋和出面，勒令日使周良还泊海屿，"到海上去等候上贡的通知"。当年六月，吏部接受御史闽籍人周亮和给事中叶镗之言，改朱纨的"巡抚"为"巡视"，以削其权。当时他疾病很重，卧床难起，躺在担架（肩舆）上呻吟着，又被削了权，指挥调度之难可想而知；但朱纨依然勉力规划，尽心指挥，追贼直下温盘、南麂诸洋，十二月获得大捷，取得重大胜利。

嘉靖二十七年（1548年），都御史朱纨，遣都指挥卢镗破双屿，获番酋善铳者，命义士马宪制器，李槐制药，因得其传而造作，比西番尤为精绝。此举与汪铉造"佛郎机"火炮如出一辙。

6. 蒙受"开海—反战"派的冤陷，朱纨饮恨而终。嘉靖二十六年（1547年），佛郎机船首次载货停泊于漳州海域的浯屿和月港，漳泉商贾前往与之贸易。被巡海使者柯乔发现，即发兵猛攻夷船，击退了它；而贩货之人不止。主持南赣汀漳军务的南都御史朱纨，俘获通番的豪民大户90余人，斩之通都大校场。海禁渐肃，严禁通番。葡人无所获利。

嘉靖二十八年（1549年），朱纨56岁，自温州进驻福宁（府治在今霞浦），获漳海大捷，擒佛郎机名王，及黑白诸番、喇哒诸贼甚众。度其必变，乃传令：军前执讯，斩其渠魁，安其反侧。先后以闻，浙闽悉定，葡人从此退出闽浙海域。这是中国人战胜西洋海盗的一次大胜，大快人心。然而，此战却让一切力主"开海—反战"的衣冠之盗麇集起来，围攻朱纨。

御史陈九德遂弹劾朱纨擅杀，要求落朱纨之职。朝廷命兵科都给事杜汝祯彻查审讯。嘉靖二十九年（1550年），杜汝祯还京，言："此满剌加商人，岁招海滨无赖之徒，往来鬻贩。并无僭号流劫事。纨擅自行诛，诚如御史所劾。"巡按御史陈宗也谎称："奸民鬻贩拒捕，无僭号流劫事。"杜汝祯、陈宗又审勘"朱纨听信奸回柯乔、卢镗，擅杀无罪，皆当死。"奏下兵部尚书，丁汝如其议奏上。帝从之，命将乔、镗二将系福建按察司狱待决，下诏逮捕朱纨，皇帝"遂夺纨官，命还籍听理"。朱纨认为，这些丑类，拥巨艘，挟凶器，不仅是一批夷俘。自己是奉旨办事，而且鞫问明白，斩首示众，并向朝廷做了报告，哪想到竟以"擅杀"问罪？而辅政权臣严嵩父子，必欲勒朱纨以重贿。朱纨慷慨流涕曰："吾贫，无贿赂不任狱，病痔不任狱，负气不忍诟不任狱。纵天子不欲死我，大臣且死我；大臣即不死我，而二粤之人必死我。我死自决之，不以授人也！"乃慷慨引鸩以卒，年仅五十有七，墓在长洲县。

朱纨的话是有启发力的：抗倭拒葡并不难，难的是因开海通夷而获暴利的中国"衣冠之盗"掌控着话语权、决断权，让志士吐血而呼天不应！

十二、环球航线·南洋商贸

意大利人马可·波罗从中国（元朝）返回欧洲之后，向欧洲人介绍了东方的中国，一个堆满黄金白银的国度，使得西欧人怎么也要打通通往中国的路，而横亘在西欧与远东之间的商道，正控制在强大的奥斯曼土耳其人手中，而阿拉伯—中亚—南亚地区又一直由强大的阿拉伯人、波斯人、莫卧儿（南亚）人控制着，西欧人根本无法从陆上东来。

（一）环球航线在南洋接通，中国潮在欧洲兴起

明弘治十一年（1498年），葡萄牙人达·迦马（Vasco da Gama，1469年—1524年）率船队南下，绕过非洲南端的好望角来到东非，这就与郑和"下西洋"时的航线接通了，于是开通了"亚非欧航线"。1510年，葡萄牙人又跨过印度洋到达了印度，在印度西海岸的果阿登陆，屠杀本地人，圈占了一块土地，设立"货栈"。但他们只会当海盗，不会经营，便从莫卧儿（印度）人那里学习商贸法则与记账方法，于是创立了一家"东印度公司"，操控起南亚向称发达的棉植业与棉纺业、麻纺业来，这就在南亚地区植入了一种"商业经营"的殖民模式。然后他们向东南亚发展，来到南洋群岛，攫取这里"香料贸易"的红利，并图谋染指中国大陆。

明正德十六年（1521年），西班牙王室派哥伦布（Christopher Columbus，1452年—1506年）西航，横穿大西洋，来到拉美的"西印度群岛"，一登陆便宣布此地为"西班牙国王的新领地"。接踵而来者便大肆屠杀拉美原住民，铲除其固有文化，掠夺其资源，建立起殖民地政权，创造了一种暴力统治的殖民模式。后来，西班牙水手麦哲伦（Ferdinand Magellan，1480年—1521年）曾暗随葡萄牙商船来到南洋，登上了印尼的"香料群岛"。他坚信地球是圆的，返回后，他即自率西班牙船队从拉美远航，绕过南美洲，渡过太平洋，于明隆庆五年（1571年）来到菲律宾。于是在南洋碰上了先期到达的葡萄牙人，这就接通了"环球航线"。欧洲人的环球航线一接通，立刻搅乱了明代郑和以来所确

立的"东洋/南洋/西洋"海上和平贸易体系,以武力介入一向由华人主导的、有日本人与南洋人共同参与的"东洋(东海)/南洋(南海)/西洋(印度洋)"的商路,攫取肥利。同时,环球航线也冲击了东亚/中亚/西亚/北非/东地中海区间的传统大陆商贸体制,亚非欧三大洲的关系从此发生了翻天覆地的变化。葡萄牙式"商业经营"与西班牙式"暴力统治"的两种殖民模式也交融起来,成为西欧殖民者的惯用手法。这就拉开了全球大航海、大商贸、大殖民时代的序幕。

大航海时代的到来,开启了东西方文明双向交流与正态对接的历史时期,一个突出的表现是中国潮在欧洲大陆特别是西欧的兴起。

其时,西方各国的海外公司(商船队),靠掠来的拉美金钱调配东方的商货,从中渔利。葡萄牙人抢得"先机",将澳门"借"到了手;荷兰人占有了印尼,也搞了个"东印度公司",甚至一度拿下了中国台湾;西班牙人则在菲律宾大肆屠戮华人,清剿华商势力。他们合伙染指华商的南洋贸易与世界贸易,又插手中—日—南洋之间的海上交往,一批批地运走了中国的瓷、丝和茶,在欧陆掀起了一股持续两三个世纪的"中国潮"。

明中叶至清康雍乾时期,有一股强劲的"中国潮"在欧洲大陆卷起,欧陆各家王室、广大士绅和普通居民,都深受这股文明风潮之惠。其时,中国的产业文明成果比如茶叶、丝绸、瓷器、木制家具、糊墙纸与园林建筑;制度文明比如朝廷约束皇权体现民意的谏官制度、政府机器体现"公开、公平、进取、择优"原则的文官制度;思想文明比如孔子的政治伦理学说、老子的道生万物思想,与释、道宗教哲学等,在欧洲思想界、学术界都产生了巨大震撼。先进的西方思想家从中吸取了不少精神营养。仅仅东方"异教徒"的高度发达的制度文明、社会文明的存在与被发现本身,就使处于严酷的宗教统治下的欧人猛醒:在没有"上帝"的地方,同样有文明的光辉,而且更为灿烂!无可否认的事实是:欧洲人之所以能冲决中世纪宗教统治的严酷罗网,从漫漫长夜的黑暗中走出来,"中国潮"在其中起了巨大的冲击作用。可以说,到鸦片战争爆发之时,东方文明在欧洲大陆原本是享有崇高声誉的,这是现今一些尊重事实的西方学者也给予肯定的。

18世纪—19世纪中叶的"东学西传",深刻地影响了西方。中国的思想文明、制度文明,为欧洲早期启蒙思想家冲决中世纪宗教统治的黑暗,提供了丰富的思想资料与强力的理论支撑;同时,中国的产业文明也深深地切入了欧洲人的生活。它有效地配合了资产阶级革命风潮的涌起。这曾是令西方学者心醉的话题。"中国潮"席卷欧陆,仅此一事就充分展现了中国固有"生产力"的雄厚与西欧自身"资本力"的单弱。在郑和航海先行一个世纪的情况下，到底是谁在向谁学习跨洋贸易，谁破坏了太平洋—印度洋—地中海之间和平贸易的既有秩序？

（二）葡西英荷商团介入南洋商贸，和平贸易秩序被打乱

全球性大航海、大商贸的时代来到之初，葡萄牙、西班牙及随之而来的荷兰、英吉利，渐次把持了马六甲海峡，强行介入南洋与西洋的原有贸易体制。

据统计，1493年—1800年约300年间，世界白银产量的85%和黄金产量的70%均产自拉美，都在西班牙的控制下。他们将所掠金银一部分直接运往本土，供王室与贵族挥霍；大部分则装上"马尼拉大帆船"运往菲律宾，以交换东方的农业与传统工副业产品，运往欧陆，从而大发横财。

葡萄牙人宣称自己是"海洋主人"，享有贸易垄断权。因此，葡萄牙人通过夺取对出入印度洋的狭窄的海上通道的控制，粉碎阿拉伯人的贸易网。他攻占了索科特拉岛和霍尔木兹岛，这两个岛是分别通往红海和波斯湾的关口。在印度，攻取了西岸中部的果阿城（果阿直到1961年以前一直是葡萄牙的属地）。以果阿作为主要的海军基地和大本营，在东面，攻克马六甲，控制了与远东通商的必经之地马六甲海峡。两年后，即1513年，第一艘抵达中国口岸的葡萄牙船驶进广州港。这是自马可·波罗时代以来第一次有文字记载的欧洲人对中国的"访问"。葡萄牙人起先同中国政府闹纠纷，因为马六甲的统治者承认中国的宗主权，他们逃到北京控告凶暴、野蛮的欧洲人。但是，葡萄牙人及时地获得了在广州下游的澳门设立货栈和居留地的权利，他们从那里继续从事在远东的交易。

葡萄牙帝国在亚洲的实际控制范围是微不足道的，它仅包括少数岛屿和沿海据点。但是，这些属地据有重要的战略地位，使葡萄牙人控制了跨越半个地球的商船航线。每年，葡萄牙船队沿西非海岸南航，绕过好望角后，驶入东非的莫桑比克港；然后，乘季风越洋航抵科钦和锡兰，在那里，把从周围地区收购来的香料装上船。再往东去是马六甲，马六甲使葡萄牙人得以进入东亚贸易；在东亚贸易中，他们充当了中间人和运输业者的角色。因此，葡萄牙人不仅在欧洲和东方之间的贸易中获利，还从纯粹的亚洲贸易——如中国、日本和菲律宾之间的贸易中牟利。

凭借这张由贸易站和要塞构成的网，葡萄牙人打破了阿拉伯商人对印度洋的传统垄断，并在这样做的过程中，和威尼斯商人争夺他们以往通常在地中海东部港口获得的"香料"。明正德六年（1511年）葡人侵占了马六甲海峡，又占据了印尼的香料群岛。1514年来到闽广沿海，登上广州外海的屯门岛，不与地方当局打招呼，即上岸贸易，"获大利而归"。葡人尝到甜头，即与倭寇勾结起来，武装劫夺商旅，掠卖人口。1553年登陆澳门，嘉靖三十六年（1557年）以欺诈贿赂手法从当地官员手中获准"租用"，1561年获明政府认可。从此，葡人有了介入"日本、中国、南洋"的三边贸易体制的基地。但其本身所有的正当商贸额比例微不足道，只是倾力于用海盗船骚扰我东南沿海，在闽浙沿海为祸20余年之久，至1549年才被浙江巡抚朱纨赶走。朱纨是率领中国人战胜西欧殖民势力的先锋。其时，葡商垄断了欧洲对东方的海上贸易，把中国丝茶运到欧洲，牟取暴利；而为期两三百年的"中国潮"也就风生水起，此后便一浪高过一浪地席卷了整个欧陆。

西班牙人继1567年占领菲律宾之宿务岛后，1571年又占吕宋岛，即以"大吕宋"名义与明朝往来。1574年西班牙人剿灭了败退吕宋的海盗林凤集团，明政府于是厚礼相待。西班牙人吸引中国商舶赴菲贸易，1583年前后，贸易额有20万比索，到明万历三十八年（1610年）猛增到200万比索，商品以生丝与丝织物为主，还有棉织物、瓷器、铜器、铁器，均为大宗。但西班牙本土与菲律宾均无物品可供交换，他们便乘"马尼拉大帆船"，越洋将商品转运到墨西哥阿卡普尔哥港去，获利可达300%，然后再运回大宗墨西哥银圆，与华商贸易。1626年，它以武力占据了台湾岛北部，并以此为基地与大陆开展贸易，声言可用12000兵拿下中国。

荷兰人从西班牙手下独立出来后，也来到了南洋，占有了印尼巴达维之后，挤走了葡萄牙人，也搞了一个"东印度公司"。1601年来到广州。1604年两次强占澎湖，侵扰厦门，抢夺渔船，俘虏华人。明天启四年（1624年）荷兰登陆南台湾。西方殖民势力武力犯华占地，荷人首开恶例（葡占澳门尚是以"租借"为名的）。它又进入菲律宾，血腥屠戮华人，清剿华商势力，但无力与海上华人势力抗衡。可是，清政府为消灭台湾郑氏势力，不惜几度邀荷兰人出兵相助，因而答应其"贸易"要求。

1600年，英人也成立了一个"东印度公司"，变南亚次大陆为殖民地，在这里操纵棉麻产业，尤其是暴力圈地，广种鸦片，搞非法而不义的海盗式经营。1637年，英国商团到达澳门，擅自赴广州贸易，被广州官员阻止。英商悍然开炮袭击，攻打虎门炮台，击沉一艘商船和一艘水师船。由于受澳门葡商排挤，其对华贸易企图未能实现。这群"上帝的选民"只能逡巡于东洋海面，遥望大陆吐口水，恶狠狠地诅咒。

明末，在东亚与南洋，东来的葡、西、荷、英人，一时还无力确立自己的贸易体制，只是插手"倒卖"而已；但他们搞的是"全球市场"，发展势头很猛，这又是华商所不具备的条件，况且又碰上了清初的"禁海"，在中外两股势力的夹击下，南洋华商终于被完全击溃。

清政府不顾南洋商民侨民的利益，反而与葡、西、荷、英各国"商队"发展更密切的海上交往，并借其力对付南洋"海盗"，这也就给了他们染指南洋贸易的合法性，并进而取代华商、操纵东方贸易。同时，葡西荷英等国从美洲掠得的大宗白银，却也流向了中国大陆，被吸纳得无影无踪。时中国商品席卷欧陆，形成"中国潮"；而西欧自身商品生产力太过单薄，无多少本土自产商品可供中国市场；中欧贸易呈严重不平衡状态。

十三、清代力主开海防夷的预警者

清初，为取缔沿海人民的反清斗争，割断郑成功与大陆的联系，一再下令"禁海"。顺治十二年（1655年）五月下令"迁海"，将山东、江苏、浙江、闽广滨海居民一律内迁，"设界防守"，制造了沿海50里无人地带，宣称"片板不得下海，粒货不许越疆"。这个禁令一直维持到康熙二十四年（1685年）台湾问题解决之后，康熙帝才下令部分地解除海禁，在广州设粤海关，在漳州设闽海关，在连云港（海州）设江海关，允许进行对日、对西洋贸易，唯独严禁下南洋，严禁船民私人出海，严禁侨居海外及南洋侨民归国。这些禁令历康雍乾嘉几朝均未撤销，严重摧残了沿海经济，从根本上摧毁了宋元明以来向称发达的造船业、航海业、外贸业，摧残了东南各省的渔业、农业、手工业，尤其是截断了望海为生的沿海居民的生计，截断了南洋华侨的归计，截断了中外正常的交往。而且，在"夷人"已经染指东南沿海的情况下，更不利于边防/海防。

这一切内外变动所提出的历史课题，本应得到文化界的广泛反映，但僵死的清代"古文"派、"骈文"派、"时文"派居然沉寂得一无回声！只有一些不以能文为事、而主管过国家财政或江浙闽广事宜的臣僚，如江苏巡抚慕天颜，随军出征并经营台湾、在闽广前沿任职的蓝鼎元等人，能开眼看世界，对外界有所了解，他们质疑清政府为什么"不禁时刻窥伺我海疆的西夷，独禁有利于我的南洋诸岛国"，其所上奏疏与私门杂议，对沿海民生有真切的关怀，力主对东南亚开禁通商，而警惕西夷的滋扰。他们是开海防夷的预警者。

（一）慕天颜的呼号

康熙十五年（1676年），慕天颜上《请开海禁疏》，随后，蓝鼎元撰《论南洋事宜疏》、陈炯伦进《海国闻见录》等行为，最能反映这批人"胸存海外"的思维方向。这一批作者忠诚于清廷,以关心国事为己任,他们在处理东南沿海现实政务的过程中,对海外大势有所了解,对经营"南洋""西洋"更为熟悉,针对清政府的"禁海"政策,一直在奋力抗争。他们把大陆民生与南洋、西洋的海外经营联系为一体考虑,把国家安危与东南海疆的开发与经营联系起来深入思考,虽不以能文见称,其文章却有新的视界、新的题材、新的主张,视野远比"古文"派、"时文"派开阔,有真知卓识,确能经世致用。

慕天颜,甘肃平凉府人,康熙时出任江苏巡抚。主持修浚吴淞江、浏河、白茅河等,后官至漕运总督。他对推动苏南农业的发展有贡献。所著《慕天颜奏疏》,因事立论,切合时用。1676年,慕天颜上书朝廷《请开海禁疏》,率先倡议"开禁"。

当时,台湾问题尚未解决,清政权对东南的统治尚未稳固,慕天颜身为江苏巡抚,于此时倡议开禁,是需要政治勇气的。文章引据明代中期以来多次实施海禁以"防倭"的利弊得失,批驳那种"海氛未靖"、开禁有害的危言怪论,指出"株守故局,议节议捐"论者抱残守缺、不知天下大势的盲瞽之蔽;对朝中"口不言利"的冬烘先生之高言大论、那些因循苟且的食禄官僚们的误国滥调,他都一一剖明其认识误区。不仅如此,他还详列了开禁之后必须认真推行的配套政策与管理措施,一一切实可行。其见解之允当,其眼光之远大,是古文家们难以望其项背的。文章阐述透辟充分,言辞入情入理,无剑拔弩张之势,有苦口婆心之风。难怪康熙阅后,即部分地开放了"海禁"。但因清廷对东南人民反清斗争的刻骨深惧,政策最终未能真正贯彻。雍乾时期,"海禁"政策反而愈演愈烈,竟至不许侨民归国,归来即押送新疆"安置"的地步,更不肯关照侨民在异国他乡的合法权益,这就与侨民、侨属结下深仇大恨。

(二)蓝鼎元的洞察

蓝鼎元,福建漳浦人,少怀大志,曾亲历闽浙沿海考察海防,下南洋了解海上贸易与海盗问题。做学问注重社会应用,有《鹿洲全集》传世。其文《平台纪略》《论南洋事宜疏》及系列著作《鹿洲公案》等,每篇均有新意。康熙年间,他随军入台,参与了收复台湾的壮举。事前,他著论批驳朝廷大僚们认为"台湾孤悬海外,于国家无足轻重"的"弃台守闽"论之极端荒谬,指出台湾是闽广同胞世世代代辛勤开发的热土,有沿海居民生息长养的衣食之资,怎能弃而不顾呢?况且,在"蛮夷"(指西方殖民势力)侵逼的大势下,"台湾屏障,直关东南六省之安危",是万万弃置不得的!早在清初,他就看清了台湾岛的战略地位,实在是真知卓识!他随军进台时,要求主帅尽力减少战争的破坏性,参与规划了军事推进的同时即恢复秩序、稳定民生、发展生产的方案,制定了一系列具体措施，并全力推行之。平台之后，为了建成一个海防巩固、经济繁荣、民生安定的台湾，他又做了多方努力，提出了具体规划，均取得明显成效，受到雍正的召见。后被任命为广东普宁知县，死于广州知府任上。

在任时期，他深入民间，不避长风巨浪，踏勘海隅洋面，在连破江洋盗案的过程中，切实了解望海而生的船民及侨民的生态状况，对其生计艰难感同身受，对吏治的腐败、官场的黑暗有洞彻的了解。他提出的开放海禁、发展南洋商贸、整顿闽广海防的意见，尤为贴切。他说："南洋未禁之先，闽广家给人足，游手无赖亦为欲富所驱，尽入番岛，鲜有在家饥寒窃劫为非之患。""既禁之后，百货不通，民生日促，居者苦艺能之罔用，行者叹至远之无方。故有以四五千金所造之洋艘，系维朽蠹于断港荒岸之间。""一船之弊废，中人数百家之产，其惨目伤心可胜道耶？"他愤慨地指出："沿海居民萧索岑寂、贫困不聊之状，皆因海禁。"他斥海禁为"坐井观天之见，妨民病国之事"，"使沿海居民富者贫、贫者困，驱工商为游手，驱游手为盗贼尔！"他大声疾呼"大开网禁，听民贸易"。当康雍乾把海禁奉为基本国策的时候，蓝鼎元这样说，等于直指皇帝骂其昏聩，真是有胆有识！

可贵之处还在于：他对开关之后"大西洋、小西洋诸国，皆凶悍异常……到处窥觇图谋人国"的严峻形势有清醒的认识，提出应该严加防范；而防范并不在于"闭关"，而在安定民生，严肃军纪，整饬海防，积极守备。他对闽粤海疆军防窳败腐朽不堪一击的实况了若指掌，十分痛心，认为海盗与洋人并不可怕，可怕的是闽广军纪败坏不堪，通匪通敌；闽广官员受贿腐败，残民有术，御敌无能。他很奇怪，南洋诸岛国历史上从未干犯过中国，朝廷何以对他们防之又防，甚至禁绝往来，却允许"西夷"以市舶名义占地、雇人，以传教名义深入内地，侦伺机会？他问道："此之不禁，独禁弱小而于我有利之南洋，何也？"——蓝氏指出的问题，在康雍时就已如此触目惊心，却不能使麻痹不知痛痒的朝廷有所警悟，导致鸦片战争的惨败而一蹶不振——谁谓"国中无人"，中国本来有人！其奈统治集团不予采纳何！蓝鼎元策论当时未见实效，但他播下了思想的种子，迟早是要发芽的。

（三）陈伦炯在看世界

陈伦炯是福建同安人。年轻时随其父游历南洋，了解世界大势，掌握海上动态，懂得商贸行情，袭职为康熙三等侍卫，常被召对顾问。他利用自己的特殊身份，常与碧眼高鼻的洋人往还，"询其国俗，考其图籍"，写成图文并茂的《海国闻见录》，对东洋、南洋、非洲、欧洲各国的地理位置、风土民情、物产商贸、机巧技能做了时辈中最为准确翔实的介绍。又时时注意与中国沿海情况做比照。

书中，还详细介绍了葡、西、荷、比各国东来掠夺殖民地的始末。这些，都有利于启发中国人睁眼看世界，知彼之长，识彼之心。

陈氏作为一名军人，能做到这个程度，实在难能可贵。这本书虽说没有立即产生多大的社会反响，但毕竟向沉闷的文坛射出了一支响箭。它和颜、蓝诸公的檄文一起证明着：早在清初，东南沿海的官民，尤其是闽广之人，就得风气之先，懂得闭关锁国的危害，懂得如何正确防范消解西方殖民者的掠夺与侵逼。后来林则徐等人的出现，其思想当然是有渊源的。中国人的反帝反殖斗争，绝不是到鸦片战争之后才开始的。

从总体上看来，清代鸦片战争之前的散文写作，游离于世界大势之外，仅有少量关于开禁通商的奏议文章，才对时变表现了应有的关切。他们既有为国求利的动机，也有为民请命的愿望；可惜缺乏思想理论深度，未能撼动传统思潮，对现实政治的干预作用也不十分明显。加之康雍乾嘉的"圣世"景象，也给人以传统制度仍有活力的感觉，社会改革的需要还没有为人们所广泛认同，故作用有限。

乾嘉时期，中国知识分子"精英"们倾心力于汇聚考辨传统典籍文献，埋头于故纸堆，稀见英才卓识。待到道光以降，才有龚自珍、魏源、林则徐等人相继走上政坛、文坛，而此时的清廷已是"大厦将倾""朝不谋夕"的光景了。

十四、清初的百口通商与"中国人事件"

康熙二十二年（1683年），清廷统一了台湾。次年决定直隶、山东、江南、浙江、福建、广东各省"先定海禁处分之例，应尽行停止"，宣告海禁的解除，中外贸易便迅速发展起来。以下根据《黄启臣文集·清代前期海外贸易的发展》一文提供的宝贵资料，做一番简要介绍。

（一）康熙年间的百口通商

自康熙二十三年（1684年）开海贸易后，"粤东之海，东起潮州，西尽廉，南尽琼崖。凡分三路，在在均有出海门户"。福建、浙江、江苏沿海也是"江海风清，梯航云集，从未有如斯之盛者也"。山东、河北、辽宁的港口"轻舟"贩运也十分活跃。根据史料记载，当时开放给中外商人进行贸易的大大小小的港口计有100多处，它们是：

1. 广东的东炮台口、西炮台口、佛山口、黄埔口、虎门口、紫泥口、市桥口、镇口口、澳门总口、乌坎总口、神泉口、甲子口、褐石口、汕尾口、长沙口、骱门口、平海口、稔山口、湖东口、墩头口、庵埠口、双溪口、溪东口、汕头口、潮阳口、后溪口、江门口、海门口、达濠口、澄海口、卡路口、南洋口、府馆口、东陇口、障林口、黄岗口、乌塘口、北炮台口、梅菉总口、对楼小口、水东口、硇州口、芷蓉口、暗辅口、两家滩口、阳江口、海安总口、东西乡口、白沙小口、徐博小口、南樵小口、田头小口、锦囊小口、雷洲口、赤坎口、沙老口、乐民口、山口小口、钦州、海口总口、铺前口、廉州口、青润口、束会口、禹州口、儋州口、北黎口、陆水口、崖州口，共5大总口及64处小口。

2. 福建的厦门口、同安口、海澄口、福州口、安镇口、漳州口、泉州口、南台口、青城口、汀州口、台湾口等20余处。

3. 浙江的大关口、古窑口、镇海口、湖头渡、小港口、象山口、乍浦口、头围口（澉浦口）、沥海口、白峤口、海门口、江下埠、温州口、瑞安口、平阳口等15处。

4. 江苏的常州口、扬州口、镇江口、刘河口、松江口、施翘河口、黄田澜港口、任家港口、吴淞口、七丫口、白茆口、孟河口、黄家港口、小海口、石庄口、吕四口、徐六淫口、福山口、新开河口、当沙头口等20处。

5. 北方以天津口为盛，其次是山东的登州、辽东的牛庄等港口。由此可知，当时政府规定是广州、泉州、宁波、松江四口为国家级通商口岸，而实际上整个沿海的大小港口都是开放贸易的。乾隆二十二年（1757年），清政府撤销了泉州、宁波和松江三个国家级海关；而广州一港的贸易量却超过了既往的总和。

如此之多的港口进行海外贸易，世界各个国家和地区的商人纷至沓来。东洋有日本、朝鲜、琉球；南洋有菲律宾、印度尼西亚、新加坡、文莱、马来西亚、泰国、越南、柬埔寨、缅甸等国；印度洋有印度等国；欧洲有葡萄牙、西班牙、荷兰、英国、法国、丹麦、瑞典、德国、波兰、意大利、俄国等国；美洲有美国、秘鲁、墨西哥等国。几乎所有亚洲、欧洲、美洲的主要国家都来广东与中国发生了直接贸易的关系。据统计，从康熙二十三年（1684年）到乾隆二十二年（1757年）的七十三年间，中国开往日本贸易的商船总数达到3017艘，平均每年41.3艘。商船的吨位也很可观，一般的小船能载重100吨，最大的可载重600吨—1000吨。

（二）清廷与洋人联手，葬送了华商的南洋事业

全球性大航海、大商贸的时代来到之初，葡萄牙、西班牙、荷兰、英国渐次把持了马六甲海峡，强行介入早已成形的"南洋"与"西洋（印度洋）"的贸易体制。明正德六年（1511年）葡人侵占了马六甲海峡，又占据了印尼的香料群岛。1514年来到闽广沿海，据广州屯门岛，与倭寇勾结起来，武装劫夺商旅，掠卖人口。1553年骗占了澳门，用海盗船骚扰我东南沿海，为祸20余年之久，才被浙江巡抚朱纨赶走。西班牙继1567年占领菲律宾之宿务岛后，1571年又占吕宋岛，即以"大吕宋"名义与明朝往来。1574年西班牙人剿灭了败退吕宋的海盗林凤集团，明政府于是厚礼相待。1626年，又以武力占据了台湾岛北部，并以此为基地与大陆开展贸易，声言可用12000兵拿下中国。荷兰人从西班牙手下独立出来后，也来到了南洋，万历二十九年（1601年）来到广州。1604年荷兰人两次强占澎湖，侵扰厦门，抢夺渔船，俘虏华人，逼迫劳工为其筑堡固守，抓壮丁去爪哇当奴隶。明天启四年（1624年）荷兰人登陆台湾岛南部。西方殖民势力武力犯华占地，荷人首开恶例（葡占澳门尚是以"租借"为名的）。又进入菲律宾，血腥屠戮华人，清剿华商势力。到清康熙元年（1662年）郑成功收复台湾，使西方海盗气焰大受挫折。可是，清政府为消灭台湾郑氏势力，不惜几度邀荷兰人出兵相助，因而答应其"贸易"要求。

清政府不顾南洋商民侨民的利益，反而与葡（时称之为佛郎机）、西（大吕宋）、荷（时称之为红毛夷）、英（英吉利）各国"商队"发展更密切的海上交往，并借其力对付南洋"海盗"，这也就给了他们染指南洋贸易的"合法性"，并进而取代华商、操纵东方贸易，毁掉了华商的南洋事业。

清廷在台湾问题解决后，下令解除"禁海令"；但康熙为了在南洋"反海盗"，仍然维持着对南洋的禁令与措施，历康雍乾嘉至道光各朝，百十年间愈演愈烈。清廷往往与在南洋活动的"夷商"联手"剿匪"。

原来，康熙部分地开放海禁后，苏州船厂很快恢复造船生产，一年有上千只船下海，远航南洋与欧非，开展丝瓷贸易。然而当康熙得知出洋船舶如此之多而又多被出售，出洋人员如此之众而又多半留外不返，立即下令：如此"有伤国本"之事"不可再行"。他明令严禁商民私自出海贸易，严禁商民侨居国外，严禁与南洋贸易，断绝和吕宋、噶喇吧、南洋诸岛的经济往来，严禁向南洋出卖海船、硝黄、军器、铁器、书籍、米粮，甚至铁锅；严禁在南洋安居的侨民"非法"归国。同时，他也再次颁布《防夷章程》，禁止夷人登岸上街行走；不许外人带华人出境（因洋人在沿海掳掠贩卖人口的事时时发生）。

雍正五年（1727年）九月，清廷又下令："嗣后凡出洋船只，俱令各州县严查船主、伙长、头棹、水手并客商人等若干名，开明姓名、籍贯，邻保甲，出具切实保结……如有报少载多，及年貌箕斗（指纹）不符少者，即行拿究；保甲之人一并治罪。回棹时，照前查点，如有去多回少，先将船户人等严行治罪，再将留住外洋之人之家属严加追比。"不仅如此，清廷甚至还通告南洋各国，限期遣返或就地严惩前往经商定居的汉民。推行了一套自我摧残的严厉措施。雍正诬称"此等贸易外洋者多不安分之人"，凡出洋逾期者均"应不令其复回内地"。乾隆把贸易时限定为三年，逾期者不许回国；即使应命而归者，也不许返故乡，而要远远地安置于新疆伊犁等地，以防其"再谋出国"或"造捏无形，煽惑人心"，对出洋人员的敌视心理暴露无遗。

　　基于这种对侨民的严重不信任感，清政府对"情甘异域"的侨民们，一律斥为"背弃祖宗庐墓"的"莠民"，"自外王化"的"叛民"而加以排斥，禁绝国内人民与南洋侨民聚居最早最多的菲律宾、印度尼西亚、马来西亚等地做经济往来，当然也就谈不上关心侨民在海外的正当权益了。乾隆五年（1740年）"红毛夷"荷兰殖民者在菲律宾巴城肆虐，下令杀尽城内华人："挨门排户，搜执唐人，不论男女老幼，擒住便杀。"一下子屠戮华人近万名，尸积如山，血流成河。清廷漠然视之，竟说"此等汉种……实与彼地番种无异"，听任屠戮不算，还明令"仍准照旧通商"。其冷酷表现得如此露骨！从此，我国从南朝齐梁以来，特别是明代以来，积极开发南洋的中国公民，竟成了"海外孤儿"！

　　值得注意的是，清政府对正当的南洋贸易禁这禁那，颇为卖力，而对于横行海上的中外海盗，却是无能为力，只好听之任之。

　　南洋海面早就有海盗势力：荷兰、葡萄牙势力染指中国台湾与东南沿海之后，其海盗行径更加肆无忌惮。他们以中外商船为目标，肆行劫掠，危害深重。在近海海域，也是见船必夺，有货就抢，能运的运走，运不走的沉之海底，不屑"光顾"就击碎算事，还要杀人毁尸，无恶不作。那些以闽广滨海山岰荒岛为盘踞点的海盗，对沿海居民的陆上生活也恣行骚扰，构成严重祸患。清政府建有"镇海水师"，配有巡哨兵船，却总是"茫茫海面，不见海贼踪影"。其实兵匪早已是一家了。有的守港官员与巡防哨船，通同为非，坐收渔利，民间有"坐港之利，甚于通蕃"之说，道破了其中奥妙。番夷联手，专以守法商旅为目标。而清政府对于守法商船，却是严禁携带自卫火器，在茫茫洋面，只好一任劫夺了。几个海盗对付不了，又怎能指望清廷抗御外侮呢？在这种情况下，当外强带着洋枪洋炮临门逞凶的时候，清廷有人想到了变"海禁"为"闭关"，然而清政府连关门的一手也做不到，"关"何尝"闭"住？何况它还要与"夷商"联手剿灭"海盗"呢！

（三）"中国人事件"：罗马教廷一手制造了妖魔化中华文化的风波

　　清康熙三十二至五十四年（1693年—1715年）之间，发生了法国天主教徒所谓的"中国人事件",东西方思想文化初次交锋。

当时,罗马教廷派往中国教区的一些传教士,激烈反对耶稣会的利玛窦借科技传教义的灵活做法,以"护教"的名义向教廷汇报。这时,面对西欧本土的宗教改革风潮,焦头烂额的罗马教廷便转而向东方施其淫戒,便一再饬令中国天主教徒:不许祭孔、不许敬祖、不许崇拜"天"与"上帝",只许崇拜他们的唯一"天主",否则就视为"异教徒"开除教籍。中国信徒当然不服气,他便强制推行,这就激化了矛盾,诱发了中国人的"反洋教"风潮。1693年在福建教区引发了一场殴打代主教的事件。罗马教廷便派特使来华与康熙帝交涉,竟要求清政府下令信徒严守教皇"禁约",禁止祭孔敬祖等。康熙很耐心地派使节做了13次往返交涉,教皇却顽固地坚持其蛮横要求。康熙说,中国人祭祖,是为了怀念先人,表示不忘本,这与宗教信仰并无妨碍。可是教会势力却顽固僵持其"教规""禁约",以"绝罚"相威胁,终于导致康熙下令禁教。康熙五十九年(1720年),清廷下令禁止传播天主教,给罗马教皇使者明白表示:"尔天主教在中国行不得,务必禁止。教既不行,在中国传教之西洋人亦属无用。除会技艺之人留用,再年老有病不能回去之人仍准存留,其余在中国传教之人,尔俱带回西洋。"可见,在禁止传教、让传教士回国之时,仍表示留用有技艺之洋人,绝非单纯的"排外";且对于留华之洋人,仍允许其信奉洋教,并不干涉。《清朝文献通考》卷二九八载:乾隆五十年(1785年),发现西方传教士多人在直隶、山东、山西等地传教,制造麻烦,一度议处永远监禁,后经皇帝核准,全部释放:"如有愿留京城者,即准其赴堂,安分居住;如情愿回洋者,着该部派司员押送回粤。"应该说,这种做法,还是通达得体的,比起西方,比起天主教本身对待"异己"的凶残阴毒来,不知要仁慈文明多少;它从来没有如此宽厚地对待过它眼中的"异教徒"。

乾隆时传教士大部被逐,少数则转入地下或退居南洋。它使得西方教会无法在华称雄。"西方意识"遇到了在"新大陆"、在撒哈拉沙漠以南的非洲、在中亚、南亚所从未遇到的上下一致的有效抵制,这在欧洲引起很大震动。人们由此知道神通广大、无所不能的"教会"居然也会碰钉子!研究中国的人更多了,而教廷就更加痛恨东方"异教徒"了。对中国人的宽容,他们不但不领情,反而变本加厉地攻击中华。在镇压异教徒方面劣迹斑斑的法国、西班牙天主教会,便开足马力大肆妖魔化中国的文化象征孔子、妖魔化跪拜祖先的民俗民风、妖魔化中国"敬天"的"东方神秘文化",甚至咒骂不便于翻译《圣经》的汉语,无限拔高罗马教廷监控全人类思想文化生活的"权力",无限夸张刚刚从半野蛮状态下挣脱出来的西欧文化之"优越"。早年对东方文明的倾慕从此转向、变质、霉烂。

人们注意到：从"中国人事件"起，传教士们便全面丑化、妖魔化中国传统文化，尤其致力于攻击丑化中国的制度文化、心灵文化，用其对"封建专制制度""东方神秘文化""人治社会""法盲遍地"的诅咒来截断中华五千年文脉，又把欧洲史上严重存在的城乡差别、工农差别、体脑差别不分青红皂白地胡套滥用于中国社会，人为地撕裂中国社群，这在他们固属"理所当然"，而某些中国人也拾其余唾，加入唱衰中华文化的大合唱，则必须予以严肃清理，还我中华文化固有的尊严。

十五、资本列强能给中国现代化机遇吗

有人说，清乾隆五十七年（1792年），英国国王乔治三世（King George Ⅲ，1738年—1820年）派马戛尔尼船队，万里迢迢来华，为乾隆祝寿，交涉打开中国市场的事宜，却被"顽固自大"的清帝拒绝了。依这种说法，似乎只要中国政府答应向英人"打开市场"，中国的前途命运就会大大改观，就能"赶上时代潮流""与先进国家接轨"了！真的吗？试问：当时中外真的没有正常交往的渠道吗？如果当时中国真的赶上了这趟"欧洲列车"，假设列强们也真能允许你挤上去，与它们同登先进行列的话，中国人真的会有好果子吃吗？回答是否定的。

这种假设既不讲16世纪—18世纪中西双方的生产力状况，不顾当时中欧贸易、中英贸易正处在"中国潮"高峰状态下的历史实际，不顾或有意掩盖资本主义原始积累与自由竞争时期吞并一切的罪恶本性——其时列强们正以国家力量在全球疯狂地推行炮舰政策，争夺殖民地，且西葡、西荷、英西、英法间也在无情地火并着；也不顾其时欧洲本土反复出现的严重经济危机正在把千万平民一次次抛向连绵战火与深重灾难之中，却要求人口正从一二亿向三四亿迅猛翻番的中国于此时打开国门去拥抱这样的"欧风美雨"！

（一）列强早期的生产力态势及其对海外掠夺的疯狂

18世纪60年代英国开始"工业革命"。这场"工业革命"标志着西欧近代史的起步。清乾隆四十一年（1776年），亚当·斯密（Adam Smith，1723年—1790年）出版《国富论》（*An Inquiry into the Nature and Causes of the Wealth of Nations*），这为资本主义经济运行做出了理论指导。英属北美十三州发表《独立宣言》（*The Declaration of Independence*），美国成立。美国刚刚独立，就派出船

舰东来"均沾"殖民利益。清乾隆四十九年（1784年），英国建立蒸汽纺纱厂，这是西方近代机器工业的招牌。此时，英国土地上正在排演"羊吃人""砸机器"的荒诞剧。清乾隆五十四年（1789年），巴士底狱被攻占，法国革命开始，发布《人权宣言》（Declaration of the Rights of Man and of the Citizen）。此时恰当英、法、美、德①诸国资产阶级相继夺得政权、刚刚建成近代"民族国家"②的年代，西式资本势力才刚刚登上政治舞台，资本主义的社会意识、政治构架才刚刚确立，社会生产力在中世纪残破落后的基础上刚刚启动，但总体实力仍然十分薄弱。直到一百年后，以英国为首的资本世界才真的获得了新的生产力，才真正进入近代社会。他们一跨入近代社会，恣意吞并弱小，战火连绵，不仅闹得欧洲本土民不聊生，还把非洲、拉丁美洲与西亚、中亚、南亚、南洋投入黑暗的深渊，借以自肥。就在这个当口，英王派出马戛尔尼船队来要求"通商"，葫芦里到底卖的什么药？

此时的中国，适逢清朝的鼎盛期，正在向3亿人口猛进，中国农业不仅养活了世界1/3—1/2的人口，还在向包括欧洲在内的各国提供丰足的生活必需品，"中国潮"席卷欧洲（当时全欧洲约有7000万人口）便是铁证。此时，中国人还要怎么做才算对欧美列强敞开了国门呢？

下述情况更能说明真相。

事实上，18世纪中叶西欧才刚刚启动"工业革命"，所谓"资本主义生产力"还根本无从说起，相应的社会形态与政治构架更未成形，他们根本无法给别人带去尚未出世的"资本主义生产力与资本主义先进文化"。他们的实际行为模式，只是在重演上古奴隶社会中通行已久的那种海盗式野蛮掠夺与凶残屠戮，西葡英荷船队在南洋和中国东南沿海就是这么做的。要说它还有什么"时代作用"，那就是它完全破坏了亚非欧（东地中海区域）古老的国际贸易体制与双赢秩序，根本不能反映世界人民的前进希望。

清雍正—乾隆年间（1731年—1789年）瑞典王室大量进口中国丝、茶与瓷器，仅瓷器一项就达5000万件，"罄其国库以购瓷"。当时欧洲各国的王室之

---

① 清嘉庆二十年（1815年），德意志联邦（Deutscher Bund）成立。这个德国，立国后一直在四处放火。立国刚及百年，就发动世界大战，典型地反映了资本的本质。

② 民族国家以"民族独立"为政治诉求，趋异化同是其行为指向。它总是在谋求某一部分的独立发展而去裂解共同体，所以原生活于同一个屋檐下的"三兄弟"法英德会弃"神圣罗马帝国"而分道扬镳；其后，北美十三州甚至爱尔兰岛之半也会从英帝国母体内再裂解而去。而一个新独立体的产生，势必谋求自身利益的最大化，兼并、掠夺、屠戮便是其与生俱来的品行，只要有一点可能，就会将对应群体的利益据为己有，是不会与他人分享红利的——除非实力不够。

间，正在争豪斗富，他们竞相利用宫廷的豪华来博取外交上的声誉，宫廷日用和宫廷布置都以拥有中华瓷器为无上光荣，于是便以赛过黄金的价格大批收购中国瓷器，一件1.2尺的青花五彩盘就值上万钱。为适应这种需要，中国政府特地组织专门力量烧制高档"外销瓷"，乾隆帝亲自组织画师，依欧人欣赏习惯，为外销粉彩瓷绘制图案，年产250万担，装船运往英伦与北欧。清乾隆五年（1740年），有一艘中国货船满载丝茶瓷器，经一年零四个月到达北欧，不幸沉没于瑞典哥德堡外海100公里处。后被打捞出来，瑞典皇家为此专门成立了"沉船博物馆"，把精美瓷器陈列出来，至今仍在供人参观。这批欧洲风味的中国瓷，现在在欧洲相关博物馆中还能看到。

清乾隆二十五年（1760年）到道光十三年（1833年）这70多年间，工业革命后的英国对华年平均出口额从47万余两白银增至733万余两；年平均输入中国商品由97万余两激增至995万余两。而1769年—1772年间，英国每年要从中国广州运茶1068.9万磅，需要量之大可以想见。至1781年—1793年12年内，英输华商品共1687万元[①]，仅及清输英之茶叶一项的1/6。中英贸易严重不平衡，但这不是中国的过错！它恰恰说明，当时中国政府是在积极组织对外贸易的，中英交往并不缺乏管道！可这种贸易不平衡使英国人焦虑万分，它又无法减少对华进口，怎么办？清乾隆二十一年（1756年）为是否要"禁茶"在英国引发了一场大讨论，因为进口茶要耗费大量国帑。这就是马戛尔尼使华的直接原因。

乾隆五十七年（1792年）英女王派马戛尔尼使华，以"祝寿"为名，交涉打开中国市场的事宜。他向乾隆提出的要求是：

1. 增开天津、舟山、宁波口岸（所控海岸线是英伦全岛的数十倍）；

2. 租借舟山或广州海岛做商品储运基地（使团在这里曾长期逗留，已做过周密的实地调查）；

3. 撤销广州"公行"，降低关税（清前期，沿海大小口岸在100个以上；在广州组建了"十三行"，专门经办欧洲人的对华贸易。这是不可让渡的主权）；

4. 允许其沿内河进入腹地，自由传教、自由贸易……（凭一堆"精美寿礼"，就想换取无边无际的殖民利益，该是多么如意的"平等交易"！）

[①] 清乾隆二十二年（1757年），清政府鉴于葡、西、荷海盗与倭寇一起，在东南沿海横行不法，不断滋扰沿海居民，便限定广州一口通商，取消了明代以来的云台、宁波、漳州等闽浙口岸。清乾隆二十五年（1760年）乾隆颁布《限夷五事》，禁止"夷商"任意居住、与华商私下往来。这是主权国家的正当举措。嘉、道年间，清政府连下禁令，禁止外船擅入内港、偷运枪炮、私雇买办；严禁粮食、五金及中华史地书籍私自出口，还"禁止洋妇入城"，等等。这一切，自是主权国家的自卫权利，却遭到所有洋商的同声诋毁。

这一切，正是列强与其在拉美、在南洋、在南亚的殖民地之间成功推行的"游戏规则"，均为强横之约，绝无"对等"可言；这样的"国际惯例"理所当然地遭遇清廷的婉拒。可贵的是，爱受吹捧的乾隆帝并未昏头，他一面以礼接待、重金遣送其出境，同时又再三向东南沿海守疆大吏们下密旨：你们在依规友善接待英夷使团的同时，一定要做好戒备，警惕英夷沿用"租借澳门"之计侵占舟山海岛或闽广海岛；警惕英夷借口发动战争。可见乾隆帝的头脑是清醒的，且应对有方。要不，能有1792年—1840年（鸦片战争前）50年的安宁无事吗？能有中国人口的成亿翻番吗？

清嘉庆二十一年（1816年）英王又派使团来华重申上述要求，同样未果。此事就英方而言，一个杀遍全球的绅士能放低身段，前来"友好谈判"，却碰了钉子，能不恼火？当年，马戛尔尼只能借"礼仪之争"来掩饰其重大外交挫败后的恼怒，用咒骂中国的"封闭""落后"来掩饰其一时尚无力扳回局面的无奈。

咱倒想请问持"错失机遇"论的朋友：当年，清廷倘若真的大开口岸，给人家"自由"进入中国市场，把丝绸、茶叶、瓷器、棉花与棉织业的市场与技术统统拱手让出去，让印产的鸦片合法地涌进来（英国本土是不许有鸦片烟的，而印度本土的棉植业则被取代了），让传教士随处建教堂，让中国人只拜上帝，不信孔子不敬祖，那就算"赶上了欧洲列车"而早就"现代化"了吗？试问：那片英女王治下之南亚次大陆的子民们，曾享受过资本主义老牌模范单位的"东印度公司"之精心治理，他们从不封闭，绝不抵拒，300多年来，他们过得如何？

直到1840年鸦片战争前夕，占据了欧洲人对华通商贸易量一半以上的英国，工业革命已经搞了七八十年，它凭着本土曼彻斯特纺织基地生产的"洋布"，加上从其殖民地印度运出的大批棉花，竟然抵销不了中国"南京土布"一项的对英出口。此时英商有一句很有名的话："只要中国人每人把衣衫加长一寸，就足够曼彻斯特纺织厂开足马力生产30年！"听，这话多么生动地凸现了英商对中国市场的垂涎，又多么明确地暴露了此时英国的"工业生产力"又是何等的微薄！以此逆推，50年前马戛尔尼来华之时，他的国家又能拿出多少"商品"来做"正当贸易"以挽回其"巨额逆差"呢？如果没有，它要求增开天津、舟山、宁波口岸干什么？它要租借舟山、广州海岛又想干什么？它要求撤广州"公行"，要求降低关税、要求自由进入内河，自由通商、自由传教，这一切，又是为了什么？帮助中国现代化？

(二) 危机！赔款[①]！鸦片！炮舰！

请看看"工业革命"之后的英国，其自身的生产力实际上到底是何种水平。史载：

清道光五年（1825年）：英铺设第一条铁路。英法爆发第一次"经济危机"。

清道光十七年（1837年）：欧洲爆发了"工业危机"。恰恰就在此时此际，林则徐在虎门销烟，英商被迫交出20283箱（在印度生产的）、美商被迫交出1540箱鸦片（在土耳其生产的），计约230万斤。可以想见这帮海盗该是如何气急败坏！

清道光十九年到二十二年（1839年—1842年）：爆发第一次"鸦片战争"，签订第一个不平等条约——中英南京条约。（这里是"南京土布"的故乡！谁让它跟曼彻斯特纺织业争夺英伦市场！）割让香港，开放五口通商，加上巨量赔款——感谢上帝，此举，使面对"经济危机"侵袭的欧美，获得了复苏的财源支持；感谢上帝，它没有让中国在马戛尔尼来华时搭上"欧洲列车"；否则，4亿

[①] "赔款"：晚明至清中期，处于原始积累阶段的西方老牌资本主义各国，在粤闽浙苏沿海疯狂地骚扰屠戮，掠夺了大量财富与人力，实现着资本的原始积累。晚清以降，中国历次的巨额赔款，为西方资本不断输血，保障了西葡荷比、英法意德俄美日的"崛起"。下述资料让人惊心：

一、中国第一份对外赔款发生于鸦片战争结束时，1841年6月交给英方600万银圆，这是应《穿鼻条约》之要求而交出的。其借口是林则徐烧毁了他们运来的毒品鸦片，索要"赔偿"。当时的"虎门销烟"，英商交出20283箱（在东印度生产）、美商交出1540箱鸦片（在土耳其生产），计约230万斤。英人以国家名义向中国倾销毒品，声言"我们只是要通商"，遇到反抗，就发动战争，战后还要求"赔款"，何等蛮横！

二、1842年，"南京条约"赔款2100万元（银圆）。当时清政府全年的财政收入也不足9000万两，可见负担之沉重。其后，中英、中法"天津条约"赔偿英白银400万两、法白银200万两。"北京条约"又增加至各800万两（白银），格外还增加给英、法的"恤金"50+20万两。

三、1895年4月17日《马关条约》，赔偿日本军费2亿两白银（时中国人口4亿），半年内交5000万两，其余分期给，年息5%。然后，经俄德法"说合"，中国又以3000万两白银"赎回"辽东半岛。1896年日寇更攫取了台湾。"狮子大开口"，日寇创下了恶劣的历史先例。这笔巨款，正是日本"走向近代军事强国"的启动资金。

四、鸦片—甲午之战中，中国以"地方政府"名义向外国银行举债计4100多万两，合660万英镑，年息6%—7%，均以海关税清偿。时海关税收为年2200万两。甲午战后，列强大举实施政治奴役性"贷款"：1885、1886、1888年清廷三次大举债，每次1亿两白银（约当16000万英镑、或4亿法郎）。债主为俄、德、英、法等。这样先后贷款达七次之多，还规定在三十六年或四十五年之后还清，"不许提前还清"，只许用关税还，不许"借债还债"，转移债主。贷款通过"扣交"本金（只交本金95%—90%）与加息办法，他们实得利息超过本金的1.5倍左右。还有所谓"筑路贷款"：1898年—1936年间总数为7亿2300多万元；仅1898年—1900年就达1亿4000万。（相关资料参见严中平《中国近代经济史统计资料选辑》，科学出版社，1955年版，第64页。）

人口的中国，又如何经得起"经济危机"的风雨侵凌！那样的话，谁来救中国？又有谁能为欧美输血呢？

鸦片战争之后，1842年英国输华鸦片33000箱；1843年—1855年12年间，英输华货物总值大致在150万—220万英镑之间。唯有1852年达250万英镑，合银圆1100多万元。而其间输入中国的鸦片就是5300箱，获利年均3000万元！1858年鸦片贸易"合法化"之后，又提升到78000箱。其毒品贸易的获利之巨，对英国本土"资本主义"经济的生存意味着什么，难道还用细想吗？有人惊叹：欧洲人"一夜之间似乎从地下呼唤出滚滚财富"，并把这说成是"资本主义工业大生产"的硕果，殊不知，这只是欧美资本疯狂掠夺全球财富的一种迷彩包装。

清道光二十七年至二十八年（1847年—1848年）：欧洲爆发又一轮新的"经济危机"。

清咸丰七年（1857年）：欧美再次爆发"经济危机"。

每隔几年就爆发一轮的经济危机，暴露出"资本运营"的先天病兆，在全球殖民地为之供血的情况下，它依然无法给欧美社会大众带来平安稳定的生活，更别提富庶了。中国这艘庞大古舶，能驶入这个黑风口吗？还要请洋人来把舵定向。

清咸丰八年（1858年），中与英法俄美签《天津条约》、中俄签《瑷珲条约》。

清咸丰六年至十年（1856年—1860年）第二次鸦片战争。又是巨量赔款，欧洲又一次"肥得流油"，而中国尚未被榨干，还剩一口气。就这一口气，还在让中国人口以千万数在增长！

清同治十年至十二年（1871年—1873年），中国对英年均出口110万，进口106万。中方仍是出超。在当时条件下，这是难能的；而能办到这一步，也是让清政府中许多旧官僚沉醉于"泱泱大国"的原因所在。"百足之虫，死而不僵"，信然。体量巨大的中国的产能，不可避免地要吸引来更为凶恶贪馋的吸血者。

清光绪十七年至十九年（1891年—1893年），中国对英年均出口167万（生活必需品），进口219万。（毒品！）凡中国人都请记住：中英贸易的逆转，就是由此开始的。上距鸦片战争已经半个世纪了，距马戛尔尼来华一个多世纪了，英国人拿得出手的"正当商品"何在？它的逆差是怎么扯平的？

清光绪二十年（1894年）中日甲午海战，1895年签《马关条约》，割让台湾等，又付出巨量赔款。正是以这笔巨量赔款做"资本"，日本迅即启动近代军事工业而强大起来。也正是这次战败，才真正震撼了清廷，清廷才有了上下一致的危机共识，但为时晚矣。

清光绪二十三年至二十四年（1897年—1898年）侵华列强着手瓜分"势力范围"。清统治危机空前加重。

清光绪二十五年至二十七年（1899年—1901年）八国联军侵华。又是巨额"赔款"。

清光绪三十二年（1906年）慈禧下令革新政体、搞"城镇自治"。

清宣统三年（1911年）辛亥革命，推翻清朝政权，而代之以北洋军阀统治。为了"赶上欧洲列车"，北洋政府参加了第一次世界大战。托上帝的福，这一次没有"站错队"，是和获胜方一伙的；可是当列强们瓜分"胜利果实"时，中国却拿到了日寇的"二十一条"！出奇的是：北洋统治下的GDP居然是"世界第一"！这难道不是对列强的"资本生产力"的辛辣反讽吗？那个"日不落帝国"拿什么与"日已落"的大清比短长？

晚清时期，西欧与中国的正当贸易部分，一直存在着长期的、结构性的逆差，几百年间中国一直持续出超，滚滚白银被"中国秘窟"吸收得无影无踪，根本没有引发西式"通货膨胀"。惊惶焦虑之余，他们联手向中国连续发动不义的侵华战争，通过一个个不平等条约，榨得了海量的赔款，成为欧美列强资本积累的最重要来源之一。交替出现的"危机—侵华—赔款"，说明如果没有中国为之输血，没有广大殖民地的财力支撑、资源支撑、劳动支撑，西方资本国家凭其本土生产力是无以维持其生存的，迄今仍然如此！

近代史上，列强从来没有与中国做"平等贸易"的主观意愿，"贸易"不过是"进入"的方便借口而已。

在西人看来，"西式资本运作"在中国难以成功，这种现象从一开始就显得"很不正常""不可理解"。而在他们的话语体系中，彻底铲除拉美文明、灭绝土著人种叫"正常"，无阻拦地"进入"全球各国市场叫作"正常"，每隔几年就来一次世界性经济危机也叫作"正常"，资本帝国之间的火并还叫作"正常"；以国家力量搞海盗贸易、毒品贸易更是"正常"！让对方履行在其炮舰上逼签的不平等条约同样叫"正常"！

请问：这样的道路，中国老百姓喜欢吗？西方列强愿意有一个人口比其总和还多、面积与欧洲相等、生产力比全欧总量还大的中国崛起为一个跟它们一样的强国吗？

近代史已经证明：中国人在自己的黄土地上忍苦奋斗，吸收人类创造的一切先进智慧，能够顶住西方资本在原始积累阶段对全球的殖民扩张、人种奴役、文化铲除；能够阻滞自由资本对全球的自由瓜分、自由掠夺、自由弱肉强食；能够打破垄断资本对全球的资源垄断、市场垄断、金融垄断直至话语垄断。中国人通过洋务运动、变法维新、新文化运动，直至武装革命，拼命地保存住世代相传的国语、国族、国脉，终于找到了属于自己的振兴之路，构建着人类命运共同体的东方基地，我们将给世界奉献一轮新的太阳。这是一定的。

十六、当代西方法治把反神治转换成反"人治"

18世纪，西方启蒙学家大倡人权，提倡"法治"，激烈批判神权擅断主义，宣布除了国家制定法之外，任何宗教的教条、仪轨、戒律都无权判人犯罪，更无权置人死地。经过资产阶级民主革命，西欧各土邦终于结束了罗马教廷的神权统治，西荷英意法德等作为近代国家陆续登台。显然，这是它们的治国理政模式的一次革命性变迁，自然受到进步人类的热情称颂。

然而，世变时移，到了20世纪后期，在东西方冷战的语境下，西方法学界对中世纪神权统治的黑暗做了选择性遗忘，重拾5世纪神学家对罗马帝国之"人治"的一切攻讦之词，重温罗马教廷建立普世统治权的臆想，特意把"法治"与所谓"人治"对立起来，把西方初建的治理模式唯一化、普世化、神圣化，用来否定全球其他国家、其他民族所实施的任何一种政治制度，任何一种治国理政模式，从而取缔其政治合法性，而不论其历史功能及现实状况如何。他们这样做，反而堵塞了法治原则在当代的多样化实现之路，搅乱了世界的安宁。

（一）西欧中世纪的神治社会

法治，作为一个政治—法学概念，它产生于反抗欧洲中世纪之神治的斗争。这得从头说起。

1. 西罗马的沉沦。原来，公元5世纪，西方神学家奥古斯丁（Augustine of Hippo）在他的《上帝之城》（*The City of God*）中，期望用"神治国家"取代罗马帝国的"人治国家"，用"神的国度"取代"人的国度"。他说："人治国度"充满了罪恶与灾难，而基督教会与理想中的未来世界则是"上帝之城"，那里充满了光明与爱，它终究要代替"人治国度"。在现实生活中，这番说教的矛头是指向东罗马帝国的现政权拜占庭帝国的政治合法性的。这样，奥古斯丁就为后世教皇国的创立做了理论先导，也就在西欧人心目中播下了"人治之国万般罪恶"，唯有"神治国度"才光明神圣的观念。

然而，西欧历史的发展竟如此蹊跷：当年，受匈奴人驱逼的日耳曼等北欧蛮族盲目南逃，闯入了西罗马，摧毁了西罗马帝国，捣毁了罗马城以及那里的罗马文化，让西欧一下子"退回到旧石器时代"去了，却没有遇上西罗马人的任何形式的抵抗。于是在西欧那一小角，便出现了一批蛮族土邦，较大者如法兰克、勃艮第、西哥特、伦巴第、盎格鲁—撒克逊，连同北非的迦太基等。在这漫漫长夜中，西欧各邦竟然无一个"罗马遗民"心存复国救民的想法，而听任蛮族势力横行蛮干，搅得西欧社会一派无序而荒寒，哪里有什么"神的照护"？

2. 罗马教廷确立了神权统治。公元10世纪以降，怀着政治理想的罗马教宗，捧着拜占庭人制定的《罗马法》，去与西欧土邦的蛮族酋长们联手，跟他们建立起政治驾驭、思想掌控、经济分红的关系，创建了一个凌驾于众邦之上的神的国度"罗马教皇国"。教廷控扼着各邦的行政/立法/审判及税收大权。教皇登基后，立即着手强化教区行政，把教会组织普建到每一个乡村，把宗教法庭下建到每一个庄园，使神治绝对化，全面推进宗教世俗化和世俗宗教化，从而与东部拜占庭帝国的"人治政权"做殊死争锋。

教皇国成立之后，罗马教廷设教皇一圣职，使与世俗皇帝的地位权能相一致并凌驾于其上。教会行政与世俗政权一样，是一个"金字塔结构"。罗马枢机主教团（红衣主教）是罗马教皇治理普世教会的得力助手和顾问团。它权力很大，每一届新任教皇都由这个"枢机主教团"的成员以2/3多数选出来，终身任职；而主教团成员却又由现任教皇亲自选拔任命，由此形成双方"循环授权"的奇怪模式。

1073年—1085年在位的教皇圣格列高利七世（Gregory VII, 1020年—1085年），自称有统治万国的绝对权力，他宣布："教皇权威是上帝赋予的，世界万民均需服从。"1075年2月，格列高利颁布了《教皇敕令》二十七条，狂肆地宣称：

> 一切君王必须亲吻教皇的脚。
> 一切君王的登基必须求得教皇的认可与加冕。
> 教皇对邪恶不法的君王拥有将其废黜的权力。
> 教皇永远正确，教皇不受审判。
> 罗马教会从来不犯错误，而且永远不会犯错误。
> 凡不与罗马教会和谐的，不得视为基督徒。
> 唯有教皇一人具有任命主教的权力。
> 唯有教皇一人具有制定新法令的权力。

依据这类条目，教皇权力登峰造极，其"统领万邦""审判世界"的独裁任性为一切世俗"人治国家"所从未有过！罗马教廷这一"统领万邦""审判世界"的梦呓，却成了西方的一种精神遗产，至今仍在发酵；而罗马教廷推行的教会制、大公会议制、中枢教团选举制、教皇独裁制、世俗帝王加冕制、教区分级管理制、宗教裁判制，以及社会动员之群众运动手法……都一一成了近世各国之政党政治的先期示范。

天主教廷规定教区主教以《圣经》为依据，由主教擅断一切，依经立说，依经立制，依经立法，依《宗教法》办案，其司法解释的任意性极强，猎巫运动、惩治异教徒运动便是其典型实践。所谓"宗教神权擅断主义"，集中表现在对"原罪""本罪"的先天擅断上，表现在对"神断"的无条件服从上。职是之故，"中世纪"无冤假错案之说，亦无侦查、检验、证据之运用，更无甄别、平反、追责之规定，此为"中世纪黑暗"中最大、最本质的法制黑暗。

当时，宗教法庭往往在对方死后才提起诉讼，这样"当事人无法请求辩护"，便可以干脆宣布开除其教籍，没收其财产了——中世纪西欧有句谚语叫作"司法获大利"，司法被看成为生财之道，其败坏世风、败坏法纪的恶果可想而知。1487年出版的《女巫之锤》（*The Hammer of the Witches*）一书，教导宗教裁判官如何侦查女巫的"罪行"，提供镇压巫术的"理由"。书中描述道：女巫往往三更半夜全身涂抹特制的油膏，赤身裸体骑着巫使，到特定的地方去参加聚会。对这些女巫"不需宽待，可判处火刑。若其有忏悔之意，则法庭可较为宽厚地处理"。而所谓"宽厚"，却是先绞死或吊死，再施以火刑，其惨毒难以设想。1480年—1520年间和1580年—1670年间，便发生了两次大规模的"猎巫"运动。仅1575年—1590年15年间，法国洛林省的宗教法庭庭长雷米一人即烧死了900多名巫师。

3. 神权下的西欧一片荒寒。5世纪北蛮日耳曼人的南下扫荡，把西罗马的城市毁之殆尽。据9、10世纪的文献所载：8世纪意大利城市的工匠：卢卡金匠3人，比萨金匠2人、芒扎金匠1人、铁匠2人、帕维亚金匠2人。9世纪时城市工匠有测量员、毛皮匠、铁匠、裁缝等；10世纪时米兰有补鞋匠等。从中，只能依稀发现里昂、巴黎、威尼斯等有限的几个城堡存在过的踪影，它们对西欧的现实社会生活全无影响。

西欧中世纪如果说还有城市的话，那便是威尼斯与佛罗伦萨了，它们兴起于10世纪—11世纪之间，得益于十字军东征后君士坦丁堡的彻底损毁给了它们机会。于是促成了意北农业、商业、手工业的相对发达。那儿的贸易主要是贩运东方来的皮毛、丝绸之类；而农业的所谓"发达"，其种收之比也就是1∶4，即种1收4而已。中国汉代的《氾胜之书》称种1斤收40斤为广种薄收，1∶160为正常年景；与之相比，那还能叫作"农业"吗？①

中世纪的西欧农民以农奴为主体，农奴要向农奴主服劳役，上交农业税，此外还有人头税、继承税、婚姻税、任意税……还有"禁用权之征"：农奴自身禁有磨坊、烤面包炉、葡萄榨酒器等，用时，向农奴主交纳租金。欧洲中世纪无文字，征收什么、数量多少、由谁征收，全靠"习惯法"，靠主人的记忆进行。农奴除接受压榨外，无理可诉。隶农、奴隶等另须交纳一定的实物捐，如鸡、猪、木柴、葡萄酒、面包、镰刀、犁铧、麻布、木板、桶、壶、衬衣、斧子等。

至于宗教界，除什一税外，其杂项征/贡/捐/献更是名目繁多。史载：在圣日耳曼修道院里，依附于修道院的农民共达1万多人，征发的劳役总计150000劳动日。某修道院的实物收入有一笔明细账，其中仅母鸡每年就要收5787只、鸡蛋30865个。《阿达拉得条例》提到：教会庄园中有多种手工业工人：面包师、樵夫、酿酒匠、马车匠、铁匠、鞋匠、皮革匠、泥匠、首饰匠、武器匠、羊皮纸匠等。这一切，使教会成为社会的一个特殊阶层。他们与世俗统治阶级相结合，往往成为反社会公义、社会进步的堕性势力，向着"以救世为己任"的宗教教旨走去。

4. 神权下的西欧法纪生活。西欧社会经济的荒寒由此可知，那么，社会政治法纪生活又如何呢？

11世纪—16世纪，在教皇国统治下，西欧史上写满了宗教蒙骗、宗教迫害、宗教战争的记录，什么贩卖赎罪券运动、贩卖圣物运动，什么猎巫运动、排犹运动、排斥阿拉伯人运动，什么镇压异教徒运动，及为期200年的"十字军东征"，攻破君士坦丁堡，烧毁耶路撒冷城，掠夺走东方无尽的财富，但始终无法实现对东罗马的思想政治控制，改变不了那里的"人治"局面，自己的"神治"却濒临破产，教皇本人都被迁出了罗马城，被呼来喝去。实践做出了响亮的回答：全力抨击"人治"的那个"神治国度"绝非人间天堂，倒是充满了血腥与污秽。

---

① 杜比在《中世纪西方的农业经济和乡村生活》第25页—26页中，根据查理曼时期阿那坡王室庄园的记录，当时农业种子与产量之比为小麦1:1.7；大麦1:1.6；而黑麦则为1:1，等于无收，说明当时农业生产水平之低，所以中世纪时常看到荒岁无粮绝粒的记录。英国农学家贝涅特估算了一个全份地农民的收入。当时谷物产量大约为种子量的3—4倍。每英亩可产小麦9—10蒲式耳。燕麦、大麦等产量较高，如果此农民每年种20英亩土地，可得小麦68蒲式耳，大麦95蒲式耳，燕麦70蒲式耳，共计233蒲式耳；减去种子70蒲式耳，还有163蒲式耳；再减去磨面时交的钱，还有153蒲式耳；这样，他的小麦全卖掉，可得35先令多的钱。全家只吃燕麦与大麦。问题是，他家还需向教会交纳十一税，捐献各种时令产品！（贝涅特《英国庄园上的生活》）

与之相反，拜占庭帝国政权，从不允许教权凌驾于政权之上，却维系了千年（5世纪—16世纪）之久的统治。它延续了古希腊—罗马文化，并作为东西方古代文明的桥梁，与后起的阿拉伯文明一起，共同保存着古典文化的历史记忆，积累了数理化天文医学的丰富新知，这才让后来席卷意法英德等地的"文艺复兴"运动有可能获得某种历史依据，从而占据思想文化阵地。

神治与"人治"的实际效果之对比是如此分明！罗马教廷的神权统治，到十六七世纪时终于走向了它的末路。

（二）《人权宣言》：对"神治"的彻底否定

当初，西欧资产阶级的政治革命结束了"神权"历史，"天赋人权"的思想在法国流行，并在1789年颁布的《人权宣言》（即《人权和公民权利宣言》）中得到了纲领性表述：它宣布自由、财产、安全和反抗压迫是天赋人权，不可剥夺；它肯定了言论、信仰、著作和出版有不受任意扣押的自由；它阐明了司法、行政、立法三权分立的原则，宣告立法权属于人民，法律面前人人平等，以及正当法律程序、罪刑法定、无罪推定、法不溯及既往、法无明文不为罪等要求，从而为法治原则的确立做出了法理上的贡献，奠定了近代宪政的思想基础。在政治体制上，明确提出了"政教分离"的要求，宗教不再凌驾于行政、教育之上，世俗大中小学校不再开设任何宗教课程，不再举行宗教仪式。不难发现，这里的每一项都是对神权擅断主义的否定。

神权擅断主义认为：权力来自天主，属于各级神职人员——而《宣言》则宣告立法权属于人民；

神权擅断主义认为：人在上帝面前，只是一群羔羊，毫无人的权力、地位、尊严可言——而《宣言》则宣告法律面前人人平等；

神权擅断主义下的宗教审判，全无法定程序可言，主教任性而为，不受指责——而《宣言》即要求正当法律程序；

神权擅断主义认为人人皆有原罪、本罪，是否犯罪，犯何种罪，皆由主教与神父们解释的教旨、教条、教规、教仪来决定，而且可以把罪过溯及你的前生，溯及你的祖辈，说你有罪就有罪，要你拿钱来"赎"，否则开除你的教籍、"人籍"，且不得反驳——而《宣言》则宣讲罪刑法定主义，不得溯及既往……

可以想见，这样的法治宣传，对于受尽中世纪神权压榨的广大民众，具有何等巨大的思想解放效用！

然而，以鼓动资产阶级革命激情为宗旨的这份《人权宣言》，在法国历史上却长期湮没无闻，在如何建国立政上，并未产生实效。19世纪后半期和20世纪前半期，西方人权理论与实践走向低迷，两次世界大战的祸害正是其无力救世的铁证。应当指出：自从"宣言"确立"法治"概念以来，它并没有真的给全世界带来安宁。它陪伴资本的原始积累、自由竞争、垄断经营一路走来，见证的是什么？是对拉美土著文化的无情铲除，是对亚非古老文化的强制置换；它经历的是周期性爆发的经济危机与不停顿的掠夺战争、瓜分战争、殖民战争。在这一历史过程中，除西方极少的垄断资本集团快速暴发之外，连资本帝国的本土居民也都被投入周期性"经济危机"和以数千万生命为代价的两次大战的血火煎熬之中，这是人类良知所不容漂白的历史记忆。

更应注意的是：请不要忘记，这种对民主、人权的鼓吹，并没有带来普世的民生幸福，在英属殖民地、法属殖民地、西属殖民地、葡属殖民地、荷属殖民地，哪里讲过什么人人平等？倒是力推"弱肉强食"！典型如埃及、印度、伊朗、印度尼西亚、沙特、巴西之类，尽管早在19世纪就与西方接轨了，被纳入了西方体系，然而，它们又何尝能及早享受到西式"现代法治"的优越性呢？那些为之做鼓吹的中国自由主义精英，又何以见不及此呢？

（三）冷战开始，"人治"被塑造成了法治的对立面

1.《新人权宣言》。二战之后，所谓"法治秩序"在欧美资本帝国的本土、且仅仅是在其"本土"得以逐步落实，从而给那里的民生带来了富足与安宁，也带来了民主与发展。适应形势需要，1946年，刚刚从亡国之痛中走出来的法兰西，又抛出了一份《新人权宣言》（草案）。《新人权宣言》以"福利国家"学说为指导思想，反映出西方发达国家"从摇篮到坟墓"的福利主义主张。这份《新人权宣言》并不受法国"国内法"之限，依然采用了"普世通用"的表达式。至此，西方法治矛头开始转向：从全力抨击"神治"开始转向于抨击"人治"，对任何国家、任何民族的任何政体，均予以猛烈的批判。于是"新宣言"又给了法国人以至西方政界、法界人士以评议、干预他国人权状况的堂皇借口。

1948年12月10日，联合国大会通过并颁布了《世界人权宣言》（Universal Declaration of Human Rights）。《宣言》的序言中说：鉴于对人类家庭所有成员的固有尊严及其平等的和不移的权利的承认，乃是世界自由、正义与和平的基础，鉴于对人权的无视和蔑视已发展为野蛮暴行，这些暴行玷污了人类的良心，而一个人人享有言论和信仰自由并免于恐惧和匮乏的世界的来临，已被宣布为普通人民的最高愿望……努力通过教诲和教育促进对权利和自由的尊重，并通过国家的和国际的渐进措施，使这些权利和自由在各会员国本身人民及在其管辖下领土的人民中得到普遍和有效的承认和遵行——这些话，使"人权"取得了当代普世价值的身份。然而，该"宣言"的抽象性、超脱性并不能给多元世界带来某种合理合情合法的人权解决方案，而其"言论自由""信仰自由"则成了"自由主义"与"宗教信仰"的护身符，实践上倒成了攻击无神论者的武器和现行神权统治者的辩护士——于是"政教分离"的口号被淡忘而抛弃。

2. 德里三条规。1959年在德里召开的法学会议上，对法治制定了三条规则：第一，根据法治原则，立法机关职能在于创设和维护每个人得以保护人类尊严的各种条件。第二，法治原则不仅要对制止行政权滥用提供法律保障，而且要使政府能够有效地维护法律秩序，以保证人们具有充分的社会与经济条件。法治首先不能要政府任意侵犯人民的权利，法治主要是保护人民权利。第三，司法独立和律师自由是实施法治原则必不可少的条件。会议认为：从法治理念来说，立法权和行政权都是宪法授予的，而受公民和宪法的双重约束。法治的核心指向是保护公民，而不是政府任意侵犯公民。这一点应该变成我们的常识。至此，西方法治完成了从反"神治"向反"人治"的完全转轨，维护人的"尊严"、制止行政权滥用、司法独立，成了三项硬指标。至于如何做才算达标，尺子在欧美人手上。

总之，近现代西方法治是从标榜人权、反对神权起步的，而它的反人治转向，却是冷战语境下的产物。当初，反神治理论的提出，是西欧人对中世纪宗教统治的否定，当然符合西欧的历史逻辑，有其进步性；而它在现当代的"反人治"变轨，其价值则尚待证明。至于它用"信仰自由—宗教自由"为幌子，替当今世界尚存宗教统治打掩护，沦为当代神治世界的同路人、辩护士，则背离了早期法治设计者的初衷。

说到这里，不得不就"人治"问题多说两句："人治"的"人"是与"神治"的"神"相对应的，它强调的是"人"的主体性、能动性，不受任何怪力乱神所凌压；而把它解释为"个人独裁"而予以否定，显然是恶意曲解。"人治"的本质要求是"政教分离"——这与西方法治初起时的要求是一致的——政教分离之后，民心、民意才能得到尊重，人格、人权、人的主动性、主体性才可能得到发挥。把"礼治"归结为"人治"，是一种过分简单化的做法，但精神上确有相通之处。古代中国先民讲的"礼治"，其内涵是"礼义、礼制、礼乐、礼法、礼仪、礼貌、礼教"的综合，它要求正义，要求制度，要求和谐，要求法纪，要求秩序，要求人格尊严，要求尊重集体意志，这正是当代法治的内在要求，而"一人一票"的那种程序民主，恰恰是在将法治引向死胡同；而在急速变革时代仍强调"法无明文不为罪"，在无神论国度宣扬"宗教信仰自由"，那不过是钻现行法制的空子、搞颠覆活动的遮羞布。

（四）古代礼治可以通向当代法治

苏格拉底说过：他反对"一个人的治理"，即反对个人武断独裁，但这与反对"人治"完全是两回事。柏拉图拥护君主制、贵族制，就分明是赞同"人治"的。按照柏拉图与亚里士多德的总结，历史上有六种国家形态，六大政体没有什么绝对的好坏。相较而下，君主治理最有效、最能保证政权稳定；而作为君主，可以是开明者，也可以是雄才大略者，但大多数是常人，甚或是孤儿寡母，而其团队则仍可能有不俗的执政能力，仍能维持国家机器的常态运转，否则即可以更换；若君王倒行逆施，成了昏暴之君，一样会被掀翻。正态运行的君主制，是容不得昏暴庸腐的。民为贵，君为轻，诛独夫，顺民意，这是君主制的内在要求。中国先民将其概括为"礼治"原则。大中华数千年都是在这种"礼治"中走过来的。中华法统从未中断，分而又合，衰而复兴，仆而又起，秘密在此。今有人一提到礼治（或德治），就将其归结为西方神学家攻击的"人治"，就想到独断专行、坏人当道云云，这至少是一种偏执心理。

在君主制下，实行政教分离、以政统教、以教辅政的体制，这是一种历史的进步。一部中华文明史，正是以"人治"取代"神治"的历史。中国商代敬鬼，每事占卜；周代崇礼，礼法合治；汉人引《经》，德主刑辅；唐代刑礼道迭相为用，综合为治……这分明是中华礼治的步步跃迁。现代国家都主张政教分离，这方面中国人其实是走在文明世界的前面的。

中华礼治是对普世神断、同态复仇论的超越。古代世界各国，普遍推崇"神断"，实施"同态复仇""血亲复仇"，甚至推行"司法决斗"。从《旧约》到《汉穆拉比法典》到《罗马法》，都不例外。《汉穆拉比法典》明文规定：原被告双方若不能自证清白，则交由河神去"审断"：把双方扔到幼发拉底河中去，浮则无罪，沉则判死。"同态复仇"即如《旧约》所"约"定："以眼还眼，以牙还牙"，"倘人毁他人之目、断他人之骨，则毁其目，断其骨。"医生错用了药物治死了人，即以其长子偿命；建筑师因操作失手压死了人，即以其长子偿命。至于司法决斗，则是：通过决斗来判出控辩双方的胜负。法庭通知当事人出庭时，会告知："带着你的剑来。"有时候，当事人甚至提出要和法官决斗，以证明自己的"清白无辜"。决斗获胜的一方被宣布胜诉，不敢决斗或决斗中败北的一方被判败诉。显然，这是一种为"弱肉强食"服务的"法律"。其影响所及，私人决斗也就流行起来。如此"神断""复仇""决斗"，就无用什么侦审破案、证据原则了，更不必判罪量刑了，也就根本无所谓"冤假错案"了，更何论刑赏必罚、误判追责制呢？而这一切恰恰是中华礼法体系的优长！

独树一帜的中华礼法文化，透过覆盖全国的行政网络，实现了对整个国家生活的全覆盖、全制导，从而走出了一条综合为治的社会管理路径。它注重礼义（法哲学、法理）；礼制（国家大法、宪制）；礼乐（社会和谐方式、手段）；礼法

（国家制定法）；礼仪（群体活动仪轨）；礼貌（人格尊严的体现）的全方位多层次建设，注重建制—立法—定仪—守纪，注重司法执法过程中一切公私文牍的制作、编纂、规范应用和积存、管理，留下了海量的文献典籍，为后世治国水准的提升积累了足量的法制遗产。我们说，正是伟大的中华礼乐文化，确保了世界最大民族群体的持续生存与发展，近代，虽经欧风美雨的严重袭扰，中华法统也没有中断，这在世界历史上具有唯一性。它有力地证明：中华礼法是对普世神治的逻辑扬弃，是迈向当代法治的先期条件。重拾西欧宗教徒以"神治"反"人治"的余唾来装点他们的"法治"，诋毁中华礼法体制，只是一种历史的拨弄；真正的法治，应该是既往"礼治"的现代改造与当代提升。

反人治的说辞原是神学家用于推销神治的，历史已经证明神治更坏、更黑暗、更失败，后人有什么理由重拾神学家、宗教徒对"人治"的早已破产的攻讦论调呢？现当代西方学者把他们的"法治"与传说中的希腊民治续上香火，闭口不批神治，而去炮轰所谓"人治"，所为何来？要说欧洲政法界生活在西欧中心论的处境中，总想淡化、漂白中世纪的悲惨记忆，有意割弃其法治理论固有的反神治目标指向，总还算言之有故；他们十分钟爱罗马教廷那种凌驾万邦的精神传统，承其衣钵，自居中心，对其他古文明有一种历史积淀的羡慕，也还可以理解；故他们大造反"人治"的舆论，置全球异己于被告席而大张挞伐，也不难窥知其良苦用心。历史已经证明：中华各族人民都是中华礼法文化发展的推手，文化认同，国家认同，法理认同，是14亿人的共同抉择。

总之，每个国家都应该吸纳先进法治要素，开拓本土法治资源，探索合乎本国自身文化特征的法治模式，与世界各地各民族实现多元和谐共处，这才是当代法治的新的发展方向。中国人民正在朝着这个方向努力。